Sung Bok Choi

Geist und christliche Existenz

Das Glossolalieverständnis des Paulus
im Ersten Korintherbrief (1Kor 14)

2007

Neukirchener Verlag

© 2007
Neukirchener Verlag
Verlagsgesellschaft des Erziehungsvereins mbH, Neukirchen-Vluyn
Alle Rechte vorbehalten
Umschlaggestaltung: Kurt Wolff
Druckvorlage: Sung Bok Choi
Gesamtherstellung: Hubert & Co., Göttingen
Printed in Germany
ISBN 978–3–7887–2207–4

Bibliografische Information der Deutschen Nationalbibliothek

Die Deutsche Nationalbibliothek verzeichnet diese Publikation in der Deutschen Nationalbibliografie; detaillierte bibliografische Daten sind im Internet über http://dnb.d-nb.de abrufbar.

Wissenschaftliche Monographien
zum Alten und Neuen Testament

Begründet von
Günther Bornkamm und Gerhard von Rad

Herausgegeben von
Cilliers Breytenbach, Bernd Janowski,
Reinhard G. Kratz und Hermann Lichtenberger

115. Band
Sung Bok Choi
Geist und christliche Existenz

Neukirchener Verlag

NEUKIRC

Vorwort

Die vorliegende Arbeit wurde im Wintersemester 2005/06 an der Kirchlichen Hochschule Bethel als Dissertation angenommen. Für die Drucklegung fand eine geringfügige Überarbeitung statt. Diese Arbeit hätte nicht ohne vielfältige Hilfe geschrieben werden können. Mein Doktorvater, Herr Professor Dr. Andreas Lindemann, hat die Entstehung dieser Arbeit begleitet, mich freundlich betreut und geduldig auf den Abschluss der Arbeit gewartet. Außerdem hat er deren Publikation gefördert. Bei ihm habe ich viel lernen können. Mein herzlicher Dank gilt in erster Linie ihm, auch Herrn Professor Dr. François Vouga als dem Verfasser des Zweitgutachtens. Für die Korrektur des Textes bedanke ich mich bei meinem Freund Hartmut Brekkemkamp. Eine unverzichtbare Stütze war mir das Gespräch mit den Kommilitonen an der Kirchlichen Hochschule Bethel. Auch den neutestamentlichen Herausgebern, Herrn Professor Dr. Cilliers Breytenbach und Herrn Professor Dr. Hermann Lichtenberger, danke ich für die Aufnahme dieser Arbeit in die Reihe „Wissenschaftliche Monographien zum Alten und Neuen Testament", darüber hinaus aber auch Herrn Dr. Volker Hampel vom Neukirchener Verlag, der die Drucklegung freundlich betreut hat, ebenso dem Neukirchener Verlag für die ausgezeichnete Zusammenarbeit. Besonders Dank schulde ich meiner Familie. Dieses Buch hat nur entstehen können, weil meine Frau Jung und mein Sohn Dai-Bum mich dabei geduldig unterstützt haben. Auch meinen Eltern gilt mein besonderer Dank.
Der Abschluss der Arbeit ist durch den DAAD gefördert worden, der Druck des Buches wurde durch „The Korean Methodist Chruch" unterstützt. Dafür möchte ich an dieser Stelle danken.

Seoul, Korea, im Mai 2007   Sung Bok Choi

Inhalt

Kapitel 1   Einleitung

1.1   Glossolalie als Thema der Paulus-Forschung

1. Obgleich es zum Thema Glossolalie eine reiche Literatur gibt[1] und sie in der christlichen Kirche immer wieder aktuell wird, sooft pneumatische Bewegungen hervortreten,[2] wird Glossolalie weder als ein zentrales Thema der Paulus-Forschung noch als ein Hauptthema in der Exegese des 1 Kor angesehen,[3] und es wurde insbesondere nicht ernsthaft untersucht, welche Bedeutung und welchen Stellenwert die Glossolalie in der paulinischen Theologie besitzt. Während vor allem das „Wort vom Kreuz" und die „Weisheit" (1 Kor 1-2) sowie das Thema „Leib Christi" (1 Kor 12) und das Kapitel über die Auferstehung der Toten (1 Kor 15) von der exegetischen Forschung bevorzugt behandelt werden, steht 1 Kor 14 einerseits in der Forschung zum 1 Kor am Rande und erfährt andererseits auch die von Paulus in 1 Kor 14 thematisierte Glossolalie unter den Themen der paulinischen Theologie keine größere Aufmerksamkeit.[4]

Dafür gibt es einige Gründe. Der erste besteht darin, dass Glossolalie in der Tat nicht nur in den paulinischen Briefen, sondern auch im gesamten Neuen Testament ein seltenes Phänomen ist. Selbst im 1 Kor

---

[1]   Siehe unten 1.2 (Forschungsgeschichtlicher Rückblick zum Thema).

[2]   Seit Mitte des 20. Jh. findet Glossolalie neue starke Beachtung insbesondere in den Pfingstkirchen und in den Bewegungen der charismatischen Erneuerung. Siehe dazu auch den Exkurs: Zum Verständnis der Glossolalie der christlichen Gemeinde in Korea.

[3]   Beispielsweise auch im Buch von V.P. Furnish, The Theology of the First Letter to the Corinthians, Cambridge 1999, wird die Glossolalie nicht als ein wichtiges Thema behandelt.

[4]   Hierzu die Darstellung von R. Hempelmann, Zungenrede, 765: „Im Blick auf eine theologische Beurteilung von Zungenrede ist freilich festzustellen: bereits im Neuen Testament ist sie für das individuelle und gemeinschaftliche christliche Leben ein Randthema, kein Zentralthema."

kommt sie nur im Zusammenhang der Pneumatologie des Paulus vor, genauer gesagt nur in dem Kontext, in dem Paulus über die Versammlung und das Leben der Gemeinde spricht. Der zweite Grund liegt darin, dass 1 Kor verschiedenartige Themen behandelt, und dabei scheint die Glossolalie nicht eines der großen theologischen Themen, sondern nur ein eher kleines der verschiedenen „Probleme" zu sein. Einen weiterer Grund liegt darin, dass Paulus die Glossolalie im Grunde ohne genaue Definition und Erklärung darstellt; daher besteht die besondere Schwierigkeit der Rekonstruktion dieses Phänomens. Der vierte und letzte Grund beruht auf einem allgemeinen Konsens: Nach der allgemeiner Ansicht nach geht es in 1 Kor 14 entweder um das Verhältnis zwischen Prophetie und Glossolalie[5] oder um die Prophetie als die vorzüglichere Gabe gegenüber die Glossolalie, nicht aber um die Glossolalie selbst.[6] Und so gilt die Glossolalie oft nicht als ein eigenes theologisches Thema.[7]

Für Paulus, den Gemeindegründer, Lehrer und Apostel, ist die Kirche ein wichtiges Objekt seines Interesses, und sie steht im Mittelpunkt seiner Briefe.[8] Im Grunde sind seine Briefe ohne ein solches zentrales Interesse nicht zu verstehen. Dies wird insbesondere im 1 Kor sichtbar[9], weil dort sowohl die Situation der Gemeinde als auch die Reaktion des Paulus darauf deutlicher geschildert sind als in den anderen Briefen.[10] Wesentlich ist ein einziges Thema des 1 Kor „die ἐκκλησία

---

[5]   Beispielsweise H.-J. Klauck, Gottesdienst, 50: „Hauptthema von Kap. 14 ist das Verhältnis von Prophetie und Zungenrede in der Gemeindeversammlung."

[6]   In 1 Kor 14 geht es eigentlich um die Glossolalie selbst, auch wenn glossolalisches Reden hier in Bezug auf prophetisches Reden behandelt ist. Denn im Mittelpunkt der Aussage des Paulus in diesem Kapitel steht Glossolalie – und auch der Gegenstand, mit dem sich Paulus hier auseinander setzt, ist das Problem der Glossolalie, weder die Prophetie noch das Verhältnis zwischen Prophetie und Glossolalie. Im Übrigen sind unmittelbare Erwähnungen über das Verhältnis zwischen Prophetie und Glossolalie tatsächlich nicht in V.6-19 enthalten.

[7]   Daher wurde Glossolalie oft im Zusammenhang mit der Prophetie behandelt; das Hauptthema war dabei die Prophetie, nicht die Glossolalie. Als Beispiel ist zu nennen: Th.W. Gillespie, Prophecy and Tongues: the Concept of Christian Prophecy in the Pauline Theology, Diss. Claremont 1971.

[8]   Der Heidenapostel Paulus ist ohne Zweifel sowohl die wichtigste Person in der Missionsgeschichte des Urchristentums als auch der bedeutendste Theologe des gesamten Urchristentums. Sein Denken und sein Wirken üben bis heute noch den größten Einfluss auf die christliche Theologie und den Glauben der Christen aus. Seine Briefe gelten vor allem als Schriften, welche die Situation des Urchristentums deutlich erhellen und seine Theologie begründeten.

[9]   Dies zeigt etwa die Häufigkeit der Verwendung des Wortes ἐκκλησία. Es ist bei Paulus insgesamt 44-mal belegt, davon 22-mal im 1 Kor, und darunter 9-mal in 1 Kor 14 (inklusive 1 Kor 14,33b-35).

[10]   In der früheren Forschung galt 1 Kor oft als eher arm an theologischen Inhalten. So schrieb W. Bauer, Rechtgläubigkeit und Ketzerei im ältesten Christentum, Tübingen [4]1964, 221, dass 1 Kor „für unser Verständnis des paulinischen Glaubens am allerwenigsten ergibt. Und es ist ganz und gar nicht etwa das „dogmati-

selber und deren οἰκοδομή"[11] Dies betont Paulus vor allem in 1 Kor
14.[12] Für das Verständnis der paulinischen Ekklesiologie und der Theologie des 1 Kor ist also 1 Kor 14 einer der wichtigsten Texte[13] und dort
steht das Thema „Glossolalie" im Mittelpunkt der paulinischen Argumentation. Ohne Zweifel war Glossolalie kein Randproblem in der korinthischen Gemeinde; vielmehr war sie in den Augen des Paulus ein
dringendes Problem und eine schwere Herausforderung an die kirchliche Wirklichkeit, insofern die Einheit und die Erbauung der Gemeinde
durch sie bedroht waren. Daher musste Paulus dieses Phänomen ernst
nehmen und im Blick auf die Erbauung der Gemeinde gegen die
Hochschätzung der Glossolalie bei den Korinthern polemisieren. Sein
Ziel ist deutlich erkennbar: Die Gemeinde bzw. die gottesdienstliche
Gemeindeversammlung soll nicht durch die unverständliche Glossolalie, sondern durch das verständliche Reden Erbauung empfangen.

Überdies ist Glossolalie im 1 Kor, obwohl sie in der in 12,1 beginnen-
den Darstellung der πνευματικά enthalten ist, als ein theologisches
Zentralthema zu begreifen, das nicht nur die Pneumatologie und die
Ekklesiologie des Paulus vernetzt, sondern dabei auch seine theologische Argumentation und deren Duktus veranschaulicht. Sie ist deshalb
als ein bemerkenswertes Beispiel für das Werden der paulinischen
Theologie zu verstehen; hier ist zu erkennen, wie Paulus im ernsthaf-
ten Bemühen um die Bewältigung eines bestimmten Problems in der
Gemeinde seine theologische Theorie konzipiert und formuliert und
wie er in einer konkreten, historischen Situation seine Theologie angewandt hat.[14] In seiner Interpretation von Röm 8,26f. bringt E. Käse-

---

sche" Kap. 15." Aber 1 Kor ist zweifellos „ein Zeugnis für die theologische Argumentation des Paulus" (A. Lindemann, 1 Kor, V). Deshalb soll er als ein theologisches Dokument aufgefasst werden.
[11] A. Lindemann, 1 Kor, 15.
[12] Siehe dazu unten die exegetische Analyse von 1 Kor 14 in Kapitel 3 dieser
Arbeit. Vgl. auch Anm. 9.
[13] Aber dem steht die Tatsache gegenüber, dass sich die bisherigen Forschungen
der paulinischen Ekklesiologie im 1 Kor vor allem auf Kap. 12, insbesondere auf
das Verständnis der Gemeinde als „Leib Christi", konzentrieren. Beispielsweise
E. Käsemann, Das theologische Problem des Motivs vom Leibe Christi, in: ders.,
Paulinische Perspektiven, Tübingen 1969, 178-210; J.J. Meuzelaar, Der Leib des
Messias. Eine exegetische Studie über den Gedanken vom Leib Christi in den
Paulusbriefen, GTB 35, Assen 1961; G.L.O.R. Yorke, The Church as the Body of
Christ in the Pauline Corpus, Lanham u.a. 1991. Vgl. H. Merklein, Entstehung
und Gestalt des paulinischen Leib-Christi-Gedankens, in: ders., Studien zu Jesus
und Paulus, WUNT 43, Tübingen 1987, 319-344.
[14] H. Conzelmann, 1 Kor, 25, erklärt, dass Paulus im 1 Kor die so genannte „an-
gewandte Theologie" treibt. In diesem Sinne gilt die Aussage von J.Chr. Beker,
Paul the Apostle. The Triumph of God in Life and Thought, Philadelphia 1980,
33: „Paul's hermeneutical skill exhibits a creative freedom that allows the gospel
tradition to become living speech within the exigencies of the daily life of his

mann ein theologisches Problem, dem das Urchristentum gegenüber-
stand, wie folgt zum Ausdruck:

„Seit *Gunkels* berühmter Erstlingsschrift über die Wirkungen des Heiligen Geistes,
1888, wissen wir, daß die gesamte älteste Christenheit Pneuma als die Macht der
Ekstase und Wunder betrachtete. [...] Ekstatische Vorgänge haben die Tendenz,
eher Gemeinschaft zu sprengen als zu erbauen. Dieser Gefahr wird nur dann ge-
wehrt, wenn sie einem weiteren und beherrschenden Horizont eingegliedert werden können, ohne daß freilich damit die der Urchristenheit so wichtigen Bekun-
dungen der himmlischen Welt verdrängt oder um ihren Charakter gebracht werden
dürfen. Die theologische und praktische Bewältigung des Enthusiasmus war die
erste Bewährungsprobe der jungen Kirche, und nicht weniger als ihr ganzer Bestand und ihre ganze Zukunft hing davon ab, daß sie diese Aufgabe löste."[15]

Obgleich Käsemann die Situation des Urchristentums relativ einfach
darstellt,[16] dabei den Begriff Enthusiasmus ohne eine präzise Definition
verwendet[17] und obwohl er Röm 8,26f. recht unsicher im Zusammenhang mit der urchristlichen Glossolalie interpretiert,[18] zeigt seine Aussage in Hinsicht auf unser Thema, insbesondere auch auf dessen theologisches Gewicht, zweierlei: 1. Der religiöse Enthusiasmus war eine
große Herausforderung für das Urchristentum, was insbesondere in
Bezug auf die Glossolalie im Ersten Korintherbrief noch deutlicher
erkennbar ist als im Römerbrief. Da die korinthische Gemeinde dieser
religiösen Strömung nahe steht, versucht Paulus, sie davon abzugren-
zen. 2. Die Auseinandersetzung mit dem Enthusiasmus wurde, weil die
innerhalb der Gemeinde vorhandene Pluralität dadurch zur grundsätz-
lichen theologischen Frage wurde, eng auf die Frage nach der Existenz
der Gemeinde bezogen, insbesondere auf die Frage nach dem Verständnis der Gemeinde und nach dem Selbstverständnis der Christen.[19]
Es geht um die Frage, was in der Gemeinde gilt und was nicht, und

---

churches. The "core" is for Paul not simply a fixed, frozen message that must ei-
ther be accommodated to more or less adaptable occasions or simply imposed
upon them as immutable doctrine. For Paul, tradition is always interpreted tradition that is executed in the freedom of the Spirit."

[15] E. Käsemann, Der gottesdienstliche Schrei nach der Freiheit, in: ders., Perspektiven, 212.

[16] Beispielsweise zeigt F.W. Horn, Angeld, dass die Pneumatologie des Paulus
die Auseinandersetzung mit unterschiedlichen Situationen voraussetzt.

[17] E. Käsemann, Die Anfänge christlicher Theologie, in: ders., Exegetische Versuche und Besinnungen II, Göttingen [2]1965, 82-104, vor allem 88. Siehe auch unten 5.1.1 dieser Arbeit.

[18] Aber die Differenzen sind doch erheblich. Siehe insbesondere die Kritik
von E. Lohse, Römer, 250, an der Auffassung von E. Käsemann. Und siehe auch
unten 2.2 dieser Arbeit.

[19] Vgl. beispielsweise Chr. Wolff, Zungenrede, 755f.: „Die Glossolalie wurde
von korinthischen Gemeindegliedern – entsprechend deren pneumatisch-
enthusiastischem Selbstverständnis (I Kor 4,8) – als ein hervorragender Beweis
für Geistbesitz und Kommunikation mit der himmlischen Welt (13,1) bewertet."

darum, wie sich die christliche Existenz in Bezug auf die Gemeinde
versteht; darauf liegt in der paulinischen Argumentation das wesentliche Interesse, und dies fungiert als ein Schlüssel zum Verständnis der
kritischen Stellungnahme des Paulus zur Glossolalie. So verdeutlicht
das Thema „Glossolalie" den theologischen Lösungsversuch des Paulus für die Bewältigung eines aktuellen Problems, insbesondere im
Blick auf das Verständnis der Gemeinde und der christlichen Existenz.

2. Neben der richtigen Einschätzung des theologischen Gewichts des
Themas bei Paulus besteht die Notwendigkeit, auf etliche in der bisherigen Glossolalieforschung[20] entstandenen, noch nicht befriedigend
beantworteten Fragen einzugehen: Die erste und entscheidende Frage
lautet, ob Paulus und die Korinther im Grunde dasselbe Glossolalieverständnis haben[21] und der Unterschied zwischen ihnen wirklich nur
in der Bewertung des praktischen Nutzens der Glossolalie für die Gemeinde liegt.[22] Zu fragen ist, wie man die oft für ambivalent gehalte-
nen Aussagen des Paulus begreifen soll. Da 1 Kor 14 sowohl positive
wie auch negative Aussagen zu enthalten scheint, sind auch Forscher,die das Problem der Glossolalie im Licht der Polemik begreifen
oder die die Kritik des Paulus an diesem Phänomen ernst nehmen, der
Auffassung, dass der Wert der Praktizierung der Glossolalie in den
paulinischen Aussagen von 1 Kor 14 als mehr oder weniger positiv
anerkannt wird.[23] Ob dies ein richtiges Verständnis der paulinischen

---

[20] Siehe dazu unten 1.2.
[21] Beispielsweise beschreibt G. Dautzenberg, Art. γλῶσσα, in: EWNT I, 604-
614, hier 610, die Glossolalie im 1 Kor zusammenfassend: „Die Sprachengabe
hat folgende charakteristische Erscheinungsmerkmale: Sie ist unverständliches
(14,2.16.23), hochekstatisches (der νοῦς ist nicht beteiligt, nur das πνεῦμα; ein
Außenstehender könnte urteilen: „Ihr seid von Sinnen" 14,23) Reden. *Grundsätzlich gilt die glossolalische Äußerung als übersetzbar; das bedeutet ebenfalls, daß
sie einen bestimmten erbauenden (14,4f.26), belehrenden (14,19) oder mittei-
lenswerten (14,16) Inhalt hat.* [...] „übersetzen" kann der Glossolale selber
(14,13) oder ein anderes Mitglied der Gemeinde (12,10; 14,27). *Die Sprachengabe wird in der Gemeindeversammlung (14,6.16.23.26.27) und im persönlichen
Bereich (14,18f.28) erfahren und ausgeübt."*
[22] Beispielsweise charakterisiert W. Pratscher, Art. Glossolalie, in: RGG⁴ III,
1013f.: „Paulus schätzt die Glossolalie als geistgewirktes Sprechen von und zu
Gott (1 Kor 14,2) und rühmt sich selbst dieser Gabe (1 Kor 14,18). In der Gemeindeversammlung hat sie aber nur unter bestimmten Bedingungen Platz: Beschränkung der glossolal Redenden auf maximal drei und Übersetzung. Das Ziel
ist, wie bei der Prophetie, Gemeindeaufbau und Mission." Ähnlich beschreibt G.
Sellin, Auferstehung, 66f. Anm. 104: „Die Wendung γένη γλωσσῶν in 1 Kor
12,10.28 setzt verschiedene Klassen von Zwischenwesen (Engel) voraus, die unterschiedliche Sprachen sprechen. Die Zungenrede ist durchgehend direkt an Gott
gerichteter Lobgesang (vgl. 1 Kor 14,2). Entsprechend kritisiert Paulus ihren Pri-
vatcharakter, der zum Individualismus der korinthischen Pneumatiker passt."
[23] Chr. Wolff, Zungenrede, 756, beschreibt folgendermaßen: „Als anderen unverständliche Anbetung ist die Glossolalie ein individuelles Gespräch mit Gott (1

Argumentation ist, soll in der vorliegenden Arbeit, vor allem in der Analyse des Textes, überprüft werden.[24] Die zweite Frage lautet, wie Glossolalie im Kontext von 1 Kor 12-14 verstanden werden soll, d.h. welchen Stellenwert sie im Kontext hat. Ist sie einfach als ein Beispiel für die richtige Anwendung der Geistesgaben zu begreifen[25], und ist dies eine angemessene Erklärung für die paulinische Argumentation? Das soll insbesondere in Kap. 4 dieser Arbeit – in Bezug auf theologische Themen – sondiert werden. Eine dritte Frage bezieht sich auf das Verhältnis von Glossolalie und Prophetie. Die bisherige Forschung behandelt dieses Thema im Allgemeinen in Bezug auf die Prophetie[26]; es wird gesagt, Paulus nähere sich dem Thema offenbar in der Absicht, die Prophetie apologetisch zu verteidigen bzw. eher sie als die Glossolalie zu empfehlen bzw. die Prophetie von der Glossolalie zu trennen.[27] Aber die Frage, wie die Darstellung der Prophetie in der paulinischen Argumentation zu verstehen ist, hat auch eine bedeutende Funktion für die Erhellung des paulinischen Glossolalieverständnisses.

3. Das Ziel der Glossolalieforschung sollte allgemein darin bestehen, ein umfassendes Bild der urchristlichen Glossolalie in den neutestamentlichen Schriften insgesamt zu gewinnen und daraus das Wesen dieses Phänomens zu erhellen. Aber die von Paulus so beschriebene Glossolalie im 1 Kor unterscheidet sich von den Schilderungen in den anderen Schriften, d.h. in der Apg und im sekundären Schluss des

---

Kor 14,2.28), das die Gottesbeziehung des Beters stärkt (14,4a) und daher in den Privatbereich gehört (14,18f.28)."

[24] Dass der Wert der Praktizierung der Glossolalie in 1 Kor 14 von Paulus positiv anerkannt wird, ist gleichwohl m.E. ein auf einem Missverständnis beruhendes Urteil. Die oft als positiv akzeptierten Darstellungen sollen im Zusammenhang der paulinischen Rhetorik begriffen werden (siehe unten 3.2): Denn er beschreibt sie einerseits im Sinne von Ironie oder Tadel, andererseits widerlegt er sie mit anschließenden Aussagen bzw. Vergleichen. Hinter seinen negativen Schilderungen ist überdies die Umkehrung der in Korinth positiv eingeschätzten Auffassungen durch Paulus zu erkennen. Er will, dass die unübersetzbare und deshalb unverständliche Glossolalie, durch die die Gemeinde keineswegs zu erbauen ist, in der gottesdienstlichen Gemeindeversammlung ausgeschaltet und davon ausgeschlossen wird. So beklagt er deren Nutzlosigkeit und konzediert deren Wert im Gottesdienst überhaupt nicht. Obwohl diese Absicht des Paulus durchaus überall in seinen Aussagen zu bestätigen ist, wird das Glossolalieverständnis des Paulus sehr oft für ambivalent gehalten.

[25] Infolgedessen schreibt G. Dautzenberg, Prophetie, 226: „Paulus verfolgt in 1 Kor 14 das Ziel, eine Ordnung des pneumatischen Redens in den korinthischen Gemeindeversammlungen herbeizuführen."

[26] Siehe oben Anm. 5 und 7.

[27] Aber was Paulus in 1 Kor 14 problematisiert und thematisiert, ist nicht die Leistung der Prophetie, sondern die Praktizierung der Glossolalie, und für ihn gilt Prophetie offensichtlich als unentbehrliches Vergleichsobjekt in seinem Argumentationsgang. Deshalb besteht seine Absicht nicht darin, Prophetie zu verteidigen, sondern darin, Glossolalie zu relativieren. Siehe auch oben Anm. 6.

Markusevangeliums. Deshalb führt der Versuch, ein Gesamtbild von der Glossolalie zu entwerfen, zu einem unbefriedigenden Ergebnis. Darum konzentriere ich mich, auch wenn in Kap. 2 eine knappe Interpretation der anderen Texte gegeben wird, auf die von Paulus geschilderte Glossolalie, d.h. es sollen das Wesen der korinthischen Glossolalie und das Verhältnis des Paulus dazu sowie insbesondere auch die in seinem Urteil enthaltenen theologischen Gedanken herausgearbeitet werden.

1.2 Forschungsgeschichtlicher Rückblick zum Thema

In der Tat hat die Frage nach der Glossolalie eine reiche Literatur. Sie wird auch in Darstellungen aller Kommentare zum 1 Kor erörtert. Es ist deshalb sowohl unmöglich als auch wenig einträglich, eine vollständige Darstellung der bisherigen Forschung zu geben. Ich beschränke mich darum hier darauf, die wichtigen Etappen bzw. die charakteristischen Tendenzen der Forschungsgeschichte in Umrissen nachzuzeichnen.

Als Ausgangspunkt der Forschung kann *A. Hilgenfeld* angegeben werden, der die Problematik erkannte, dass die Vorstellung, dass die Glossolalie nur ein Charisma zur Verkündigung des Evangeliums unter fremden Völkern war, auf 1 Kor nicht passt.[28] Er stellte die Forderung auf, dass dieses Problem „nicht bloß innerhalb der Grenzen des neutestamentlichen Kanons, sondern durch alle Entwicklungsstadien der beiden ersten Jahrhunderte hindurch"[29] verfolgt werden soll, weil es aus Paulus selbst nicht hinreichend bestimmt werden kann.[30] Daher verglich er Glossolalie mit den Analogien und Beispielen aus der späteren neutestamentlichen Literatur, der griechischen Orakel, der gnostischen Literatur und dem Montanismus. Er verstand Glossolalie als eine Geistesrede[31] und sah im 1 Kor vor allem eine indirekte Polemik gegen die beiden extremen Ansichten, d.h. sowohl gegen die Überschätzung der Glossolalie als auch gegen ihre völlige Verwerfung.[32] Eine Wende in der Forschung zur Pneumatologie zeichnete sich durch *H. Gunkel* ab. Hellenistischen Christen sei das πνεῦμα als eine übernatürliche wunderbare Kraft vorgekommen und deshalb in merkwürdigen Erscheinungen und Wirkungen,[33] z.B. in Wundertaten und Ekstase wie Glossolalie, wahrgenommen worden. Es handelte sich also um „al-

---

[28] A. Hilgenfeld, Glossolalie, 23f.
[29] A. Hilgenfeld, Glossolalie, iii.
[30] A. Hilgenfeld, Glossolalie, 61.
[31] A. Hilgenfeld, Glossolalie, 45 und 57.
[32] A. Hilgenfeld, Glossolalie, 18.
[33] H. Gunkel, Wirkungen, 1.

le in die Augen fallenden Tatsachen, welche Gegenstand täglicher Erfahrung waren, und die man ohne weitere Überlegung unmittelbar als
geistesgewirkt empfand."[34] *H. Weinel*, der dieser Sicht Gunkels zu-
stimmte,[35] beschrieb, was die nachapostolische Zeit bis auf Irenäus als
Wirkungen des heiligen Geistes und der Geister erlebt und gelernt hat.
Er verfolgte, wie Glossolalie in der nachapostolischen Zeit verstanden
wurde, und sah sie als geistgewirktes Sprechen, vor allem als unverständliches Sprechen in der Ekstase, eine am stärksten vom normalen
Leben abweichende Erscheinung an.[36]
Eine wichtige Etappe in der religionsgeschichtlichen Forschung wurde
von *R. Reitzenstein* dargestellt, der zeigte, dass die Vorstellung der
Glossolalie als wunderbare und übermenschliche Sprachen im synkretistischen Hellenismus vorhanden war und das Judentum diese Anschauung auf die Engelwelt übertrug.[37] Nach einer solchen religionsgeschichtlichen Beobachtung nahm *J. Weiß*[38] an, dass die Erscheinung
der Glossolalie ihren Ursprung auf dem Boden der hellenistischen Ekstase und Mystik hat. Überdies argumentierte er, dass Paulus und die
Korinther im Sprachgebrauch an einen vertrauten griechischen Ausdruck anknüpfen.[39]
Einen bedeutenden Versuch, mit Kategorien der psychologischen Analyse Glossolalie zu untersuchen, unternahm *E. Mosiman*, der Glossolalie als Engelssprache verstand und ihren griechisch-hellenistischen
Einfluss beschrieb.[40] Neben der religions-geschichtlichen Analyse bestand sein Beitrag zur Erforschung der Glossolalie insbesondere in der
Anwendung der psychologischen Methode. Nach ihm ist Glossolalie
„eine automatische Tätigkeit des Unterbewusstseins"[41] in einem hyp-
notischen Zustand[42] und „eine Äußerung der Gedanken und Gefühle
durch die Sprachorgane, die temporär unter der Herrschaft der reflexi-
ven Nervenzentren stehen."[43]Ähnlich untersuchte *O. Pfister*[44] Glossolalie mit der psychoanalytischen, pathologischen Methode und fand darin „einen psychologischen Aufbau, welcher mit dem des Traums, des

---

[34]   H. Gunkel, Wirkungen, 4.
[35]   H. Weinel, Wirkungen, VII: „Wer die Absicht hat, die Pneumatologie der älteste Christenheit darzustellen, muss daher zuerst die Erlebnisse selbst beschreiben, auf denen sich die Lehre vom Geist aufgebaut hat."
[36]   H. Weinel, Wirkungen, 72f.
[37]   R. Reitzenstein, Poimandres, 55-58.
[38]   J. Weiß, 1 Kor, 338f.
[39]   J. Weiß, 1 Kor, 336f.
[40]   E. Mosiman, Zungenreden, 46-48.
[41]   E. Mosiman, Zungenreden, 124.
[42]   E. Mosiman, Zungenreden, 109.
[43]   E. Mosiman, Zungenreden, 114.
[44]   O. Pfister, Die psychologische Enträtselung der religiösen Glossolalie und der
automatischen Kryptographie (=Enträtselung), Jahrbuch für psychoanalytische
und psychopathologische Forschungen III, 1911/12, 427-466 und 730-794.

hysterischen Symptoms und überhaupt aller neurotischen Phänomenen in Prinzipe völlig übereinstimmt."[45] Er vermutete, dass die korinthische Glossolalie dem bedrückten Herzen des Paulus durch ihren neurotischen Funktionswert Luft zu schaffen wusste.[46] *G.B.Cutten*[47] verstand Glossolalie als eine religiöse Erfahrung, die ähnliche Symptome wie die Phänomene Hysterie und Starrkrampf hat.

Versuche, als Hintergrund der Glossolalie nicht die hellenistische Ekstase, sondern den Einfluss der palästinischen Urgemeinde anzunehmen, unternahmen *M. Barnette* und *J.P.M. Sweet*. Sie sahen als den Hintergrund der Glossolalie Palästina, d.h. „die Partei des Kephas." Nach Barnette versuchte die Partei des Kephas, dieselbe Art Ekstase wie die Geistausgießung während des Pfingstgeschehens in der korinthischen Gemeinde zu empfinden.[48] Nach Sweet setzte Paulus sich in Korinth mit einer Forderung der Führer der Partei des Kephas auseinander, palästinische Frömmigkeit und Orthodoxie in die korinthische Kirche zu tragen.[49]

Die Annahme, dass Glossolalie den ekstatischen Äußerungen in der hellenistischen Religion ähnlich ist, wurde von *J. Behm* weiterverfolgt. Er war der Meinung, dass es in der griechischen Religion eine Kette von vergleichbaren Erscheinungen gibt.[50] Ihm zufolge sahen die Korinther aufgrund ihrer vorchristlichen heidnischen Vergangenheit den Glossolalen als Pneumatiker an.[51] *N.I.J. Engelsen,* der sich in seiner Dissertation systematisch und umfangreich mit diesem Thema beschäftigte, begriff dieses Phänomen im Kontext der hellenistischen Religion ähnlich. Nach ihm ist das griechisch-römische prophetische Sprechen ekstatisch und unverständlich, also erfordert es eine Interpretation. Paulus gebe den ersten Hinweis für eine Trennung zwischen verständlichem und unverständlichem Sprechen, indem er Prophetie und Glossolalie unterscheidet. D.h. er sehe Prophetie als verständlich und Glossolalie als unverständlich an.[52] Paulus zog, so Engelsen, diesen Unterschied in einem Teil seiner Polemik gegen den falsch gelenkten Individualismus der Korinther, die Glossolalie gegenüber der Gemeinde-orientierenden Prophetie bevorzugten.[53] Auch *Th.W. Gillespie* verstand das Problem im Zusammenhang mit dem Verstehen des We-

---

[45] O. Pfister, Enträtselung, 780.
[46] O. Pfister, Enträtselung, 786.
[47] G.B. Cutten, Speaking with Tongues: Historically and Psychologically Considered, Yale 1927.
[48] M. Barnette, The Living Flame, Epworth 1953, 106.
[49] J.P.M. Sweet, A Sign for Unbelievers: Paul's Attitude to Glossolalia, in: NTS 13, 1967, 249.
[50] J. Behm, γλῶσσα, 722f.
[51] J. Behm, γλῶσσα, 723.
[52] N.I.J. Engelsen, Glossolalia, ii und 100.
[53] N.I.J. Engelsen, Glossolalia, 127-130.

sens des inspirierten Sprechens in der hellenistischen Religion.[54] Er dachte, dass Glossolalie von den Korinthern als ein Zeichen der göttlichen Beglaubigung des prophetischen Wortes wie in der hellenistischen Religion angesehen wurde.[55] Diese Tendenz wurde auch von *M.E. Hart* weiterverfolgt. Er sah Parallelen in den ekstatischen und unverständlichen Äußerungen der delphischen Priesterin.[56] Andererseits verglich *H.J. Tschiedel* das Pfingstgeschehen mit dem Apollonhymnos.[57] *A.C. Thiselton* behandelte die Interpretation der Glossolalie in Bezug auf den Sprachgebrauch Philos und des Josephus. Er schlug insbesondere vor, dass ἑρμηνεύω eher „to articulate" oder „to put into words" als „to translate" bedeuten kann.[58] *H.W. House* betonte den Einfluss der heidnischen Kulte, nämlich der Mysterienreligionen, auf Glossolalie in 1 Kor 12-14.[59] Auch der Ausdruck λαλεῖν γλώσσαις wurde, so H.W. House, nicht von den neutestamentlichen Verfassern erfunden, sondern aus der gewöhnlichen Sprache entliehen.[60]
Eine wichtige Erforschung der Terminologie der Glossolalie unternahm *R.A. Harrisville*. Auf der einen Seite durch die Analyse des Sprachgebrauchs im Neuen Testament,[61] auf der anderen Seite durch den sorgfältigen Vergleich dieses Terminus mit dem in der Septuaginta,[62] dem profanen Griechisch,[63] Qumran usw. untersuchte er, welche von ihren drei Wendungen in Apg, Mk und 1 Kor die früheste ist und worin der Ursprung liegt. Nach seinem Urteil wussten die Übersetzer der Septuaginta und auch das profane Griechisch nichts von dem technischen Terminus λαλεῖν γλώσσῃ/ γλώσσαις für Glossolalie.[64] Von der Betrachtung der Übersetzung und ihrer Interpretation von Jes 28,11-13a in der Septuaginta, Aquila und den Schriften von Qumran her behauptete er, dass der Ursprung des technischen Terminus in dem vorchristlichen Judaismus liegt, wahrscheinlich unter denjenigen, die apokalyptische Hoffnungen haben.[65]

---

[54] Th.W. Gillespie, Prophecy and Tongues, 103-128.
[55] Th.W. Gillespie, Prophecy and Tongues, 126f.
[56] M.E. Hart, Prophecy, 13f. Auch J.D.G. Dunn, Jesus und the Spirit, London 1975, 242.
[57] H.J. Tschiedel, Pfingstwunder, 22-39.
[58] A.C. Thiselton, The 'Interpretation' of Tongues: A New Suggestion in the Light of Greek Usage in Philo and Josephus, in: JThS 30, 1979, 15-36.
[59] H.W. House, Tongues, 134-150.
[60] H.W. House, Tongues, 139.
[61] Siehe R.A. Harrisville, Speaking, 38.
[62] Siehe R.A. Harrisville, Speaking, 39.
[63] Siehe R.A. Harrisville, Speaking, 40.
[64] R.A. Harrisville, Speaking, 39 und 41.
[65] R.A. Harrisville, Speaking, 45 und insbesondere 47, schreibt: „our conclusion is that use of the technical term γλῶσσα (ἐν γλώσσῃ or γλώσσαις) λαλεῖν had its occasion and origin in pre-Christian, Jewish source."

In den 80er Jahren wurde die bisherige Forschungslage von *G. Dautzenberg* systematisch zusammengefasst. Er betont einerseits den griechisch-hellenistischen Einfluss der Ekstase,[66] andererseits versteht er
jedoch Glossolalie als eine Engelssprache und meint, dass dies der
primäre Begriff der Glossolalie ist.[67] Er argumentiert also, dass sich
ihre Entstehung von den jüdischen Voraussetzungen her erklärt. Als
Beleg dafür nimmt er den Bericht über die drei Töchter Hiobs und ihre
Hymnen, welcher bei ihm „die nächste religionsgeschichtliche Analogie"[68] zur urchristlichen Glossolalie ist. Wie die urchristliche Prophetie
einen stark judenchristlichen Charakter hat,[69] hat auch Glossolalie nach
G. Dautzenberg ihren Ursprung im palästinischen Urchristentum. Von
dieser Betrachtung her versteht er Glossolalie als die „dem Urchristentum eigene Gestalt ekstatischen Redens"[70] im Zeitraum von 30 bis 60
n.Chr. Nach ihm ist das Problem in Korinth gerade die Bevorzugung
der Glossolalie vor der Prophetie.[71]
W. Pratscher sieht in der jüdischen Tradition die Analogie zu der urchristlichen Glossolalie im Zusammenhang mit der Engelsspekulation
und nicht im Zusammenhang mit charismatischer und prophetischer
Ekstase.[72] Andererseits behauptet er aber anders als G. Dautzenberg:
„Die alttestamentlich-jüdische Tradition ist für das Vorliegen glossola-
ler Phänomene viel weniger ergiebig als die griechisch-heidnische."[73]
Bei ihm hat die Glossolalie den Ursprung in der hellenistischen Tradition, aber er begrenzt „eine Ableitung der Glossolalie aus dem hellenistischen Synkretismus"[74] auf die Glossolalie der paulinischen Gemeinden, nicht auf die der palästinischen Urgemeinde. Nach ihm ist
Glossolalie am besten als „Gottesrede"[75] zu verstehen. Sie hat den
doppelten Sinn: Rede Gottes an den Menschen und Rede des Menschen zu Gott. In 1 Kor 12-14 ist Glossolalie eine an Gott gerichtete
Rede. Paulus sah nach W. Pratscher in der Überschätzung der Glosso-

---

[66] G. Dautzenberg, Glossolalie, 229-232.
[67] G. Dautzenberg, Glossolalie, 233-235.
[68] G. Dautzenberg, Glossolalie, 233-235.
[69] G. Dautzenberg, Prophetie, 299.
[70] G. Dautzenberg, Glossolalie, 233-235. Nach ihm ist das ekstatische Reden
noch das allgemeine religionsgeschichtliche Phänomen.
[71] G. Dautzenberg, Glossolalie, 238. Vgl. dazu B.A. Pearson, The Pneumatikos-
Psychikos Terminology in 1 Corinthians. A Study in the Theology of the Corinthian Opponents of Paulus and Its Relation to Gnosticism, SBL.DS 12, Cambridge ²1976, 44-50. Anders denkt F.W. Beare, Speaking with Tongues. A Critical Survey of the New Testament Evidence, in: JBL 83, 1964, 229-246, hier 243,
dass sich Paulus darum bemühte, die Praxis der Glossolalie selbst zu entmutigen.
[72] W. Pratscher, Glossolalie, 123. Auch bei W. Pratscher ist TestHiob 47ff. die
deutlichste Analogie zu der im Neuen Testament vorliegenden Glossolalie.
[73] W. Pratscher, Glossolalie, 124.
[74] W. Pratscher, Glossolalie, 124.
[75] W. Pratscher, Glossolalie, 129.

lalie die Gefahr, durch Glossolalie einen in verständlicher Rede ablaufenden Gottesdienst zu ersetzen.[76] Einen experimentellen Versuch, mit den modernen religionspsychologischen Methoden und Aspekten die paulinische Theologie zu betrachten, unternimmt *G. Theißen*. Bei ihm ist Glossolalie die Sprache des Unbewussten.[77] Für diese Analyse benutzt er drei Theorien: den lerntheoretischen Ansatz, den psychodynamischen Ansatz und den kognitiven Ansatz, der Religion als Aufbau einer gedeuteten Welt ansieht.[78] Indem er drei Traditionsbereiche, nämlich den bacchantischen Rauch (die dionysische Tradition), die platonische Inspiration und die apokalyptische Himmelssprache, analysiert, findet er heraus, dass unbewusste Prozesse im ekstatischen Sprechen zum Ausdruck kommen und das Unwissenheitsmotiv ubiquitär ist.[79] Danach beobachtet er auch das Phänomen der Glossolalie von den drei religionspsychologischen Ansätzen her: als gelerntes Verhalten,[80] als Sprache des Unbewussten[81] und als gedeuteten Vorgang.[82]

---

[76] W. Pratscher, Glossolalie, 131f. W. Pratscher zeigt auch, dass Glossolalie auch vom Standpunkt des psychologischen Analyse aus erforscht werden kann. Aber er urteilt, dass von der psychologischen Erklärung her „nichts über das dahinterstehende religiöse Movens" erwähnt ist (W. Pratscher, Glossolalie, 125-129).

[77] Sein Glossolalieverständnis ist folgendes: „Wenn die Prophetie beim anderen Menschen die „verborgenen Dinge des Herzens" offenbart, so hat die Glossolalie im Hinblick auf den Sprecher dieselbe Funktion: Sie offenbart Tiefenschichten seines psychischen Lebens [...] Glossolalie ist Sprache des Unbewußten, Prophetie und Hermeneia deren Bewußtmachung"(G. Theißen, Aspekte, 276).

[78] Siehe dazu G. Theißen, Aspekte, 14-48.

[79] G. Theißen, Aspekte, 276-291.

[80] Von lerntheoretischen Aspekten her ist Glossolalie sozial gelerntes Verhalten, das beim Übertritt in eine neue religiöse Gemeinschaft erworben wird. Deswegen ist glossolales Verhalten „von einer bestimmten sozialen und historischen Lernsituation abhängig: vom Eintritt in eine neue religiöse Gemeinschaft, die sich in ihren Werten von der Umwelt scharf abhebt. Diese Gemeinschaft ist entscheidender Stimulus, Verstärker und Modell glossolalen Verhaltens" (G. Theißen, Aspekte, 302).

[81] Durch die psychodynamische Betrachtung der Glossolalie untersucht G. Theißen ihren individuellen Wert. Er bezeichnete Glossolalie als Sprache des Unbewussten, die aber „bewusstseinsfähig" ist (G. Theißen, Aspekte, 304). Sie eröffnet einen Zugang zu unbewussten Tiefendimensionen des Lebens. In ihr wird aufgedeckt, was sich dem Alltagsbewusstsein entzieht. Glossolalie ermöglicht als Ausdruck ungelöster Spannungen auch verdrängten Impulsen einen Zugang zum Bewusstsein. Als Beispiel dafür nennt G. Theißen Ἀνάθεμα Ἰησοῦς und Κύριος Ἰησοῦς (1 Kor 12,2).

[82] In 1 Kor 12-14 versucht Paulus – von kognitiven Aspekten her gesehen –, die kognitive Umstrukturierung des sozialen Umfelds und der psychischen Dynamik zu ermöglichen. Für die Korinther ist Glossolalie ein Zeichen der Erwählten. Dagegen strukturiert Paulus durch die Relativierung die Deutung um. D.h. Glossolalie ist „Teil einer durch den Geist und den Leib Christi verbundenen Mannigfaltigkeit" (G. Theißen, Aspekte, 329). Gegen die korinthischen Glossolalen, die

Nach G. Theißen gab es in Korinth eine Tendenz, Glossolalie als „Kriterium des Geistbesitzes und der Zugehörigkeit der Gemeinde" und wahrscheinlich als „Erkenntnismerkmal für die Gläubigen"[83] anzusehen. Paulus reduziert dagegen die soziale Verstärkung durch den Hinweis auf eine eindeutige Hierarchisierung (Prophetie ist der Glossolalie überlegen) und durch die Privatisierung (1 Kor 14,4.19).[84] Eine weitere Hypothese G. Theißens liegt in der Behauptung, dass Glossolalie die regressive Wiederaufnahme kindlicher Verhaltensformen sei: Glossolalie ist „Erweiterung des Verhaltensrepertoires durch Rückgriff auf kindliche Verhaltenszüge."[85] Diese Züge sah Paulus in dem egozentrischen Charakter der Glossolalie (1 Kor 14,2.4.28).

Ein bemerkenswerter Versuch, Glossolalie in Bezug auf den pneumatischen Enthusiasmus in Korinth zu begreifen,[86] wurde von *F.W. Horn* unternommen. In seinem Buch, in dem es um die paulinische Pneumatologie geht, versteht er die Situation des Paulus in Korinth als „Auseinandersetzung mit dem pneumatischen Enthusiasmus."[87] Dies beweist er durch die Analyse von drei Themen - Taufe, πνευματικός als Selbstbezeichnung und Glossolalie.
Er ist der Meinung, dass das Phänomen der Glossolalie als eine ekklesiale Erscheinung auf Korinth zu begrenzen ist und notwendig an ein bestimmtes christliches Selbstverständnis gebunden ist, das „in urchristlicher Zeit nur im pneumatischen Enthusiasmus in Korinth zu finden ist."[88] Nach ihm wird die Praxis der Glossolalie innerhalb der korinthischen Gemeinde als „Einstimmung in die Himmelssprache"[89] angesehen. In der Form religiöser Rede hält er sie für „Göttersprache"[90] und somit für „die eschatologisch eröffnete Möglichkeit, Gott in der Sprache der Engel zu preisen."[91]

---

sich für πνευματικοί und für τέλειοι (1 Kor 2,6.15; 3,1) halten, argumentiert Paulus, dass Vollkommenheit im Verstehen (1 Kor 14,20) gesucht werden soll.
[83] G. Theißen, Aspekte, 296.
[84] G. Theißen, Aspekte, 292f.
[85] G. Theißen, Aspekte, 314.
[86] Als bisherige Vorschläge zur Situation in der korinthischen Gemeinde sind insbesondere folgende zu erwähnen: W. Schmithals, Die Gnosis in Korinth. Eine Untersuchung zu den Korintherbriefen, FRLANT 66, Göttingen ³1969, versteht sie in Bezug auf die Gnosis. R.A. Horsely, Wisdom of Word and Words of Wisdom in Corinth, in: CBQ 39, 1977, 224-239, nennt den Einfluss der hellenistischjüdischen Spekulation über σοφία. A.C. Thieselton, Realised Eschatology at Corinth, in: NTS 24, 1977/78, 510-526, sieht das korinthische Problem in der übermäßig realisierten Eschatologie.
[87] F.W. Horn, Angeld, 160.
[88] F.W. Horn, Angeld, 201.
[89] F.W. Horn, Angeld, 219.
[90] F.W. Horn, Angeld, 211f.
[91] F.W. Horn, Angeld, 214.

In der Gemeinde in Korinth gilt Glossolalie, so F.W. Horn, als hervorragende Geistesgabe. Was aber von Paulus im 1 Kor thematisiert wird,
ist nicht Glossolalie an sich, sondern der Vollzug der Glossolalie.
Denn Glossolalie wird von dem pneumatischen Enthusiasmus in Korinth als „ein Erweis vollzogener Ekstase"[92] angesehen. Daraus ergibt
sich: Im 1 Kor setzt Paulus sich mit dem pneumatischen Enthusiasmus
auseinander, der Glossolalie als „das Zeichen des Christenstandes"[93]
versteht. Folglich wird Glossolalie von Paulus für „eine Demonstration
des pneumatischen Enthusiasmus" gehalten.
Die allgemeine Tendenz der bisherigen Forschung, Glossolalie und
Prophetie vor dem hellenistischen Hintergrund zu betrachten, wurde
von *Chr. Forbes* kritisiert. Nach ihm liegt die über 30 Jahre alte allgemeine Ansicht in der Behauptung begründet, dass diese Phänomene im
Neuen Testament Parallelen in der hellenistischen populären Religion
haben, nicht nur phänomenal, sondern auch terminologisch,[94] und dass
das Problem in Korinth auf einer vorchristlichen religiösen Erfahrung
einiger Korinther beruht.[95] D.h. vorchristlich hatten einige Korinther
die Erfahrung der Glossolalie oder ähnlicher Phänomene in der hellenistischen Religion und überführten sie in das neue, christliche Leben.
Daher schätzten sie Glossolalie hoch.
Chr. Forbes urteilt, dass diese Hypothese die schwächste Grundlage
hat.[96] Denn einige Züge in den Phänomenen im Neuen Testament sind
einzigartig, und Unterschiede zwischen beiden Gruppen sind größer
als Ähnlichkeiten.[97] Er behauptet, dass die Einschätzung der Glossolalie der Korinther mit ihrem Status in dem frühen palästinischen Christentum begründet wird.[98] Er meint, dass einige Korinther dachten, dass
sie selbst die Stufe der Reife erreicht hatten, Glossolalie mit wenig
Rücksicht auf die Prophetie praktizierten und versuchten, das Praktizieren der Prophetie auf die eigene Gruppe einzuschränken. Bei ihnen

---

[92] F.W. Horn, Angeld, 216.
[93] F.W. Horn, Angeld, 218.
[94] Chr. Forbes, Prophecy, 5.
[95] Chr. Forbes, Prophecy, 16.
[96] Chr. Forbes, Prophecy, 5f. Also sagte er: „the consensus is based on only the
flimsiest of evidence, and must abandoned."
[97] Um drei in den bisherigen allgemeinen Tendenzen angenommene Vorschläge
zu analysieren, vergleicht er Glossolalie jeweils mit der hellenistischen Inspiration in dem delphischen Orakel, dem dionysischen Kult und der hellenistischen
populären Religion. Auf Grund seiner Analyse kommt er zu folgendem Urteil:
„In the case of early Christian glossolalia [...] no convincing parallels whatsoever
have been found within the traditions of Graeco-Roman religion, as they were
known in the environment of the New Testament, whether it be at the level of
terminology, phenomena or concept [...] Glossolalia is very different from the
others, terminologically, phenomenologically, and conceptually" (Chr. Forbes,
Prophecy , 316f.).
[98] Chr. Forbes, Prophecy, 172 und 319. Er denkt, dass Korinther von Paulus
selbst Glossolalie und ihre Praxis lernten.

war Glossolalie ein Zeichen für den Elitestatus.[99] Diese Gedanken machten eine Grenze zwischen Eliten und Nicht-Eliten in der Gemeinde. Gegen diesen Hintergrund argumentierte Paulus, dass Prophetie, nicht Glossolalie, ein Zeichen für die Glaubenden ist und dass unübersetzte Glossolalie höchstens ein negatives Zeichen für die Ungläubigen ist.

Eine Tendenz der Forschung bildete auch der Versuch, Glossolalie im 1 Kor im Vergleich mit der Schilderung in Apg 2, also auf einer Linie mit Apg 2 zu verstehen. Die Forscher, die diese Richtung verfolgen, nehmen an, Glossolalie bedeute sowohl bei Paulus als auch bei Lukas beiden eine ungelernte menschliche Sprache. Dazu gehören *R.H. Gundry*,[100] *C.F. Robertson*,[101] *V. Poythress*,[102] *W.E. Mills*[103] u.a. Vor allem interpretieren *M. Turner*[104] und *M.J. Cartledge*,[105] Lukas verstehe Glossolalie als eine ungelernte menschliche Sprache, während Paulus sie auch in dieser Weise, aber mit der Ergänzung der Kategorie der Engelssprache verstehe. Sie behaupten, dass Glossolalie als eine private Gabe der individuellen Erbauung in privater Verwendung dient.[106]

Es gibt auch einige Forscher, die die Glossolalie in Korinth in Bezug auf eine Herausforderung bestimmter Frauen an die feste männliche Autorität betrachten. Glossolale in der korinthischen Gemeinde seien ihnen zufolge eine Gruppe von Prophetinnen, und Paulus versuche, diese Tendenz zu unterdrücken. Diese These vertreten *L.T. Johnson*,[107] *A.C. Wire*,[108] *A. Eriksson*.[109]

D.B. Martin versucht, das Problem der Glossolalie mit der so genannten soziologischen exegetischen Methode zu erhellen. Er hält Glossolalie für „einen Indikator des Status."[110] Zunächst definiert er Glossolalie als „esoterische Rede"[111] und vergleicht sie mit esoterischen Reden, die in anderen Gruppen und Kulturen gefunden werden. Durch diese kulturelle Analyse bestätigt er, dass die esoterische Rede als Indikator

---

[99] Chr. Forbes, Prophecy, 171-175.

[100] R.H. Gundry, 'Estatic Utterance' (N.E.B.)?, in: JThS 17, 1966, 299-307.

[101] C.F. Robertson, The Nature of New Testament Glossolalia, Diss. Dallas 1975.

[102] V. Poythress, The Nature of Corinthian Glossolalia: Possible Options, in: WThJ 40, 1977, 130-135.

[103] W.E. Mills, Glossolalia, 69. Er denkt an den hebräischen Hindergrund der Glossolalie und betrachtet dieses Phänomen nicht als ekstatisch (ders., Glossolalia, 94).

[104] M. Turner, The Holy Spirit, 221-239.

[105] M.J. Cartledge, The Nature and Function of New Testament Glossolalia, in: EQ 72, 2000, 135-150.

[106] M. Turner, The Holy Spirit, 234; M.J. Cartledge, The Nature and Function of New Testament Glossolalia, 150.

[107] L.T. Johnson, Glossolalia und the Embarrassment of Experience, 128-132.

[108] A.C. Wire, Women Prophets, 140-146 und 185.

[109] A. Eriksson, Traditions, 202-216.

[110] Er bezeichnet Glossolalie als „a status indicator".

[111] D.B. Martin, Tongues, 548. Nach seinem Ausdruck: „esoteric speech acts".

eines hohen Status in der griechisch-römischen Gesellschaft funktioniert.[112]

Anschließend unternimmt er eine ideologische Analyse der paulinischen Rhetorik, indem er 1 Kor 12,12-27 und 14,14-17 prüfte, wobei zwei Bilder des Status verwendet werden: erstens die Kirche als Leib und zum zweiten die Trennung zwischen Verstand und Geist. In 1 Kor 12,12-27 betont Paulus nach D.B. Martin, dass höhere Ehre denjenigen, die einen niedrigen Status haben, gegeben werden soll.[113] Indem er in 1 Kor 14,14-17 eine Verbindung des Geistes mit dem Verstand behauptet, setzt Paulus den Status des Geistes herab.[114] Diese Gleichwertigkeit des höheren Status und des niedrigeren bedeutet eine wirkliche Herausforderung an das Verständnis der Korinther.[115]

In diesem Zusammenhang meint D.B. Martin, dass die Korinther der Glossolalie einen höheren Status geben. D.h. bei ihnen wurde Glossolalie als Indikator des höheren Status verstanden.[116] In Korinth gebe es also einen Konflikt zwischen höherem Status und niedrigerem Status. Demgegenüber betone Paulus, dass der Status der Engelsrede („angel tongues") für die ganze Gemeinde abgeschätzt werden soll. Nach der Ansicht D.B. Martins erscheint diese rhetorische Strategie des Paulus auf gleiche Weise in anderen Stellen im 1 Kor[117] und in diesem Punkt besitzt 1 Kor also eine rhetorische und thematische Einheit.

In einem Artikel, der im kürzlich publizierten TRE Band 36 (2004) enthalten ist, schreibt *Chr. Wolff*, dass Glossolalie in der korinthischen Gemeinde als ekstatische Engelssprache (13,1) gilt und folgende Charakteristika hat: Sie kommt bei Einzelnen vor, aber unter Ausschalten des Verstandes (14,13f.), ist deshalb ekstatisch. Sie wird ohne Übersetzung von den Hörern nicht verstanden, weil sie sich nicht in verständlichen Lauten äußert (14,7-11). Insbesondere bezeichnet Chr. Wolff deren Inhalt als „Lobpreis (14,2.14-17.28) – speziell: himmlische Geheimnisse (14,2)."[118] Daher sieht er den religionsgeschichtlichen Ort der Glossolalie „in frühjüdisch-apokalyptischen bzw. mystischen Kreisen."[119] Ihm zufolge galt Glossolalie in Korinth als höchste Manifestation der gottgewirkten Ekstase und damit als „ein herausragender Beweis für Geistbesitz und Kommunikation mit der himmlischen Welt."[120] Demgegenüber versuche Paulus, diese Hochschätzung zu korrigieren, indem er sie relativiert und sie der Prophetie unterord-

---

[112]   D.B. Martin, Tongues, 558.
[113]   D.B. Martin, Tongues, 569.
[114]   D.B. Martin, Tongues, 569, ist der Meinung, dass dies das Ziel des Paulus in 1 Kor 12-14 ist.
[115]   D.B. Martin, Tongues, 576.
[116]   D.B. Martin, Tongues, 579.
[117]   D.B. Martin, Tongues, 580.
[118]   Chr. Wolff, Zungenrede, 755.
[119]   Chr. Wolff, Zungenrede, 761.
[120]   Chr. Wolff, Zungenrede, 755f.

net. Gleichwohl habe Glossolalie auch bei Paulus als „ein individuelles
Gespräch mit Gott"[121] einen Wert und außerdem zeige sie den „zeitlos-
überweltlichen Charakter" der Erkenntnis Gottes (13,2; 14,2.6.29f.),
während Prophetie einen „situationsbezogenen" – auf die aktuellen
Probleme der Gemeinde bezogen – Charakter habe.[122]

Ergebnis: Viele Versuche, den religionsgeschichtlichen Hintergrund
der Glossolalie phänomenal und terminologisch zu erforschen und
daraus Bedeutungen und Funktionen zu erklären, bilden eine allgemeine Tendenz der bisherigen Forschung, das Thema „Glossolalie" zu betrachten. Als Hintergrund der Glossolalie wird meistens die hellenistische Religiosität erwähnt, aber auch das Judentum, genau gesagt das
hellenistische Judentum, wird oft als Ursprung angesehen. Diese Ergebnisse entsprechen normalerweise der jeweiligen vorausgesetzten
Definition der Glossolalie. Deshalb ist eine bestimmte, befriedigende
Übereinstimmung nicht gegeben. Aber eine entscheidende Schwäche
dieser Forschungsmethode liegt darin, dass es keine direkten Parallelen
zur neutestamentlichen Glossolalie, vor allem der im 1 Kor erwähnten
Glossolalie, in der antiken Religionsgeschichte gibt.[123]
Auch andere Versuche haben keinen plausiblen Grund. Die Versuche,
in religionspsychologischer Hinsicht das Phänomen Glossolalie zu betrachten, sind wenig sinnvoll: Damit werden einerseits theologische
Motive, die hinter diesem Phänomen stehen, nicht genau erfasst, weil
sie zu einem Glaubensurteil gehören. Andererseits kann man aus der
paulinischen Schilderung gar keine Berichte über den psychischen Zustand der Glossolalen ablesen. Die Tendenz, Glossolalie bei Paulus im
Zusammenhang mit Pfingsten zu betrachten, ist nicht plausibel. Die
Darstellung in Apg 2 ist offensichtlich eine theologische Komposition
des Lukas. Zudem meint diese bei Lukas, anders als bei Paulus, das
Reden in fremden Sprachen und ist also durchaus verständlich. Der
Versuch, mit der soziologischen Methode dieses Thema zu erklären,
sieht in diesem Phänomen ein soziales Verhältnis, nämlich einen sozialen Konflikt. Es führt aber zu weit, wenn er aus diesem Phänomen
einen sozialen Status ableitet. Denn das Problem der Glossolalie hat
damit nichts zu tun.
Diese bisherigen Methoden und die daraus entstandenen Hypothesen
sollen somit anhand der Textanalyse überprüft und korrigiert werden.
Deshalb wird die theologische und exegetische Analysemethode angewandt, die sowohl die Gemeinde in Korinth und ihre reale Situation
als auch den Kontext und den Zusammenhang des Textes berücksich-
tigt, die in der paulinischen Schilderung erkennbar werdenden theologischen Gedanken identifiziert und daraus theologische Bedeutungen

---

[121] Chr. Wolff, Zungenrede, 756.
[122] Chr. Wolff, Zugenrede, 755.
[123] Siehe dazu unten 2.3 dieser Arbeit.

dieses Phänomens ableitet. Denn auf jeden Fall sollen der wesentliche Ausgangspunkt und das Kriterium der Glossolalieforschung in der Exegese des Textes bestehen.

1.3 Zum Gang der Untersuchung

Das Ziel der vorliegenden Arbeit besteht weder darin, mein eigenes Glossolalie-verständnis darzustellen, noch darin, ein Gesamtbild des neutestamentlichen Befundes zu beschreiben. Diese Arbeit strebt vielmehr an, das Wesen der korinthischen Glossolalie und das Urteil des Paulus darüber zu untersuchen. Sie versucht, mit Hilfe der auf der historisch-kritischen Methode basierenden, theologischen und exegetischen Analysemethode das Ziel zu erreichen.

Der Gang der Untersuchung wird folgender sein: Zunächst werden einige notwendige Voraussetzungen der Interpretation zur Glossolalie in *Kapitel 2* dargestellt. Neben der terminologischen Frage werden dabei sowohl die Schilderungen in den anderen neutestamentlichen Schriften als auch die religionsgeschichtliche Frage untersucht, weil diese Fragen Ausgangspunkt und Grundlage des paulinischen Glossolalie-verständnisses sind und der Orientierung der Arbeit dienen.

Danach folgt die eigentliche Untersuchung. Sie gliedert sich in drei Hauptteile (Kapitel 3, 4 und 5): In *Kapitel 3* wird die exegetische Analyse des Textes, nämlich des 1 Kor 14, versucht. Dadurch sollen das Wesen der korinthischen Glossolalie und ihre Bewertung durch Paulus erfasst werden. Dabei wird auch der religiöse Enthusiasmus in Korinth hinsichtlich des Ergebnisses der Exegese behandelt. Dies wird dabei helfen, die Situation zu erhellen, in der Glossolalie entstanden ist und sich Paulus mit diesem Problem auseinander setzt.

In *Kapitel 4* wird Glossolalie im Zusammenhang der paulinischen Theologie betrachtet. Dabei geht es um die im 1 Kor erkennbare paulinische Pneumatologie und Ekklesiologie. Das Ziel dieses Kapitels ist zu bestimmen, welche Bedeutungen und Funktionen Glossolalie im Zusammenhang der ausgewählten theologischen Themen bzw. Begriffe hat und wie sie dort interpretiert wird. Durch diese Analyse wird deutlich, welche theologische Rolle Glossolalie im 1 Kor spielt und welchen Stellenwert sie in 1 Kor 12-14 hat.

In *Kapitel 5* wird diskutiert, wie Paulus über die korinthische Glossolalie urteilt bzw. wie er sich zu diesem Phänomen und dem daraus entstandenen Problem verhält. Von der Kritik des Paulus an der Glossolalie her werden die theologischen Motive erfasst, die er bei der Auseinandersetzung mit diesem Problem darstellen will. Das Ziel dieses Kapitels ist also, die Grundposition des Paulus zu erläutern.

Im abschließenden Kapitel (*Kapitel 6*) wird das Glossolalieverständnis des Paulus von den gewonnenen Ergebnissen her zusammengefasst. Dabei wird untersucht, wie Glossolalie nicht nur in der christlichen

Gemeinde in Korinth, sondern auch in der Theologie des 1 Kor theologisch zu werten ist und welchen Platz dieser Brief im Rahmen der paulinischen Theologie einnimmt sowie welchen Beitrag die Forschung zur Glossolalie zum Verständnis der paulinischen Theologie leistet.

Kapitel 2
Die Voraussetzungen der Interpretation des Themas: Sprache und Kontext

Vor der Darstellung der in Korinth praktizierten Glossolalie sind einige exegetische und historische, insbesondere religionsgeschichtliche Voraussetzungen zu klären. Wo begegnet der Begriff γλῶσσα, d.h. in welchem Sinn und in welcher Sprachform wird das Wort verwendet (terminologische Frage)? In welchem Sinn und mit welcher Absicht wird die Wendung λαλεῖν γλώσσαις in der Apostelgeschichte und im sekundären Schluss des Markusevangeliums gebraucht? Welcher religiöse Hintergrund ist vorausgesetzt bzw. welche verwandten Phänomene gab es (religionsgeschichtliche Frage)?

2.1 Sprachliche Analyse

2.1.1 γλῶσσα im allgemeinen Sprachgebrauch

Die griechische Vokabel γλῶσσα kommt insgesamt 50-mal im Neuen Testament vor; bei Paulus ist sie 22-mal belegt, davon 19-mal im 1 Kor, 14-mal allein in 1 Kor 14. γλῶσσα meint zuerst die Zunge als körperliches Organ, insbesondere als das Organ des Redens[1], so in Mk 7,33.35; Lk 1,64; 16,24; Jak 1,26; 3,5-8; 1 Petr 3,10; Apk 16,10 usw. Wie die Warnungen vor Zungensünden (1 Petr 3,10) oder vor der Zungenmacht (Jak 3,5-8) und die Ermahnung zur Beherrschung der Zunge erkennen lassen, kann die Zunge im Sinne des Sprachwerkzeugs auch als Instrument der Sünde verstanden werden.[2] Bei Paulus ist γλῶσσα im buchstäblichen Sinn als Zunge nur selten belegt (Röm

---

[1] Vgl. J. Behm, γλῶσσα, 720f.
[2] Siehe J. Behm, γλῶσσα, 720f.

3,13; 14,11; Phil 2,11).[3] In Röm 3,13 ist γλῶσσα im Zitat von Ps 5,10 Medium der Sünde[4]; es handelt sich in Röm 3,10-18 um eine Reihe von Zitaten (Röm 3,10-18)[5]; Paulus will durch diesen Schriftbeweis seine Anklage verdeutlichen, dass Juden wie Griechen vor Gott schuldig sind. In Röm 14,11 und Phil 2,11 ist die Zunge (γλῶσσα) das Subjekt des Lobpreises; an beiden Stellen liegt ein Zitat aus Jes 45,23 vor, die Aussagen beziehen sich einerseits auf den Lobpreis Gottes (Röm 14,11), andererseits auf den Lobpreis des erhöhten Christus (Phil 2,11). Das Wort γλῶσσα bezeichnet auch die Sprache (Apg 2,11) bzw. die Sprechfähigkeit des Menschen (1 Kor 14,9).[6] In dieser Bedeutung ist γλῶσσα aber nur selten im Neuen Testament belegt, und zwar nur im Kontext von Aussagen zur Glossolalie. In Apg 2,11 ist γλῶσσα in der Darstellung des Pfingstgeschehen die Fremdsprache, in 1 Kor 14,9[7] bezeichnet γλῶσσα die menschliche Sprechfähigkeit. Da die „Zungenrede" hier im Grunde die unverständliche Rede ist, bedeutet das: Wenn sich aus dieser Sprechfähigkeit keine deutliche Rede ergibt, so ist es genauso, als ob man etwas in den Wind sagt. Der Zusammenhang von Sprache (γλῶσσα) und Volk bzw. Völker ist in Apk 5,9; 7,9; 10,11; 11,9; 13,7; 14,6 erkennbar.[8]

2.1.2 γλώσσαις λαλεῖν als Terminus technicus

Das Wort γλῶσσα begegnet in 1 Kor 12-14[9] und auch in Apg 2,4; 10,46; 19,6 sowie in Mk 16,17 im Sinne von „Glossolalie"[10], und zwar um ein Charisma, nämlich die vom Geist gegebene Rede zu bezeichnen.

---

[3]   Anders W. Bauer, Wörterbuch, 324, der γλῶσσα in Phil 2,11 im Sinn von Sprache versteht.

[4]   U. Wilckens, Röm I, 173.

[5]   Nach U. Wilckens, Röm I, 171, stammt der Text nicht unmittelbar von Paulus, sondern es handelt sich um ein vorgegebenes Traditionsstück. Vgl. dazu E.E. Ellis, Paul's Use of the Old Testament, 10-14.

[6]   A. Lindemann, 1 Kor, 303; anders sieht W. Schrage, 1 Kor III, 394, γλῶσσα in 1 Kor 14,9 als Zungenrede an.

[7]   Hier wird γλῶσσα mit Artikel verwendet.

[8]   J. Behm, γλῶσσα, 721. Auch W. Bauer, Wörterbuch, 324.

[9]   Im 1 Kor kommt die Vokabel γλῶσσα nur in Kap.12-14 vor: Insgesamt 19-mal, aber in 1 Kor 12 und in 1 Kor 13 jeweils nur 3-mal bzw. 2-mal.

[10]   Forscher benutzen den Ausdruck „Glossolalie" oft nur für das sprachliche Phänomen im 1 Kor, für das in Apg 2 geschilderte Geschehen dagegen den Ausdruck „Xenolalie", da es geht im 1 Kor um ein Phänomen des ekstatischen Redens gehe, in Apg 2 jedoch um ein Sprachenwunder, nämlich das Reden in fremden Sprachen. Das ist zwar treffend; aber es ist zu beachten, dass Lukas denselben technischen Terminus (λαλεῖν γλώσσαις) in den genannten drei Stellen verwendet, wobei die Einfügung von ἑτέραις in 2,4 eine bewusste lukanische Komposition aus einer theologischen Intention heraus darstellt. Siehe dazu unten 2.2.1.2 und 2.2.1.3.

1. Der Begriff γλῶσσα wird in vielfältigen Wortverbindungen und Wendungen gebraucht.[11] Die auffälligste Wendung ist λαλεῖν γλώσσῃ (1 Kor 14,2.4.9.13.14.19.27) bzw. λαλεῖν γλώσσαις (1 Kor 12,30; 13,1; 14,5a.5b.6.18.23.39; Apg 2,4; 10,46; 19,6; Mk 16,17). Dazu gehört insbesondere die partizipiale Wendung ὁ λαλῶν γλώσσῃ/ γλώσσαις (1 Kor 14,2.4.5b.6.13). Der Wechsel des Singulars und des Plurals entspricht dort meist dem Numerus des jeweiligen Subjekts. In 1 Kor 13,1; 14,5b.6.18, wo die Pluralform von γλῶσσα gebraucht ist, steht aber das Subjekt im Singular, ohne dass man einen Bedeutungsunterschied zwischen den beiden Aussagen finden könnte. In 1 Kor 14,19 begegnet die Formulierung (λαλεῖν) ἐν γλώσσῃ (anstelle von γλώσσ γλώσσῃ bzw. γλώσσαις)[12], und zwar als Gegenüber zu τῷ νοΐ. In 1 Kor 13,1 erwähnt Paulus das Reden mit Engelszungen (λαλεῖν ταῖς γλώσσαις τῶν ἀγγέλων) neben dem Reden mit Menschenzungen. Damit bezeichnet Paulus die Glossolalie möglicherweise als die Sprache der Engel bzw. als die Himmelssprache, und dies könnte vielleicht der eigentliche Sinn der Glossolalie sein.[13] In 1 Kor 12,10.28 nennt Paulus γένη γλωσσῶν, und damit sind offenbar unterschiedliche Formen glossolalischen Redens in der Aufzählung der Geistesgaben gemeint; Paulus fügt ἑρμηνεία γλωσσῶν (12,10) bzw διερμηνεύειν (12,30) an. Ohne ein Verb begegnet der Begriff γλῶσσαι in 1 Kor 13,8; 14,22, möglicherweise als Sammelbezeichnung. In 1 Kor 14,14 zeigt γλώσσῃ durch eine Verbindung mit dem Verb προσεύχεσθαι womöglich eine Gattung[14] der glossolalischen Rede an.
2. In Apg 2,4 begegnet die Wendung λαλεῖν ἑτέραις γλώσσαις, in Mk 16,17 λαλεῖν γλώσσαις καιναῖς.[15] N.I.J. Engelsen nimmt an, dass die-

---

[11] Vgl. die Analyse von R.A. Harrisville, Speaking, 41 Anm. 64.

γλῶσσα with λαλεῖν	NT	LXX	Non-ecclesiastical Greek
In the singular without modifiers:	5	4	0
In the singular with modifiers:	0	3	1
In the plural without modifiers:	9	0	0
In the plural with modifiers:	5	0	0
γλῶσσα without λαλεῖν			
In the singular without modifiers:	2	14	0
In the singular with modifiers:	0	6	2
In the plural without modifiers:	4	1	0
In the plural with modifiers:	0	4	3

[12] Für diese Wendung wird die Artikellosigkeit mit Ausnahme von 1 Kor 14,22 genannt. Nach J. Weiss, 1 Kor, 336, beweist die Artikellosigkeit, „daß nicht ein bestimmter Gegenstand oder ein Organ gemeint ist, sondern daß es sich um eine Größe handelt, die verschiedenen Erscheinungsformen sich differenzieren."

[13] O. Betz, Zungenreden, 55. Siehe dazu unten 2.3.4.

[14] Vgl. dazu W. Pratscher, Glossolalie, 131. Nach einer allgemeinen Analyse teilt er Glossolalie in drei Gattungen: das Gebet (1 Kor 14,14), der Lobgesang (1 Kor 14,15) und εὐλογεῖν (1 Kor 14,16) bzw. εὐχαριστεῖν (1 Kor 14,17).

[15] Die wechselseitige Wirkung zwischen diesen Wendungen und der des Paulus ist freilich nicht festzustellen.

ser Sprachgebrauch des Lukas zur vorpaulinischen Phase gehört[16];
Paulus verwende diesen Terminus (λαλεῖν γλώσσῃ/ γλώσσαις), um so
die Glossolalie von der Prophetie zu trennen, während Lukas ihn unter
dem Gesichtspunkt der Prophetie verwende. Da die griechisch-
römische prophetische Rede eigentlich ekstatisch und unverständlich
sei und da erst Paulus die Trennung zwischen der Glossolalie und der
Prophetie vornehme, lasse der lukanische Gebrauch eine frühere Phase
erkennen. Aber die Wendung in Apg 2,4 ist eine theologische Konstruktion des Lukas[17]; auch wenn Lukas diesen Terminus mit Prophetie
verbindet, so besagt dies nicht, dass es diese Verbindung bereits vor
Lukas oder unter dem Gesichtspunkt der Prophetie gegeben hätte.[18]
Überdies hatte Lukas von der ursprünglichen Glossolalie als ekstatischem Reden womöglich gar keine eigene Anschauung.[19] Indem er in
Apg 2,4 ἑτέραις einfügt, schildert er das Reden der Apostel beim
Pfingstereignis als ein in die Verkündigung des Evangeliums münden-
des Sprachenwunder.[20] Auch der Verfasser bzw. Redaktor des Markus-
schlusses fügt καιναῖς an, vielleicht als Variante für ἑτέραις in Apg
2,4, um das Phänomen des γλώσσαις λαλεῖν als ein eschatologisches
Zeichen zu definieren. Die Erklärung von N.I.J. Engelsen wäre nur
dann akzeptabel, wenn sich zeigen ließe, dass der Terminus bereits vor
Paulus in einem solchen Zusammenhang gebraucht wurde; durch die
Verbindung von Glossolalie und Prophetie in der Apg wird der ekstatische Charakter der ursprünglichen Glossolalie gerade aufgegeben.
Darüber hinaus ist es kaum denkbar, dass erst Paulus zwischen der
Prophetie und der Glossolalie differenziert hätte[21]; vielmehr erwartet er
nach 1 Kor 14,2-4, dass die Adressaten seiner Differenzierung zustimmen, und dies bedeutet, dass die Differenzierung schon für seine
Adressaten selbstverständlich akzeptabel war.[22] Auch die Auslassung
des Adjektivs ἑτέραις[23] bei Paulus scheint anzuzeigen, dass er einen
den Adressaten bereits vertrauten Terminus verwendet[24], ohne dass wir

---

[16]   N.I.J. Engelsen, Glossolalia, 100.
[17]   So besonders J. Behm, γλῶσσα, 724; F.W. Horn, Angeld, 206; dagegen P.
Feine, Art. Zungenreden, in: RE³ 21, 758; N.I.J. Engelsen, Glossolalia, 83; R.A.
Harrisville, Speaking, 45f. Dieses Problem wird erneut unten in 2.2 dieser Arbeit
behandelt.
[18]   Siehe unten 2.2.1.1.
[19]   So H. Conzelmann, Apg, 32; G. Dautzenberg, Glossolalie, 240.
[20]   Die lukanische Wendung hat sogar eine festere Form als die des Paulus, wie
man auch am Gebrauch von Apg 10,46 und 19,6 erkennen kann. Daher ist nicht
undenkbar, dass der Sprachgebrauch des Lukas möglicherweise abhängig von einem schon festen technischen Terminus ist.
[21]   In Apg 19,6 unterscheidet auch Lukas zwischen Glossolalie und Prophetie.
[22]   So auch Chr. Wolff, Zungenrede, 755.
[23]   Siehe dazu BDR, § 480,3.
[24]   Vgl. E. Mosiman, Zungenreden, 9; J. Weiß, 1 Kor, 335. Vgl. auch Chr. Wolff,
Zungenrede, 754: „Das Wort war also sowohl für Paulus als auch für die Korinther bereits ein Terminus technicus."

dafür allerdings eindeutige Belege hätten.[25] Paulus nimmt aber an, dass die Korinther ohne Schwierigkeit verstehen konnten, was er meinte.
3. Die Herkunft des technischen Terminus λαλεῖν γλώσσῃ/ γλώσσαις[26] wird in der Exegese einerseits aus der Abhängigkeit des Sprachgebrauchs der Korinther und des Paulus von einem geläufigen griechischen Ausdruck[27] erklärt, andererseits aber auch aus den verschiedenen Bedeutungen des Wortes γλῶσσα.[28] F. Bleek erklärte den Terminus als einen ungewöhnlichen, altertümlichen und poetischen Ausdruck, der bei hellenistischen Schriftstellern belegt ist.[29] F.C. Baur verstand den Ausdruck im Sinne der in der Apg begegnenden Rede von der γλῶσσα als der „Zunge des Geistes", also eines höheren Organs.[30] Aber zu einem solchen technischen Gebrauch gibt es im Grunde keine hellenistischen Parallelen, denn außerhalb des Neuen Testaments kommt er überhaupt nicht vor. R.A. Harrisville stellte fest, dass sowohl die Übersetzer der Septuaginta als auch das profane Griechisch von einem solchen technischen Terminus nichts wussten[31]; daher fand er die Herkunft des Terminus im apokalyptischen vorchristlichen Judentum.[32] N.I.J. Engelsen vermutet die poetische, halb-metaphorische Verwendung von γλῶσσα in alttestamentlichen Quellen.[33] Wahrscheinlicher ist aber, dass die in 1 Kor 14,21 zitierte Wendung aus Jes 28,11[34] (λαλεῖν ἐν ἑτερογλώσσοις) die Formung des technischen Terminus beeinflusst hat.[35] Das Zitat in 14,21b entspricht eher dem hebräischen Text von Jes 28,11 als der LXX, und es lassen sich darüber hinaus auch absichtliche

---

[25]   Insbesondere R.A. Harrisville, Speaking, 39-41.
[26]   Vgl. J. Behm, γλῶσσα, 725f.
[27]   H. Weinel, Wirkungen, 74; J. Weiß, 1 Kor, 337: „ Daß der Sprachgebr[auch] der Korr[inther] und des P[aulus] an einem geläufigen griechischen Ausdruck anknüpft, ist nicht zu bestreiten."
[28]   E. Mosimann, Zungenreden, 35f.
[29]   F. Bleek, Über die Gabe des γλώσσαις λαλεῖν in der ersten christlichen Kirche, in: ThStKr 2, 1829, 3-79.
[30]   F.C. Baur, Ueber den wahren Begriff des γλώσσαις λαλεῖν, mit Rücksicht auf die neuesten Untersuchungen hierüber, in: TZTh 4, 1930, 78-133.
[31]   R.A. Harrisville, Speaking, 42. So auch N.I.J. Engelsen, Glossolalia, 20. Nach ihm begegnet der Terminus γλῶσσα λαλεῖν nicht in der Literatur außerhalb des Neuen Testaments. Demgegenüber behauptet H. Weinel, Wirkungen, 74, dass derselbe Ausdruck bereit im Heidentum auftritt.
[32]   R.A. Harrisville, Speaking, 47.
[33]   N.I.J. Engelsen, Glossolalia, ii.
[34]   Vor allem O. Betz, Zungenreden, 54-56. Er erklärt die christliche Glossolalie vor dem Hintergrund von Jes 28,11; auch F.W. Horn, Angeld, 209-211; R.A. Harrisville, Speaking, 44. G. Dautzenberg, Glossolalie, 237, behauptet, dass das Zitat schon vor Paulus „in der Auseinandersetzung der Urkirche mit den Juden geformt und tradiert wurde."
[35]   Ob Lukas in Apg 2,4 Jes 28,11 im Blick hat, ist fraglich (so aber G. Dautzenberg, Glossolalie, 241). Vgl. Th.W. Gillespie, Theologians, 139; D.E. Aune, Prophecy, 199. Chr. Wolff, Zungenrede, 754f. vermutet, der technische Terminus sei „eine Verkürzung der in Act 2,4 bewahrten vollständigen Wendung."

Änderungen des Paulus finden.[36] Das Wort ἑτερόγλωσσος kommt übrigens bei Aquila vor, nicht jedoch in der LXX. Dennoch könnte es sein, dass der Ausdruck λαλεῖν ἐν ἑτερογλώσσοις terminologisch den Ausgangspunkt für die Prägung des Begriffs der „Glossolalie" bildet. Wichtig ist, dass Paulus zum ersten Mal diesen Text für die Glossolalie für seine Argumentation verwendet.[37]

2.2 Neutestamentlicher Kontext

Neutestamentliche Texte, auf die neben 1 Kor 12-14 in unserem Zusammenhang einzugehen ist, sind Apg 2,4; 10,46; 19,6 und Mk 16,17[38], auch wenn sie keine unmittelbaren Parallelen zu den Aussagen in 1 Kor 12-14 darstellen.

2.2.1 Apostelgeschichte

2.2.1.1 *Apg 2,4*
In der Darstellung des Pfingstgeschehens (Apg 2,1-13) wird deutlich, dass sich mit dem Empfang des Geistes die Verheißung des auferstandenen Jesus erfüllt (Apg 1,8) und die Apostel nun – als Zeugen Jesu – den ihnen gegebenen Auftrag vollziehen können.[39] Die Schilderung des Pfingstereignisses beginnt mit der Orts- und Zeitangabe (2,1). Zur Zeit des Pfingstfestes – dem Erfüllen der πεντεκοστή – waren alle Jünger bzw. Nachfolger Jesu[40] an einem Ort in Jerusalem[41] beisammen. Die Szene der Geistausgießung ist von Lukas überaus lebendig geschildert: Plötzlich kommt vom Himmel her ein Brausen, wie wenn ein gewaltiger Wind daherfährt, und erfüllt das ganze Haus; es erscheinen

---

[36] Siehe A. Lindemann, 1 Kor, 308; D.-A. Koch, Schrift, 63f.
[37] Siehe unten die Exegese zu 1 Kor 14,21 in Kapitel 3 dieser Arbeit.
[38] Nach G. Dautzenberg, Glossolalie, 239f., sind auch Röm 8,26f.; 1 Thess 5,19; Kol 3,16 und Eph 5,18f. auf die Glossolalie bezogen; auch D.M. Smith, Glossolalia, 307-320, vor allem 315; N.I.J. Engelsen, Glossolalia, 199-203, denkt, dass 1 Thess 5,19; Röm 8,26 und 2 Kor 12,4 dazu gehören können. Aber das ist unsicher. Siehe dazu insbesondere E. Lohse, Römer, 250; auch E. Mosiman, Zungenreden, 19f.; W. Pratscher, Glossolalie, 120f. Vgl. E. Käsemann, An die Römer, HNT 8a, [4]1980, 229-231; K. Haacker, Der Brief des Paulus an die Römer, ThHK 6, 1999, 168; U. Wilckens, Der Brief an die Römer 2, EKK VI/2, 1980, 161f.; T. Holz, Der erste Brief an die Thessalonicher, EKK XIII, 1986, 258-259; R. Schnackenburg, Der Brief des Paulus an die Epheser, EKK X, 1982, 241f. Vgl. auch Chr. Wolff, Zungenrede, 756.
[39] J. Roloff, Apg, 37.
[40] Wer mit „alle" (πάντες) bezeichnet ist – die Jünger von 1,13 oder die 120 Personen von 1,15 oder andere, muss offen bleiben. Auf keinen Fall ist die Aussage von 1 Kor 15,6 her zu begreifen.
[41] Ob sie an demselben Ort wie in 1,13 beisammen sind, muss auch offen bleiben.

ihnen Zungen wie von Feuer, die sich verteilen und sich auf einen jeden von ihnen setzen; das Brausen (2,2) und das Feuer (2,3) gehören
zu Theophanieschilderungen.[42] Alle Anwesenden werden vom Heiligen Geist erfüllt[43], und als Wirkung des Empfangs des Geistes fangen
die Apostel an, „in anderen Zungen zu reden" (λαλεῖν ἑτέραις
γλώσσαις, Apg 2,4); das wird in 2,5ff. konkret erläutert, aber es wird
auch schon durch den Nebensatz (καθώς-Satz) in 2,4 näher bestimmt
und so als das vom Geist bewirkte Sprechen bestätigt: Sie redeten, wie
ihnen der Geist zu sprechen (ἀποφθέγγεσθαι) eingab (vgl. Lk 12,12).
Da Lukas aber in Apg 2,14, anders als in der griechischen Tradition[44],
das Verb ἀποφθέγγεσθαι nicht verwendet, um eine ekstatische Rede zu
bezeichnen[45], sondern um die Predigt des Petrus zu charakterisieren,
verweist das Verb auch in 2,4 nicht auf einen ekstatischen Charakter
des Redens.[46] Das Subjekt des Ereignisses ist das πνεῦμα, d.h. das
Pfingstwunder meint das Wirken des Heiligen Geistes.[47] Das Reden
wird von den in Jerusalem anwesenden gottesfürchtigen Juden aus
allen Ländern der Welt als das Reden in ihrer jeweiligen
Muttersprache verstanden (2,6.8.11), zugleich inhaltlich als das Reden
zum Lobpreis Gottes (2,11).[48] Also ist die Wendung „in anderen
Zungen zu reden" (λαλεῖν ἑτέραις γλώσσαις) hier im Sinne des Redens
in nicht erlernten Fremdsprachen gebraucht; das Ereignis erscheint der
Menge als unglaublich. Die Reaktion des Publikums ist freilich
unterschiedlich: Es wird einerseits verwirrt (2,6), gerät außer sich und
staunt (2,7) bzw. ist ratlos (2,12), die Reaktion einer anderen
Hörergruppe hingegen äußert sich in dem Spott, die Redenden seien
betrunken (2,13).[49]
Die Pfingsterzählung Apg 2,1-13 scheint beide Elemente, sowohl ekstatische (2,1-4.13) als auch solche des Sprachenwunders (2,5-12), zu
enthalten[50], und deshalb wird oft gesagt, bei Lukas sei das Zungenre-

---

[42]　1 Kön 19,11f.; Jes 66,15; Ps 50,3; 4 Esr 13,10. Siehe auch Belege bei H. Conzelmann, Apg, 30f.
[43]　Vgl. Lk 1,14.41.67; Apg 4,8.31; 9,17; 13,9.
[44]　Vgl. J. Behm, Art. ἀποφθέγγεσθαι, in: ThWNT I, 448.
[45]　So aber J. Jervell, Apg, 134; R. Pesch, Apg I, 104 Anm. 18.
[46]　So F.W. Horn, Angeld, 204.
[47]　Bei Lukas ist dies von großer Bedeutung. W.E. Mills, Glossolalia, 66, erklärt
das Pfingstgeschehen von diesem Standpunkt her. Nach ihm ist die theologische
Absicht der Apg zu zeigen, dass das Evangelium abhängig vom Geist Gottes ist.
[48]　In 1 Kor 14 spielt der Inhalt der Glossolalie keine Rolle.
[49]　Dieser Spott fungiert in der Tat als Einleitung der Pfingstpredigt des Petrus
(2,14ff., vor allem 2,15). Siehe unten Anm. 62.
[50]　Deswegen untersuchen Forscher das Quellenproblem: E. Lohse, Bedeutung,
180, meint, dass Lukas eine Überlieferung, die von glossolalischen Erscheinungen berichtet, verwertet habe; J. Kremer, Pfingstbericht, vor allem 163-166 und
260-264, vermutet, dass 2,1-4 traditionsgebunden seien und 2,5-13 auf den Verfasser zurückgingen; M. Dömer, Das Heil Gottes. Studien zur Theologie des lukanischen Doppelwerkes, BBB 51, 1978, 139-159, vor allem 149-151, sieht, dass

den (λαλεῖν γλώσσαις) „eine Mischung von ekstatischer Glossolalie und Prophetie".[51] Zwar bietet vor allem die Reaktion in 2,13 die Möglichkeit, das geschilderte Reden als ein unverständliches ekstatisches Sprechen wie in 1 Kor 14 anzusehen; aber der Verfasser der Apostelgeschichte hatte von der Glossolalie als einem ekstatischem Reden wahrscheinlich keine eigene genauere Anschauung[52], selbst wenn ein Zusammenhang von Geistempfang und Zungenrede überlieferungsgeschichtlich vorausgesetzt wäre.[53] Das Phänomen der ursprünglichen Glossolalie ist ihm jedenfalls fremd[54], selbst wenn die von ihm übernommene Tradition von einem solchen Phänomen weiß. Denn Lukas schildert das „in anderen Zungen reden" (λαλεῖν ἑτέραις γλώσσαις) als das Reden in fremden Sprachen, d.h. als ein verständliches Reden, das einen bestimmten Inhalt hat, nämlich die großen Taten Gottes (2,11); gemeint ist die Geistausgießung, nämlich das Ereignis der Gottesoffenbarung.[55] Die Reaktion des Publikums hat eine zweifache Funktion: Auf der einen Seite soll durch die Reaktion des Publikums (2,6-12) das Reden der Jünger bzw. Nachfolger Jesu als Reden in fremden Spra-

---

die ursprüngliche Überlieferung in 2,2.3.4b.c.6a.13 und teilweise in 2,1 bestand; R. Pesch, Apg I, 99-101, meint, dass in 2,1-4.6a.12-13 die ursprüngliche Pfingsterzählung enthalten ist und in 2,5.6b-11 die redaktionelle Verzahnung. Auch G. Schneider, Apg I, 245, erläutert: „Auf den Evangelisten geht insbesondere die auf die Petrusrede hingeordnete Komposition der VV5-13 und damit die Interpretation der γλῶσσαι auf ein Sprachenwunder zurück." Demgegenüber kritisiert K. Haacker, Das Pfingstwunder als exegetisches Problem, in: O. Böcher (Hg.), Verborum Veritas. FS G. Stählin, Wuppertal 1970, 125-131, hier 130, eine Scheidung zweier Traditionen in Apg 2,1-13.
[51] J. Jervell, Apg, 134. G. Bornkamm, Glaube und Vernunft bei Paulus, in: ders., Studien zu Antike und Urchristentum. Gesammelte Aufsätze II, BEvTh 28, München 1959, 119-137, hier 133, behauptet, dass das Verständnis des Lukas das vorpaulinische, vulgäre urchristliche Verständnis widerspiegele, wonach Glossolalie und Prophetie in enger Verbindung stehen. Aber erst bei Lukas wird die enge Verbindung der beiden Formen aus seiner theologischen Intention komponiert.
[52] H. Conzelmann, Apg, 32. Er weist darauf hin: „daß Lk selbst von der ursprünglichen Glossolalie keine eigene Vorstellung mehr hat. Er identifiziert sie mit der Prophetie (10,46; 19,6), wodurch die Synthese mit dem Sprachenwunder erleichtert wird"; hierzu auch Th.W. Gillespie, Prophecy and Tongues, 111f.; F.W. Horn, Angeld, 203; G. Dautzenberg, Glossolalie, 240. Viele Forscher, beispielsweise W. Pratscher, Glossolalie, 121f.; C.G. Williams, Glossolalia, 22f., nehmen an, dass bei Lukas das Verständnis als ekstatisches Reden womöglich zur Tradition gehört. Siehe dazu auch oben Anm. 122. Anders behauptet J. Jervell, Apg, 138, dass sowohl Glossolalie als auch Sprachenwunder zur Tradition gehören.
[53] So F.W. Horn, Angeld, 203. Gleichwohl ist dies fraglich.
[54] Vgl. Chr. Wolff, Zungenrede, 757: „Die oft geäußerte Vermutung, Lukas habe eine Überlieferung aufgenommen und umgeformt, die von einer Ersterfahrung der Glossolalie in paulinischem Verständnis handelte, ist dagegen weniger wahrscheinlich."
[55] Siehe oben Anm. 42.

chen, also als Sprachenwunder, bestätigt werden; auf der anderen Seite
fungiert die Reaktion in 2,13 als Einleitung der Pfingstpredigt des Petrus (2,14ff., vor allem 2,15). Das ist eine typisch lukanische Konstruktion.

Indem Lukas das Reden beim Pfingstereignis als Reden in fremden
Sprachen bzw. als Sprachenwunder[56] beschrieb, konnte er die Verkündigung des Evangeliums als geistgewirkt bezeichnen.[57] Dabei lessen
sich die folgenden Ergebnisse festhalten: 1. Die Wendung λαλεῖν
ἑτέραις γλώσσαις begegnet im Neuen Testament nur hier; das Wort
ἑτέραις ist dabei möglicherweise lukanische Redaktion[58], mit der er
auf das Sprachenwunder hinweist, was aber nicht bedeutet, dass Lukas
die Tradition von 1 Kor 14,21 (λαλεῖν ἐν ἑτερογλώσσοις, Jes 28,11f.)
voraussetzt.[59] Außer der Wendung in 2,4 sind auch die anderen Ausdrücke λαλεῖν τῇ ἰδίᾳ διαλέκτῳ (2,6.8) und ταῖς ἡμετέραις γλώσσαις
(2,11) im Sinne des Redens in fremden Sprachen gebraucht, und sie
erweisen damit das Pfingstereignis als Sprachenwunder. Der Sinn des
Gedankens wird also nicht geändert. 2. Das sprachliche Phänomen in
Jerusalem, das Sprachenwunder, wird der missionarischen Verkündigung zugeordnet[60]: Es ist das Wirken des πνεῦμά Fremden oder
Fremdsprachigen jeweils in deren Muttersprache, also verstehbar, von

---

[56] Anders versteht P. Pokorný, Theologie der lukanischen Schriften, FRLANT
174, Göttingen 1998, 73, es als Hörwunder aufgrund von 2,6.11. Andererseits
kombiniert W. Eckey, Apg I, 72, die beiden Aspekte („ein Sprachen- und Hörwunder"). C.G. Williams, Glossolalia, 16, beschreibt den Unterschied zwischen
der Glossolalie im 1 Kor und der in Apg 2 so: „In short the Corinthian phenomenon is designated glossolalia and the Pentecost phenomenon is what is referred to
in current terminology as xenoglossia."
[57] Der historische Hintergrund des Pfingstgeschehens bleibt dunkel. Deshalb erweist sich die Frage nach der Historizität des Pfingstgeschehens, insbesondere
des Sprachenwunders, als zumindest nicht sinnvoll. Vielmehr ist die hermeneuti-
sche Bedeutung dieses Ereignisses zu befragen (siehe dazu insbesondere E. Lohse, Bedeutung, 192: „Angesichts der großen Erfolge der Mission, die das Evangelium über den palästinischen Raum in alle Welt hinaustrug, lehrt er [der Verfasser
der Apostelgeschichte] in der Pfingstgeschichte die Christenheit verstehen, daß
die Kirche selbst in den heilsgeschichtlichen Zusammenhang von Verheißung
und Erfüllung hineingehört. Sie lebt aus der Kraft des Geistes, der ihr in Verwirklichung der göttlichen Zusagen gegeben ist und die Quelle ihres Lebens aus-
macht."). Andererseits vermutet W. Schmithals, Apg, 30, dass sich Lukas durch
die Pfingstschilderung mit den Irrlehrern auseinandersetzt, welche die juden-
christliche Urgemeinde als geistlos kritisieren und erst Paulus als Geistträger ansehen. Dies ist wenig plausibel, denn die Unterstreichung des Wirkens des Geistes im Evangelium des Lukas müsste dann von dieser Auseinandersetzung her erklärt werden.
[58] So auch R. Pesch, Apg I, 101; F.W. Horn, Angeld, 204.
[59] So aber G. Dautzenberg, Glossolalie, 241. Siehe unten die Analyse von 14,21
in Kapitel 3 dieser Arbeit.
[60] G. Schneider, Apg, 250.

den großen Taten Gottes[61] zu predigen (2,11).[62] Durch das Wirken des πνεῦμα wurde ein Verstehen der christlichen Verkündigung ermöglicht. 3. Die von Lukas im Kontext verwendete „Völkertafel" in 2,9-11[63] zeigt an, dass die christliche Verkündigung nicht an eine bestimmte Sprache gebunden ist; die Ausbreitung der christlichen Botschaft (vgl. Apg 1,8)[64] ist als Wirken des Geistes geschildert und als Reden in allen Sprachen der Völker symbolisiert. 4. Das Sprachenwunder ist ein legitimes, aber nicht das einzige Kennzeichen der Gegenwart des Geistes Gottes.[65] Die Geistausgießung ist die Erfüllung der alttestamentlichen Prophetie und zugleich das „in den letzten Tagen" geschehene Ereignis, wie das Zitat von Joel 3,1-5 in Apg 2,17ff. zeigt, und sie ist auch die Erfüllung der Verheißung Jesu (Lk 24,49; Apg 1,5.8; 2,33). Durch dieses Ereignis beginnt die Geschichte der Kirche, die der Geist Gottes von nun an begleitet. Folglich wird das Reden der Jünger beim Pfingstereignis im Sinne des lukanischen Konzepts von Heilsgeschichte verstanden, mit dem Sprachenwunder beginnt die Judenmission in Jerusalem, und eben dies ist die Erfüllung der Aussage von Apg 1,8. Darüber hinaus ist das von Lukas in Apg 2,1-13 geschilderte Sprachenwunder eine gemeinsame – also kirchliche – Erfahrung, wie der Begriff „alle" (πάντες) in 2,4 zeigt, und dazu gehört auch das verständliche, deshalb keine Übersetzung erfordernde Reden in nicht erlernten fremden Sprachen.[66] Das Sprachenwunder ist für Lukas zwar offensichtlich das vom Geist bewirkte Sprechen; aber das besagt nicht, dass es sich um eine heilige Sprache handelt.

2.2.1.2 *Apg 10,46a*

Apg 10 berichtet vom Beginn der Heidenmission durch Petrus; die Begegnung des Petrus mit dem in Cäsarea lebenden römischen Hauptmann Cornelius, der fromm und gottesfürchtig (10,1) ist, eröffnet eine entscheidende Epoche in der Geschichte der Kirche. Diese

---

[61] Die großen Taten Gottes (2,11) werden in der Predigt des Petrus (2,14ff.) ausführlich expliziert.
[62] Die Predigt des Petrus wird nicht zufällig durch die Verteidigung gegen den Vorwurf von V.13 eingeleitet (V.15); das ist eine typisch lukanische Redaktion.
[63] So auch R. Pesch, Apg I, 105; G. Schneider, Apg, 252f.; W. Schmithals, Apg, 31. G. Lüdemann, Das frühe Christentum nach den Traditionen der Apostelgeschichte. Ein Kommentar, Göttingen 1987, 46-48, meint, dass Lukas das Pfingstgeschehen im Zusammenhang der Sinaitradition begreift. Er behauptet auch, Lukas sei sowohl diese Völkerliste als auch die Geschichte von einer Massenekstase der Jünger in Jerusalem bekannt gewesen.
[64] Apg 1,8 schildert die Ausbreitung des Evangeliums in aller Welt geographisch: Jerusalem, ganz Judäa, Samaria, bis an das Ende der Welt. Dies erscheint als Antwort auf die Frage nach der Parusie. Anstatt der Naherwartung der Parusie kommt die Geschichte des Wirkens des Geistes, nämlich die Geschichte der Kirche vor.
[65] Insbesondere J. Roloff, Apg, 43.
[66] Das ist ein entscheidender Unterschied zwischen 1 Kor 14 und Apg 2.

Begegnung besitzt „eine Schlüsselrolle"[67], und so leitet das Ereignis „eine neue, entscheidende Etappe des Heilsplanes Gottes"[68] ein, ähnlich wie zuvor zu Pfingsten in Jerusalem (Apg 2).

Nach dem Hinweis auf die Petruspredigt (10,34-43) wird „das Pfingsten der Heiden"[69], nämlich der Empfang des Geistes und die Taufe des Cornelius und seines ganzen Hauses (10,44-48), anschließend erwähnt. Der Heilige Geist fällt auf alle (ἐπὶ πάντας), die die Predigt des Petrus hören, nicht anders als am Anfang in Jerusalem (2,2-4; vgl. 11,15). So ist dieser Empfang des Geistes durch die Heiden eine Erfüllung der Verheißung des auferstandenen Jesus (1,5; vgl. 11,16), ebenso wie das erste Pfingsten eine Erfüllung der Verheißung Jesu (1,8) war, und er ist zugleich die Erfüllung der durch Petrus verkündigten Verheißung (2,38f.). Die judenchristlichen Zeugen aus Joppe geraten außer sich darüber, dass „auch auf die Heiden"[70] die Geistesgabe ausgegossen war. Den Empfang der Geistesgabe bei den Heiden erkennen sie daran, dass diese glossolalisch reden (λαλεῖν γλώσσαις) und Gott lobpreisen (10,46a). Durch die Verbindung von „Zungenreden" (λαλεῖν γλώσσαις) und Lobpreis[71], die der Darstellung in Apg 2, vor allem 2,11, sehr ähnlich ist, stellt Lukas das „Zungenreden" (λαλεῖν γλώσσαις) erneut in die Nähe zur Prophetie.

Allerdings expliziert Lukas dieses Phänomen hier nicht näher. Deshalb ist anzunehmen, dass die Wendung λαλεῖν γλώσσαις in 10,46a, anders als in 2,1-13, womöglich nicht das Reden in fremden Sprachen meint[72] (vgl. 19,6); dafür spricht die Auslassung von ἑτέραις, aber auch die Tatsache, dass Petrus in 11,15-17 das Ereignis in Cäsarea nicht mit dem Geschehen der Zungenrede in Jerusalem gleichsetzt. Außerdem fehlt in Apg 10,46 das Motiv der missionarischen Verkündigung; die λαλοῦντες γλώσσαις sind vielmehr schon als Gläubige vorausgesetzt (10,45). Ob Lukas hier eine Tradition voraussetzt, die von einer ursprünglichen ekstatischen Glossolalie wusste (vgl. 19,6), lässt sich nicht sagen.[73] Da aber Petrus das Ereignis in Cäsarea ausdrücklich zu

---

[67]   H. Conzelmann/ A. Lindemann, Arbeitsbuch, 351.

[68]   R. Pesch, Apg I, 289.

[69]   Dies kann durch die Parallelität zum ersten Pfingsten (Apg 2) festgestellt werden. Dieses Ereignis wird auch in der Verteidigung des Petrus in Jerusalem (Apg 11,1-18) als „das Pfingsten der Heiden" gedeutet. Siehe dazu R. Pesch, Apg I, 345.

[70]   Nach H. Conzelmann, Apg, 65, ist καὶ ἐπὶ τὰ ἔθνη bewusst generell formuliert.

[71]   Gleichwohl sind die beiden Formen hier nicht identifiziert. Dies besagt aber nicht, dass λαλεῖν γλώσσαις hier das ekstatische, unverständliche Reden bedeutet. Anders versteht J. Roloff, Apg, 174, dass es hier um einen ekstatischen Lobpreis Gottes geht. Vgl. auch unten Anm. 77.

[72]   So E. Haenchen, Apg, 341; G. Schneider, Apg II, 80; J. Jervell, Apg, 313; J. Kremer, Pfingstbericht, 121.

[73]   Siehe dazu oben Anm. 72.

der Ausgießung des Geistes Gottes in Jerusalem in Beziehung setzt (10,47; 11,15-17), ist das Geschehen in Cäsarea doch in demselben Zusammenhang wie das Pfingstereignis in Jerusalem zu verstehen.[74] Es dient für seine Geschichtsschreibung als Mittel bzw. Zeugnis, das die Heidenmission begründet und legitimiert.[75]

2.2.1.3 Apg 19,6

Vom „Zungenreden" (λαλεῖν γλώσσαις) ist auch in Apg 19,1-7 die Rede, wenn Paulus in Ephesus den Johannesjüngern begegnet, die nicht die Taufe auf den Namen Jesu, sondern nur die Taufe des Johannes kennen und die auch nichts vom Heiligen Geist gehört hatten. Paulus tauft sie auf den Namen des Herrn Jesu (19,5), und als er ihnen die Hände auflegt, kommt der Heilige Geist über sie (vgl. 2,2-4 und 10,44), so dass sie glossolalisch reden (λαλεῖν γλώσσαις) und prophezeien (19,6).
Die beiden Fragen und Antworten in 19,2ff. setzen voraus, dass Taufe und Geist zusammengehören (vgl. 8,14-17); erzählt wird vom Anschluss an die Kirche.[76] Wenn das Geschehen in Ephesus mit der Wendung λαλεῖν γλώσσαις wie in 10,46 bezeichnet wird, so ist dies hier mit der Prophetie als verständlicher Rede verbunden (vgl. 1 Kor 14), ohne dass die beiden Formen identifiziert werden.[77] Könnte es sein, dass die von Lukas übernommene Tradition – auch wenn Lukas selbst von der Glossolalie als ekstatischem Reden keine eigene genauere Anschauung hatte – von dem Phänomen der in 1 Kor 14 von Paulus so dargestellten Glossolalie weiß und dass sich solches Wissen hinter den Aussagen in 19,6 verbirgt? Lukas verwendet hier womöglich Tradition, aber er nimmt anders als in Apg 2 keine bestimmte theologische Bearbeitung vor (vgl. Apg 2,4). Durch die Wendung λαλεῖν γλώσσαις als das vom Geist bewirkte Reden will er ebenso wie in 10,46a die Realität des Geistempfangs beweisen; wie zuerst den Aposteln in Jerusalem (Apg 2,1-13), sodann den ersten Heiden in Cäsarea durch Petrus (10,46) so erscheint nun auch in der Gemeinde des Paulus bzw. in seinem Wirken in Ephesus (19,6) der Heilige Geist, und dies wird am „Zungenreden" (λαλεῖν γλώσσαις) und an anderen verständlichen Phänomenen wie Predigt, Lobpreis Gottes und Prophetie erkannt. Möglicherweise hat Lukas also einen Zusammenhang von Geistbegabung und „Zungenreden" konzipiert. Während λαλεῖν γλώσσαις in

---

[74] So auch Chr. Wolff, Zungenrede, 757.
[75] Beispielsweise versteht J. Jervell, Apg, 313, hier Glossolalie als den „Beweis für die neue Lage der Nicht-Juden."
[76] So H. Conzelmann, Apg, 119.
[77] So auch G. Schneider, Apg, 264; anders versteht J. Jervell, Apg, 477, sie bei Lukas als eine Mischung von der Glossolalie als ekstatisches Reden und der Prophetie. So ähnlich N.I.J. Engelsen, Glossolalia, 100. Siehe dazu auch oben Anm. 71.

Apg 2,1-13 von Lukas vor allem in Hinsicht auf die Verkündigung des Evangeliums[78] gebraucht wird, ist dieser Aspekt aus Apg 10,46a und 19,6 nicht klar abzuleiten. Dennoch sind Apg 10 und 19 als Anspielungen auf Apg 2 zu begreifen: In der Geschichte der Mission der Kirche fungiert das λαλεῖν γλώσσαις als Beweis für die Gegenwart bzw. Begleitung des Geistes. Ob Lukas in 19,6 λαλεῖν γλώσσαις speziell als ein gottesdienstliches Beten versteht[79], ist aber fraglich.

2.2.2 Mk 16,17

Die Wendung λαλεῖν γλώσσαις begegnet auch im sekundären Markusschluss (Mk 16,9-20), der womöglich im 2. Jh. entstand.[80] Der mehrere Berichte von den Erscheinungen des Auferstandenen zusammenfassende Text setzt die Kenntnis des lukanischen Doppelwerks und auch die Kenntnis von Joh 20 voraus.[81] In der Sendungsrede (16,15-18) wird den Jünger der Missionsbefehl gegeben, in alle Welt zu gehen und der ganzen Schöpfung zu verkündigen (16,15). Nach dem Hinweis auf die der Verkündigung folgenden Reaktionen (16,16)[82] werden die Wundertaten[83] erwähnt, welche die Glaubenden begleiten (16,17-18). Die fünf Zeichen, die als Verheißung gegeben werden, beziehen sich auf die Berichte in der Apg[84] und dienen als göttliche Bestätigung.[85]

An zweiter Stelle der Aufzählung der Wundertaten findet sich die Wendung λαλεῖν γλώσσαις καιναῖς (16,17, vgl. Apg 2,4). Dabei versteht der Verfasser des sekundären Markusschlusses versteht λαλεῖν γλώσσαις möglicherweise in Bezug auf das Pfingstereignis (2,1-13),

---

[78]   Bei Paulus ist der Glossolalie diese Funktion nicht gegeben; vielmehr sieht er in ihr ein Hindernis dafür (1 Kor 14,20-25).

[79]   So W. Eckey, Apg I, 72.

[80]   W.G. Kümmel, Einleitung in das Neue Testament, Heidelberg [21]1983, 73; K. Aland, Schluß, 452.

[81]   K. Aland, Schluß, 454f.; D. Lührmann, Mk, 268. Vgl. beispielsweise J. Gnilka, Mk II, 352f. Laut Gnilka beziehen sich Mk 16,9f. auf Joh 20,1.11-18, Mk 16,11 auf Lk 24,11.12f., Mk 16,12-13 auf Lk 24,13-35, Mk 16,14 auf Lk 24,36-43; Apg 1,4, Mk 16,15f. auf Lk 24,47. Mk 16,17f. haben in der Apg ihre Parallelen, Mk 16,19 bezieht sich auf Apg 1,9; Lk 24,51. Mk 16,20 ist wie eine Summe der Apg. Deshalb ist nicht zu behaupten, dass der Verfasser des sekundären Markusschlusses zwischen den Evangelisten und Paulus steht (so aber E. Lohmeyer, Das Evangelium des Markus, KEK 2, Göttingen 1937, 363). Denn die Glossolalie bei Paulus, in 1 Kor 14, spiegelt sich hier nicht wider.

[82]   Mk 16,16 umfasst die Mission und als ihre Folge das Motiv Glaube bzw. Unglaube.

[83]   Beispielsweise versteht J. Schmid, Das Evangelium nach Markus, RNT 2, Regensburg 1963, 312, diese Wunderzeichen im Sinne von Joh 14,12.

[84]   Siehe oben Anm. 81.

[85]   J. Gnika, Mk II, 356.

nicht auf ein Phänomen aus seiner eigenen Zeit.[86] So wie in Apg 2 das λαλεῖν γλώσσαις einerseits als Erfüllung der Verheißung in Joel 3,1f. und als die von Gott geschenkte Möglichkeit, die großen Taten Gottes zu preisen und zu verkündigen, interpretiert wird, und andererseits sowohl die Gegenwart des Heiligen Geistes als auch die Legitimation der Mission des Evangeliums darstellt, scheint auch der Verfasser des sekundären Markusschlusses beide Aspekte im Blick zu haben. Die Wendung ist hier also im Sinne des Redens in fremden, d.h. unbekannten Sprachen zu verstehen.[87] Gleichwohl unterstreicht der Verfasser auch noch einen anderen Aspekt, indem er das Adjektiv καιναῖς als Variante für ἑτέραις (Apg 2,4) gebraucht und sich so explizit auf die eschatologische Zeit bezieht[88], und zwar deutlicher als Lukas.[89] Die Gemeinde der Glaubenden, in der göttliche Zeichen geschehen, ist eine eschatologische Größe, die in einer „neuen" Sprache redet. Deshalb ist das Adjektiv καιναῖς wahrscheinlich kein Schreibfehler.[90]

Wir können folgern: Da vom Verfasser des sekundären Markusschlusses das λαλεῖν γλώσσαις als ein Zeichen, das zu den Wundertaten gehört, verstanden werden konnte, nahm er damit die frühchristliche Wendung γλώσσαις λαλεῖν auf und ordnete sie den eschatologischen Zeichen zu.

2.2.3 Zusammenfassung

Indem Lukas in der Apg das λαλεῖν γλώσσαις als Wirken des Heiligen Geistes schildert, markiert er bedeutende Etappen der Ausbreitung des Evangeliums. Im Pfingstgeschehen (2,1-13) fangen die Apostel als Wirkung des Empfangs des Geistes an, „in anderen Zungen zu reden" (λαλεῖν ἑτέραις γλώσσαις); in der Darstellung des Empfangs des Geistes und der daraufhin erfolgenden Taufe der ersten Heiden (10,44-48) erkennt man den Empfang des Geistes durch diese Heiden daran, dass sie glossolalisch reden (λαλεῖν γλώσσαις) und Gott lobpreisen

---

[86] Demgegenüber denkt D.M. Smith, Glossolalia, 315, dass sich Glossolalie im 2. Jh. fortsetzte. Aber das scheint nicht überzeugend.

[87] So auch Chr. Wolff, Zungenrede, 758; G. Dautzenberg, Glossolalie, 241f.; W. Pratscher, Glossolalie, 122; Anders R. Pesch, Mk II, 554.

[88] N.I.J. Engelsen, Glossolalia, 191, behauptet, dass das Adjektiv καιναῖς im Licht der Äußerung in Ez 36,26 interpretiert werden soll, wobei Gott einen „neuen Herzen" und einen „neuen Geist" verspricht. Vgl. R. Pesch, Mk II, 554: „mit dem singulären καιναῖς ist wohl auf die spezifisch christliche Geisterfahrung abgehoben."

[89] Anders Chr. Wolff, Zungenrede I, 758: „Das Attribut „neu" [...] interpretiert die „anderen" Sprachen von Act 2,4 als solche, die den Sprechern bisher unbekannt waren, also nicht angelehrt sind."

[90] So auch Chr. Wolff, Zungenrede, 758. Anders hält E. Klostermann, Das Markusevangelium, HNT 3, Tübingen ⁵1971, 174, καιναῖς für einen aufgrund von Homoiteleuton entstandenen Schreibfehler für καὶ ἐν ταῖς d.h. κἂν ταῖς.

(10,46a). Auch in dem Ereignis in Ephesus (19,1-7) beweist das λαλεῖν γλώσσαις die Realität des Empfangs des Geistes. Das Zungenreden (λαλεῖν γλώσσαις) ist in der Apg also das vom Geist bewirkte Sprechen in der Verkündigung des Evangeliums (insbesondere in Apg 2) und ein Kennzeichen der Gegenwart des Geistes Gottes in der Kirche. Infolgedessen wird es bei Lukas nicht kritisiert.

Im sekundären Markusschluss (Mk 16,17) bezieht sich λαλεῖν γλώσσαις möglicherweise auf das Pfingstereignis (Apg 2,1-13). Der Verfasser bezeichnet δασ λαλεῖν γλώσσαις als ein eschatologisches Zeichen, das die Glaubenden begleitet; außerdem wird durch ein solches Zeichen die Verkündigung des Evangeliums bestätigt (Mk 16,20).[91]

Das bedeutet: Das, was im Ersten Korintherbrief λαλεῖν γλώσσαις heißt, ist mit dem, was in den anderen Schriften, d.h. in der Apg und in Mk 16,17, mit λαλεῖν γλώσσαις bezeichnet wird, offensichtlich nicht identifizierbar – vor allem deshalb nicht, weil anders als in 1 Kor 14 stets vorausgesetzt ist, dass es sich beim λαλεῖν γλώσσαις um eine verständliche Rede handelt, während bei Paulus das Gegenteil gilt.

2.3   Zur antiken Religionsgeschichte

Oft wird behauptet, es gebe in der Religionsgeschichte der Antike verwandte Phänomene zu der von Paulus in 1 Kor 14 geschilderten Glossolalie. Dabei wird im griechischen religiösen Milieu insbesondere auf die enthusiastischen Kulte und auf die Mantik verwiesen[92], etwa auf Phänomene wie die Ekstase, also den Ausnahmezustand gesteigerter Gefühls- und Seelenerregung[93], und auf das in solcher Ekstase entstehende unverständliche Reden. Diese Phänomene zeigen sich in den Darstellungen des Orakels bzw. der Orakelsprüche[94], die als solche unverständlich waren und darum einer Deutung bedurften. Vermutet wird aber auch, dass die im hellenistisch-jüdischen Raum begegnende „Himmelssprache" bzw. „Engelssprache" als Analogie zur Glossolalie anzusehen ist. Hier geht es ebenfalls um die in der Ekstase erscheinende Sprache und um das Reden, das im Zusammenhang mit dem Wirken des Propheten vorkommt.

---

[91]   Chr. Wolff, Zungenrede, 758, sieht in diesem Punkt die Ähnlichkeit zwischen der Glossolalie im Markusschluss und der in der Apg.

[92]   J. Behm, γλῶσσα, 722; J. Weiß, 1 Kor, 339.

[93]   F. Pfister, Art. Ekstase, in: RAC 4, 1959, 944. Ekstase spielte eine große Rolle in der hellenistischen Religiosität. Die Griechen sahen auch Wahnsinn und Ekstase nahe beieinander, ohne sie doch einfach zu identifizieren (A. Oepke, Art. ἔκστασις, ἐξίστημι, in: ThWNT II, 1935, 448).

[94]   D.E. Aune, Prophecy, 23-79, gibt einen nützlichen Überblick über das Orakel.

2.3.1   Platon, Homericus und Aeschylus

Die Vorstellung der Ekstase und des ekstatischen Redens findet sich schon bei Platon. Er nennt in *Phaedr 244 A-245 A; 265 A-B* die vier Arten göttlicher μανία. Er bezeichnet sie als die folgenden Ausdrücke, nämlich μαντική, τελεστική, ποιητική und ἐρωτική und führt sie jeweils auf Apollo, Dionysos, die Musen und Aphrodite sowie auf Eros zurück.[95] Dieser Wahnsinn wird möglich durch göttliche Gaben, und er entsteht durch göttliche Aufhebung des gewöhnlichen, ordentlichen Zustandes. Die Prophetinnen und die Priesterinnen bieten im Wahnsinn Hellas viel Gutes, und sie sagen vielen vieles für die Zukunft. Die Pythia weissagt in Delphi. Sie wird ἔνθεος, insofern der Gott – Apollo – in sie eingeht und ihre Sprachwerkzeuge gebraucht.[96] Sie spricht deshalb aus, was Apollo ihr eingibt – ihr Spruch ist also Apollos Spruch.

In seiner Darstellung der Dichter in *Ion 533-534* vergleicht Platon diese mit den bakchischen Mädchen im Dionysoskult, wobei sich ein besonderer Gefühlszustand zur Halluzination gesellt[97]:

Die Liederdichter dichten „nicht bei vernünftigem Bewußtsein diese schönen Lieder, sondern wenn sie der Harmonie und des Rhythmos erfüllt sind, dann werden sie den Bakchen ähnlich und begeistert, wie diese aus den Strömen Milch und Honig, nur wenn sie begeistert sind, schöpfen, wenn aber ihres Bewußtseins mächtig, dann nicht, so bewirkt auch der Liederdichter Seele dieses, wie sie auch selbst sagen.“ [98]

Eine Verwandtschaft zwischen der Glossolalie und der ekstatischen Mantik zeigt sich möglicherweise in der Schilderung des μάντις und des προφήτης in *Plat Tim 71 E-72 B*[99]; dabei ist das ekstatische Reden mit einer Übersetzung verbunden. Platon differenziert zwischen dem μάντις, der als ekstatische Person geschildert wird, und dem wahren προφήτης, während die Zeitgenossen μάντις mit dem προφήτης identifizierten. Der Priester des Orakels ist ein Seher, und er bekommt die „gottbegeisterte Seherkraft" (μαντική) nur im Zustand des menschlichen Unverstandes, nämlich im Schlaf oder während einer Krankheit oder durch eine göttliche Besessenheit. Doch die Aufgabe, über die eigenen Aussprüche zu urteilen, kommt nicht dem Seher zu, der im

---

[95]   F. Pfister, Ekstase, 974.
[96]   Nach E.R. Dodds, Griechen, 44, war prophetische Besessenheit nicht auf die anerkannten Orakel begrenzt, sondern man findet insbesondere eine Art von privatem Sehertum im klassischen Zeitalter bei Bauchrednern.
[97]   E. Rohde, Psyche II, 18.
[98]   Plat Ion 534 A. Übersetzung von F. Schleiermacher, Platon III. Werke in acht Bänden, bearb. von H. Hoffmann, Darmstadt ²1990, 15.
[99]   G. Dautzenberg, Glossolalie, 230. H. Conzelmann, 1 Kor, 285, sieht dabei das griechische Motiv des inspiratorischen πνεῦμα.

Zustand der μανία verharrt, sondern sie gebührt dem Vernünftigen (σώφρονι), nämlich einem der Deuter (ὑποκριταί), die es an den Orakelstätten gab und die ihrerseits keine Ekstatiker oder Seher waren, sondern die im Allgemeinen Propheten genannt wurden. Dem scheint die von Paulus in 1 Kor 14 vorgenommene Differenzierung zwischen den Glossolalen und den Übersetzern zu ähneln. Aber bei Paulus ist die Übersetzung der Glossolalie nicht der „Anteil" eines Vernünftigen, sondern sie wird wesentlich als eine Gabe des πνεῦμα verstanden.

Eine Analogie zwischen der Glossolalie und dem Kult des delischen – nicht delphischen – Apollo könnte es auch bei dem vielsprachigen Gesang der delischen Mädchen in *Hymn Hom Ap 156-164* zu geben, wo es um das Auftreten der delischen Mädchen beim Apollofest geht und um die Wirkung ihres Gesangs auf die versammelten Zuhörer. In Feiergesängen preisen sie zuerst Apollo, dann dessen Mutter und Schwester, und sie gedenken dann weiter der Männer und Frauen der Vorzeit. Mit ihren Gesängen bezaubern die Mädchen die Menschen. Hymn Hom Ap 164 erklärt dieses Wunder so:

„Denn aller Menschen Dialekte und unverständliches Geplapper
wissen sie nachzuahmen;
meinen möchte wohl ein jeder,
er selbst spreche;
solcherart ist ihnen zusammengefügt der schöne Gesang." [100]

Dieser Hymnus ist jedoch keine Parallele zu der von Paulus in 1 Kor beschriebenen Glossolalie, denn die Differenzen sind erheblich, da die Gesänge nicht chaotisch sind und sich außerdem nachahmen lassen. Eher wäre als Parallele an die Darstellung des Pfingstgeschehens in Apg 2 denken. [101]

Auch an die ekstatische Person der Kassandra ist zu denken, die von Aeschylus in der Tragödie *Agamemnon* als Prophetin der Katastrophe geschildert wird. Ihre Äußerungen sind unartikuliert und deshalb unverstehbar [102]:

„Schreckliches singst du mit düsterem Schall

---

[100] Übersetzung von H.J. Tschiedel, Pfingstwunder, 26.
[101] So H.J. Tschiedel, Pfingstwunder, 29: „Es ist merkwürdig, daß in den Kommentaren zum Apollonhymnos so wenig auf die Ähnlichkeit mit dem Bericht des Lukas hingewiesen wird." Zur Kritik an der Argumentation Tschiedels vgl. Chr.B. Forbes, Prophecy, 119-123.
[102] Vgl. Aesch Ag 1072.1076.1136.1146.1156.1214.1305.1308 usw. Dort kann man eine Dominanz von Vokalen und kurze Silben erkennen. Nach H.-J. Klauck, Von Kassandra bis zur Gnosis. Im Umfeld der frühchristlichen Glossolalie, in: ThQ 179, 1999, 289-312, hier 291, erzielen sie einen Echoeffekt.

[...]
Was tönt deine Red' auf einmal mit allzu deutlichem Wort?
Das kleinste Kind verstände sie." [103]

Sie wird als eine Ekstatikerin geschildert, und vor allem Klytaimestra
wirft ihr Wahnsinn vor.[104] Der Chor redet sie als Prophetin an[105], klagt
aber dennoch darüber, dass sie in Rätseln spricht:

„Noch weniger begreif' ich. Dunkler Rätsel voll
Ist dein Orakeln. Völlig bin ich nun verwirrt."[106]

Deshalb kann der Chor ihre Äußerungen nicht deuten[107], und somit
braucht der Fremde einen guten Deuter (ἑρμηννεύς).[108] Der Chor vergleicht ihre Äußerungen auch mit dem Orakel der Pythia.[109]

2.3.2 Das delphische Orakel

Das Orakel des Apollo in Delphi[110] war das wichtigste Orakel im antiken Griechenland; es übte starken Einfluss auf die anderen Orakel
aus.[111] Schriften des Plutarchus, vor allem Plut Def Orac und Plut Pyth
Or, geben uns reiche Informationen über die delphische Mythologie
und die Rituale.
In *Plut Def Orac 51, 438 B* stellt Plutarchus die Szene des Orakels ausführlich wie folgt dar:

„Was geschah nun mit der Pythia? Sie stieg zwar in das Orakel hinunter, widerwil-
lig, wie man erzählt, und ohne rechte Lust, sogleich aber bei ihren ersten Antworten merkte man an der Rauheit ihrer Stimme, daß sie wie ein im Wogenschwall
fortgerissenes Schiff nicht wieder aufkommen konnte und von einem bösartigen

---

[103]   Aesch Ag 1152 und 1163f. Die hier zitierten Texte sind Übersetzungen von
L. Wolde.

[104]   Aesch Ag 1050-1052: „Wenn ihre Rede nicht dem Laut der Schwalbe gleicht,
                Ein fremd' Gezwitscher, treff' ich tiefer als das Ohr,
                Und sie begreift ich. Und so folge sie denn auch."
     Aesch Ag 1065: „Nein, nein, sie rast und hört auf nichts als ihren Trotz."

[105]   Aesch Ag 1198f.: „Wir wissen lange schon von deiner Seherkunst
                Und ihrem Ruhm, doch brauchen wir Propheten nicht."
     Aesch Ag 1140: „Von Sinnen bist du, aus dir selbst riß dich der Gott."

[106]   Aesch Ag 1112f.

[107]   Aesch Ag 1130.

[108]   Aesch Ag 1062.

[109]   Aesch Ag 1255: „Das tut die Pythia auch und deutet sich doch schwer."

[110]   Siehe insbesondere J. Fontenrose, The Delphic Oracle: Its Response and
Operations, Berkeley 1978; H.W. Parke/ D.E. Wormell, The Delphic Oracles 1-2,
Oxford 1956.

[111]   Vgl. H.W. Parke, The Oracles of Zeus: Dodona, Olympia, Ammon, Oxford
1967; ders., Greek Oracles, London 1967; H.D. Betz (Ed.), The Greek Magical
Papyri in Translation, Chicago 1985.

Hauch erfüllt war, und schließlich stürzte sie, völlig außer sich und mit furchtbarem, unartikuliertem Geschrei, sich in fliegendem Lauf zum Ausgang, so daß nicht nur die zur Befragung des Orakels Gekommenen, sondern auch der Prophet Nikandros und die anwesenden Geweihten davonliefen. Nach kurzem jedoch gingen sie wieder hinein und nahmen sie auf, die außer Besinnung war, und sie lebte nur noch wenige Tage."[112]

Hier kann man das Motiv des inspiratorischen πνεῦμα finden, das mit Delphi verbunden ist.[113] Die Pythia gerät in eine Ekstase und ist erfüllt von einem sprachlosen und bösartigen Geist (ἀλάλους καὶ κακοῦ πνεύματος). Sie redet sinnlose Sätze in unartikuliertem Geschrei, also mit der „Rauheit der Stimme". Ein Priester namens Nikandros hat die Aufgabe, das Gestammel der Pythia zu interpretieren und das Orakel zu formulieren. Auch er wird, ebenso wie die inspirierte Pythia, auch ein Prophet genannt. Das Wort προφήτης umfasst also beide, sowohl die inspirierte Prophetin als auch Personen, die ihr wahnsinniges Reden interpretieren. Im Sprachgebrauch des Paulus wird hier jedoch differenziert.

Die wichtigste Aussage für das delphische Offenbarungsverständnis liegt in dem berühmten Wort Heraklits in *Plut Pyth Or 21, 404 E*: „Der Herr, dem das Orakel in Delphi gehört, sagt nicht und verbirgt nicht, sondern er zeigt an."[114] Plutarchus interpretiert diese Aussage so:

„Nimm zu diesem vortrefflichen Wort den Gedanken hinzu, daß der Gott hier sich der Pythia bedient, um zu unserm Ohr zu dringen, so wie die Sonne sich des Mondes bedient, um unser Auge zu erreichen: er offenbart und eröffnet seine Gedanken, aber er offenbart sie unter Vermischung mit einem sterblichen Körper und einer menschlichen Seele, die nicht Ruhe zu bewahren und sich dem sie Bewegenden von sich aus unbewegt und unerschüttert darzubieten vermag, sondern wie ein Schiff auf stürmischem Meer schwankend und hineingerissen in die sie umwühlenden Bewegungen und Erregungen ihres Innern [...]"[115]

Hier ist die Funktion der Pythia als einer prophetischen Mittlerin für die Gedanken des Gottes geschildert: Der Gott teilt etwas mit, aber nicht die klare und unverhüllte Wahrheit, sondern er „macht" Zeichen. Das Zukunftswissen des Gottes wird uns durch das Orakel nur gefiltert zugänglich. Dazu bedient der Gott sich der Pythia wie die Sonne des Mondes. Die Pythia äußert bzw. spiegelt das, was ihr vom Gott her

---

[112]   Übersetzung von K. Ziegler, Plutarchus. Über Gott und Vorsehung, Dämonen und Weissagung, Zürich 1952, 168.
[113]   H. Conzelmann, 1 Kor, 285.
[114]   „ὁ ἄναξ, οὗ τὸ μαντεῖόν ἐστι τὸ ἐν Δελφοῖς, οὔτε λέγει οὔτε κρύπτει ἀλλὰ σημαίνει."
[115]   Plut Pyth Or 21, 404 E. Übersetzung von K. Ziegler. Ders., a.a.O., 93f.

eingegeben wird, ähnlich wie der Mond das von ihm zu reflektierende Sonnenlicht.[116]

In *Plut Pyth Or 24, 406 E-F* erklärt Plutarchus bei der Antwort auf die Frage, warum die Pythia nicht mehr in Versen weissagt, den Übergang von der Poesie zur Prosa:

„[...] da machte auch der Sprachstil die Änderung mit und legte ebenfalls den Prunk ab, die Geschichte stieg von den Versen wie von einem Wagen herunter, und durch die ungebundene Form vor allem schied sich das Wahre vom Märchenhaften, und die Philosophie zog das Klare und Belehrende dem Erschütternden vor und führte ihre Untersuchungen mit den Mitteln der Logik. Da machte auch der Gott ein Ende damit, die Pythia ihre Landsleute "Feueranzünder", die Spartaner "Schlangenfresser", die Menschen "Bergbewohner", die Flüsse "Bergtrinker" nennen zu lassen; er entfernte aus den Wahrsprüchen Verse, altertümliche Wörter[117], Umschreibung und Unklarheiten und ließ sie so zu den Orakelsuchenden sprechen, wie die Gesetze mit den Gemeinden reden, die Könige mit ihren Völkern und wie die Schüler ihre Lehrer sprechen hören, indem er auf das Verständliche und Überzeugende abzielte."[118]

Die Pythia gab früher ihr Orakel in poetischer Rede und in γλῶσσαι, aber nun redet sie in Prosa, so wie die Geschichte und die Philosophie von der Poesie zur Prosa übergegangen sind. Apollo machte der Poesie ein Ende, damit die Orakel verständlich und überzeugend werden. Was durch den Übergang von der Poesie zur Prosa erzielt wird, ist also ein Gewinn an Deutlichkeit.[119] Es ist auffallend, dass das Wort γλῶσσαι hier „unverständliche Aussagen" meint; ein wesentlicher Unterschied zum paulinischen Sprachgebrauch liegt aber darin, dass es bei Paulus um vielfältige Wortverbindungen in Bezug auf die Glossolalie geht, während γλῶσσαι hier ein einzelnes Wort meint.[120]

2.3.3   Der Dionysoskult

Als möglicher Einfluss auf die Glossolalie in Korinth gilt in der Exegese auch der Enthusiasmus des heidnischen Gottesdienstes, wobei an die Mysterien und vor allem an den orgiastischen dionysischen Kult gedacht wird, in dem das inspirierte Orakel seine Geburtsstätte hatte. Im Dionysoskult, dessen Heimat Thrakien war[121], lernten die Griechen

---

[116] S. Schröder, Plutarchs Schrift. De Pythiae Oraculis, Stuttgart 1990, 353.

[117] K. Ziegler übersetzt hier γλῶσσαι mit „altertümliche Wörter".

[118] Übersetzung von K. Ziegler. Ders., Plutarchus, 98f. Vgl. Plut Pyth Or 407 A-C und 408 C.

[119] W.G. Rollins denkt, dass Paulus in 1 Kor 14,19 und 24 in Bezug auf die Glossolalie ähnliches Interesse zeigt (H.D. Betz [Hg.], Plutarch's Theological Writings and Early Christian Literature, Leiden 1975, 124).

[120] So J. Weiß, 1 Kor, 337.

[121] E. Rohde, Psyche II, 6 und 38.

den dionysischen βάκχειος kennen, der die Menschen zur Raserei treibt (μαίνεσθαι). [122] Die Erfahrung der Kommunion mit dem Gott verwandelt einen Menschen in einen βάκχος, und so wird er ἔνθεος. Diese Erfahrung der Ekstase wurde durch Wein, Milch oder Tanz verursacht. [123] Im Dionysoskult war μαίνεσθαι [124] das Ursprüngliche; die Ekstase war das erstrebte Ziel [125], und es war eine Art von kollektivem Phänomen. Der Wahnsinn (μανία) war eine bekannte Erscheinung. [126] Die die aus dem enthusiastischen Kult der dionysischen Diener stammende Begeisterungsmantik brachte mit der Götter- und Geisterwelt in Verbindung, schaute die Zukunft und verkündigte in einem erhobenen Zustand des Geistes. Ein Prophet verwaltete das auf einem hohen Berg gelegene Orakel des Dionysos; die Prophetin jenes Tempels, durch deren Lippen Dionysos dort sprach, weissagte in rasender Verzückung wie die Pythia in Delphi. [127] Wie die dionysische μανία ergriff auch die Ekstase der dionysischen Tanzfeste das gesamte „Weibervolk" [128] an manchen Orten. [129] In seinem Werk Bacchae bietet Euripides die eindringlichste Darstellung der Dionysosverehrung (*Eur Ba*). Diese Tragödie ist ein Spiel über ein geschichtliches Ereignis, nämlich die Einführung einer neuen Religion in Griechenland. [130] Dieses Drama stellt den unwiderstehlichen Siegeslauf des Gottes samt der Art der Apologetik der orgiastischen Religion dar. [131] Im Kult treten die Frauen auf, indem sie das Bakchoslied einander singen. [132] Der ἰώ-ἰώ-Ruf [133], den Dionysos und der Chor einander zuschreien, gehört auch dazu. Das εὐοι-εὐοι-Geschrei [134], das vielfach wiederholt wird, ist der Schrei der Ekstase und der Beschwörung. Diese Anrufung des Gottes ist kein Wort, sondern eine ekstatische affektive Äußerung. Dabei dürfen die Formen und der Sinn des

---

[122] Hdt 4, 79.
[123] E.R. Dodds, Bacchae, xii-xvii.
[124] G. Dautzenberg, Glossolalie, 230, denkt hinsichtlich der Aussage des Paulus in 1 Kor 14,23, nämlich ὅτι μαίνεσθε, dass er sich der griechischen Verständnismöglichkeit glossolalischen Redens bewusst ist.
[125] Vgl. Eur Ba 301.
[126] Siehe E. Rohde, Psyche II, 5f.
[127] Hdt 7, 111. Vgl. Eur Ba 224; Plat Tim 71 E.
[128] E. Rohde, Psyche II, 40. Vgl. Hdt 9, 34.
[129] E.R. Dodds meint, dass das Ritual des Dionysoskultes eine kathartische soziale Funktion hatte wie andere Kulte: „Es reinigte – psychologisch gesehen – das Individuum von jenen ansteckenden irrationalen Treibkräften [...] Im Dionysoskult bot sich die Gelegenheit, diese Treibkräfte in ritualer Form abzureagieren" (ders., Griechen, 48).
[130] E.R. Dodds, Bacchae, xi.
[131] G. Delling, Gottesdienst, 45.
[132] Eur Ba 1057.
[133] Eur Ba 576ff.
[134] Eur Ba 141.

Kultes den ἀβακχεύτοισιν nicht mitgeteilt werden.[135] Die enge Verbindung zwischen der bakchischen Verehrung und der Prophetie ist in Eur Ba 298-301[136] dargestellt, wobei auch die etymologische Verbindung zwischen μανία und μαντική erkennbar ist. Die im Dionysoskult erscheinenden sprachlichen Phänomene sind denen in der korinthischen Gemeinde durchaus ähnlich. Auch das dionysische Orakel war ein ekstatisches Reden; es wurde durch eine inspirierte Zunge verursacht, ebenso wie die korinthische Glossolalie. Aber es gab im Dionysoskult keine Glossolalie, und das dionysische Orakel bezieht sich nicht auf die Glossolalie. Vielmehr bietet der Dionysoskult nur eine Analogie zum allgemeinen Phänomen der Ekstase und des ekstatischen Redens.

2.3.4 Der jüdische und christliche Raum

Als die deutlichste und nächste religionsgeschichtliche Analogie zu der im Neuen Testament vorliegenden Glossolalie gilt oft ein Abschnitt im Testament Hiobs (*TestHi 47-52*).[137] Er berichtet von den drei Töchtern Hiobs und ihren Hymnen: Hiob vererbte vor seinem Tod seinen drei Töchtern einen Gürtel mit wunderkräftigem Charakter (47); als die Töchter diesen Gürtel anlegten, verwandelte sich ihr Herz und sie redeten in himmlischer Sprache, nämlich in der apokalyptischen Himmelssprache. Als die erste Tochter den Gürtel umlegt, empfängt sie „ein anderes Herz"[138], denkt nicht mehr an die irdischen Dinge. Sie redete inspiriert „in der Sprache der Engel" (τῇ ἀγγελικῇ διαλέκτῳ, 48,3). Sie sendet zu Gott einen Hymnus hinauf gemäß dem Hymnengesang der Engel. Auch der zweiten und der dritten Tochter widerfährt ähnliches: Das Herz der zweiten Tochter wird so verändert, dass sie nicht mehr das Welthafte begehrt, und ihr Mund nimmt „die Sprache der Mächte" (τὴν διαλέκτον τῶν ἀρχῶν, 49,2) auf. Die dritte Tochter redet ebenso inspiriert „in der Sprache derer in der Höhe" (ἐν τῇ διὰ λέκτῳ τῶν ἐν ὕψει, 50,1), weil auch ihr Herz verändert wurde und sie sich von den weltlichen Dingen trennte.

---

[135] Eur Ba 471f.
[136] Eur Ba 298-301: „μάτις δ' ὁ δαίμων ὅδε· τὸ γὰρ Βακχεύσιμον
καὶ Τὸ μανιῶδες μαντικὴν πολλὴν ἔχει·
ὅταν γὰρ ὁ Θεὸς ἐς τὸ σῶμ' ἔλθη πολύς,
λέγειν τὸ μέλλον τοὺς μεμηνότας ποιεῖ."
[137] G. Dautzenberg, Glossolalie, 233; W. Pratscher, Glossolalie, 131f. Auch W. Schrage, 1 Kor III, 159. R. Reitzenstein, Poimandres, 57, denkt, dass diese Schrift zwischen Christentum und Judentum steht.
[138] Nach G. Dautzenberg, Glossolalie, 233, ist dies eine Charakterisierung der Ekstase.

In dieser Darstellung geht es um die Engelspekulation und die Gemeinschaft des Ekstatikers mit Engeln[139]; jede Tochter redet in der Sprache einer jeweils anderen Engelklasse. Der Inhalt der Hymnen wird in TestHi 53,1f. erwähnt – es sind die μεγαλεῖα τοῦ θεοῦ. Dabei hört der Onkel, wie die Töchter Hiobs die Wunder „deuteten" (ὑποσημειουμένης, 51,3). Die Worte διάλεκτος und ὑποσημειοῦσθαι sind aber nur hier belegt[140], und die Engelssprache wird nicht als etwas Unverständliches angesehen, sondern es handelt sich um kultische Hymnen. Ob das hymnische Reden ohne Übersetzung unverständlich bliebe, wird nicht eindeutig gesagt.[141]

In jüdischen Schriften begegnen wir auch dem Motiv, dass Menschen bei einer Himmelsreise die Engelssprache verstehen und mit den Engeln in deren Sprachen beten. In *ApkZeph 8,1-4* kommt Zephanja, der eine Reise durch den Himmel macht, in den Bereich, wo die Engel dienen[142]:

„Sie nahmen meine Hand, hoben mich in jenes Schiff und fingen an, vor mir zu singen, nämlich tausend mal Tausend und zehntausend mal Zehntausend Engel. Auch ich legte mir ein Engelsgewand an und sah alle jene Engel beten. Auch ich fing an, mit ihnen zusammen zu beten, und verstand ihre Sprache, die sie mit mir redeten [...]"[143]

Der Prophet betet mit den Engeln in Engelssprachen, und er unterhält sich auch mit ihnen. Aber dies ist keine Parallele zu der in 1 Kor 14 erwähnten Glossolalie, denn in ApkZeph ist eine Unverständlichkeit der Engelssprache nicht vorausgesetzt. Zudem finden wir im 1 Kor kein Motiv einer Himmelsreise.

Im hellenistisch-jüdischen Raum ist darüber hinaus an Aussagen bei Philo zu denken. In *Rer Div Her 262-266* erwähnt Philo das Wirken des Propheten zuerst aufgrund der biblischen Schilderungen über Moses (Num 12,6.8 und Dtn 34,10). Dabei vertreibt der göttliche Geist die Vernunft des Propheten in der Ekstase und leitet sein Wirken:

„Treffend weist also die Schrift auf den Gottbegeisterten hin mit den Worten: ,Gegen Sonnenuntergang überfiel eine Ekstase', indem sie unseren Geist symbolisch ,Sonne' nennt. Denn was in uns die Vernunft ist, das ist in der Welt die Sonne. [...] sobald er aber ,untergeht', überfällt uns natürlich eine Ekstase, ein gottbegeistertes

---

[139] Dies wird im Judentum häufig gefunden. Siehe zu Belegen dafür G. Dautzenberg, Glossolalie, 234 und F.W. Horn, Angeld, 213.

[140] Demgegenüber ist G. Dautzenberg, Glossolalie, 233, der Meinung, dass ὑποσημειοῦσθαι ein dem διερμηνεύειν (1 Kor 14) äquivalenter Ausdruck ist.

[141] A. Lindemann, 1 Kor, 298.

[142] Vgl. G. Dautzenberg, Glossolalie, 234f.

[143] G. Steindorff, Die Apokalypse des Elias, eine unbekannte Apokalypse und Bruchstücke der Sophias-Apokalypse, TU XVII, 3, Leipzig 1899, 153.

Eingenommensein und eine Verzückung. Sobald nämlich das göttliche Licht aufstrahlt, geht das menschliche unter. [...] Es entfernt sich der Geist in uns bei der Ankunft des göttlichen Geistes und kommt wieder bei dessen Entfernung. [...] Deshalb führte der ‚Untergang' der Vernunft und die sie umgebende Dunkelheit eine Ekstase und gottgetragene Verzückung herbei." [144]

Dazu erklärt Philo von Gen 15,13 her, der Prophet selber rede tatsächlich nicht und scheine nur zu reden, denn ein anderer bediene sich seines Mundes und seiner Zunge. [145] Die Ersetzung der Vernunft durch den göttlichen Geist erinnert an die paulinische Aussage über πνεῦμα und νοῦς (1 Kor 14,14-17) [146]; aber das Reden, das „ein anderer" mit den Sprachwerkzeugen des Propheten spricht, hat doch einen anderen Charakter als das unverständliche Reden, da es sich nicht um ein chaotisches Reden (1 Kor 14,23) handelt, sondern um harmonisches Reden, das wie „eine wohlklingende, harmonische, symphonievolle Musik" klingt.

Eine ähnliche Darstellung des Wirkens des Propheten findet sich in *Philo Spec Leg IV 49*: „Ein anderer" verwendet die Sprachwerkzeuge des Propheten, um zu offenbaren, was er sagen will. Aber diese Schilderung hat mit der korinthischen Glossolalie nichts zu tun:

„Denn der Prophet verkündet überhaupt nichts Eigenes, er ist vielmehr nur der Sprecher, dem ein anderer alles in den Mund legt, was er vorbringt; wenn er begeistert wird, gerät er in Bewusstlosigkeit, da das Denken schwindet und die Burg der Seele verlassen hat, der göttliche Geist aber eingezogen ist und seine Wohnung darin aufgeschlagen hat; und dieser bringt den ganzen Stimmapparat zum Schallen und Tönen, sodass er deutlich zum Ausdruck bringt, was jener ihm vorsagt." [147]

R. Reitzenstein meinte, das Phänomen Glossolalie sei dem Christentum überhaupt nicht eigentümlich, sondern es gehöre der mystischen Ekstase des synkretistischen Hellenismus an. [148] Dabei verwies er vor allem auf *Corp Herm I (Poimandres) 24-26*, wo die Vorstellung der Himmelssprache belegt ist. Die Antwort auf die Frage, wie sich der Himmelsaufstieg zutrage, wird in Poimandres 26 mit folgenden Worten gegeben:

---

[144] Übersetzung von J. Cohn. Ders. (Hg.), Philo von Alexandria. Die Werke in Deutscher Übersetzung V, Berlin ²1962, 282.

[145] Philo Rer Div Her 266: „Denn fürwahr, tatsächlich schweigt der Prophet, auch wenn er zu reden scheint, da sich seiner Sprachwerkzeuge, seines Mundes und seiner Zunge, ein anderer bedient, um zu offenbaren, was er wünscht; indem er jene mit unsichtbarer feinster Kunst anschlägt, bringt er eine wohlklingende, harmonische, symphonievolle Musik zustande" (Übersetzung von J. Cohn. Ders., a.a.O., 282f.).

[146] Bei Paulus bleibt gleichwohl die Vernunft nicht ausgeschlossen (1 Kor 14,14).

[147] Übersetzung von I. Heinemann. J. Cohn (Hg.), Philo von Alexandria. Die Werke in Deutscher Übersetzung II, Berlin 1910, 261.

[148] R. Reitzenstein, Poimandres, 58.

„Und dann, entlässt von den Wirkungen der Harmonie (der Sphären) gelangt <der Mensch> zur Welt der Ogdoas, <jetzt> im Besitz seiner eigenen Kraft, und besingt mit den wahrhaft Seinenden den Vater. Es freuen sich aber die Anwesenden über dessen Ankunft und, den Anwesenden gleichgeworden, hört er auch einige Kräfte oberhalb der Welt der Ogdoas mit lieblicher Stimme Gott besingen [...]" [149]

Der über die Ogdoas Aufgestiegene hört einige der himmlischen Mächte (δυνάμεις) den Gott preisen (φωνῇ τινι ἡδείᾳ ὑμνουσῶν τὸν Θεόν), d.h. es ist offenbar an die Vorstellung einer übernatürlichen und überirdischen Sprache zu denken. R. Reitzenstein meint, das Judentum habe die altägyptische Anschauung, dass die niederen Götter den oberen Lobgesänge darbringen, auf die Engelwelt übertragen, wobei jede ihrer Scharen Gott in einer anderen Sprache preise.[150] Auch die Hermetischen Gemeinden kannten, so R. Reitzenstein, diese Art, Gott zu preisen. Doch liegt auch hier keine Parallele zur neutestamentlichen Glossolalie vor, denn dort ist kein Aufstieg über die Ogdoas bzw. in die himmlische Welt vorausgesetzt.

Von der platonischen Vorstellung der Sprache in der himmlischen Welt berichtet auch Clemens von Alexandrien (*Strom I 143,1*). Hier ist die Vorstellung der himmlischen Sprache verbunden mit dem ekstatischen Reden: Die Existenz von Orakelsprüchen beweist die Sprache der Götter. Aber auch hier gibt es keine Beziehung zur korinthischen Glossolalie:

„Platon teilt auch den Göttern eine Art Sprache (διάλεκτον) zu, indem er auf sie vor allem aus den Träumen und den Orakelsprüchen schließt, außerdem aber auch aus den Besessenen, die nicht ihre eigene Sprache (φωνήν) oder Mundart (διάλεκτον) reden, sondern die der Dämonen, die in sie eingedrungen sind."[151]

Auch der von Origenes referierte Bericht des Celsus über die christlichen Propheten (*Orig Cels VII 8-9*) bietet eine Vorstellung des ekstatischen prophetischen Redens. Celsus sagt:

„Ein jeder dieser Propheten pflegt die Worte im Munde zu führen: Ich bin Gott oder Gottes Sohn oder göttlicher Geist. Ich bin aber gekommen; denn schon bald geht die Welt zugrunde, und ihr, o Menschen, fahrt wegen eurer Ungerechtigkeit dahin. [...] Selig ist, wer jetzt mich ehrt; aber die andern alle, auch auf Städte und Länder, werde ich ewiges Feuer werfen. [...] Wenn sie diese Dinge drohend vor-

---

[149] Übersetzung von J. Büchli, Der Poimandres. Ein paganisiertes Evangelium, WUNT II/ 27, Tübingen 1987, 121. J. Büchli, a.a.O., 136 und 138, sieht im Sprachgebrauch des Textes eine christliche Herkunft des Motivs.
[150] R. Reitzenstein, Poimandres, 55f.
[151] Übersetzung von O. Stählin, Des Clemens Alexandreia. Teppiche wissenschaftlicher Darlegungen entsprechend der wahren Philosophie (Stromateis) III, BKV, München, 1936, 120.

gehalten haben, fügen sie der Reihe nach unverständliche, verrückte und ganz unklare Worte hinzu, deren Sinn kein Verständiger herausbringen könnte; denn sie sind dunkel und nichtssagend, geben aber jedem Toren und Betrüger in jeder Hinsicht eine Handhabe, das Gesagte so, wie er will, sich anzueignen."[152]

Nach Celsus fängt solch prophetisches Reden also mit der „Ich bin"-Formel an, welche die Besessenheit durch Gott beweist und also dem Reden göttliche Autorität gibt. Das Reden endet mit einem ungewohnten und unverständlichen Ausdruck, und es enthält dabei Wörter, die keine vernünftige Bedeutung haben. Fraglich ist, ob Celsus mit der nach der Verkündigung des Gerichts erwähnten Aussage über das ekstatische Reden das Phänomen der Glossolalie schildert[153]; Origenes meint, Celsus habe so gesprochen, weil er das prophetische Reden nicht verstanden hatte (VII 10), d.h. Origenes kritisiert, dass Celsus nicht bereit war, solche Worte der Propheten vernünftig auszulegen.[154]

Irenäus berichtet von einer Szene, wo die Prophetengabe des Gnostikers Markos sich auf eine Frau überträgt (*Iren I 13,3*). Hier sind sinnlose Worte in der Ekstase genannt:

„Es ist aber wahrscheinlich, dass er einen Dämon als Beistand hat, durch den er zu wahrsagen scheint und die Weiber, die er der Teilnahme an seiner Gnade für würdig erachtet, wahrsagen lässt [...] dann macht er noch gewisse Anrufungen, um die Betrogene zu verwirren und spricht zu ihr: „Öffne deinen Mund und sprich, was du willst, und du wirst weissagen!" Durch solche Worte wird sie erregt und verwirrt; die Erwartung des Prophezeiens erhitzt ihre Seele [...] aber was sie redet, ist alles leeres, eitles, freches Zeug, da sie ja ein leerer Geist erhitzt hat [...]"[155]

Es ist kaum anzunehmen, dass das hier erscheinende Phänomen die Glossolalie von 1 Kor 14 meint; vor allem ist das Motiv der Veranlassung oder der Übertragung in 1 Kor 14 nicht erkennbar.

Der von Eusebius beschriebene Bericht eines Schriftstellers über montanistische Propheten (*Eus His Eccl V 16,7-9*) bietet „ein anschauliches Bild der Glossolalie und des ‚Prophezeiens'"[156]:

„[...] und es bekleidete ihn der böse Geist, und sogleich ging er aus seinem Sinn und fing an weissagend und redend fremde Worte (ξενοφωνεῖν), ausser der Ge-

---

[152] Orig Cels VII 9. Übersetzung von P. Koetschau, Des Origenes acht Bücher gegen Celsus II, BKV, München 1927, 218f.
[153] Dagegen meint H. Weinel, Wirkungen, 76: „Jene unverständlichen Worte, verbunden mit einer auffallend starken Gebärdensprache, sind nichts anders, als was Paulus Glossolalie nennt." Ähnlich D.E. Aune, Prophecy, 72.
[154] So A. Lindemann, 1 Kor, 298.
[155] Übersetzung von E. Klebba, Des Heiligen Irenäus fünf Bücher gegen die Häresien, BKV, München 1912, 41.
[156] A. Lietzmann, Kor, 95.

wohnheit und Überlieferung der Kirche. Diejenigen aber, welche in jener Zeit waren, welche von ihm hörten die fremden Worte, von ihnen waren, denen war es schmerzlich und wie einem Mann, über welchem war Wirkung des Dämons und Geist des Irrtums, welcher das Volk bewegt, wehrten sie ihm und bedrohten ihn, dass er nicht rede, indem sie sich erinnerten an die Gebote unseres Herrn, der droht, dass man sich hüte mit Wachen vor den lügnerischen Propheten. [..]."[157]

Möglicherweise bedeutet das Wort ξενοφωνεῖν hier dasselbe, was Paulus mit der Wendung λαλεῖν γλώσσῃ bzw. λαλεῖν γλώσσαις bezeichnet. Unklar ist jedoch, ob dieses ξενοφωνεῖν ebenso wie die korinthische Glossolalie unverständlich ist; die Tatsache, dass der montanistische Prophet „außer der Gewohnheit und Überlieferung der Kirche" spricht, also nicht entsprechend der Überlieferung der Kirche, bedeutet doch, dass sein Reden von anderen durchaus verstanden werden kann.

2.3.5 Ergebnis

Obwohl immer wieder auf verwandte Phänomene hingewiesen wird, bleibt die Frage nach dem religionsgeschichtlichen Ort der Glossolalie in Korinth umstritten und wird jedenfalls noch nicht befriedigend beantwortet. Festzustehen scheint, dass die im 1 Kor von Paulus beschriebene Glossolalie offenbar ein ausschließlich auf die korinthische Gemeinde begrenztes Phänomen war.[158] Sie ist also nicht anders als die anderen in dem Brief erkennbaren Probleme nur im Rahmen des korinthischen Enthusiasmus zu erklären.

Hinsichtlich der Phänomenologie ergibt sich folgendes: Die Orakel und die Mysterien der hellenistischen Religiosität sind der Glossolalie darin ähnlich, dass es sich hier wie dort um ekstatische Phänomene handelt, dass die inspirierten ekstatischen Äußerungen unklar sind und deshalb einer Auslegung oder einer Deutung bedürfen. Aber auch wenn die Glossolalie in Korinth oft als ein Reflex eines solchen Orakels angesehen wurde[159] bzw. die Vorstellung von der Himmels- bzw. Engelssprache im jüdischen Raum oft mit der Glossolalie verglichen wurde[160], so bilden weder Analogien aus der griechischen Literatur oder aus dem hellenistischen religiösen Raum noch Analogien aus dem jüdischen und dem späteren christlichen Raum eine unmittelbare Paral-

---

[157] Eus His Eccl V 16, 7f. Übersetzung von E. Nestles, Die Kirchengeschichte des Eusebius aus dem Syrischen, TU XXI, 2, Leipzig 1901, 196f.
[158] Anders Chr. Wolff, Zungenrede, 755: Glossolalie sei kein spezifisches Phänomen der korinthischen Gemeinde.
[159] H. Kleinknecht, Art. πνεῦμα, πνευματικός, in: ThWNT VI, 1959, 343, bezieht die korinthische Glossolalie auf die pythische Weissagung. Andererseits analysiert G. Delling, Gottesdienst, 45-47, sie in Bezug auf die dionysische Ekstase.
[160] Beispielsweise sieht Chr. Wolff, Zungenrede, 761, die Wurzel der Glossolalie „in frühjüdisch-apokalyptischen bzw. mystischen Kreisen".

lele zu der von Paulus so dargestellten Glossolalie.[161] Die Orakel scheinen eher der Prophetie verwandt zu sein, insofern in den Orakeln der Gott bzw. die Gottheit zu Menschen spricht.

Hinsichtlich der Terminologie hat sich gezeigt, dass es in der antiken Religionsgeschichte offenbar keine Entsprechung zu den von Paulus verwendeten Formulierungen λαλεῖν γλώσσῃ bzw. λαλεῖν γλώσσαις gibt; das, was im Neuen Testament so bezeichnet wird, kann auch deshalb nicht mit bestimmten Phänomenen in der Antike identifiziert werden. Das Wesen der korinthischen Glossolalie lässt sich folglich nur aus dem Text des Paulus in 1 Kor 14 selber erfassen und erklären, nicht aus Analogien aus der antiken Religionsgeschichte.

---

[161] A. Lindemann, 1 Kor, 298: „Zu dem von Paulus so beschriebenen glossolalischen Reden gibt es in der antiken Religionsgeschichte zwar verwandte Phänomene, wobei insbesondere an das ekstatische Reden zu denken ist; aber unmittelbare Parallelen lassen sich offenbar nicht aufweisen."

Kapitel 3
Das Wesen der korinthischen Glossolalie: Exegetische Analyse von 1 Kor 14

Wie in Kap. 2 gezeigt, kann das Wesen der korinthischen Glossolalie ausschließlich aus dem Text 1 Kor 14 gewonnen werden, also weder aus religionsgeschichtlichen Parallelen noch aus dem Vergleich mit den anderen neutestamentlichen Schriften. In diesem Kapitel soll deshalb 1 Kor 14 exegetisch analysiert und von hier aus dann das Wesen der korinthischen Glossolalie bestimmt werden.

3.1 Kontext und Aufbau von 1 Kor 14

3.1.1 Kontext von 1 Kor 14

Die einleitende Aufforderung an die Adressaten in 1 Kor 14,1a (διώκετε τὴν ἀγάπην) schließt inhaltlich an Kap. 13 an, syntaktisch jedoch an 12,31a. Deshalb wurde der größere Zusammenhang von 1 Kor 12-14 seit J. Weiß zum Gegenstand der Exegese.[1] Einige Forscher verstehen Kap. 13 als einen unabhängigen Abschnitt, der redaktionell mit dem jetzigen Kontext verbunden wurde.[2] So meint J. Weiß[3], Kap. 13 wirke wie „ein Fremdkörper" zwischen 12,30 und Kap. 14; 14,1b schließe an 12,30 an, Kap. 13 werde durch 12,31 und 14,1a geklammert. W. Schenk[4] stellt 12,31b-13,13 hinter 14,40 und meint, 14,1 sei

---

[1]   Siehe zur Literarkritik, vor allem zu den Teilungshypothesen angesichts dieses Kapitels, G. Sellin, Hauptprobleme, 2964-2986, und H. Merklein, Einheitlichkeit, 154-157 und 176f.

[2]   E..L. Titus, Did Paul write 1 Cor 13?, in: JBR 27, 1959, 299-302, bezweifelt sogar die paulinische Abfassung des Kap. 13. Aber diese Annahme ist nicht plausibel.

[3]   J. Weiß, 1 Kor, 309-312.

[4]   W. Schenk, 1 Korintherbrief als Briefsammlung, in: ZNW 60, 1969, 219-243, insbesondere 225f.

ursprünglich auf 12,31a gefolgt: der Redaktor habe Kap. 13 umgestellt, weil er Kap. 15 inhaltlich nicht an 13,13 nicht anzuknüpfen vermochte. Nach W. Schmithals folgte im ursprünglichen Brief E (Antwortbrief)[5] der Abschnitt 14,1c-40 auf 12,31a, anschließend als Klimax 12,31b-13,13; 14,1a.b ist nach Schmithals eine redaktionelle Glosse, eine vom Redaktor gebildete Überleitung, die Kap. 13 mit Kap. 14 verbinden soll.[6] Solche Hypothesen setzen zumindest voraus, dass Kap. 13 zum gleichen Brief wie Kap. 12 und 14 gehört. Demgegenüber rechnen H.-M. Schenke und K.M. Fischer Kap. 13 zu einem anderen Brief als Kap. 12 und 14[7], während andere Exegeten[8] erklären, Kap. 13 habe zwischen 12,31 und 14,1 den angemessenen Platz.

Die Schwierigkeiten der Problemlösung folgen aus 12,31a, da es unterschiedliche Möglichkeiten gibt, die Aussage von 12,31a ζηλοῦτε δὲ τὰ χαρίσματα τὰ μείζονα zu verstehen. Die Verbform ζηλοῦτε kann als Imperativ, aber auch als Indikativ ausgelegt werden. Im ersten Fall würde die Aussage von 12,31a durch 14,1 forgesetzt, das durch 12,31b eingeleitete Kap. 13 wäre also in der Tat eine formal den Kontext störende Einlage. O. Wischmeyer versteht jedoch 12,31a zwar als Imperativ, sie nimmt aber andererseits die jetzige Textfolge als ursprünglich an[9]; 12,31a sei als Abschluss von Kap. 12 zu verstehen, 12,31b leite Kap. 13 ein. In Kap. 12 expliziere Paulus, dass alle Geistesgaben gleichwertig sind; in 12,31a zeige er, dass es im Leben der Kirche wichtigere Gaben gebe, und dann spreche er in 12,31b; 13,1-13 vom höchsten Weg, der Liebe. Liest man ζηλοῦτε als Imperativ, so ist vorausgesetzt, dass Paulus die Korinther auffordert, nach größeren Geistesgaben zu suchen. Aber für Paulus gibt es keine Rangstufung von Geistesgaben. Deshalb liegt es näher, ζηλοῦτε als Indikativ zu verstehen; dann bezieht sich der Satz auf die Korinther selbst, nämlich auf ihr Streben nach den wichtigeren Charismen.[10] Dieses Verhalten beschreibt Paulus nun kritisch, indem er den hervorragenden Weg, die Liebe, als Alternative zeigt (12,31b).[11] Dann schließen 12,31a und

---

[5]   Nach W. Schmithals, Briefe, 34f., umfasst der „Brief E" (Antwortbrief) 1 Kor 11,3-16; 7,1-8,13; 9,19-22; 10,23-11,1; 12,1-31a; 14,1b-40; 12,31b-13,13; 16,1-12.

[6]   W. Schmithals, Briefe, 42.

[7]   H.-M. Schenke/ K.M. Fischer, Einleitung in die Schriften des Neuen Testaments I. Die Briefe des Paulus und Schriften des Paulinismus, Gütersloh 1978, 93f. Ihnen zufolge gehört Kap. 13 zum Brief A, und Kap. 12 und 14 gehören zum Brief B.

[8]   Vgl. beispielsweise C.K. Barrett, 1 Kor, 297; W. Schrage, 1 Kor III, 276; O. Wischmeyer, Weg, 38.

[9]   O. Wischmeyer, Weg, 33; ähnlich Th. Söding, Liebesgebot, 126f. Andererseits versteht V.P. Furnish, Theology, 97, 12,31a als „an ironic appeal".

[10]   So beispielsweise G. Iber, Zum Verständnis von 1 Cor 12,31, in: ZNW 54, 1963, 43-52.

[11]   So zutreffend A. Lindemann, 1 Kor, 279.

12,31b sinnvoll aneinander an, und Kap. 12-14 erweisen sich als „eine
semantisch kohärente Textsequenz."[12]
Es ist nicht mit Sicherheit zu sagen, ob Paulus in Kap. 12-14 auf die
Frage der Korinther nach den πνευματικά,12,1) antwortet oder ob er
selber hier ein neues Thema einführt; klar ist jedenfalls, dass er die
πνευματικά ausdrücklich thematisiert[13], und zwar expliziert er sie aufgrund seiner Ekklesiologie, die er in dieser konkreten Situation und in
angestrengten Bemühungen um die Bewältigung des darin entstandenen Problems entwickelt und formuliert. Dabei setzt er sich mit einem
Missverständnis, einem falschen Verständnis der πνευματικά und der
ἐκκλησία durch die Korinther auseinander. Die Ekklesiologie bestimmt einerseits die Pneumatologie des Paulus, und er stellt andererseits seine theologische Theorie dem Verständnis der Adressaten gegenüber. Der Blick ist auf den religiösen Enthusiasmus in Korinth gerichtet, wobei sich dem Problem durch einen konsequenten Argumentationsgang und mit einer sorgfältigen rhetorischen Intention nähert.[14]
Der Aufbau des Kontexts von Kap. 12-14 ist deshalb durchaus kein
Zufall, sondern im Gegenteil eine programmatische Konstruktion.
Im Kontext von Kap. 12-14 denkt Paulus mittelbar oder unmittelbar an
das Problem der Praktizierung der Glossolalie[15], und dies gibt ihm den
Anlass für eine systematische Darstellung seiner Pneumatologie und
Ekklesiologie. Das Ziel der fundamentalen Darstellungen in Kap. 12-
13 besteht also nicht nur darin, die theologische Bedeutung der Gnadengaben zu erklären und Prinzipien für ihren praktischen Gebrauch
zu zeigen, sondern auch darin, gegen den korinthischen Enthusiasmus
und dessen Hochschätzung der Glossolalie zu polemisieren, wie dies
dann ausdrücklich in Kap. 14 geschieht. Im Verlauf der Argumentation
wird der kritische Ton immer deutlicher und stärker.

---

[12]   H. Merklein, Einheitlichkeit, 177.
[13]   Nach M.M. Mitchell, Paul, 171-175, behandele Paulus hier das Thema von
„factionalism and concord." Auch A. Eriksson, Traditions, 208, versteht, dass
Paulus für die Einheit der Gemeinde angesichts der Uneinigkeit, die durch Pneumatiker ausgelöst wird, argumentiert.
[14]   Beispielsweise rechnet A. Eriksson, Traditions, 209ff., mit „*insinuatio*" als
rhetorischer Strategie des Paulus.
[15]   So ähnlich G.D. Fee, 1 Kor, 571. Die Glossolalie wird nicht erst in Kap. 14
problematisiert, sondern ist bereits das eigentliche Problem in Kap. 12-14 und bestimmt bereits von Kap. 12 an die Richtung der paulinischen Aussagen. Fast alle
wichtigen Darstellungen in Kap. 12-13 richten sich auf das Problem der Glossolalie: die Schilderung von der unbewussten Vergangenheit der Adressaten (12,2)
und dem Bekenntnis als verstehbarem Inhalt (12,3), die Betonung der göttlichen
Initiative bzw. des „Geschenkcharakters" aller Geisteswirkungen (12,4-
6.7.11.18.28), die Erwähnung vom „Nutzen" als Ziel der Geistesgaben (12,7), die
Relativierung der Glossolalie (12,8-10.28-30) sowie die Betonung der Einheit der
Gemeinde anhand der Leibvorstellung (12,12-30), die Kritik am Suchen nach den
größeren Geistesgaben (12,31a) und die Relativierung aller Geistesgaben aus der
Sicht der Liebe (Kap. 13).

Der Argumentationsgang des Paulus in Kap. 12-14

Stufe 1: Demokratisierung der χαρίσματα (12,1-31a)
These 1: Der im Bekenntnis zum Herrn Jesus gesprochene Glaube
legitimiert das Wirken des wahren πνεῦμα (Abgrenzung von
Ekstase).
These 2: Die Gaben sind vielfältig, aber haben die gleiche Quelle.
These 3: Jedes Glied, das gleichberechtigt ist und sich wechselseitig
ergänzt, bildet die Gemeinde als den einen Leib.
Stufe 2: Relativierung der Gaben aus der Sicht der ἀγάπη (12,31b-
13,13)
These 1: Gaben ohne Liebe sind nichts und nicht nützlich.
These 2: Die Liebe erbaut die Gemeinde (Explikation von 8,1b).
These 3: Die Liebe bleibt eschatologisch.
Stufe 3: Relativierung der Glossolalie aus der Sicht der οἰκοδομή
(14,1-40)
These 1: Glossolalie als die unverständliche Rede erbaut nicht die
Gemeinde.
These 2: Die Hochschätzung der Glossolalie wird also disqualifiziert.
These 3: Die gottesdienstliche Versammlung soll der Raum der
Verwirklichung der οἰκοδομή sein und den Glauben fördern.
These 4: Glossolalie darf deshalb nicht in der Gemeinde praktiziert
werden.

Nach der Erwähnung des Themas πνευματικά (12,1) gibt Paulus seiner
Pneumatologie einen christologischen Ausgangspunkt, indem er die
Vergangenheit der Adressaten mit deren Gegenwart unter der Wirkung
des πνεῦμα vergleicht und das Bekenntnis zu Jesus als Kriterium für
den Empfang des πνεῦμα erwähnt. Die Aussage über die heidnische
Vergangenheit der Korinther (12,2) bereitet den Hinweis auf das gegenwärtige Bekenntnis zu Jesus (12,3) vor, sie enthält jedoch zugleich
auch schon Kritik am ekstatischen Zustand der Glossolalie[16], wie er
dann in Kap. 14 konkret geschildert wird. Die Wirkung des πνεῦμα
führt zum Bekenntnis (Κύριος Ἰησοῦς), d.h. sie wird erkennbar nicht
am unverständlichen Reden, eben der Glossolalie, sondern an ihrem
verstehbaren Inhalt. Das Christusbekenntnis bezieht sich nicht auf ein
beliebiges Phänomen. Anschließend erklärt Paulus mit dem Begriff
χαρίσματα die Wirkung des πνεῦμα. Er akzeptiert die Vielfalt der
Gnadengaben (χαρίσματα) in der Gemeinde (12,4-11) und begründet
zugleich die Einheit der Gemeinde als des einen Leibes (12,12-30).
Für Paulus sind somit das Bekenntnis zu Jesus und die Vorstellung von
der Gemeinde als ein Leib Kriterien für den Empfang des Geistes und

---

[16]   So zutreffend A. Lindemann, 1 Kor, 264.

die christliche Gemeinde. Hier kritisiert wird die Glossolalie von Paulus mittelbar kritisiert, indem sie relativiert wird: Alle Gnadengaben, die unter die Gemeindeglieder verteilt sind, haben denselben Ursprung, und sie haben in dem einen Leib, der aus vielen Gliedern besteht, gleichen Wert und gleichen Nutzen; überdies ist jedes Glied unentbehrlich, weil die Glieder einander ergänzen. Im einen Leib werden die benachteiligten Glieder geehrt, damit es keine Spaltung gebe, und darüber hinaus soll die Solidarität angestrebt werden. Folglich ist die Glossolalie für Paulus lediglich eine von verschiedenen Gaben. Indem er die Liebe als den hervorragenden Weg (12,31b) in Kap. 13 gegen das Suchen nach den größeren Gnadengaben durch die Adressaten (12,31a)[17] zeigt, kritisiert Paulus sodann die Gemeindesituation, nämlich die besondere Hochschätzung einer bestimmten Gabe. Er erwähnt damit die ἀγάπη als den „kritischen Maßstab für die für alles Reden entscheidende οἰκοδομή"[18] Damit werden alle Gnadengaben grundsätzlich relativiert, weil die Liebe eben das Kriterium für die Grenze aller dieser Gnadengaben ist.

Auf der Grundlage von Kap. 12-13 behandelt Paulus dann in Kap. 14 das Problem des glossolalischen Redens, das unter den πνευματικά als konkretes Problem in der gottesdienstlichen Gemeindeversammlung und als besonderes Phänomen des Enthusiasmus in Korinth in Erscheinung tritt. Hier wird seine ekklesiologische Theorie des Paulus auf anschauliche Weise auf das Problem der Praktizierung der Glossolalie in der Gemeinde bezogen und von dorther interpretiert. Basis der paulinischen Argumentation in Kap. 14 ist also nicht nur seine Pneumatologie, sondern es liegt zugleich auch eine praktische Auslegung der paulinischen Ekklesiologie vor; die Polemik gegen die Hochschätzung der Glossolalie durch die Adressaten ist zugleich eine Korrektur des Geistes- bzw. Geistesgabenverständnisses der Adressaten durch das paulinische Kirchenverständnis. Aus der Ekklesiologie ergibt sich die Antwort auf die Pneumatologie. Dabei werden die οἰκοδομή und das εὐσχημόνως καὶ κατὰ τάξιν γίνεσθαι als Kriterien für das christliche Gemeindeleben, und zwar speziell auch für den Gottesdienst, eingefordert. 14,1a setzt die Argumentation von Kap. 13 voraus, vor allem darin, dass bestimmte Aussagen in Kap. 13 auf die konkrete Gemeindesituation in Korinth Bezug nehmen[19]; so werden die beiden Kapitel miteinander verbunden, und daraus folgt, dass der jetzige Kontext und die Reihenfolge von Kap. 12-14 völlig überzeugend sind.

---

[17] Also lesen wir ζηλοῦτε in 12,31a als Indikativ. So auch Chr. Wolff, 1 Kor, 308; A. Lindemann, 1 Kor, 208; G. Iber, Zum Verständnis von 1 Cor 12,31, in: ZNW 54, 1963, 43-52.

[18] A. Lindemann, 1 Kor, 295.

[19] Beispielsweise betont Th. Söding, Liebesgebot, 128, den polemischen Charakter des Kap. 13 gegen den korinthischen Pneumatismus.

3.1.2   Aufbau von 1 Kor 14

In Kap. 14 behandelt Paulus das Problem der Glossolalie ausführlich; er erwähnt es in Bezug auf die Versammlung der Gemeinde, um den Wert und die Rolle der von den Adressaten als wichtig angesehenen Glossolalie richtig zu bestimmen und um gegen ihre Hochschätzung der Glossolalie zu polemisieren.[20] Da er und die Korinther ein unterschiedliches Verständnis der Glossolalie haben, versucht Paulus, sie durch seine Argumentation zu überzeugen und ihre Zustimmung zu seinem Verständnis zu gewinnen. Kap. 14 gliedert sich in vier Abschnitte:

1. Kritik am falschen Verständnis des Wertes der Glossolalie (V.1-5)
2. Kritik an der Unverständlichkeit und Nutzlosigkeit der Glossolalie (V.6-19)
3. Kritik an der Außenwirkung der Glossolalie (V.20-25)
4. Kritik an der falschen Praxis der Glossolalie (V.26-33a.36-40)

Im ersten Abschnitt (14,1-5), der mit dem Imperativ (διώκετε, 14,1a) beginnt, versucht Paulus Glossolalie und Prophetie zu charakterisieren und zwischen beiden zu differenzieren. Dadurch sind sowohl ihre jeweiligen Merkmale als auch der entscheidende Beurteilungsmaßstab für ihre Differenzierung zu erkennen: Wer glossolalisch redet, spricht zu Gott (V.2); wer prophetisch redet, spricht zu Menschen (V.3). Die Glossolalie erbaut den Sprechenden selber, während die Prophetie die Gemeinde erbaut (V.4). Diese Differenzierung richtet sich gegen das falsche Verständnis der Geltung der Glossolalie durch die Adressaten. Deshalb wünscht Paulus, dass die Korinther mehr prophetisch als glossolalisch sprechen (V.5)[21], und damit wird implizit schon deutlich, was Paulus eigentlich in Kap. 14 sagen will.
Im zweiten Abschnitt (14,6-19), eingeleitet durch νῦν δέ, ἀδελφοί (14,6), erklärt Paulus das Phänomen der Glossolalie: Die Glossolalie ist im Grunde unverständliche Rede, und diese Unverständlichkeit wird hier grundsätzlich kritisiert. Dies geschieht, indem Paulus die

---

[20]   Gleichwohl treten Glossolalen hier weder als konkrete Gegner des Paulus noch als bestimmte Personen wie in 15,12 auf. Obgleich es unter Korinthern die Gemeindeglieder gibt, die nicht glossolalisch reden, richtet sich die Polemik des Paulus in Kap. 14 in der Tat an die Gemeinde als ganze. Deshalb kann man daraus folgern: Die korinthische Gemeinde steht wahrscheinlich unter einem starken Einfluss der Enthusiasten, besonders der Glossolalen, und ihr Verständnis der Glossolalie ist womöglich von den anderen Gliedern akzeptiert und anerkannt.

[21]   Vgl. L. Hartman, Argument, 221f., in: ders., Text-Centered New Testament Studies. Text-Theoretical Essays on Early Jewish and Early Christian Literature, WUNT 102, Tübingen 1997, 211-233. Indem er die Verwendung der 1. Person Singular in V.5 beachtet, argumentiert er, dass V.5 ein neues Thema einleitet und also der Abschnitt V.5-19 umfasst.

Glossolalie mit den als verständliche Sprache gegebenen Geistesgaben vergleicht, nämlich mit der Offenbarung, der Erkenntnis, der Prophetie und der Lehre. Hierbei argumentiert er einerseits aufgrund seines Handelns (14,6), andererseits mit Beispielen für undeutliche Töne (14,7-11). Durch οὕτως καὶ ὑμεῖς (14,12) verbindet er dies nun mit der Gemeindesituation [22], wobei er den im ersten Abschnitt genannten Beurteilungsmaßstab, nämlich die Erbauung der Gemeinde, erneut anwendet (πρὸς τὴν οἰκοδομὴν τῆς ἐκκλησίας ζητεῖτε). Anschließend stellt er die Notwendigkeit der Übersetzung der Glossolalie dar (14,13); dieser Hinweis wird durch die Konjunktion διό eingeleitet. Hier unterscheidet Paulus zwischen dem Gebet mit dem Geist (τῷ πνεύματι) und dem Gebet mit dem Verstand (τῷ νοΐ) (14,14-17). Nochmals nimmt Paulus dabei sich selbst als ein Beispiel: Er ist die Person, die trotz reicher Erfahrung auf dem Gebiet der Glossolalie in der Gemeinde nur mit dem Verstand sprechen will (14,18f.). Dies bezieht sich auch zurück auf die Aussage von V.6.

Im dritten Abschnitt (14,20-25) unterscheidet Paulus abermals zwischen Glossolalie und Prophetie, indem er die Wirkung des Redens, und zwar die Außenwirkung, expliziert. In Hinsicht auf die Missionsmöglichkeit für Ungläubige übt er Kritik an der Praktizierung der unverständlichen Glossolalie bei den Zusammenkünften der Gemeinde. Nach der Aufforderung zur christlichen Mündigkeit hinsichtlich des Verstandes (V.20) folgen ein Schriftzitat (V.21) und dessen Interpretation (V.22): Das glossolalische Reden dient als Zeichen nicht für die Glaubenden, sondern für die Ungläubigen. Anschließend beschreibt Paulus mit konkreten Beispielen die negative Wirkung der Glossolalie (V.23) und andererseits die positive Wirkung der Prophetie (V.24f.). Wie Glossolalie und Prophetie im Gemeindeleben angewandt werden sollen, stellt Paulus im vierten und letzten Abschnitt (14,26-33a.36-40)[23] dar, der mit einer Frage beginnt (τί οὖν ἐστιν, ἀδελφοί;). Er argumentiert gegen die falsche Praxis der Glossolalie im Gottesdienst, und er beschreibt konkrete Praxisprinzipien. Sein Ziel ist es, Glossolalie aus dem Gottesdienst auszuschalten, weil sie überhaupt nicht nach diesen Prinzipien praktiziert werden kann. Als allgemeiner Grundsatz für die Versammlung der Gemeinde bzw. den Gottesdienst wird auch hier die οἰκοδομή genannt (V.26c). Beim Reden im Gottesdienst wird eine Ordnung sowohl für das glossolalische Reden (V.27f.) als auch für das prophetische Reden (V.29f.) gefordert. Anschließend folgt die

---

[22]　Andererseits sieht J. Weiß, 1 Kor, 326, in V.12 einen neuen Abschnittsbeginn; so auch G. Dautzenberg, Prophetie, 238ff. Aber Paulus wendet sein bisher Gesagtes hier auf die konkrete Gemeindesituation in Korinth an und zieht in V.13 eine Schlussfolgerung. Es ist also wenig wahrscheinlich, dass V.12 der Beginn des neuen Abschnitts ist.

[23]　14,33b-35 ist als sekundäre Interpolation anzusehen. Siehe dazu unten die Analyse von 3.6.2, besonders Anm. 288.

theologische Erläuterung dafür (V.31-33a). Schließlich wendet sich Paulus mit zwei rhetorischen Fragen an die Adressaten (V.36) und fragt, ob sie einen besonderen Status bzw. eine besondere Rolle besitzen dürften. Nachdem er dazu aufgefordert hat, seine Anweisungen als ein Gebot des Herrn anzusehen (V.37f.), schließt Paulus den langen Gedankengang in V.39f. ab, wobei er seine Schlussfolgerung mit der Anrede ἀδελφοί μου einleitet. Mit der Aufforderung, die Korinther sollten nach dem prophetischen Reden suchen (V.39a), kehrt er zur Eingangsweisung von V.1 zurück, und es folgt anschließend die ironische Aufforderung an die Korinther, sie sollten das glossolalische Reden nicht verhindern (V.39b). Schließlich stellt Paulus ein Prinzip auf: Alles soll anständig (εὐσχημόνως) und in Ordnung (κατὰ τάξιν) geschehen (V.40). Kap. 14 zeigt, wie Paulus gegen die falsche Hochschätzung der Glossolalie polemisiert und wie sein Verständnis der ἐκκλησία an diesem konkreten Problem ausgelegt wird. Es geht Paulus offenkundig nicht um das Phänomen selbst, sondern um die ἐκκλησία.

3.2 Zu den rhetorischen Methoden des Paulus in 1 Kor 14

Es handelt sich bei 1 Kor 14 nicht einfach um Paränese[24], sondern um Polemik gegen die Hochschätzung der Glossolalie bzw. gegen deren Praktizierung durch den religiösen Enthusiasmus in Korinth. Paulus verwendet dabei verschiedenartige rhetorische Redeweisen, Mittel und Techniken, um seine Argumentation durchzusetzen und die Adressaten zu überzeugen. Deshalb ist seine Absicht ohne eine Analyse der paulinischen Rhetorik nicht zu verstehen, denn der Inhalt der Aussagen – das Was – wird durch seine rhetorischen Mittel – das Wie – konkretisiert. Diejenigen Aussagen in Kap. 14, die oft als positive Anerkennung des Wertes der Praktizierung der Glossolalie angesehen werden, beruhen in Wahrheit auf seinem rhetorischen Duktus, und sie sind in diesem Zusammenhang zu betrachten. Daher sind im Folgenden die rhetorischen Methoden zu analysieren[25], die Paulus in seiner Argumentation[26] für die Polemik gegen den korinthischen Enthusiasmus anwendet.[27]

---

[24] Gegen beispielsweise U. Brockhaus, Charisma, 142-147 und E. Schweizer, Art. σῶμά, in: ThWNT VII, 1066f.

[25] Meine Analyse beruht auf dem Buch von Ch. Perelman, Das Reich der Rhetorik. Rhetorik und Argumentation (=Rhetorik), München 1980.

[26] Das Ziel der paulinischen Argumentation besteht darin, die Zustimmung der Adressaten zu seinen Thesen zu gewinnen und zu fördern. Diese Voraussetzung beruht auf der These von Ch. Perelman, Rhetorik, 18: Laut ihm besteht das Ziel einer Argumentation nicht darin, „die Folgen aus bestimmten Prämissen abzuleiten, sondern *die Übereinstimmung eines Publikums mit den Thesen, die man sei-*

3.2.1 Redeweise und Stil

3.2.1.1 Ironie

Ironie bedeutet die Verwendung von Worten oder Redewendungen bzw. Ausdrücken zum Zweck der Bezeichnung des Gegenteils dessen, was sie gewöhnlich bedeuten.[28] Ironie ist also abhängig einerseits von übertriebenen Personenbeschreibungen oder Ausdrücken, andererseits vom Paradox. Sie betont damit relativ den Wert, welcher der Bedeutung des Textes entgegengesetzt ist. Typisch für die Ironie ist also die Ambivalenz. Zwischen den Lesern bzw. Adressaten und dem Text gibt es eine Linse, die den Brennpunkt der Bedeutung des Textes trübt und durch die deshalb die Bedeutung des Textes selbst und deren Gegenteil potenziell dargestellt werden. Die folgenden Aussagen in 1 Kor 14 sind als bewusst eingesetzte Ironie des Paulus zu verstehen:

V.2: „Wer nämlich glossolalisch spricht, der spricht nicht zu Menschen, sondern zu Gott; denn niemand hört ihn, im Geist vielmehr redet er Geheimnisse."
V.4a: „Wer glossolalisch redet, erbaut sich selbst."
V.5a: „Ich aber will (θέλω), dass ihr alle glossolalisch redet."
V.12a: „So auch ihr: Da ihr die nach Geistern Strebenden seid, sucht nach der Erbauung der Gemeinde, damit ihr reichlich erhaltet."
V.17: „Du sagst zwar auf schöne Weise Dank, aber der andere wird nicht erbaut."
V.37: „Wenn jemand meint, er sei Prophet oder Pneumatiker, dann muss er anerkennen, dass das, was ich euch schreibe, ein Gebot des Herrn ist."
V.39b: „Hindert nicht das glossolalische Reden!"

Findet man in den Aussagen des Paulus in 1 Kor 14 keine Ironie, dann hält man diese Aussagen nicht für konsequent und logisch; denn Pau-

---

ner Zustimmung unterbreitet, hervorzurufen oder zu verstärken." Er stellt fest: „Das Ziel der Argumentation liegt anders als beim Beweis nicht darin, die Wahrheit der Schlussfolgerung von der Wahrheit der Prämissen ausgehend zu beweisen, sondern die den Prämissen eingeräumte *Zustimmung* auf die Folgerungen zu übertragen" (ders., Rhetorik, 30).
[27] Aber ich konzentriere mich nicht auf eine genaue Untersuchung aller Methoden und Techniken, die in seinem gesamten Brief enthalten sind, sondern auf die Erklärung einiger Methoden, die in 1 Kor 14 gebraucht sind. Denn mein Ziel besteht nicht in der Untersuchung seiner Rhetorik bzw. der Rekonstruktion des Briefes dadurch, sondern in dem Herausfinden seiner Absicht bzw. seines Urteils mit Hilfe der rhetorischen Analyse.
[28] So E. Behler, Art. Ironie, in: Historisches Wörterbuch der Rhetorik 4, Tübingen 1998, 599-624, hier 599f.: „Als [...] grundlegende Definition kann die Formulierung verwandt werden, daß durch die Ironie das Gegenteil des Gemeinten geäußert wird, daß man das Gegenteil von dem zu verstehen gibt, was man sagt." Beispielsweise gab Cicero diesen Begriff Ironie mit dem Ausdruck „dissimulatio" wieder (ders., a.a.O., 604). So auch B. Recki, Art. Ironie, in: RGG⁴ IV, 2001, 238.

lus beschreibt die Phänomene scheinbar widersprüchlich, indem er von der Glossolalie einerseits positiv, andererseits aber auch kritisch spricht. Dabei enthalten jene Aussagen, die häufig als positive Anerkennung der Praktizierung der Glossolalie gelten, eine solche Ironie. Paulus schildert in V. 2, dass der Glossolale zu Gott spricht und Geheimnisse erzählt, und dazu erläutert er, niemand außer Gott könne den Glossolalen verstehen. In V.4 formuliert er ein Paradox, denn „Erbauung" im eigentlichen Sinne meint ja nicht nicht die eigene Erbauung.[29] Der Wunsch von V.5a ist so apodiktisch formuliert, dass er eher an das Gegenteil denken lässt. Und die Aussagen in V.12a.17 sind als Übertreibungen oder auch als Tadel zu verstehen. Dadurch beschreibt Paulus den Zustand der korinthischen Gemeinde und das Selbstverständnis der Korinther, und er zeigt zugleich implizit seine Bewertung dessen auf, indem er den Zustand der Gemeinde und das Selbstverständnis der Adressaten beklagt und folglich ablehnt. In V.37 stellt Paulus eine aufgrund des Selbstverständnisses der Adressaten zu befolgende Forderung auf, die er freilich nicht näher qualifiziert. Auch die Aufforderung in V.39b hat einen ironischen Beiklang, weil Paulus im letzten Abschnitt (V.26-33a.36-40), insbesondere im abschließenden V.40, von der Glossolalie etwas im Grunde Unmögliches fordert; von diesen Voraussetzungen her macht er seine Aussage in V.39b.

3.2.1.2 Rhetorische Frage

Paulus verwendet in 1 Kor das Stilmittel der rhetorischen Fragen häufig. Diese Fragen verstärken seine Argumentation, und sie gelten daher als unentbehrliches Element. Sie sind also im Zusammenhang seiner rhetorischen Strategie zu verstehen. Rhetorische Fragen werden im Allgemeinen mit dem Ziel gestellt, die Leser bzw. Hörer etwas zu lehren, d.h. sie sind als eine Art von Lehrgespräch zu verstehen, und sie bewirken damit bei den Lesern „Leitaffekte."[30] In 1 Kor 14 werden sie von Paulus jedoch insbesondere zum Zweck der Durchsetzung seiner Argumentation und zwar insbesondere zum Zweck der Bestätigung und Zustimmung durch die Adressaten verwendet. Die rhetorische Frage ist eine mächtige rhetorische Methode, denn sie besitzt eindrucksvolle und überzeugende Effekte. Diesen Effekten zufolge rechnet der Leser oder Adressat mit einer bejahenden Antwort, und so tritt er an die Seite des Autors.

V.6: „Nun aber, Brüder, wenn ich zu euch komme und glossolalisch rede, <u>was werde ich euch nützen</u>, wenn ich nicht zu euch reden werde entweder in Offenbarung oder in Erkenntnis oder in Prophetie oder in Lehre?"
V.7: „Ebenso die unbelebten (Instrumente), die einen Ton geben, sei es eine Flöte, sei es eine Kithara, wenn sie den Tönen keinen Unterschied geben, <u>wie wird</u>

---

[29] Siehe unten die Analyse von 14,4, insbesondere Anm. 72 und 74.
[30] H. Lausberg, Handbuch der literarischen Rhetorik, 131, 145 und 239.

erkannt werden, was (mit der Flöte) geblasen oder (mit der Kithara) gespielt wird?"

V.8: „Und wenn ja eine Trompete einen undeutlichen Ton gibt, wer wird sich auf den Kampf vorbereiten?"

V.9a: „So auch ihr: Wenn ihr mit der Zunge keine deutliche Rede gebt, wie wird erkannt werden, was geredet wird?"

V.15a: „Was ist also?"

V.16: „Denn wenn du im Geist lobst, wie wird derjenige, der den Platz des Unkundigen einnimmt, das Amen zu deinem Dankgebet sagen? Denn er weiß nicht, was du sagst."

V.23: „Wenn also die ganze Gemeinde am selben Ort zusammenkommt und alle glossolalisch reden, aber Unkundige oder Ungläubige hineinkommen, werden sie nicht sagen, dass ihr verrückt seid?"

V.26a: „Was ist also, Brüder?"

V.36: „Oder ist das Wort Gottes von euch ausgegangen? Oder ist es allein zu euch gelangt?"

Vor allem im zweiten Abschnitt (V.6-19) bedient sich Paulus häufig des Stilmittels der rhetorischen Fragen. Außer in V.15a sowie V.23 erfordern die Fragen eine verneinende Antwort. Paulus argumentiert zugunsten der Unverständlichkeit der Glossolalie mit Hilfe verschiedenartiger Vergleiche – angesichts diesen Fragen sollen und werden die Adressaten die Nutzlosigkeit bzw. Unwirksamkeit der Glossolalie anerkennen und ihm zustimmen. Die in V. 23 gestellte Frage setzt eine bestätigende, also eine bejahende Antwort voraus: Die Praktizierung der Glossolalie im Gottesdienst kann bei Außenstehenden nur einen negativen Eindruck auslösen. So erkennen die Korinther durch die paulinische Frage die Folgen ihres eigenen Handelns, und sie müssen daher dessen Gültigkeit verneinen. Durch die Art seiner Fragen in V.15a und V. 26a lässt Paulus die Adressaten selber das Fazit aus den bisherigen Darlegungen ziehen, und zugleich leitet er mit der Frage in V.26a einen neuen Abschnitt ein. Die beiden rhetorischen Fragen in V.36 unterstreichen, dass die Korinther keine Sonderrolle spielen können.[31] Die rhetorischen Fragen in 1 Kor 14 sind also nicht etwa „Dekoration", sondern es handelt sich um unentbehrliche Mittel, durch die Paulus an den Verstand der Adressaten appelliert und sie überzeugt.

3.2.2 Quasi-logische Argumente

3.2.2.1 Definition

„Definition" beruht mehr auf der Behauptung, etwas habe logisch oder allgemein einen bestimmten Wert oder Charakter, als auf einer Übereinstimmung dieser Behauptung mit der Wirklichkeit[32]; durch die Definition wird also „der dem *definiendum* zugeschriebene Wert oder

---

[31] So A. Lindemann, 1 Kor, 312.
[32] A.C. Wire, Prophets, 23.

Charakter auf das definiens übertragen".[33] Die Leser bzw. Adressaten ziehen einen Schluss aufgrund der deduktiven Argumentation. Ein quasi-logisches Argument ist ein solches, das sich zwischen einer logisch-rhetorischen Aussage und einem Appell an das Gefühl befindet; es ist eine typische Form der religiösen Rhetorik.[34] Wird die Definition angenommen, so wird das quasi-logische Argument anerkannt. Somit gibt die Definition der bejahenden Behauptung eine allgemeine Berechtigung. Eine solche Aussage in liegt in 1 Kor 14,33a vor:

V.33a: „Denn Gott ist nicht (ein Gott) der Unordnung, sondern des Friedens."

Paulus definiert in V.33a das Wesen Gottes. Akzeptieren die Korinther diese Definition, so werden sie künftig den chaotischen Zustand des gottesdienstlichen Geschehens nicht mehr dulden, sondern sie werden sich bemühen, nach der εἰρήνη zu trachten. Daher impliziert die Aussage in V.33a einen Appell des Paulus an die Korinther, Gefahren bzw. Spannungen im gottesdienstlichen Geschehen, welche die Erbauung der Gemeinde stören, in der Imitation des Wesens Gottes zu überwinden.

3.2.2.2 Zitat
An zwei Stellen führt Paulus Schriftzitate an, die dazu dienen sollen, die Richtigkeit seiner Aussagen zu unterstreichen bzw. zu bestätigen:

V.21: „Im Gesetz steht geschrieben: „Durch Fremdsprachige (Menschen mit fremder Zungen) und durch Lippen Fremder werde ich zu diesem Volk reden, und sie werden nicht einmal so auf mich hören, spricht der Herr.""
V.25: „Das Verborgene seines Herzens wird offenbar, und nachdem er so auf sein Angesicht fiel, wird er Gott anbeten, indem er bekennt, dass Gott wahrhaftig bei euch ist.

Das Zitat in V. 21 stammt aus Jes 28,11f.; trotz der Einleitungswendung wird die Schrift sehr frei zitiert, wie insbesondere die von Paulus selbst vorgenommenen Änderungen zeigen.[35] Paulus zeigt, dass die in der korinthischen Gemeinde hoch geschätzte Glossolalie in Wirklichkeit nicht zum Hören führt. Da die Unwirksamkeit der Glossolalie schon in der Heiligen Schrift beschrieben ist, wird die gegenwärtige Nutzlosigkeit nicht als erstaunlich, sondern als selbstverständlich angesehen, und deshalb können die Adressaten nicht das Gegenteil erwarten.

---

[33] Ch. Perelman, Rhetorik, 68.
[34] Vgl. dazu insbesondere Ch. Perelman/ L. Olbrechts-Tyleca, The Realm of Rhetoric, Notre Dame 1982, 53-80.
[35] Siehe unten die Analyse zu V.21.

Die Aussage in V.25 hat demgegenüber keine Einleitungswendung, und sie wird auch nicht als ein direktes Schriftzitat angesehen.[36] Doch es gibt wörtliche Parallelen zu Jes 45,14 LXX, und zwar sowohl in der Verwendung des Verbs προσκυνεῖν als auch in der fast identischen Formulierung ἐν σοὶ ὁ θεός ἐστιν (LXX) bzw. ὁ θεὸς ἐν ὑμῖν ἐστιν (V.25). Durch die Verkündigung des verständlichen prophetischen Redens kann der ἄπιστος oder der ἰδιώτης die Gegenwart Gottes im gottesdienstlichen Geschehen bezeugen.

3.2.3 Argumente durch Vergleich und Modell

3.2.3.1 *Vergleich*
Im zweiten Abschnitt (V.6-19) wendet Paulus häufig Vergleiche an, um das Phänomen der Glossolalie, und zwar deren Unverständlichkeit, zu beschreiben. Indem er dabei Abstrakta vermeidet und stattdessen auf konkrete Beispiele hinweist, vermeidet er eine Abgestandenheit seiner Argumentation und ruft das Interesse der Adressaten hervor.

> V.7f.: „Ebenso die unbelebten (Instrumente), die einen Ton geben, sei es eine Flöte, sei es eine Kithara, wenn sie den Tönen keinen Unterschied geben, wie wird erkannt werden, was (mit der Flöte) geblasen oder (mit der Kithara) gespielt wird? Und wenn eine Trompete einen undeutlichen Ton gibt, wer wird sich auf den Kampf vorbereiten?"
>
> V.9: „So auch ihr: Wenn ihr mit der Zunge keine deutliche Rede gebt, wie wird erkannt werden, was geredet wird? Ihr werdet nämlich diejenigen, die in den Wind reden."
>
> V.10f.: „Es gibt so viele Sprachen in der Welt, und nichts ist ohne Sprache. Wenn ich also die Bedeutung der Sprache nicht kenne, werde ich für den Redenden ein Barbar sein, und der Redende wird für mich ein Barbar sein."

Die Realität des in diesen Vergleichen bzw. Beispielen Angeführten dient als Basis für die Begründung. Durch die Beispiele von Musikinstrumenten und Sprachen expliziert Paulus, dass die Glossolalie einem wichtigen allgemeinen Prinzip des Redens gerade nicht entspricht: Sie führt Hörende nicht zum Verstehen, denn niemand kann die Bedeutung herausfinden. Indem Paulus in V.9 metaphorisch die Glossolalen mit denjenigen vergleicht, die in den Wind reden, wirft er ihnen die Unterbrechung der Kommunikation vor. Folglich benützt er die Vergleiche in 1 Kor 14 für den Beweis seiner Argumentation, und sie gelten für ihn daher als eine effektive rhetorische Methode für die Überzeugung.

3.2.3.2 *Modell*
Paulus stellt nicht selten sich selbst als ein „Modell" vor (vgl. 1 Kor 4,16; 11,1). Dies beruht im Grunde auf der Struktur der gemeindlichen

---

[36] Siehe unten die Analyse zu V.25.

Realität, denn für die Adressaten ist er der Gemeindegründer, Lehrer und Vater im Glauben (4,15). Das Argument durch ein Modell impliziert, dass jemand durch seine Handlungen von denjenigen, die Autorität haben oder ein Prestige aufweisen, bewundert wird.

> V.18f.: „Ich danke Gott: Ich rede mehr als ihr alle glossolalisch. Aber in der Gemeinde will ich fünf Worte mit meinem Verstand reden, damit ich auch andere unterweise, als zehntausend Worte in Glossolalie."

Paulus erwähnt in V.18 den Reichtum seiner glossolalischen Befähigung. Aber indem er dann in V.19 sich selbst als Vorbild dafür aufzeigt, auf diese Befähigung zugunsten der Erbauung der Gemeinde zu verzichten, wird er zum idealisierten Bild, das von ihm selbst zum Modell genommen wird. Insofern geht seine Argumentation über die Struktur der Realität hinaus. Seine Verhaltensweise als Modell ist das perfekt positive Gegenteil gegenüber den Glossolalen.

3.2.4 Argumente durch Dissoziation der Begriffe

3.2.4.1 *Dissoziation des Individuums von der Gemeinde*
Gegenüber der religiösen Ansicht der Leser oder Adressaten legt Paulus in 1 Kor 14 andere Anschauungen dar. Insbesondere polemisiert er gegen die Meinung, die Glossolalie könne etwas zur Erbauung der Gemeinde beitragen. Um gegen dieses Verständnis zu argumentieren, verwendet er eine Dissoziation, die ein Individuum von der Gemeinde trennt, und dadurch erläutert er, dass die Gemeinde nicht ein Ort für die Praktizierung oder Demonstration der Glossolalie des Individuums ist.

> V.18f.: „Ich danke Gott: Ich rede mehr als ihr alle glossolalisch. Aber in der Gemeinde will ich fünf Worte mit meinem Verstand reden, damit ich auch andere unterweise, als zehntausend Worte in Glossolalie."
>
> V.28: „Wenn aber kein Übersetzer da ist, soll er schweigen in der Gemeinde, aber zu sich selbst soll er reden und zu Gott."

In V.18f. beschreibt Paulus, dass er selber in der Gemeinde gern auf die Verwendung der Glossolalie verzichtet. Andererseits fordert er in V.28 die Glossolalen auf, in der Gemeinde zu schweigen, wenn kein Übersetzer da ist. Die Gemeinde als ganze soll dabei Rücksicht auf Unkundige nehmen.

3.2.4.2 *Dissoziation der Selbsterbauung von der Gemeindeerbauung*

> V.4: „Wer glossolalisch redet, erbaut sich selbst; wer aber prophetisch redet, erbaut die Gemeinde."
>
> V.12: „So auch ihr: Da ihr die nach Geistern Strebenden seid, sucht nach der Erbauung der Gemeinde, damit ihr reichlich erhaltet."

Die Erbauung der Gemeinde als ganzer ist für Paulus ein entscheidendes Kriterium für sein Argument, und er empfiehlt daher das Suchen danach (V.5.12.26). Die Erbauung der Gemeinde wird dabei ausschließlich durch das prophetische Reden verwirklicht, nicht durch das glossolalische Reden; Prophetie ist verständliches Reden und vermag darum eine positive Reaktion bzw. die zutreffende Reaktion zu bewirken. Das glossolalische Reden dagegen erbaut die Gemeinde nicht, sondern es zerstört die Einheit der Gemeinde. Denn die Gemeindeglieder werden einander zu βάρβαροι aufgrund ihrer Unverständlichkeit (V.11). Die Selbsterbauung des Glossolalen ist für Paulus nicht ein Ausdruck für die Anerkennung der Praktizierung der Glossolalie oder für deren privaten Wert. Tatsächlich gewähren die Glossolalen der Glossolalie eine symbolische Bedeutung als Identitätsbezeichnung, wodurch sie sich aufgrund des Überlegenheitsgefühls von den anderen abgrenzen und nach ihrer eigenen religiösen Selbstzufriedenheit suchen, indem sie die Glossolalie im Gottesdienst der Gemeinde demonstrieren. Sie gefährden überdies die Einheit der Gemeinde, indem sie nicht beachten, dass die anderen, die sie nicht verstehen, eben doch anwesend sind. Für Paulus ist somit die Selbsterbauung das oppositum der Gemeindeerbauung, und zwar das absolute Gegenteil davon.

3.2.5 Zusammenfassung

Das Ziel der Argumentation des Paulus in 1 Kor 14 ist es, eine umfassende Zustimmung der Adressaten zu den von ihm vorgebrachten Aussagen zu gewinnen. Er will dieses Ziel erreichen, indem er verschiedene rhetorische Methoden benutzt.
In zahlreichen ironischen Aussagen beklagt Paulus das Glossolalieverständnis der Adressaten einerseits und den Zustand der Gemeinde andererseits, und er disqualifiziert damit beides. Durch die rhetorischen Fragen appelliert er an den Verstand der Adressaten und sucht sie effektiv zu überzeugen. Aufgrund der in V. 33a ausgesprochenen Definition und mit Hilfe der Zitate in V. 21.25 sieht er sich zur Forderung eines von den Adressaten erwarteten Handelns und zu seinem kritischen Urteil über die Glossolalie berechtigt. Durch die von ihm vorgenommenen Vergleiche (V. 7f.9.10f.) beschreibt Paulus das Phänomen der Glossolalie, und er kritisiert den Glossolalen, indem er sich selbst als Modell (V. 18) vorstellt, und zwar als das positive Gegenteil zu ihnen. Schließlich beschreibt er durch Dissoziation der Begriffe, dass der einzelne von der Gemeinde zu unterscheiden ist (V. 18f.28) und dass Selbsterbauung etwas ganz anderes ist als Gemeindeerbauung (V. 4.12). Die exegetische Analyse von 1 Kor 14 ist mit den von Paulus hier eingesetzten Argumenten durchzuführen.

3.3 Charakterisierung: Der Beurteilungsmaßstab (14,1-5)

3.3.1 Formale Analyse

Der erste Abschnitt in 1 Kor 14 wird mit zwei Imperativen in V.1 eingeleitet. Der erste (διώκετε τὴν ἀγάπην) setzt Kap.13 voraus, und der zweite (ζηλοῦτε κτλ.) bereitet auf die folgende Ausführung im Zusammenhang des Kontexts von Kap.12-14 vor. Paulus zeigt vor allem mit μᾶλλον δέ und mit dem ἵνα-Satz in V.1, worin seine Absicht liegt, denn der ἵνα-Satz signalisiert die wesentliche Richtung der folgenden Argumentation. Mit dem ersten γάρ in V.2 begründet Paulus die Aufforderung des ἵνα-Satzes in V.1. Er differenziert in V.2ff. zwischen den Glossolalen und den prophetisch Redenden bzw. zwischen der Glossolalie und der Prophetie, indem er beide charakterisiert. Mit dem zweiten γάρ (V.2) erklärt er, warum der Glossolale nicht zu Menschen, sondern zu Gott spricht: Niemand versteht ihn. Dies expliziert er nochmals in anderer Weise in dem anschließenden Satz: „Im Geist spricht er Geheimnisse." Die Unterscheide werden dort so deutlich geschildert, dass jeder sie erkennen kann. In V.3 stellt Paulus mit dem δέ den prophetisch Redenden dem Glossolalen gegenüber, und er tut dies abermals in V. 4. Durch drei an das Prädikat λαλεῖ gebundene Nomina stellt er in V.3 Wirkungen prophetischen Redens dar. In V.4 wird der Glossolale erneut in scharfer Antithese dem Propheten kontrastiert, wobei das entscheidende Kriterium genannt wird: die Erbauung der Gemeinde. Dieses Kriterium wird dann im ganzen weiteren Kap.14 wiederholt angewandt und dargestellt. Paulus setzt dabei die Selbsterbauung des Glossolalen der Gemeindeerbauung des prophetisch Redenden entgegen. Indem Paulus in V.5 die 1. Person Singular als Subjekt verwendet, spricht er seine Absicht ausdrücklich aus; der Komparativ μᾶλλον und die adversative Konjunktion δέ haben für den Vergleich dieselbe Funktion wie in V.1. Im anschließenden Satz stellt er mit dem Komparativ μείζων und der Konjunktion ἤ die Bevorzugung der Prophetie vor der Glossolalie dar. Dabei schränkt er mit ἐκτὸς εἰ μή die Glossolalie ein, indem er die Voraussetzung der Übersetzung unterstellt, wobei er durch den ἵνα-Satz den Grund dafür nennt: Entsprechend dem kritischen Kriterium, nämlich der Erbauung der Gemeinde, fordert er die Übersetzung der Glossolalie (V.5).
Die einleitende Abschnitt 14,1-5 ist somit wie folgt zu gliedern:

14,1 als Überschrift: Richtiges Streben für die Gemeinde
14,1a: Aufforderung zum Trachten nach der Liebe
14,1b: Aufforderung zum Streben nach der Prophetie
14,2f.: Erste Charakterisierung bezüglich des Adressaten
14,2: Charakterisierung der Glossolalie
14,3: Charakterisierung der Prophetie als Vergleichsobjekt

14,4: Zweite Charakterisierung bezüglich der Erbauung der Gemeinde
14,4a: Charakterisierung der Glossolalie
14,4b: Charakterisierung der Prophetie als Vergleichsobjekt
14,5: Zwischenbemerkung: Vorrang der Prophetie vor der Glossolalie

3.3.2 Inhaltliche Analyse

Paulus bringt das Problem der Glossolalie zunächst mit der von ihm
vorgenommenen Charakterisierung durch den Vergleich zwischen
Glossolalie und Prophetie zum Ausdruck. Ein entscheidender Maßstab
für die Unterscheidung ist insofern dargestellt, als der Wert der beiden
Formen des Redens jeweils beurteilt wird. Das Urteil des Paulus über
die Glossolalie ist deutlich: Das glossolalische Reden erbaut die Gemeinde nicht. Deshalb ist zu vermuten, dass Paulus gegen die Behauptung der Glossolalen polemisiert, die Gemeinde werde durch das glossolalische Reden erbaut; dem stellt er sein eigenes Urteil entgegen.

3.3.2.1   14,1 als Überschrift

W. Schmithals hält 14,1 für eine vom Redaktor als Bindglied gebildete
Überleitung[37]; aber 14,1 weist auf nicht auf einen Redaktor, sondern
auf Paulus selbst zurück. Indem Paulus sagt, wonach die Adressaten
für die Gemeinde und für deren Leben streben sollen, lässt er seine
Argumentation darauf richten.
Paulus beginnt seine Ausführung über das Problem der Glossolalie
durch zwei Imperative. Zwar könnten die beiden Verben in V.1 auch
als Indikative ausgelegt werden, aber die Auslegung als Imperativ ist
dem Kontext adäquater, da es hier nicht um die Bestätigung eines
Sachverhalts geht. Mit der Aufforderung διώκετε[38] τὴν ἀγάπην
schließt Paulus inhaltlich an Kap. 13 an, wo er die ἀγάπη als den
höchsten Weg und zugleich als das kritische Kriterium für die Erbauung dargestellt hatte. Kap. 13 bezieht sich auf den von Paulus kritisier-
ten konkreten Zustand der korinthischen Gemeinde[39], nämlich auf den
Enthusiasmus, demgegenüber er die Liebe als Antwort auf das Streben
der Korinther nach den größeren Gnadengaben (χαρίσματα) beschreibt
(12,31a).[40] Auf der einen Seite signalisiert diese Aufforderung daher,

---

[37] W. Schmithals, Briefe, 42.
[38] Das Verb διώκειν hat hier den Sinn „nach einem geistigen Gut streben bzw.
trachten". In diesem Sinn wird es bei Paulus zwar nicht oft, aber gern gebraucht
(1 Thess 5,15; Röm 9,30f.; 12,13; 14,9). Vgl. O. Knoch, Art. διώκω, in: EWNT I,
819.
[39] Insbesondere betont O. Wischmeyer, Weg, 108f., den Bezug von 1 Kor 13
auf die Situation der korinthischen Gemeinde.
[40] So zutreffend A. Lindemann, 1 Kor, 278.

dass Paulus seine Argumentation in demselben Kontext wie in Kap. 13 in der Polemik gegen eine religiöse Tendenz in Korinth führt und damit auch die Aussagen von Kap. 13 zusammenfasst; auf der anderen Seite bereitet diese Aufforderung zugleich die paulinischen Darstellungen zur Erbauung der Gemeinde im ganzen Kap. 14 vor, mit dem Gedanken, dass die Einheit der Gemeinde durch die Praxis der Liebe bewahrt wird (vgl. 8,1).[41] Die zweite Aufforderung in V. 1 ζηλοῦτε[42] δὲ τὰ πνευματικά[43] verbindet Paulus auf ausdrückliche Weise mit dem Thema im ganzen Abschnitt 1 Kor 12-14. Das Wort τὰ πνευματικά[44] meint die Wirkungen bzw. Erweise des Geistes (vgl. 9,11 und 12,1[45]). Ob das Streben nach den πνευματικά nun von Paulus positiv aufgenommen wird[46], ist freilich zweifelhaft; denn diese Aufforderung steht durch das anschließende μᾶλλον δέ dem folgenden ἵνα-Satz so scharf gegenüber, dass die Adressaten fast vor eine Alternative gestellt sind, wie Paulus sie dann in V.5 formuliert.[47] Durch diese Satzformulierung stellt er nun in der Tat das Streben nach dem prophetischen Reden als das erstrebenswertere dar. Dies ist natürlich eine den Vergleich mit der Glossolalie voraussetzende Aussage, wie dann in V.2ff. festgestellt werden wird, und es ist auch ein Ergebnis aus der folgenden Argumentation hinsichtlich der Erbauung der Gemeinde. Deshalb sind τὰ πνευματικά hier nicht einfach als umfassende Geistesgaben[48] oder als beides, Glossolalie und Prophetie[49], zu bestimmen. Was Paulus darunter versteht, ist möglicherweise, wie durch die Gegenüberstellung verdeutlicht wird, die in

---

[41] Nachdem er die Bedeutung von 8,1b (ἡ δὲ ἀγάπη οἰκοδομεῖ) ausführlich in Kap. 13 expliziert hat, bezeichnet Paulus in Kap. 14 die ἐκκλησία als Ort der Verwirklichung dieser Liebe. Er weist also in Kap. 13-14 darauf hin, nach welchem Maß und durch welches Mittel Gaben gewertet und verwendet werden sollen.

[42] Das Verb ζηλοῦν hat hier den Sinn „eifrig nach etwas streben" wie in 12,31; 14,12.

[43] Zu beachten ist, dass Paulus hier nicht χαρίσματα, sondern πνευματικά verwendet.

[44] Siehe W. Bauer, Wörterbuch, 1362.

[45] In der Genitivwendung in 12,1 περὶ δὲ τῶν πνευματικῶν wird diskutiert, ob Paulus das Wort πνευματικά als Neutrum oder als Maskulinum formuliert. Liest man es als Maskulinum (2,15; 3,1; 14,37. Vgl. J. Weiß, 1 Kor, 321 Anm. 3), dann denkt Paulus an die Pneumatiker (so W. Schmithals, Gnosis, 161f.; so auch A.C. Wire, Prophets, 135). Aber diese Behauptung ist weniger wahrscheinlich, weil es dort nicht um die Personen geht.

[46] So Chr. Wolff, 1 Kor, 328.

[47] Nach A. Lindemann, 1 Kor, 297, ist die Aussage des Paulus so formuliert, dass „es fast auf eine Alternative hinausläuft." Angesichts der folgenden Argumente des Paulus ist diese Beobachtung zutreffend (vgl. V.5). Vgl. auch Gal 4,9.

[48] So J. Weiß, 1 Kor, 321 Anm. 3.

[49] So G. Heinrich, 1 Kor, 410.

V.2 konkret erwähnte Glossolalie[50], ohne dass er dies ausdrücklich betont. Demnach spielt er hier mit dem Nomen τὰ πνευματικά auf das glossolalische Reden an, das in der korinthischen Gemeinde als ein typisches Merkmal der πνευματικά angesehen wird und nach dem die korinthischen Enthusiasten insbesondere streben; durch den dann folgenden Satz stellt er es dem prophetischen Reden gegenüber. Die Aufforderung des Strebens nach dem prophetischen Reden, wie es durch den ἵνα-Satz dargestellt wird, lässt die Adressaten die Absicht des Paulus deutlich erkennen. Dass das prophetische Reden als für die Gemeinde, insbesondere für die gottesdienstliche Versammlung wichtiger gilt als das Streben nach dem glossolalischen Reden, wird darüber hinaus im ganzen Kap. 14 festgestellt werden.[51] Folglich bietet Paulus in V. 1 einen Orientierungsmaßstab für seine gesamte Argumentation, indem er in V.1 ausdrücklich zeigt, wonach die Adressaten in der Gemeinde streben sollen.

3.3.2.2   14,2-4: Charakterisierung

In V.2 verdeutlicht Paulus, was er in diesem Kapitel behandeln will und warum er dazu aufgefordert hat, nach dem prophetischen Reden zu streben. Hier wird seine Polemik deutlicher erkennbar: Offenkundig bewertet er das glossolalische Reden anders, als dies die Korinther tun. Die Differenz entzündet sich an der Charakterisierung von Glossolalie und Prophetie in V. 2-4.[52] Paulus relativiert den Stellenwert des Ersteren vom Letzteren her, d.h. er will gegenüber dem Verständnis der Adressaten den gebührenden Abstand wahren und die Adressaten vor die Frage stellen, ob ihr Geistesgabenverständnis, und zwar ihr Glossolalieverständnis, wirklich das richtige ist.

Zunächst spricht Paulus von der Glossolalie: Wer glossolalisch redet[53], spricht nicht zu Menschen, sondern zu Gott. Häufig wird diese Aussa-

---

[50]   Sonst verliert die Gegenüberstellung durch Paulus die Gewichtigkeit. Ähnlich D.W.B. Robinson, Charismata versus Pneumatika: Paul's Methode of Discussion, in: RTR 31, 1972, 51.

[51]   Dass das prophetische Reden möglich für jeden ist, ist nicht ausgeschlossen, wie die Aufforderung zeigt (vgl. V.5).

[52]   Nach N.I.J. Engelsen, Glossolalia, 58-60, ist Paulus die erste Person, die eine Trennung zwischen Glossolalie und Prophetie zieht. A.C. Wire, Prophets, 140-146, bemerkt ferner, dass Paulus in 1 Kor 14 Prophetie von Glossolalie dissoziiert. Gleichwohl ist keine Integration zwischen Prophetie und Glossolalie in 1 Kor 14 vorausgesetzt.

[53]   An wen Paulus als Glossolalen denkt? A. Eriksson, Traditions, 202 und 216, sieht Glossolalen in Korinth als „a group of women tongues speakers" an. Gleichwohl bezeichnet Paulus keine fest geformte, bestimmte Gruppe, sondern nur diejenigen, die das glossolalische Reden sprechen. Die Behauptung von A. Eriksson beruht überdies auf der Vermutung, dass 14,33b-36 keine nachpaulinischen Interpolationen sind. Aber 14,33b-36 sind als nachträgliche Interpolationen anzusehen. Siehe dazu unten 3.6.2, insbesondere Anm. 288.

ge im positiven Sinne verstanden[54]; aber Paulus betont gerade die Tatsache, dass Menschen sie nicht verstehen können. Überdies verweigert er eine positive Verständnismöglichkeit mit dem negativ formulierten Satz οὐδεὶς γὰρ ἀκούει: Niemand kann verstehen (ἀκούειν)[55], was der Glossolale spricht, außer Gott. Paulus verstärkt seine Argumentation zusätzlich sowohl durch die Erwähnung von „Geheimnissen"[56], was als kritisches Urteil aufzufassen ist, und durch die Wendung πνεύματι. Dies ist als eine andere Formulierung[57] der Aussage οὐδεὶς γὰρ ἀκούει zu begreifen, und deshalb gibt es in den Bedeutungen keinen Unterschied. Gegen die Erklärung μυστήριον σei ähnlich wie in 13,2 zu verstehen[58], spricht, dass der Begriff hier nicht das Wissen verborgener Dinge meint, sondern Geheimnisse in dem Sinne, dass sie für Menschen unverständlich und daher unauflösbar sind.[59] Die Behauptung, Paulus wolle, dass alle Korinther prophetisch reden, weil es hier um hochgeschätzte Geheimnisse gehe und diese im Grunde nicht für die Glossolalie, sondern für die Prophetie erwartet würden[60], ist weit entfernt von der paulinischen Absicht. Auch an die Mysterien der Mysterienreligion denkt Paulus nicht.[61] Darüber hinaus ist das Reden im Geist (πνεύματι) nicht als positive Aussage zur Glossolalie zu interpretieren, sondern es soll in demselben Sinne begriffen werden wie in V. 14f., wo das πνεῦμα dem νοῦς gegenübersteht und wo das Gebet, bei dem der νοῦς ausgeschaltet ist, als ein „Gebet im Geist" dargestellt ist. „Das Reden im Geist" bezeichnet in V. 2 also das Ausschalten des νοῦς beim glossolalischen Reden, d.h. es bezeichnet die Unverständlichkeit des Redens.

Paulus verwendet dann den offenbar technischen Terminus λαλεῖν γλώσσῃ[62] ohne eine Definition oder Erklärung; das bedeutet, dass der Terminus den Korinthern vertraut oder zumindest ohne Schwierigkeit erkennbar war. Gemeint ist das vom Geist eingegebene sprachliche

---

[54] Beispielsweise meint W.E. Mills, Glossolalia, 98, dass Paulus nun die göttliche Herkunft der Glossolalie anerkennt. Das ist sehr zweifelhaft.
[55] Das Verb ἀκούειν bedeutet allerdings nicht einfach – akustisch – „hören", sondern „verstehen".
[56] Das bezeichnet nicht den Inhalt der Glossolalie, sondern weist auf die Unverständlichkeit oder die Unklarheit der Glossolalie hin. Vgl. H. Krämer, Art. μυστήριον, in: EWNT II, 1102.
[57] Also ist δέ hier nicht adversativ, sondern fortgehend.
[58] So G.D. Fee, 1 Kor, 656.
[59] So zutreffend A. Lindemann, 1 Kor, 297. Anders als die Auslegung von H. Conzelmann, 1 Kor, 285, ist im Text selber überdies nicht davon die Rede, dass die Glossolalie dem Glossolalen selber unverständlich ist.
[60] So G. Dautzenberg, Prophetie, 235-237. Er bezieht sich auf TestHiob 49,2 und 50,3 und vermutet, dass auch die Korinther „ein ekstatisches, inhaltlich gefülltes *mysteria lalein*" kannten. Gleichwohl bezeichnen Geheimnisse hier keineswegs ein solches. Vgl. dazu oben 2.3.4.
[61] Gegen H.W. House, Tongues, 140f.
[62] Siehe oben 2.1.2.

Phänomen, das für die Hörenden unverständlich ist und daher eine Übersetzung braucht. Dass Paulus hier gegen die Glossolalie argumentiert, wird darin sichtbar, dass die Aussagen in V.2 so kritisch und so polemisch klingen, dass ein Konsens zwischen ihm und seinen Adressaten offensichtlich nicht besteht. Das paulinische Urteil über den Glossolalen ist durchweg kritisch. In V.3 charakterisiert Paulus nun den prophetisch Redenden gegenüber dem Glossolalen. Anders als bei der Glossolalie sind die Adressaten des prophetischen Redens Menschen, nicht Gott. Das zeigt deutlich, dass die Prophetie in einer für die Menschen verständlichen Sprachform gesprochen wird, und daran entzündet sich eine entscheidende Differenz zwischen den beiden Redeformen. Indem Paulus drei Nomina als Objekte an das Verb λαλεῖν bindet, verweist er die Korinther auf die Verständlichkeit und auf die Wirkungen[63] des prophetischen Redens: Man kann daraus Erbauung, Ermahnung und Trost ziehen. Es hilft den Menschen vor allem im Gottesdienst der Gemeinde, und es erbaut die Gemeinde. Es geht Paulus nicht um das, was der Einzelne erfährt, sondern er achtet darauf, was er für die Gemeinde leistet. Der Charakter der Charismen als Wirkungen des Geistes besteht nicht in der ekstatischen Erfahrung oder im übernatürlichen Wesen der Charismen, sondern darin, dass sie an die Gemeinde als ganze gebunden sind und erkennbar zu deren Erbauung ausgeübt werden. Dies ist eine entscheidende Differenz zwischen Paulus und den Adressaten.

Den Vorrang des prophetischen Redens zeigen die drei von Paulus verwendeten Nomina: οἰκοδομή bezieht sich auf den Nutzen der Gemeinde[64]; wo dieses Nomen als nomen actionis verwendet ist (Röm 14,19; 15,2; 1 Kor 14,5.12.26; 2 Kor 12,19), da ist von der Gemeinde bzw. deren einzelnen Gliedern als Objekt der Bautätigkeit die Rede.[65] Die οἰκοδομή hat zentrale Bedeutung als kritisches Kriterium[66], aber nicht im kultischen Sinne, sondern als Kriterium für das Zusammenleben der Glaubenden in der Gemeinde. παράκλησις, bei Paulus mehrfach belegt (vor allem im 1 Thess und in 2 Kor)[67], bezieht sich auf das Bereuen des Christen.[68] παραμυθία, ein hapax legomena im NT, bezieht sich auf das Trösten angesichts von Schwächen und auf die Ermuti-

---

[63] K. Maly, Gemeinde, 199, versteht sie demgegenüber als den Inhalt der prophetischen Rede. Andererseits rechnet Th.W. Gillespie, Theologians, 149, mit der Funktion und dem Inhalt. Aber der Inhalt der prophetischen Rede oder der Glossolalie ist aus dem Text nicht zu bestätigen. In den Aussagen des Paulus spielt er keine Rolle.

[64] Vgl. 1 Kor 12,7: πρὸς τὸ συμφέρον.

[65] J. Pfammatter, Art. οἰκοδομή, οἰκοδομέω, in: EWNT II, 1213f. Vgl. 1 Kor 3,9.

[66] In Kap. 14 kommt das Nomen οἰκοδομή 4-mal (V.3.5.12.26), das aktivisch formulierte Verb οἰκοδομεῖν 2-mal (V.4a.4b) und das passivisch formulierte οἰκοδομεῖσθαι 1-mal (V.17) vor.

[67] J. Thomas, Art. παρακαλέω, παράκλησις, in: EWNT III, 60f.

[68] O. Schmitz, Art. παρακαλέω, παράκλησια, in: ThWNT VI, 794.

gung.[69] Klar ist, dass Paulus das prophetische Reden hier nicht als Verkündigung zukünftiger Ereignisse ansieht[70]; es richtet sich vielmehr an
die Herzen der Adressaten, bestärkt sie im Glauben (vgl. V. 24f.) und
ist darum „das vollmächtige Reden in der gottesdienstlichen Versammlung"[71], durch das die Hörenden überzeugt und ermutigt werden.
Folglich entzündet sich die Differenz zwischen Glossolalie und Prophetie nicht an deren jeweiligem Inhalt, sondern an der Verständlichkeit und Wirkung.
Indem Paulus in V. 4 ein entscheidendes Urteil aus dem oben Gesagten (V. 2f.) in Bezug auf die οἰκοδομή als Kriterium ableitet, verweist
er die Korinther angesichts ihrer Hochschätzung der Glossolalie auf
deren tatsächliche Nutzlosigkeit. Auch die Aussage in V. 4 ist ganz
von Polemik bestimmt, und zwar vor allem durch die scharfe Antithese, in der das Objekt des οἰκοδομεῖν bezeichnet wird: Der Glossolale
und der prophetisch Redende stehen einander scharf gegenüber, der
eine wird entwertet; der andere hingegen wird hoch eingeschätzt, denn
jener erbaut sich selbst[72], dieser dagegen erbaut die Gemeinde.
Ob mit der Aussage, der Glossolale erbaue sich selbst, der Wert der
Glossolalie zumindest als privater Erfahrung hoch geschätzt wird[73], ist
jedenfalls zweifelhaft. Nur hier ist bei Paulus ἑαυτός als Objekt des
οἰκοδομεῖν erwähnt; das aber ist ein unpassendes Objekt. Denn in Kap.
14 ist οἰκοδομή bzw. οἰκοδομεῖν durchweg auf die Gemeinschaft bzw.
die Gemeinde als ganze bezogen und konstituiert und fördert diese.[74]
Die Aussage des Paulus ist somit ein paradoxer Ausdruck und als Ironie zu verstehen.[75] Dies wird unter zwei Aspekten sichtbar: Zum einen
bedeutet „sich selbst erbauen" die Zerstörung der Einheit der Gemein-

---

[69] Vgl. G. Stählin, Art. παραμυθέομαι, παραμυθία, in: ThWNT VI, 820.
[70] Anders H.-J. Klauck, 1 Kor, 99. Nach ihm sind das Erkenntnisobjekt der
Prophetie „die endzeitlichen Mysterien Gottes".
[71] A. Lindemann, 1 Kor, 297.
[72] Wir können mit W. Schrage, 1 Kor III, 388, sagen, dass dies „im eigentlichen
Sinne gar keine οἰκοδομή" ist. Denn die οἰκοδομή erzielt eigentlich die Gemeinschaft. Siehe dazu Ph. Vielhauer, Oikodome, 87.
[73] So W.E. Mills, Glossolalia, 100; ähnlich G.D. Fee, 1 Kor, 657: „The edifying
of oneself is not self-centeredness, but the personal edifying of the believer that
comes through private prayer and praise." Auch G. Theissen, Aspekte, 303, versteht, dass Paulus einen individuellen Wert der Glossolalie anerkennt. Nach ihm
liegen ihre positive Werten darin: 1. Sie eröffnet einen Zugang zu unbewussten
Dimensionen. 2. Sie ermöglicht verdrängten Impulsen einen Zugang zum Bewusstsein. 3. Sie ist regressive Wiederaufnahme kindlicher Verhaltens- und Erle-
bensformen. Aber dies ist entfernt von der Perspektive des Paulus.
[74] Ph. Vielhauer, Oikodome, 108, bemerkt: „Er [οἰκοδομεῖν] ist kein indivi-
dualistischer, sondern ein Gemeinschaftsbegriff: mit ihm ist nie das „erbauende" Individuum, sondern immer die Gemeinschaft visiert."
[75] Nach Ph. Vielhauer, Oikodome, 87, beschreibt Paulus sie, um die Antithese von
Selbsterbauung und Gemeindeerbauung zugespitzt zu schildern. Siehe oben
3.2.4.2.

de, denn der geistgewirkte Akt soll auf die Gemeinde als ganze und auf deren Glieder gerichtet sein, wie es Paulus in 1 Kor 12 durch die Vorstellung der Gemeinde als eines vielfältig gegliederten Leibes darstellt (12,12-30), wobei die Einheit eher in der Vielfalt innerhalb des einen Leibes bewahrt und gewonnen werden soll, wofür gegenseitige Rücksichtnahme und Annahme erforderlich sind.[76] Zum andern mahnt Paulus ausdrücklich, niemand solle das Eigene suchen, sondern das des anderen (10,24), und er schreibt überdies auch, dass die Liebe nicht das Eigene sucht (13,5), womit er sich möglicherweise mit der Strömung des pneumatischen Individualismus in Korinth auseinandersetzt. Denkt er an das Überlegenheitsgefühl des Glossolalen bzw. an dessen Selbstzufriedenheit, d.h. an das Suchen nach dem individuellen Vollendungsbewusstsein durch die Demonstration der Glossolalie als Höchstgeistesgabe?[77] Für Paulus gilt die Glossolalie keineswegs als Identitätsbezeichnung, die ein besonderes Selbstbewusstsein und Abgrenzung als Folge impliziert.[78] Die Glossolalie richtet sich nur an den Glossolalen selbst, während sich das prophetische Reden nicht nur an die prophetisch Redenden, sondern an die hörende Gemeinde richtet; durch den Vergleich mit der Prophetie wird der Stellenwert der Glossolalie relativiert, insofern die Möglichkeit der Erbauung durch das unverstehbare glossolalische Reden ausgeschlossen ist. An dem entscheidenden Beurteilungsmaßstab, der Erbauung der Gemeinde durch das verständliche Reden, hält er als kritischem Maßstab bis zum Ende von Kap. 14 fest. Die Erbauung der Gemeinde erweist sich im Grunde nicht als die Alternative zur Selbsterbauung, sondern auch als Alternative zum Verhalten der Korinther im ganzen. Damit wird das Verständnis der Adressaten in ekklesiologischer Perspektive korrigiert: Die Gemeinde als ganze ist das Objekt der Erbauung.[79]

---

[76] A. Lindemann, Ekklesiologie, 86.

[77] Ph. Vielhauer, Oikodome, 86f., meint, dass der Begriff οἰκοδομή hier als „Ablehnung der selbstgenügsamen Hypertrophie des religiösen Individualismus und Egoismus" verwendet ist.

[78] Aber in 1 Kap 14 geht es in der Tat nicht um einen Streit um die Gemeindegrenze, anders als die Vermutung von G. Theißen, Aspekte, 294; so auch U. Heckel, Paulus und die Charismatiker. Zur theologischen Einordnung der Geistesgaben in 1 Kor 12-14, in: ThBeitr 23, 1992, 117-138, hier 123. Andererseits sieht W.A. Meeks, Urban Christians, 119-121, Glossolalie als ein Mittel an, Prestige und Einfluss in der Gemeinde zu besitzen. Ferner behauptet D.B. Martin, Tongues, 551, dass Glossolalie den korinthischen Glossolalen einen höheren sozialen Status gibt. Ob Glossolalie eine symbolische Bedeutung als Zeichen für einen sozialen Status besitzt, ist jedoch schwer zu sagen.

[79] Das οἰκοδομή-Motiv ist vor dem Hintergrund von 1 Kor 3,1-17 zu verstehen. Dort bezeichnet Paulus die Gemeinde als Gottes Ackerfeld und Bau (V. 3,9), ferner als Gottes Tempel (V. 16). Den Gedanken der Erbauung der Gemeinde entwickelt er möglicherweise in der Auseinandersetzung mit dem religiösen Enthusiasmus in Korinth.

3.3.2.3 *14,5: Zwischenbemerkung*

Die Charakterisierung der beiden Gnadengaben durch den unmittelbaren Vergleich führt zu einer Zwischenbemerkung in V.5. In V.5a schreibt Paulus, er wünsche, dass alle Adressaten glossolalisch reden[80]; die Pluralform λαλεῖν γλώσσαις entspricht dabei dem Numerus des Subjekts (πάντας ὑμᾶς), und insofern besteht kein Unterschied zur Singularform in V. 2. Die Aussage in V. 5a ist erstaunlich, da entsprechend der bisherigen Argumentation eher das Umgekehrte zu erwarten wäre. Deshalb ist zu fragen, ob Paulus hier tatsächlich wünscht, Glossolalie solle in der korinthischen Gemeinde weiterhin vorkommen bzw. von Gott als Gnadengabe geschenkt werden.[81] Insbesondere im Blick auf die spätere Aussage in V.23 ist zweifelhaft, ob Paulus in V. 5 einen ernst gemeinten Wunsch äußert.[82] Vor allem aber ist V. 5a im Zusammenhang mit der direkt anschließenden Aussage zu beurteilen. Durch μᾶλλον δέ legt Paulus den Akzent darauf, dass er vor allem will, dass die Adressaten prophetisch reden, wie er es schon in V.1 beschrieben hatte. Er bereitet damit auch die mit der adversativen Konjunktion δέ eingeleitete folgende Stellungnahme vor, und so ist V. 5a wohl als bewusster rhetorisch-ironischer Ausdruck[83] für die Polemik zu verstehen.

Die Begründung für den Vorrang des prophetischen Redens gibt Paulus in V. 5b mit dem Komparativ μείζων: Der prophetisch Redende ist größer als der Glossolale.[84] Diese klare Stellungnahme des Paulus zu den beiden Redenden stellt die Adressaten vor eine verwirrende Situation, denn sie entspricht nicht ihren Erwartungen; die hier abermals begegnende Pluralform λαλεῖν γλώσσαις kann von V.5a her erklärt werden. Die Voraussetzung, unter der Paulus so urteilt, liegt im ἐκτὸς εἰ μὴ κτλ.[85]: Wenn die Glossolalie nicht übersetzt wird, ist sie weniger als die prophetische Rede, und indem Paulus die Übersetzung voraussetzt, entzieht er überdies dem glossolalischen Reden den mysteriösen

---

[80] H.-J. Klauck, 1 Kor, 99, kommentiert, dass dieser Wunsch die Begebenheit in Num 11,29 aufnimmt und die Erwartung der Geistausgießung in Jo 3,1 und Apg 2,17f. reflektiert. Das ist jedoch fraglich. Der Wunsch muss im Kontext beurteilt werden.

[81] So K. Maly, Gemeinde, 200.

[82] So A. Lindemann, 1 Kor, 300; so auch W. Schrage, 1 Kor III, 389 Anm. 67. Diese Aussage von V. 5a entspricht nicht der von V. 23. Paulus beschreibt in V. 23: Wenn alle glossolalisch reden, bewerten Unkundige oder Ungläubige, dass sie alle verrückt sind. Dagegen versteht G. Dautzenberg, Prophetie, 228: „Vielmehr drückt sich im Wunsch [...] auch die eigene theologische Wertung der ekstatischen Glossolalie als der eschatologischen Geistesgabe aus. " Gleichwohl ist das fraglich.

[83] J. Kremer, 1 Kor, 301, denkt an eine rhetorische Übertreibung. Auch an der Verwendung von πάντας kann man Ironie erkennen.

[84] Vgl. Plat Tim 71E-72B. Dabei sind der μάντις und der προφήτης verglichen. Siehe oben 2.3.1.

[85] Siehe zu ἐκτὸς εἰ μή BDR § 376,4.

Charakter. Ohne Übersetzung hat die Glossolalie nicht den gleichen Wert wie die prophetische Rede, denn die Gemeinde empfängt daraus keine οἰκοδομή. Dies ist offenkundig das Gegenteil des korinthischen Glossolalieverständnisses.

Nach der von $\mathfrak{P}^{46}$ א A B D^2 und anderen Handschriften bezeugten Textlesart wäre an den Glossolalen selbst als den Übersetzer der Glossolalie zu denken[86], während nach der Lesart anderer Handschriften eine andere Person gemeint wäre.[87] Ob Paulus meint, dass der Glossolale selbst seine eigene Glossolalie übersetzen kann, ist schwer zu sagen; in V. 27f. spricht Paulus von einer anderen Person als Übersetzer der Glossolalie, die Formulierung in V. 13 scheint dagegen die Möglichkeit der eigenen Übersetzung nicht auszuschließen. Doch in V. 13 geht es um die Übersetzung überhaupt, nicht speziell um die Möglichkeit einer durch den Glossolalen selber durchgeführten Übersetzung.[88] Im übrigen kann der Glossolale selber seine eigene Glossolalie gar nicht übersetzen, weil sie ihm ja selbst unverständlich ist.[89] Nach Platon kommt die Aufgabe, über die eigenen Aussprüche zu urteilen, nicht dem im Zustand der μανία bleibenden Seher zu, sondern allein dem Vernünftigen (σώφρονι), der einer der Deuter (ὑποκριτής) ist.[90] Nach Plut Def Orac 438 B kommt in Delphi die Rolle, die ekstatischen Äußerungen der Pythia zu übersetzen oder zu interpretieren, nicht der Pythia selbst, sondern einem der Priester zu.[91] Insofern verlangt Paulus in seiner Aussage „etwas im Grunde Unmögliches"[92], und so beseitigt er die Möglichkeit, dass das glossolalische Reden höher als das prophetische eingeschätzt wird. Den Grund für die Notwendigkeit einer Übersetzung der Glossolalie erwähnt Paulus abermals: Es geht um den entscheidenden Maßstab, nämlich „die Erbauung der Gemeinde."

3.3.3 Zusammenfassung

Paulus eröffnet in 14,1-5 den Weg zu der dann folgenden Argumentation, indem er sowohl den Glossolalen als auch den prophetisch Redenden charakterisiert, und zwar so, dass er auf diese Weise das falsche Verständnis des Werts der Glossolalie kritisiert. Er stellt das glos-

---

[86] Vgl. K. Maly, Gemeinde, 200.

[87] Der „Mehrheitstext" liest den Indikativ διερμηνεύει anstelle des Konjunktivs διερμηνεύῃ. Die Majuskel 0243 und die Minuskeln 1505.1739.1881 lesen τις διερμηνεύει, D* liest das Partizip διερμηνεύων, F und G lesen ἐκτὸς εἰ μὴ ᾖ ὁ διερμηνεύων.

[88] Siehe unten die Analyse von V.13.

[89] Anders meint G. Theißen, Aspekte, 304, dass dies der Normalfall ist, Paulus dem aber sein Ideal entgegensetzt, dass der Glossolale selber seine eigene Glossolalie versteht.

[90] Plat Tim 72 A-B. Siehe oben 2.3.1.

[91] Siehe oben 2.3.2.

[92] A. Lindemann, 1 Kor, 300.

solalische Reden, das unverständlich ist und die Gemeinde nicht erbaut, dem prophetischen Reden, das verständlich ist und deshalb zur Erbauung der Gemeinde dient, scharf entgegen, und er folgert daraus den Vorrang des Letzteren vor dem Ersteren. Die in Korinth hoch geschätzte Glossolalie wird so entwertet. Die Unterschiede zwischen den beiden von Paulus geschilderten Formen der Rede können wie folgt zusammengefasst werden:

	Adressat	Charakter	Objekt der Erbauung	Wirkung auf die anderen
Glossolalische Rede	Gott	unverständlich (außer Gott)	nur Glossolale selbst ?	Geheimnisse (keine positive Wirkung)
Prophetische Rede	Menschen	verständlich	Die ganze Gemeinde	Erbauung, Ermahnung, Trost

Zweifellos steht im Hintergrund dieser von Paulus vorgenommenen Differenzierung des Paulus die Polemik[93]: Der eigentliche Gegenstand, auf den die Aussagen zielen, ist nicht das prophetische, sondern das glossolalische Reden bzw. dessen Praktizierung. Paulus polemisiert gegen die Hochschätzung der Glossolalie in Korinth, und zwar insbesondere gegen das Verständnis, das glossolalische Reden könne etwas zur Erbauung der Gemeinde beitragen. Dieses in Korinth vorhandene Verständnis ist verbunden mit einem religiösen Enthusiasmus[94], demzufolge Glossolalie als hervorragende Geistesgabe, als Zeichen des Geistesempfangs sowie als Erweis der religiösen ekstatischen Erfahrung angesehen wird. Sie gilt also womöglich als Identitätsbezeichnung der Glossolalen. A.C. Wire meint, die Polemik sei von Paulus als

---

[93] H.-J. Klauck, 1Kor, 98f., erklärt den Grund für die Differenzierung zwischen der Glossolalie und der prophetischen Rede wie folgt: „Prophetie und Zungenrede sind zwei Formen pneumatischer Bestätigung, die in ihrem Ursprung und in ihrem Erscheinungsbild viel enger miteinander verwandt sind [...] Paulus muß überhaupt erst die Differenzierungskriterien herausarbeiten und seine Bevorzugung der Prophetie begründen." Aber das ist eine Erklärung, die die Polemik in der Aussage des Paulus ausblendet. Die Differenz zwischen beiden ist überdies so deutlich, dass die Adressaten sie für selbstverständlich ansehen. Andererseits bemerkt A. Eriksson, Traditions, 201, dass Paulus in 1 Kor 14 seine eigene Definition der Prophetie und Glossolalie gibt, weil er und die Korinther unterschiedliche Definitionen hatten. Gleichwohl ist zweifelhaft, ob er hier auch die Prophetie problematisiert.
[94] Siehe unten 3.7.

Verteidigung der Prophetie geschrieben worden.[95] Das ist richtig, aber
dabei problematisiert und thematisiert Paulus zugleich auch die Glossolalie selbst, und zwar deren Praktizierung. Die Prophetie ist kommt
als Objekt des Vergleichs zur Glossolalie in den Blick, und sie gilt als
das Gegenüber zur Glossolalie mit dem Ziel der Relativierung von deren Stellenwert.

Darüber hinaus ist zu erkennen, dass das Ziel des Paulus im Ausschalten der Praktizierung der Glossolalie aus der Gemeindeversammlung
liegt. Denn er zieht aus dem Vergleich den entscheidenden Schluss,
dass die praktizierte Glossolalie überhaupt nicht zur Erbauung der
Gemeinde dient (V. 5). In der Haltung der Glossolalen sieht er eine
Gefahr für die kirchliche Wirklichkeit, vor allem in Bezug auf die gottesdienstliche Versammlung der Gemeinde. Da die Gemeinde aus einer gegliederten Vielfalt besteht, sind alle Glieder wechselseitig voneinander abhängig, und sie alle haben gleiche Rechte und den gleichen
Wert. Jede Funktion bzw. jede Gnadengabe ist die Wirkung des in der
Gemeinde gegenwärtigen Geistes, d.h. die Vielfalt und die Verschiedenheit sind Erweise für die Gegenwart Gottes in der Gemeinde. Diese
Vielfalt wird durch die Hochschätzung der Glossolalie und deren Praktizierung bedroht. Überdies werden neue Möglichkeiten der christlichen Existenz durch die Glossolalen, die sich an sich selbst orientieren
(14,4a), überhaupt nicht verwirklicht. Deshalb sind diejenigen Aussagen, in denen Paulus die Absicht verfolgt, eine Praktizierung der Glossolalie zurückzuhalten bzw. ganz auszuschalten, im Zusammenhang
seiner Polemik gegen den pneumatischen Enthusiasmus zu verstehen.
Die Differenz des Glossolalieverständnisses bei Paulus und bei den
Adressaten ist so groß, dass ein Konsens nicht zu erwarten ist: Sie sollen nach der Liebe trachten, die erbaut (vgl. 8,1), und sie sollen nach
dem prophetischen Reden mehr streben als nach dem glossolalischen
Reden; sie sollen also auf ihr bisheriges Verständnis verzichten, es
korrigieren und folglich der von Paulus vorgetragenen Perspektive zustimmen.

Für die Annahme. dass die Glossolalen und die Propheten als feste
Gruppen in der Gemeinde in Korinth formiert sind oder dass sie womöglich in direkter Auseinandersetzung stehen, gibt es keinen Beleg.
Die Gemeindesituation ist somit nicht als ein Konflikt zwischen zwei
„Gruppen" zu verstehen, und es sind auch keine Schlüsse auf strukturelle Spaltungen in der Gemeinde zu ziehen. Paulus spricht einfach nur
diejenigen an, die solcherart zu sprechen vermögen.

Die Bewertung des Paulus, dass das prophetische Reden als das verständliche und helfende Reden den Vorzug vor dem glossolalischen
Rede in der Gemeinde verdiene, beruht auf dem Kirchenverständnis
des Paulus: Die Gemeinde als reale Größe, insbesondere als konkrete

---

[95]   A.C. Wire, Prophets, 143.

Versammlung, ist eine sich konkret konstituierende Größe, die durch die jeweiligen Beiträge ihrer Gemeindeglieder „erbaut" werden soll. Die Gemeinde als ganze ist der Ort für die Erbauung aller Gemeindeglieder. Merkwürdig ist, dass Paulus hier kaum eine relative Bedeutung bzw. Rangfolge der Geistesgaben vornimmt.[96] Er versucht vielmehr, die Hochschätzung einer bestimmten Geistesgabe zu relativieren, da sich für ihn alle Geistesgaben bzw. alle Gemeindeglieder innerhalb des einen Leibes in einer Gleichheit befinden. Die Gültigkeit des glossolalischen Redens wird von ihm allerdings ausschließlich kritisch bewertet.

3.4 Phänomen: Unverständliche Rede (14,6-19)

3.4.1 Formale Analyse

In 1 Kor 14,6-19 erklärt Paulus das Phänomen der Glossolalie durch verschiedenartige Vergleiche, vor allem durch mehrmalige ἐάν-Sätze und Futura. Durch die Vergleiche expliziert Paulus, dass das glossolalische Reden für die Hörenden unverständlich ist. Mit einer Reihe rhetorischer Fragen verstärkt er seine Argumentation: τί ὑμᾶς ὠφελήσω; (V.6), πῶς γνωσθήσεται; (V.7.9), τίς παρασκευάσεται εἰς πόλεμον; (V.8) und πῶς ἐρεῖ τὸ ἀμήν; (V.16). Diese eine Verneinung selbstverständlich voraussetzenden Fragen zielen auf die Zustimmung der Adressaten; die Adressaten sollen im Grunde bestätigen, dass die unverständliche Glossolalie ebenso unwirksam ist wie undeutliche Klänge. Durch die Wendung νῦν δέ, ἀδελφοί mit der er sich direkt an die Adressaten wendet, eröffnet Paulus den neuen Abschnitt. Nach dieser Anrede erläutert er das Problem der Glossolalie zunächst bezüglich seines missionarischen Verhaltens gegenüber den Korinthern (V. 6). Dabei stehen sich zwei Nebensätze, der erste ἐάν-Satz und der zweite, negierte ἐάν-Satz, inhaltlich und logisch gegenüber. Formal gesehen ist jedoch der zweite nicht vom ersten Satz abhängig, sondern von der rhetorischen Frage. Die 1. Person Singular ist als Subjekt verwendet. Mit dem in der Bedeutung des Vergleichs verwendeten ὅμως[97] nennt Paulus dann konkrete Beispiele aus dem Alltagsleben für unklare Töne und unverständliche Sprache (V. 7-11). Auch die Töne der unbelebten Instrumente haben eine Verständlichkeit, andernfalls werden sie nutzlos. Durch diese Beispiele betont er, wie wichtig die Verständlichkeit ist, und das wendet er dann mit dem Ausdruck οὕτως καὶ ὑμεῖς (V. 9 und V. 12) direkt auf die Gemeinde in Korinth an. Auch in V. 12 fordert Paulus wiederum durch einen Imperativ das Suchen nach der Erbauung der Gemeinde. Das Ziel dafür ist durch den ἵνα-Satz erklärt.

---

[96] So zutreffend R.B. Hays, 1 Kor, 236.
[97] Siehe unten die Analyse zu V.7.

Von dieser Argumentation her folgt die Notwendigkeit der Übersetzung (V. 13), die als Aufforderung durch einen Imperativ gegeben ist. Die Schlussfolgerung ist durch die Konjunktion διό eingeleitet. Der ἵνα-Satz bestimmt, worum der Glossolale beten soll. Der Abschnitt umfasst daher V. 6-19 als ununterbrochene Einheit.[98] Denn nach der Aufforderung zur Übersetzung (V. 13), die an V. 5 erinnert, erklärt Paulus die Glossolalie in Bezug auf das Gebet (V. 14-17). Dabei begründet V. 14 das in V. 13 Gesagte (γάρ), wobei Paulus das Gebet mit dem Geist und das mit dem Verstand voneinander unterscheidet. Subjekt ist abermals die 1. Person Singular (V. 14f.). Eine deutliche Entscheidung wird durch die Frage τί οὖν ἐστιν; und zwei Futura dargestellt: „Ich" will mit beiden beten und singen (V. 15); aber selbstverständlich liegt die Betonung auf dem Gebet „mit dem Verstand" und auf dem Gesang „mit dem Verstand", was durch das zweimalige δέ betont ist. In V. 16f. wird nun das Subjekt aus der 1. Person Singular in die 2. Person Singular umgeformt; das unverständliche Gebet kann zu keiner zutreffenden Reaktion des Unkundigen führen, der anschließende ἐπειδή-Satz erklärt dies. V. 17 expliziert dies auf konkretere Weise durch das begründende γάρ. Hier stehen das betonte σύ und der ἕτερος einander gegenüber.

In V. 18f. geht Paulus nochmals in die 1. Person Singular über. V. 18 spricht vom Dank des Paulus und von dessen Inhalt, wobei er selber und die Adressaten durch das μᾶλλον miteinander verglichen werden. In V. 19, eingeleitet mit dem nachdrücklichen ἀλλά scheint Paulus sich selber zum Vorbild zu nehmen: Obgleich er mehr als die Korinther glossolalisch zu reden vermag, will er in der Gemeinde diese Fähigkeit nicht anwenden, sondern lieber fünf verständliche Worte sprechen. Hier ist die Überordnung des verständlichen Redens durch das ἤ unterstrichen, es fehlt ein Komparativ wie zuvor μᾶλλον.[99] Die Bemerkung erinnert an seine Aussage am Anfang des Abschnitts (V. 6), und sie bildet mit ihr ein Paar. Der Grund wird durch den ἵνα-Satz dargestellt: es geschieht um der Erbauung der Gemeinde willen. Der Abschnitt 14,6-19 ist also wie folgt zu gliedern:

14,6: Thema des Abschnitts: Nutzlosigkeit der unverständlichen Glossolalie

14,7f.: Erste Vergleichskategorie: Musikinstrumente

---

[98] A. Lindemann, 1 Kor, 301, kommentiert, dass V.13 als „unmittelbare Schlußfolgerung aus V.12" zu verstehen ist. Durch die Konjunktion διό schließen V.13ff. natürlich an V.12 an; so auch L. Hartman, Argument, 222, obwohl L. Hartman in V.5 den Beginn eines neuen Abschnitts sieht. Vgl. E. Nestle/ K. Aland, Novum Testamentum Graece, ²⁷1993, 464, wobei der neue Abschnitt mit V.13 beginnt; so auch G.D. Fee, 1 Kor, 667f.; A. Strobel, 1 Kor, 217. Andererseits sieht G. Dautzenburg, Prophetie, 238ff., den Beginn des Abschnitts in V.12.
[99] Siehe zur Ellipse eines Komparativs BDR § 480,4.

14,9: Anwendung auf die korinthische Gemeinde
14,10f.: Zweite Vergleichskategorie: Reden und Sprachen
14,12f.: Anwendung auf die korinthische Gemeinde
   14,12: Aufforderung des Suchens nach der Erbauung der Ge-
      meinde
   14,13: Aufforderung des Gebets um die Übersetzung: Notwen-
      digkeit der Übersetzung
14,14-17: Dritte Vergleichskategorie: Vergleich zwischen glosso-
     lalischem und verständlichem Beten
14,18f.: Zwischenbemerkung: Überordnung der verständlichen
     Rede

3.4.2 Inhaltliche Analyse

In 14,6-19 wird verdeutlicht, dass es sich bei der Glossolalie um unverständliche Rede handelt, und zwar durch verschiedenartige Vergleiche und die daran anschließenden rhetorischen Fragen. Die Glossolalie bewirkt keine Kommunikation bzw. keine zutreffende Reaktion,
und sie ist daher nutzlos in der gottesdienstlichen Gemeindeversammlung.

3.4.2.1 *14,6 als Thema des Abschnitts*
Durch die Aussage in V.6, das unverständliche, glossolalische Reden[100]
sei nutzlos, markiert Paulus das Thema des Abschnitts; das νῦν δέ in
der Einleitung ist logisch zu verstehen.[101] Indem Paulus hier in der 1.
Person Singular formuliert, scheint er sich auf ein Beispiel aus seinem
eigenen Verkündigungshandeln zu beziehen – als wolle er sagen:
Wenn ich nicht in verständlichem Reden wie Offenbarung, Erkenntnis,
Prophetie und Lehre spräche, sondern nur in glossolalischer Rede, so
bliebe mein Besuch für euch nutzlos. Aber die Verwendung der 1. Person Singular ist wohl eher rhetorisch zu verstehen, d.h. sie dient nicht
dem Beweis für die Fähigkeit des Paulus zur Glossolalie, sondern sie
dient der Veranschaulichung.[102] Paulus teilt nicht einen künftigen Be-
suchsplan mit (4,19; vgl. 16,5ff.), sondern er führt ein Beispiel für die
persönliche Begegnung mit den Adressaten an, durch das er die Korinther selber das Problem erkennen lässt. Die rhetorische Frage τί ὑμᾶς
ὠφελήσω; verstärkt den polemischen Charakter – die Verneinung ist
als selbstverständliche Antwort vorausgesetzt.
Da die Glossolalie für Paulus nicht den Höchstwert in der Skala der
Geistesgaben darstellt, insofern sie der Gemeinde nichts nützt, ist die

---

[100] Hier entspricht λαλεῖν γλώσσαις nicht dem Numerus des Subjekts (auch in
V.18).
[101] So auch H. Conzelmann, 1 Kor, 277; A. Lindemann, 1 Kor, 301.
[102] So H. Conzelmann, 1 Kor, 286f.; vgl. W. Schrage, 1 Kor III, 390 Anm. 77.

Aussage in V. 6 nicht als apologetisch zu interpretieren.[103] Sie ist auch nicht als Begründung für die Frage nach der Priorität der Geistesgaben zu verstehen.[104] Der Schwerpunkt der paulinischen Aussage liegt vielmehr auf der Feststellung, dass das glossolalische Reden unverständlich und deshalb nutzlos ist. Wenn sich in dieser Aussage die Darstellung von 1 Kor 2,1-5 spiegelt, ist sie wohl als Kritik am Suchen nach der Glossolalie zu lesen: In 2,1f. hatte Paulus erklärt, dass er nicht mit einem Übermaß an Redegabe oder Weisheit zu den Adressaten kam, und dass er sich entschlossen hatte, ausschließlich von Jesus Christus als dem Gekreuzigten zu predigen – zweifellos mit verstehbarem Reden.[105] Die Kraft des „Wortes vom Kreuz" (1,18) bestimmt den Stil der paulinischen Verkündigung. In menschlicher Schwachheit verkündigt er das Evangelium, weil der Glaube nicht auf menschlicher Weisheit, sondern auf der Macht Gottes beruht (2,5). Aus dieser Perspektive gesehen bedeutet das Suchen nach Glossolalie ein Symptom der Unmündigkeit, und es spiegelt womöglich auch die Tendenz wider, die eigene Existenz auf eine menschliche Fähigkeit zu begründen.

Das Verb ὠφελεῖν bedeutet „nützen", und es ist in V. 6 „im Sinne einer heilsbedeutsamen Nützlichkeit oder Hilfe"[106] zu begreifen, ebenso wie in 13,3, wobei das Verb direkt mit dem indefiniten Pronomen verwendet ist. Mit ἀποκάλυψις ist „eine in der Gemeinde durch Charismatiker vermittelte konkrete Anweisung"[107] gemeint (14,26)[108], d.h. das Wort hat eine andere Bedeutung als in 2,10; 14,30, wo es sich auf das Kundtun der verborgenen Weisheit bezieht.[109] Die γνῶσις[110] war schon in Kap. 8 diskutiert worden, wobei festgestellt worden war, dass es hinsichtlich des Inhalts keinen Unterschied zwischen Paulus und den Korinthern gab: „Kein Götze ist in der Welt" (8,4) und „Ein Gott und Ein Herr Jesus Christus" (8,6). Aber hinsichtlich der Bedeutung dessen, was γνῶσις meint, besteht eine Differenz: Die Korinther schlossen daraus, dass sie eine Autonomie besitzen (ἐξουσία, 8,9; vgl. 10,29), während Paulus gegen ein solches Verständnis der γνῶσις polemisiert, vor allem in Kap. 8 und womöglich auch in 13,2.8.[111] In 14,6 gebraucht er den Begriff γνῶσις nicht negativ, das λαλεῖν ἐν γνώσει bedeutet das erkennbare Reden, nämlich ein Reden, das die Erkenntnis voraussetzt (vgl. 12,8). Die προφητεία kommt als die Gabe des Geistes vor (12,10; 13,2.8). Das λαλεῖν ἐν προφητείᾳ dient der Tröstung, Ermutigung und Ermahnung der Gemeinde (vgl. 14,3.31). Das λαλεῖν

---

103 So aber G.D. Fee, 1 Kor, 661.
104 So aber W. Schrage, 1 Kor III, 392.
105 So R.B. Hays, 1 Kor, 237.
106 M. Rutenfranz, Art. ὠφελέω, in: EWNT III, 1222f.
107 D. Lührmann, Offenbarungsverständnis, 42.
108 Vgl. Gal 2,2; Phil 3,15.
109 Vgl. A. Oepke, Art. ἀποκαλύπτω, ἀποκάλυψις, in: ThWNT III, 565-597.
110 Vgl. R. Bultmann, Art. γινώσκω κτλ., in: ThWNT I, 688-719.
111 Siehe insbesondere O. Wischmeyer, Weg, 66 und 124.

ἐν διδαχῇ bedeutet das belehrende Reden.[112] Auf der einen Seite stehen also Prophetie und Lehre nebeneinander (12,28f.), auf der anderen Seite steht die Prophetie auch neben der Erkenntnis (13,2). Indem Paulus verschiedene Formen verständlicher Rede, die der Gemeinde nützen, dem glossolalischen Reden entgegensetzt, beklagt er deutlich die Nutzlosigkeit der unverständlichen Glossolalie.

3.4.2.2 14,7-17: Vergleiche

In V. 7-17 zeigt Paulus mit Hilfe konkreter Beispiele, dass das glossolalische Reden ein unverständliches Reden ist. Zunächst nennt er die Musikinstrumente αὐλός und κιθάρα (V.7) sowie σάλπιγξ (V. 8). Das am Anfang von V. 7 stehende Adverb ὅμως wird gewöhnlich als adversativ oder konzessiv interpretiert, hat hier aber die Bedeutung des Vergleichs[113], ebenso wie ὁμοίως.[114] Der als erstes genannte αὐλός ist ein Blasinstrument, die κιθάρα ist ein Saiteninstrument; beide Instrumente wurden nicht nur im alltäglichen Leben, vor allem bei Symposien, beim Hochzeitskomos und beim Arbeiten verwendet, sondern auch im Kult.[115] Ob Paulus hier die kultische Verwendung im Blick hat, ist fraglich. Was er mit diesen Beispielen sagen will, ist klar: Es ist für die Hörenden nutzlos, wenn in unverständlicher Rede gesprochen wird. Wenn also diese leblosen Instrumente nur in undifferenzierten Tönen erklingen, kann man nicht erkennen, was damit gespielt wird. Die rhetorische Frage πῶς γνωσθήσεται; lässt erneut eine verneinende Antwort erwarten.

Für das Verständnis der Aussage in V. 8 gilt dasselbe. Die σάλπιγξ die Paulus in V. 8 erwähnt, ist ein trompetenartiges Blechblasinstrument; ihre Verwendung beschränkte sich „auf die Zeichengebung im Kriegswesen, bei Opern, Festen und Umzügen".[116] Hier denkt Paulus an die Kriegstrompete.[117] Gibt die Trompete im Krieg keinen deutlichen Ton, kann man sich nicht auf den Kampf vorbereiten und also auch nicht den Sieg erringen. Ein Instrument hat nur dann eine Wirkung und somit einen Sinn, wenn es einen deutlichen Ton hervorbringt und wenn es einen Unterschied der Töne gibt, damit der Hörer sie erkennen und verstehen kann. Paulus führt mit der rhetorischen Frage

---

[112] Vgl. K.H. Rengstorf, Art. διδαχή, in:ThWNT II, 166f.
[113] Vgl. J. Jeremias, ὅμως (1 Cor 14,7; Gal 3,15), in: ZNW 52, 1961, 127f. Es kann also mit „gleichermaßen" oder „ebenso" bzw. „in gleicher Weise" übersetzt werden.
[114] Vgl. BDR § 450,2.
[115] Vgl. W. Boetticher, Art. Aulos, in: KP I, 755-760, insbesondere 757f. αὐλός wurde im Kybele- und Dionysoskult verwendet und κιθάρα im Apollonkult. Vgl. auch ders., Art. Kithara, in: KP III, 1581f.
[116] U. Klein, Art. Salpinx, in: KP IV, 1522.
[117] Siehe zur Bedeutung des Trompetenblasens G. Friedrich, Art. σάλπιγξ κτλ, in: ThWNT VII, 85-88.

τίς παρασκευάσεται εἰς πόλεμον; die Adressaten abermals zu einer Bestätigung seiner Argumentation. In V. 9 wendet Paulus das mit den Beispielen in V. 7f. Gesagte nun mit der Wendung οὕτως καὶ ὑμεῖς (vgl. V. 12) direkt auf die Adressaten an. Gleichwohl ist V. 9 nicht als „die Anwendung auf die Glossolalie"[118] zu verstehen, weil ἡ γλῶσσα hier nicht die Glossolalie, sondern die menschliche Sprechfähigkeit bezeichnet.[119] Paulus stellt sie parallel zu den Musikinstrumenten, und er verhindert überdies die Verwechslung mit der Glossolalie durch den Gebrauch der Präposition διά und des Artikels.[120] Er bereitet damit das eigentliche Thema Glossolalie vor. Seine Aussage ist polemisch. Indem er zunächst das διδόναι εὔσημον λόγον mit der Negation μή dem διδόναι ἄδηλον φωνήν in V. 8 gegenüberstellt, überträgt er seine Argumentation in dieselbe Situation wie dort, und er betont durch die rhetorische Frage πῶς γνωσθήσεται; die Unwirksamkeit unverständlichen Redens. Außerdem manifestiert er, dass die menschliche Rede deutlich sein soll, um erkannt und verstanden zu werden, indem er eine undeutliche Rede mit dem In-den-Wind-Reden identifiziert. Selbstverständlich ist, dass ein Reden ohne Kommunikation, die doch das Ziel des Redens ist, keinen Stellenwert als Sprache besitzt. Das λαλεῖν εἰς ἀέρα[121] ist sprichwörtlich; es ist mit 9,26 zu vergleichen, wo ein in die Luft schlagender Boxer geschildert ist. Ein solches Reden kann das Ziel nicht erreichen, und es ist deshalb nutzlos. Es geht somit um das Reden und um das Verstehen desselben. In V. 10 bringt Paulus das in V.9 behandelte Thema abermals unter einem anderen Gesichtspunkt zum Ausdruck: Es gibt viele Sprachen in der Welt[122]; φωνή bezeichnet hier nicht einfach die Stimme, sondern die Sprache (vgl. 2 Petr 2,16).[123] Es gibt eine große Zahl von Völkern und Sprachen in der Welt, und diese Sprachen haben jeweils einen an-

---

[118] H. Conzelmann, 1 Kor, 287, versteht V. 9 so. Aber sein Ausdruck könnte sich so verändern: „die Anwendung auf die korinthische Gemeinde zum Zweck eines anderen Beispiels".

[119] Richtig A. Lindemann, 1 Kor, 303; anders W. Schrage, 1 Kor III, 394. Paulus erwähnt die menschliche Reden als ein Beispiel für die unverständliche Stimme bzw. Sprache; also funktionieren seine Beispiele in V. 7-11 als Belege für die Unverständlichkeit der Glossolalie. Die unmittelbare Erwähnung der Glossolalie kommt erst in V. 13 vor.

[120] Vgl. J. Weiß, 1 Kor, 336. Bei Paulus werden der Dativ oder die Präposition ἐν, nicht διά zur Beschreibung der Glossolalie verwendet. Siehe oben 2.1.2.

[121] Vgl. Lekret IV 931: „ [...] will ich nun entwickeln, du aber sorge dafür, daß ich meine Worte nicht für die Winde vergeude (*tu fac ne ventis verba profundam*)". Siehe auch A. Otto, Die Sprichwörter und sprichwörtlichen Redensarten der Römer, Leipzig 1890 (= Hildesheim 1962), 364f.

[122] A. Lindemann, 1 Kor, 303, erwähnt die Möglichkeit, dass Paulus hier „an den Hafen- bzw. Handelsbetrieb in Korinth denkt"; so auch W. Schrage, 1 Kor III, 395; Chr. Wolff, 1 Kor, 331. Das ist durchaus denkbar.

[123] Vgl. O. Betz, Art. φωνή, in: ThWNT IX, 273 und 289 ; W. Radl, Art. φωνή, in: EWNT III, 1070.

deren Klang. Doch in ihnen ist ein jeweils ein eigener Sinn enthalten, und deshalb ist nichts sprachlos. Paulus expliziert dies in V.11 noch deutlicher mit einem anderen aus der Kategorie der Sprache stammenden Vergleich: Wenn keine Kommunikation möglich ist, obgleich die Sprache gesprochen wird, werden „ich" [124] und der Sprechende einander zum βάρβαρος. Die δύναμις meint hier die Bedeutung[125], und mit dem Begriff βάρβαρος (vgl. Röm 11,14), der einen abwertenden Unterton hat, ist derjenige bezeichnet, der stammelnd redet oder undeutliche Laute ausspricht, der also eine fremde, unverständliche Sprache spricht. [126] Es ist notwendig für die Kommunikation, die Bedeutung der Sprache eines anderen zu erkennen, weil Kommunikation ohne Verständlichkeit nicht möglich ist. Wenn „ich" die Bedeutung der Sprache eines anderen nicht erkenne, ist richtiges Verstehen unmöglich, woraus sich die Gefahr ergibt, dass „ich" und der Sprechende gegenseitig für fremd gehalten werden. Gemeinschaft ist dann nicht zu erwarten. Hier hat Paulus nun die Realität der korinthischen Gemeinde im Blick, und zwar vor allem die durch die Praktizierung der Glossolalie ausgelöste Gefahr. Seine Argumentation ist deutlich: Das unverständliche Reden – das Reden ohne Kommunikation – ist wertlos.

Mit dem Ausdruck οὕτως καὶ ὑμεῖς (vgl. V. 9) wendet Paulus in V. 12 zum zweiten Mal das in V. 10f. Gesagte auf die korinthische Gemeinde an. Das Subjekt kehrt nochmals zur 2. Person Plural zurück, und das Argument von V. 1-5 wird erneut vorgebracht, insofern abermals das Streben nach der οἰκοδομὴ τῆς ἐκκλησίας gefordert wird. Paulus konzediert zunächst, dass die Korinther die „nach Geistern Strebenden" (ζηλωταὶ πνευμάτων) sind (vgl. V. 1), d.h. sie haben pneumatischen Eifer. Ob πνευμάτων hier für πνευματικῶν steht[127], ist fraglich; eher ist die Formulierung von der Angleichung an den gewöhnlichen hellenistischen Sprachgebrauch her zu erklären. [128] Paulus

---

[124] Die 1. Person Singular bezieht sich nicht auf Paulus; vielmehr wird sie im rhetorisch-generellen Sinn verwendet. Vgl. E. Stauffer, Art. ἐγώ, in: ThWNT II, 355. Nach ihm hat das ἐγώ in solchem Zusammenhang „nur exemplifizierende Bedeutung".

[125] Vgl. W. Bauer, Wörterbuch, 418 und G. Friedrich, Art. δύναμις, in: EWNT I, 862.

[126] Vgl. H. Balz, Art. βάρβαρος, in: EWNT I, 473-475. Siehe Hdt II 158,5, wobei die eine andere Sprache Sprechenden als Barbaren geschildert sind, und auch Ovid Trist V 10, 35-40, wobei Ovid sich selbst als Barbar bezeichnet, weil seine Aussage von den anderen nicht verstanden wurde.

[127] So H. Conzelmann, 1 Kor, 288; so auch W. Schrage, 1 Kor III, 396; G. Dautzenberg, Prophetie, 137. H. Conzelmann erklärt den Plural einfach „als Hinweis auf die Mannigfaltigkeit der Wirkungen".

[128] H. Lietzmann, Kor, 71: „ [...] als ob jeder wünschte, daß ein πνεῦμα wie ein überirdisches Einzelwesen in ihm Wohnung nehme." So auch U.B. Müller, Prophetie, 31: Die Korinther streben nach dem Geist so, „daß ein jeder Pneumatiker für sich den unmittelbaren Kontakt anstrebt zum „Geist" als der übernatürlich

denkt an den pneumatischen Enthusiasmus in Korinth: Die Korinther haben die enthusiastische Tendenz, nach der ekstatischen Erfahrung des πνεῦμα zu streben. Bescheinigt Paulus den Korinthern diesen Eifer mit gutem Grund?[129] Eine solche Interpretation würde die Polemik des Paulus entkräften. Indem er der Aussage die anschließende Aufforderung an die Adressaten (Imperativ: ζητεῖτε) entgegensetzt, präsentiert er die οἰκοδομὴ τῆς ἐκκλησίας erneut als kritisches Kriterium. Im ἵνα-Satz erklärt er das Ziel dafür, und deshalb ist die Aussage möglicherweise sowohl ironisch als auch kritisch zu lesen.[130] Wenn die Korinther nur die nach Geistern Strebenden bleiben, kommen sie in die Gefahr, dass die Gemeinde nicht erbaut wird. Im Licht der Aussage gesehen, dass die Erbauung der Gemeinde (οἰκοδομὴ τῆς ἐκκλησίας) ausschließlich durch das klare und verständliche Reden ermöglicht wird (vgl. V. 4f.), ist zu vermuten, dass die Gefahr in Beziehung zur Situation ohne Kommunikation steht. Indem Paulus die Korinther auffordert, nach der Erbauung der Gemeinde zu suchen, schränkt er das Streben nach „den Geistern" ein. Nur so würde die korinthische Gemeinde an Erbauung überreich, wie der ἵνα-Satz erklärt. Dass Paulus dabei einen durch das entsprechende Streben bewirkten Übergang von der Glossolalie zur Prophetie für möglich hält[131], sagt der Text jedoch nicht.

In V. 13, eingeleitet durch die Konjunktion διό wendet sich Paulus nun ausdrücklich der Glossolalie als dem Problem der korinthischen Gemeinde zu. Bisher hatte er von der unverständlichen Rede und deren Nutzlosigkeit gesprochen, und hatte dazu aufgefordert, nach der Erbauung der Gemeinde zu streben. Nun stellt er als Schlussfolgerung die Notwendigkeit der Übersetzung der Glossolalie betreffs des Gebets dar. Auch diese Anweisung funktioniert kritisch: Durch die Aufforderung zur Übersetzung verhindert er die Möglichkeit, die Glossolalie als einen exklusiven Erweis vollzogener Ekstase[132] bzw. als eine mysteriöse Fähigkeit anzusehen.[133]

Das Gebet (προσεύχεσθαι) ist in V. 13 noch nicht das glossolalische Gebet wie in V.14. Der Glossolale soll darum beten, dass er auch übersetzen kann, denn die Übersetzung ist eine Voraussetzung für die Erbauung. Damit wird implizit deutlich, dass der Glossolale seine eigene Glossolalie nicht versteht.[134] Warum sonst redet er vorsätzlich glossola-

---

göttlichen Macht auf Erden." Vgl. E.E. Ellis, Prophecy, 70: „They [πνεύματα] are probably to be understand rather as the angelic beings that, under Christ, mediate the πνευματικά and minister with and through the pneumatics. "
[129] So W. Schrage, 1 Kor III, 396.
[130] Mit A. Robertson/ A. Plummer, 1 Kor, 311 und A. Lindemann, 1 Kor, 304, kann man hier die Spur von einem ironischen Ausdruck erkennen.
[131] So G. Dautzenberg, Glossolalie, 229.
[132] So F.W. Horn, Angeld, 216.
[133] Siehe unten 5.1.2.
[134] So auch U. Heckel, Paulus und die Charismatiker, 120f.

lisch, ohne zu übersetzen, und weswegen soll er um die Übersetzung beten, wenn er die Glossolalie verstände? Im Unterschied zu V. 5 ist hier die Textüberlieferung eindeutig; der Glossolale selber wird als Übersetzer erwähnt. Aber der Schwerpunkt der Aufforderung liegt nicht darin, dass der Glossolale darum bitten soll, selber seine Glossolalie übersetzen zu können, sondern dass er überhaupt um die Übersetzung bitten soll. [135] Die Übersetzung ist also im Grunde nicht vom Glossolalen selber durchzuführen [136], denn der Verstand (νοῦς) des Beters ist beim glossolalischen Gebet ausgeschaltet, wie V. 14 zeigt. Deshalb kommt die Aufgabe der Übersetzung der Glossolalie weder dem Glossolalen selber zu noch ist sie von ihm zu erfüllen. [137] Die Annahme von G. Theißen, dass der Glossolale verstehen könnte, was er sagt [138], trifft nicht zu. Durch die Aufforderung zur Übersetzung versperrt Paulus die Möglichkeit, dass die Glossolalie eine mysteriöse Sprache bleibt und als solche einen Höchstwert in der Skala der Geistesgaben besitzt.

Paulus begründet in V.14, warum der Glossolale um die Übersetzung seiner glossolalischen Rede beten soll (das textkritisch nicht eindeutig bezeugte γάρ ist also zu lesen). Paulus geht mit dem Stichwort Beten (προσεύχεσθαι) zum glossolalischen Gebet über; es bedeutet, dass der menschliche Geist betet, der menschliche Verstand aber dabei ausgeschaltet ist. [139] Dies deutet zwar die inspirierte Ekstase an, aber dies bedeutet anders als sonst in der Antike nicht, dass der menschliche Verstand beim glossolalischen Beten nicht anwesend wäre [140]; vielmehr ist gemeint, dass der Verstand des Beters fruchtlos bzw. ausgeschaltet bleibt. [141]

Paulus setzt zwar hier πνεῦμα und νοῦς entgegen, er legt aber den Akzent auf den νοῦς, da das Gebet ohne Einsatz des νοῦς keine Verständlichkeit besitzt. Das πνεῦμα ist hier allerdings nicht der Geist Gottes, sondern der menschliche Geist als Subjekt des glossolalischen

---

[135] Zutreffend W. Schrage, 1 Kor III, 397.
[136] Anders als hier ist in 12,10 und 14,27f. geschildert: Ein anderer hat jeweils die Gabe der Glossolalie und die Gabe der Übersetzung.
[137] Siehe oben die Analyse zu V.5. Vgl. dazu oben 2.3.1.
[138] G. Theißen, Aspekte, 304, argumentiert, dass die Glossolalie Sprache des Unbewussten, aber bewusstseinsfähige Sprache ist und dass der paulinische Wunsch, alle verstehen ihre eigenen Äußerungen, zeigt, dass die Wirklichkeit anders ist.
[139] Das Ausschalten des Verstandes ist auch in der Inspiration des Platon erwähnt. Siehe Plat Ion 534 C: „Der Gott, nachdem er ihnen die Vernunft genommen, gebraucht sie und die Orakelsänger und die göttlichen Wahrsager zu Dienern [...]" und auch Plat Ion 543 B: „Denn ein leichtes Wesen ist ein Dichter und geflügelt und heilig, und nicht eher vermögend zu dichten, bis er begeistert worden ist und bewußtlos und die Vernunft nicht mehr in ihm wohnt" (Übersetzung nach F. Schleiermacher).
[140] Siehe dazu oben Anm. 139.
[141] Zutreffend A. Lindemann, 1 Kor, 304.

Betens.[142] Der νοῦς bezeichnet die Fähigkeit des Verstehens und Urteilens[143], er bestimmt „als kritische Instanz das klare Denken".[144] Deshalb kann man durch das glossolalische Gebet, bei dem der menschliche Verstand nicht tätig ist, keine Frucht des Verstehens und der Verständlichkeit erlangen. Paulus spricht hier zwar in Bezug auf den Glossolalen, aber es ist deutlich, dass er auch die Gemeinde im Blick hat: Nicht nur der Glossolale selber, sondern auch die Gemeinde (vgl. V. 16) erhält keinen geistlichen Beitrag. Deshalb fordert er, in der Gemeindeversammlung den νοῦς zu benutzen, da der Mangel an Verstand keineswegs ein Merkmal für den Reichtum des Geistes bedeutet. Die Argumentation des Paulus ist darum konsequent: Das unverständliche Gebet ist ebenso wie das unverständliche Reden nutzlos. Mit der 1. Person Singular meint Paulus nicht sich selbst, sondern den einzelnen Menschen.[145] Mit der Frage τί οὖν ἐστιν; zieht Paulus in V. 15 das Fazit aus V. 14: Sowohl das Gebet mit dem Geist wie auch das Gebet mit dem Verstand sind gleichermaßen wichtig; in gleicher Weise erwähnt Paulus auch den Gesang, wobei die Tatsache, dass die beiden gottesdienstlichen Bestandteile nebeneinander stehen, den Einfluss des Synagogengottesdienstes zeigen könnte.[146] Durch das zweimalige δὲ καί legt Paulus ausdrücklich die Betonung auf das Gebet mit dem Verstand und den Gesang mit dem Verstand. Denn er zielt nicht auf die Anerkennung der Wirkung des Geistes, sondern auf den Gebrauch des νοῦς in der gottesdienstlichen Versammlung.[147] Indem er schreibt, beim Beten und Singen dürfe der νοῦς nicht ausgeschaltet sein, spielt er implizit auf seine Absicht an, die Praktizierung der Glossolalie aus dem Gottesdienst zu verbannen. Offenkundig ist, dass er an den Nutzen und

---

[142] In Philo Rer Div Her 265 ist die menschliche Vernunft durch den göttlichen Geist ersetzt. Deshalb ist das Subjekt des ekstatischen Redens weder der menschliche Verstand noch der menschliche Geist, vielmehr der göttliche Geist. Deswegen ist die von Paulus geschilderte Glossolalie nicht damit zu identifizieren. Siehe dazu oben 2.2.4. Auch im Orakel wird dasselbe Phänomen betrachtet. Siehe dazu 2.3.2 und 2.3.3.

[143] R. Bultmann, Theologie, 207. Vgl. Chr. Wolff, 1 Kor, 332, versteht den νοῦς als „das Normenbewußtsein".

[144] A. Sand, Art. νοῦς, in: EWNT II, 1176 (Hervorhebung im Original).

[145] Anders erklärt Chr. Wolff, 1 Kor, 332, bezüglich eigener Erfahrung des Paulus: „ „Mein Geist" bezeichnet das göttliche Pneuma in seiner individuellen Wirksamkeit (V.32)."

[146] So H. Conzelmann, 1 Kor, 291: „Gebet und Psalmgesang sind als Bestandteile des Gottesdienstes aus der Synagoge übernommen."

[147] Nach D.B. Martin, Tongues, 569, setzt Paulus den Status des Geistes, und zwar den Status der Glossolalie, herab, der in Korinth einen hohen Status genießt, indem er fordert, dass der Geist mit dem Verstand verbunden werden soll. Paulus ordnet zwar den νοῦς über das πνεῦμα, aber von dem Text her gibt es keinen Beweis dafür, dass die Glossolalie als ein Zeichen des Status verwendet wurde.

die Erbauung der Gemeinde denkt, die für ihn als das kritische Kriterium für die Beurteilung fungieren. In V. 16f. begründet Paulus, warum Gebet und Gesang sowohl mit dem Geist wie auch mit dem Verstand notwendig sind: Derjenige, der das glossolalische Gebet nicht versteht, kann darauf nicht mit dem Amen antworten. Dies unterstreicht er durch die rhetorische Frage πῶς ἐρεῖ; Nun denkt er deutlich an die Situation des Gottesdienstes. Das Subjekt wechselt von der 1. Person Singular zur 2. Person Singular, die als kollektiver Singular zu verstehen ist. Paulus fordert die einzelnen Korinther auf, die erwähnte Situation auf sich selbst anzuwenden[148], und folglich spitzt sich von daher seine Polemik zu.

Mit dem Beispiel des ἰδιώτης verstärkt er seine Argumentation: Die Wirkung des glossolalischen Gebets[149] kann beim ἰδιώτης keine zustimmende Reaktion auslösen. Wen meint Paulus mit dem ἰδιώτης[150] oder mit dem ὁ ἀναπληρῶν τὸν τόπον τοῦ ἰδιώτου? Umstritten ist, ob es sich um ein Gemeindeglied handelt oder um einen Außenstehenden, d.h. um einen Christen oder um einen Nicht-Christen, oder ob es sich um „alle Nicht-Ekstatiker, Christen und Nicht-Christen"[151], handelt. Offenkundig meint Paulus alle Anwesenden, die das geistgewirkte glossolalische Gebet nicht verstehen, die also keine Glossolalen sind. Aus der Tatsache, dass der ἰδιώτης auf das glossolalische Gebet mit dem Amen antworten könnte, wird aber abgeleitet, dass er zumindest kein Nicht-Christ ist[152]; denn das responsorische Amen-Sagen[153], in dem sich der Einfluss des Synagogengottesdienstes [154] und eine Gemeindesitte zeigt, setzt eine Zustimmung mit Überzeugung und eine

---

[148] Nach A. Lindemann, 1 Kor, 305, werden die Korinther individuell angesprochen.

[149] Paulus verwendet hier εὐλογεῖν und εὐχαριστεῖν/ εὐχαριστία für das Gebet. Aber dazwischen gibt es keinen Unterschied in der Bedeutung. Vgl. H.-J. Klauck, Gottesdienst, 51f. Er erkennt aus diesen Versen sechs urchristliche Gebetsformen: das verständliche Gebet, das wortlose, ekstatische Gebet, den Psalm, die Eulogie (Lobpreis), die Eucharistie (Dankgebet) und die Akklamation (Amen).

[150] Im griechischen Sprachgebrauch ist der ἰδιώτης der Laie im Gegensatz zum Fachmann (W. Bauer, Wörterbuch, 753), die Privatperson im Gegensatz zur Amtsperson oder der Fremde im Gegensatz zum Zugehörigen (H.-W. Bartsch, Art. ἰδιώτης, in: EWNT II, 423). Vgl. P. Billerbeck, Kommentar III, 454-456 und H. Schlier, Art. ἰδιώτης, in: ThWNT III, 215-217. Hier bedeutet der ἰδιώτης den des glossolalischen Gebetes Unkundigen bzw. den Uneingeweihten.

[151] H. Conzelmann, 1 Kor, 291.

[152] Dagegen denkt H.-J. Klauck, 1 Kor, 101, damit an einen Nicht-Christen: „Besser rechnet man aber im Blick auf (V.) 23f. mit einem nichtchristlichen Sympathisanten, der schon mehrfach als interessierter Gast bei den Versammlungen weilte."

[153] Vgl. H. Schlier, Art. ἀμήν, in: ThWNT I, 339-342.

[154] Siehe Belege dafür bei H. Conzelmann, 1 Kor, 291 Anm. 67; vor allem bei P. Billerbeck, Kommentar III, 456-461.

Bekräftigung voraus, es ist also von einem Nicht-Christen nicht zu erwarten.[155] Der ἐπειδή-Satz gibt die Begründung dafür, dass der ἰδιώτης zum glossolalischen Gebet das Amen nicht sagen kann: Er versteht es nicht. Es handelt sich erneut um das Motiv der Unverständlichkeit. Die gottesdienstliche Versammlung soll den Glauben fördern (V. 24f.); das unverständliche Gebet vermag dazu aber nichts beizutragen. Offensichtlich setzt Paulus voraus, dass die Adressaten das Beispiel als konkret auf ihre Situation bezogen verstehen sollen, ohne dass er dies ausdrücklich betont.

Anschließend bewertet Paulus das glossolalische Gebet wiederum von seinem Kriterium her: Durch solches Beten kann der andere keine Erbauung empfangen. In V. 17 ist einerseits das betonte σύ dem ὁ ἕτερος entgegengesetzt, andererseits das aktivische Prädikat εὐχαριστεῖν dem passivisch formulierten οἰκοδομεῖται. Die Parallelität zwischen „ich" und ἰδιώτης konkretisiert sich zur Parallelität zwischen „du" und dem anderen, also zwischen dem Glossolalen und den übrigen. Durch den Schluss, dass trotz des „auf schöne Weise" gesprochenen Gebets das Gemeindeglied, das dieses Gebet nicht versteht, nicht erbaut wird, unterstreicht Paulus das ekklesiologische Einsichtsvermögen: Die Gemeinde soll ihre Einheit bewahren, auch in der Vielfalt derer, die zu ihr gehören. Trotz aller Unterschiedlichkeit und Verschiedenheit der Glieder soll das einzelne Glied die Verantwortung sowohl für die anderen Glieder wie auch für die Gemeinde als ganze beachten; deshalb darf die Rücksichtnahme auf den ἰδιώτης nicht übersehen werden. Die Bewertung der praktizierten Glossolalie durch Paulus ist nicht positiv; er erkennt sie nicht an[156], sondern er beklagt umgekehrt deren Nutzlosigkeit, da sie von den übrigen Gemeindegliedern nicht verstanden wird. Folglich könnte das Adverb καλῶς einen Beiklang von Ironie im Zusammenhang der paulinischen Polemik haben.[157]

3.4.2.3 14,18f.: Zwischenbemerkung

An seinem eigenen Beispiel (V. 18f.) bekräftigt Paulus abermals seine Argumentation. Mit der den Abschnitt abschließenden Bemerkung sagt er in erster Linie, dass er sich bei Gott dafür bedankt, in der Glossolalie[158] allen Korinthern überlegen zu sein. Diese Aussage wird häufig als apologetisch gedeutet[159]: Paulus verteidige sich gegen den Vor-

---

[155] So auch A. Lindemann, 1 Kor, 305.
[156] Anders H. Conzelmann, 1 Kor, 291: „Nach der Kritik folgt wieder die gründliche Anerkennung auch der Ekstase."
[157] So A. Lindemann, 1 Kor, 306; A. Robertson/ A. Plummer, 1 Kor, 314. Dagegen W. Schrage, 1 Kor III, 402 Anm. 165: „Paulus konzediert vielmehr, daß es sich tatsächlich um vortreffliches Beten handelt."
[158] Hier entspricht der Terminus λαλεῖν γλώσσαις nicht dem Numerus des Subjekts (vgl. V.6).
[159] So G.D. Fee, 1 Kor, 675; so auch R.B. Hays, 1 Kor, 238.

wurf, ihm fehle diese Geistesgabe bzw. er könne nicht wie die Korinther glossolalisch sprechen. Aber von V. 6 her und dann auch in V. 19 ergibt sich eher, dass Paulus in Korinth womöglich überhaupt nicht glossolalisch gesprochen hat.[160] V. 18 bezieht sich nicht auf einen Beweis für den Reichtum dieser Geistesgabe, vielmehr ist die Aussage von V.19 her zu interpretieren, und dann ist es wenig wahrscheinlich, dass Paulus sich hier gegen die Glossolalen zu verteidigen versucht. Denn in V. 19 wird deutlich, was Paulus sagen will: Trotz des überlegenen ekstatischen Erlebnisses und trotz der glossolalischen Fähigkeit will er die Erbauung der Gemeinde. Seine Haltung dient als Vorbild für die Adressaten, aber sein Weg ist ein ganz anderer als der der Korinther – er ist geradezu entgegengesetzt. Daher kritisiert er die Realität in Korinth durch die Erwähnung der eigenen Person. Die Aussage, in der Gemeindeversammlung[161] wolle er lieber fünf Worte mit dem Verstand als zehntausend glossolalische Worte sprechen, bedeutet tatsächlich, dass er auf die Verwendung der Glossolalie gänzlich verzichten will. Der Vergleich von „fünf" einerseits und „zehntausend" andererseits signalisiert, dass die beiden gar nicht miteinander vergleichbar sind. Durch den ἵνα-Satz verweist Paulus ausdrücklich auf den entscheidenden Unterschied zwischen den Worten mit dem Verstand und dem glossolalischen Reden: Durch Ersteres kann man andere in der Gemeinde unterweisen, Letzteres aber trägt nichts dazu bei. Das κατηχεῖν[162] hier ist als fast bedeutungsgleich mit dem οἰκοδομεῖν zu verstehen.[163] Durch die ausdrückliche Lokalisierung „in der Gemeinde"[164] verweist Paulus darauf, dass die Glossolalie in der gottesdienstlichen Gemeindeversammlung gar keinen Platz einnehmen darf.[165] Die paulinische Perspektive hinsichtlich der Geistesgaben ist vollständig ekklesiologisch orientiert: Christliche Existenz versteht sich im Zusammenhang der Gemeinde, und dies bedeutet abermals, dass das

---

[160] Dagegen meint J.C. Hurd, The Origin of I Corinthians, 186-193, dass Paulus selber der Vertreter des ekstatischen Christentums ist und die Glossolalie in Korinth eingeführt hat, dass verschiedene Faktoren aber später sein frühes Verhalten veränderten. Andererseits meint T.W. Manson, Studies in the Gospels and E-pistles, 197-202, die Glossolalie werde von Petrus oder unter seinem Namen in Korinth eingeführt.

[161] Hier ist ἐκκλησία ohne Artikel verwendet (vgl. V.4).

[162] Außer hier kommt κατηχεῖν nur 3-mal bei Paulus vor: Röm 2,18; Gal 6,6a.b. Vgl. H.W. Beyer, Art. κατηχεῖν, in: ThWNT III, 638-640.

[163] So A. Lindemann, 1 Kor, 306.

[164] Hier wird die ἐκκλησία im Zusammenhang der konkreten Versammlung beschrieben, auch in V.23.28 (vgl. V. 4.5).

[165] G. Theißen, Aspekte, 292f., erklärt dies als Privatisierung der Glossolalie. Er sieht die paulinische Absicht dieser Privatisierung der Glossolalie darin, dass Paulus die soziale Verstärkung der Glossolalie, die das Zusammenleben verschiedener Gruppen in der Gemeinde bedroht, reduzieren will. Aber weniger wahrscheinlich ist, dass die Glossolalie in der korinthischen Gemeinde eine soziale Bedeutung hat.

Urteil des Paulus über die Glossolalie und über deren Wirkung sehr
skeptisch und negativ ist. Paulus betont einen so großen Abstand gegenüber den Adressaten, dass es zu keinem Kompromiss kommen
kann. Offenkundig ist jedoch, dass er sie überzeugen will, und dass er
deshalb versucht, sie zu einer Zustimmung zu seiner Argumentationen
zu veranlassen.

3.4.3 Zusammenfassung

Nach der in V. 1-5 vorgetragenen Kritik am falschen Verständnis des
Wertes der praktizierten Glossolalie stellt Paulus im Abschnitt V. 6-19
das Phänomen der Glossolalie durch konkrete Beispiele aus verschiedenartigen Kategorien dar: Die Glossolalie ist für Hörende völlig unverständlich. Darüber hinaus wird die Wertlosigkeit der Glossolalie in
der gottesdienstlichen Gemeindeversammlung beklagt, denn sie vermag nicht der Erbauung der Gemeinde zu dienen. Dabei verschiebt
sich im Verlauf der Argumentation der Akzent vom unverständlichen
Klang auf unverständliche Sprachen und schließlich auf das unverständliche Gebet. Die von Paulus gebrauchten Beispiele sind wie folgt
zusammenzufassen:

	Kategorie 1	Kategorie 2	Kategorie 3
Gegenstand des Vergleichs	Unverständlicher Klang der Musikin- strumente	Unverständliches Reden	Unverständliches Gebet
Wirkung	Kein Verstehen, keine Kommunika- tion	Keine Kommunikation: βάρβαρος	Keine Reaktion: keine Zustimmung

Das Argument durch die Vergleiche bzw. Beispiele verstärkt Paulus
zusätzlich durch das Argument des Modells (V. 18f.), und so verdeutlicht er die Überordnung der verständlichen Rede[166] und beklagt die
Unverständlichkeit der Glossolalie.

Die paulinische Wertung der Glossolalie beruht auf seiner Ekklesiologie: Sowohl der Apostel als auch die Gemeindeglieder sollen nach der
οἰκοδομή τῆς ἐκκλησίας (V. 12.17) und nach dem Nutzen der Gemeinde (V. 6) streben. Daher soll die gottesdienstliche Gemeindeversammlung der Vollzug der οἰκοδομή sein, nämlich der Ort, wo wechselseitige Rücksichtnahme und Annahme der Glieder vorausgesetzt

---

[166] Für Paulus gibt es eigentlich keine hierarchische Rangfolge der Geistesgaben.
Denn für ihn sind alle Geistesgaben gleich. Er versucht, die in Korinth hoch geschätzte Glossolalie zu relativieren. Die Überordnung des prophetischen Redens
ergibt sich darum ausschließlich aus dem Vergleich mit dem glossolalischen Reden und bedeutet keine wesentliche Überordnung als höhere Geistesgabe.

sind und die Einheit der Gemeinde sowie die Solidarität der Mitglieder bewahrt werden, und wo zugleich ein Ort zur Förderung des Glaubens besteht. Da dafür das Verstehen notwendig ist, hat die unverständliche Glossolalie keinen Platz. Als Voraussetzung zum Verstehen ist die Forderung der Übersetzung lediglich in V. 13 geschildert.

Eine andere bemerkenswerte Darstellung des Phänomens der Glossolalie sieht man darin, dass der νοῦς des Beters beim glossolalischen Beten ausgeschaltet ist, d.h. das Gebet des Glossolalen steht nicht unter der Kontrolle des νοῦς. Die paulinische Antithese von πνεῦμα und νοῦς scheint den Glossolalen als Ekstatiker im Sinne der antiken griechischen Religion zu schildern; aber im Gegensatz zum griechischen Orakel wird er weder zu einem βάκχος noch zum ἔνθεος. Sein νοῦς wird auch nicht vom göttlichen Geist vertrieben wie der νοῦς der Prophetin Pythia. Aus der paulinischen Perspektive ist entscheidend, dass durch ein solches Gebet beim Glossolalen selbst oder beim Nicht-Glossolalen keine Frucht zu erwarten ist.

Vor dem Hintergrund der paulinischen Argumentation steht seine Polemik gegen die Glossolalen bzw. gegen ihre Hochschätzung der Glossolalie. Dies zeigt sich vor allem in einer Reihe rhetorischer Fragen und ironischer Ausdrücke sowie auch in der Verwendung der 2. Person Singular als Subjekt. Wie aus dem Text sichtbar wird, haben die durch religiösen Enthusiasmus angetriebenen Glossolalen eine starke Tendenz, mehr nach dem unverständlichen Reden als nach dem verständlichen zu suchen und die übrigen im Gottesdienst Anwesenden nicht zu berücksichtigen. Durch ein solches Verhalten und dadurch, dass die Gemeindeglieder gegenseitig fremd bleiben, geraten sowohl der Gottesdienst als auch das gemeinsame Leben bzw. die Einheit der Gemeinde in Gefahr. Indem er an der Nutzlosigkeit der unverstehbaren Glossolalie harte Kritik übt, versucht Paulus, diese Tendenz in der Gemeinde zu versperren und den Gottesdienst sowie die Einheit der Gemeinde als ganzer zu bewahren. Dabei zielt die Polemik des Paulus nicht auf die Apologie seiner eigenen religiösen Fähigkeit bzw. Erlebnisse; vielmehr bemüht sich er um die οἰκοδομή der Gemeinde (V. 18f.), also um das richtige Verständnis der ἐκκλησία und das richtige Verhalten der christlichen Existenz. Jede Wirkung des Geistes soll die Gemeinde als ganze bzw. deren Glieder erbauen. Überdies ist auffallend, dass in V. 6-19 das Verhältnis zwischen Glossolalie und Prophetie nicht unmittelbar erwähnt wird.

3.5 Wirkung: Missionarische Verantwortung (14,20-25)

3.5.1 Formale Analyse

Nach der Kritik an der Nutzlosigkeit der praktizierten Glossolalie durch die in V. 6-19 gegebene Erläuterung des Phänomens erklärt Paulus in V. 20-25, welche Wirkung die Glossolalie und die Prophetie haben. Hier werden beide abermals, wie in V. 1-5, explizit voneinander unterschieden: Das eine wird negativ bewertet; das andere hingegen positiv. Paulus eröffnet erneut einen neuen Abschnitt durch die Anrede Brüder (ἀδελφοί, V. 20; vgl. V. 6.26), die er an die Adressaten richtet. Seine Aufforderung zur christlichen Mündigkeit in V. 20 ist in drei Imperativen formuliert, der eine negativ, zwei positiv. In V. 21 folgt das Zitat aus dem Jesajabuch mit dem Ausdruck ἐν τῷ νόμῳ γέγραπται: Selbst wenn Gott mit der außergewöhnlichen Sprache redet, führt diese Sprache nicht zum Verstehen. Mit ὥστε zieht Paulus in V. 22 daraus die Schlussfolgerung. Zunächst erwähnt er, welche Wirkung αἱ γλῶσσαι haben, dann sagt er das Entsprechende über ἡ προφητεία: Während die Glossolalie als ein Zeichen für die Ungläubigen dient, dient die Prophetie für die Glaubenden.

In der durch οὖν festgestellten praktischen Folgerung (V. 23-25) stellt Paulus ausdrücklich die Wirkung dieser beiden Geistesgaben auf einen Ungläubigen oder Unkundigen dar. In V. 23 ist die Wirkung der Glossolalie erläutert. Der ἐάν-Satz[167] setzt eine Versammlung der ganzen Gemeinde voraus, es folgt anschließend eine rhetorische Frage, mit dem Ziel der Feststellung, dass die Glossolalie nur zu einem negativen Schluss führt: Der Ungläubige oder Unkundige gewinnt im gottesdienstlichen Geschehen den Eindruck „ihr seid verrückt". Im Gegensatz dazu ist die Wirkung der Prophetie in V. 24f., eingeleitet durch den zweiten ἐάν-Satz, positiv: Es ereignet sich ein missionarischer Erfolg, denn der Ungläubige betet Gott an und bekennt die Gegenwart Gottes im gottesdienstlichen Geschehen.

Dieser Abschnitt ist also wie folgt zu gliedern:

14,20: Ermahnung zur Mündigkeit als Einleitung
14,21: Schriftbeweis für die Wirkung der Glossolalie
14,22: Schlussfolgerung aus dem Zitat
  14,22a: Glossolalie für Ungläubige
  14,22b: Prophetie für Glaubende
14,23-25: Wirkung von Glossolalie und Prophetie auf Ungläubige
  14,23: Wirkung der Glossolalie
  14,24-25: Wirkung der Prophetie

3.5.2 Inhaltliche Analyse

Indem Paulus in V. 20-25 die Wirkung von Glossolalie und Prophetie auf Gottesdienstbesucher und zwar insbesondere auch die Außenwir-

---

[167] Er ist hier als Eventualis (ἐάν + Konjunktiv) formuliert. Also bezeichnet er einen möglichen Fall. Siehe BDR § 371,4.

kung behandelt[168], erreicht seine Polemik die absolute Spitze. Man kann seine Bewertung der bei den Adressaten gegebenen Realität hier deutlicher als anderswo erkennen.

3.5.2.1   14,20 als Einleitung

In V. 20, eingeleitet mit einer an die Einsicht der Adressaten appellierenden Anrede, eröffnet Paulus einen neuen Argumentationsgang. Er ermahnt die Korinther zunächst, ihren Verstand (φρήν) zu gebrauchen und das kindliche Verhalten zu überwinden, wobei sich in der negativen Formulierung die Beurteilung des Zustandes der korinthischen Gemeinde verbirgt.[169] Paulus fordert sie auf, bezüglich des Verstandes die Vollkommenheit zu erreichen. Hier kontrastiert einerseits ταῖς φρεσίν mit τῆ κακία, andererseits παιδία γίνεσθε/ νηπιάζετε[170] mit τέλειοι γίνεσθε. φρήν, ein *hapax legomena* im NT, bedeutet ursprünglich in klassischer Sprache „Zwerchfell"[171], hier ist jedoch „Verstand" bzw. „Einsicht" gemeint.[172] Der Kontrast von Erwachsenen und Kindern ist womöglich als Aufnahme von 13,11[173] zu verstehen. Schon in 1 Kor 3,1ff. und 2,1ff. hatte Paulus geschrieben, die korinthische Gemeinde befinde sich in einem Zustand zwischen dem Status von Erwachsenen und von Kindern. Die Aufforderungen in V. 20 enthalten die indirekte kritische Beurteilung der Praktizierung der Glossolalie. Paulus erläutert dabei, wie sich die Adressaten dem Problem der Glossolalie nähern sollen: Sie sollen als mündige Christen in der Behandlung dieses Problems eben ihre Mündigkeit beweisen.

Somit ist die paulinische Aufforderung, hinsichtlich des Verstandes nicht Kinder zu werden, nicht als eine allgemeine Ermahnung zu verstehen, sondern als Forderung, nach der die vollständige Einsicht begleitenden reifen Stufe des Erwachsenen zu suchen und so ein richtiges Verständnis der Glossolalie zu erreichen, da das bisherige Verständnis der Glossolalie und deren Praktizierung durch die Adressaten

---

[168]   In V. 1-5.6-19 konzentriert Paulus sich auf das Problem der Glossolalie im Blick auf die Innenbeziehung der Gemeindeglieder. Nun argumentiert er aber vom Gesichtspunkt der Außenbeziehung der Glaubenden zu den Außenstehenden.
[169]   H. Conzelmann, 1 Kor, 294, kommentiert zutreffend: „dass Paulus indirekt das Treiben in Korinth als kindlich charakterisiert."; U. Heckel, Paulus und die Charismatiker, 122: „Er [Paulus] übt zugleich deutliche Kritik am Selbstbewußtsein der Glossolalen, die sich selbst als reife Christen und wahre Pneumatiker (vgl. 1 Kor 2,13.15;3,1) verstehen."
[170]   In der Bedeutung gibt es im Grunde keinen Unterschied.
[171]   Darunter verstand man den Sitz aller Seelenkräfte. Siehe dazu G. Bertram, Art. φρήν, in: ThWNT IX, 217.
[172]   Vgl. W. Bauer, Wörterbuch, 1726; H. Balz, Art. φρήν, in: EWNT III, 1048. K. Maly, Gemeinde, 203f., bezeichnet φρήν als „Urteil und Gesinnung".
[173]   So W. Schrage, 1 Kor III, 404. In 13,11 sind νήπιος und ἀνήρ anders als in 14,20 verwendet. Dort rechnet Paulus durch das Bild von Kind und Erwachsenem mit den verstandesmäßigen Tätigkeiten.

entgegen ihrer eigenen Ansicht gerade ihre Unmündigkeit zeigt. Dies stellt Paulus mit dem dritten Imperativ ταῖς δὲ φρεσὶν τέλειοι γίνεσθε [174] dar; der τέλειος ist hier eindeutig derjenige, der über die Mündigkeit als Gegenbild zum Kindsein, und zwar über das vernünftige Denken, verfügt.

Mit dem dazwischen stehenden zweiten Imperativ τῇ κακίᾳ νηπιάζετε zeigt Paulus, worauf das Kindsein gezielt sein soll: nämlich gegen die Bosheit. Diese Aufforderung deutet auch die von Paulus verstandene Situation der Gemeinde an. Warnt er dadurch womöglich vor der Gefahr, die Bosheit zu akzeptieren?[175] In der Tat bestätigt er hier nicht die Richtigkeit der Realität der korinthischen Gemeinde, sondern er beurteilt sie kritisch. Somit sind seine Aufforderungen in V. 20 als Appell bzw. Klage des Paulus zu verstehen, mit der von den Adressaten die richtige Erkenntnis ihrer Lage fordert.

3.5.2.2   14,21: Schriftbeweis

In V. 21, wo eine verknüpfende Konjunktion fehlt, folgt das aus Jes 28,11f. stammende Schriftzitat. Paulus verweist damit auf die Konsequenz der Praktizierung der Glossolalie. Er zitiert weder den ganzen Text ohne Änderungen, noch berücksichtgt er den ursprünglichen Sinn des Textes. Vielmehr zitiert er Jes 28,11f. sehr frei, was die von ihm in V. 21 vorgenommenen Änderungen und die folgende zusätzliche Interpretation in V. 22 erkennen lassen. Das Zitat wird eingeleitet mit der Formel ἐν τῷ νόμῳ γέγραπται, obwohl der Text aus dem Jesajabuch stammt; offensichtlich gilt ihm der Heilige Schrift, d.h. das Alte Testament als Ganzes, als νόμος.[176] Durch den Vergleich von 1 Kor 14,21 mit dem hebräischen Text und mit der LXX ist zunächst festzustellen, wie der Text von Paulus zitiert und verwendet wird.

Der Vergleich von 1 Kor 14,21 mit MT und LXX[177]

Jes 28,11-13^MT	Jes 28,11-13^LXX	1 Kor 14,21
כִּי בְּלַעֲגֵי	(11) διὰ φαυλισμὸν	(ὅτι) ἐν ἑτερο-
שָׂפָה	χειλέων	γλώσσοις
וּבְלָשׁוֹן	διὰ γλώσσῃ	καὶ ἐν χείλεσιν
אַחֶרֶת	ἑτέρας,	ἑτέρων
יְדַבֵּר	ὅτι λαλήσουσιν	λαλήσω
אֶל־הָעָם הַזֶּה׃	τῷ λαῷ τούτῳ	τῷ λαῷ τούτῳ

---

[174] Er steht chiastisch zum ersten Imperativ.
μὴ παιδία γίνεσθε   ταῖς φρεσὶν
ταῖς δὲ φρεσὶν   τέλειοι γίνεσθε
[175] So zutreffend A. Lindemann, 1 Kor, 307.
[176] Ein solcher Ausdruck wird in neutestamentlichen Parallelen festgestellt (Röm 3,19; Joh 10,34; 12,34; 15,25).
[177] Vergleich nach D.-A. Koch, Schrift, 63f.; vgl. K. Maly, Gemeinde, 206-209.

אֲשֶׁר אָמַר אֲלֵיהֶם	(12) λέγοντες αὐτῷ	
זֹאת הַמְּנוּחָה	τοῦτο τὸ ἀνάπαυμα	
הָנִיחוּ לֶעָיֵף	τῷ πεινῶντι	
וְזֹאת הַמַּרְגֵּעָה	καὶ τοῦτο τὸ σύντριμμα,	
וְלֹא אָבוּא	καὶ οὐκ ἠθέλησαν	καὶ οὐδ' οὕτως
שְׁמוֹעַ:	ἀκούειν.	εἰσακούσονταί μου,
וְהָיָה לָהֶם	(13) καὶ ἔσται αὐτοῖς	
דְּבַר־יְהוָה	τὸ λόγιον κυρίου τοῦ θεοῦ	λέγει κύριος

Das Schriftzitat des Paulus folgt weder dem hebräischen Text (MT) noch der LXX[178], auch wenn es im Ganzen genommen mehr dem hebräischen Text als der LXX entspricht. Einige von Paulus absichtlich vorgenommenen Änderungen[179] sind sichtbar, insbesondere die Verwendung der 1. Person Singular (λαλήσω) anstelle der 3. Person Singular (MT) bzw. der 3. Person Plural (LXX)[180], durch die er die prophetische Verkündigung zur direkten Gottesrede umformt[181] und damit dem Zitat mehr Gewicht gibt. Auch in V. 21b ist eine direkte Änderung durch Paulus festzustellen. Im Vergleich zum MT und zur LXX zitiert er nicht den übrigen Text, ausgenommen der Schlussteil von Jes 28,12; die ausgelassenen Teile sind die verständliche prophetische Ankündigung. Diese Auslassung hat nach B.C. Johanson zur Folge, dass anders als im MT und in der LXX nicht die verständliche Predigt, sondern die unverständliche Sprache der Fremden zum Gegenstand der Ablehnung der Hörenden gemacht wird.[182] Durch die Auslassung betont Paulus, dass die Glossolalie die prophetische Verkündigung weder zu bekräftigen noch zum Hören, nämlich zum Verstehen zu führen vermag. Eine weitere Textänderung durch Paulus zeigt sich in einem verstärkten Ausdruck für eine ursprünglich einfachere Form; Paulus formuliert einerseits οὐδ' οὕτως anstelle der einfachen Negation οὐκ, andererseits schreibt er εἰσακούειν statt des einfachen ἀκούειν. Dadurch bekräftigt

---

[178] H. Conzelmann, 1 Kor, 294 Anm.17, denkt daher an eine andere Übersetzung: „Daß er nicht einfach frei variiert, zeigt das Verhältnis zu Aquila, dem dieselbe Übersetzung bekannt sein könnte." Vgl. R.A. Harrisville, Speaking, 42-45.

[179] Anders versteht G. Dautzenberg, Prophetie, 244, dass „das Zitat schon vor seiner Verwendung von 1 Kor 14 eine längere urchristliche Vorgeschichte hatte und in der Auseinandersetzung der Urkirche mit den Juden geformt und tradiert wurde."; so auch E.E. Ellis, Paul's Use of the Old Testament, 107-113; J.P.M. Sweet, Sign, 243f. Dieser Ansicht nach verwendet Paulus das Zitat, das von den Korinthern zugunsten des Arguments, die Glossolalie sei ein Zeichen für das Gericht Gottes an Jerusalem, angenommen wurde, nur wieder, aber umgekehrt, d.h. gegen die Korinther. Aber dies ist fraglich.

[180] Für diese Verwendung von λαλήσω ist die paulinische Herkunft anzunehmen. So H. Conzelmann, 1 Kor, 294; A. Lindemann, 1 Kor, 308; D.-A. Koch, Schrift, 65 und 111. Dieser Verwendung von der 1. Person Singular entspricht außerdem οὐδ' οὕτως εἰσακούσονταί μου.

[181] Dies ist auch durch λέγει κύριος am Schluss des Zitats festzustellen.

[182] B.C. Johanson, Tongues, 182.

er den Ton der Argumentation und unterstreicht die negative Konsequenz des glossolalischen Redens. Insofern stellt er das Zitat polemisch gegen die Glossolalie, und er beweist von der Schrift her, dass die von den Adressaten so hoch geschätzte Glossolalie überhaupt nicht zum Hören führt.[183] Somit ist das Zitat im Argumentationsgang des Paulus unentbehrlich.

Der Kontext entspricht allerdings nicht dem ursprünglich Kontext von Jes 28. Nach dem Prophetenwort wird Gott durch eine fremde Sprache, nämlich die Sprache der assyrischen Eroberer, zu seinem Volk[184] sprechen – konkret zu denen, die über den Propheten spotten, der predigt, was Gott von seinem vor der Gefahr der Angreifer stehenden Volk fordert, doch sie werden darauf nicht hören. Obgleich Gott also mit der fremden, unverständlichen Sprache der Angreifer zu ihnen spricht, lehnen sie seine Warnung ab. Bei Paulus hingegen gilt das Zitat als Schriftbeweis für die Konsequenz der praktizierten Glossolalie, und zwar für deren Wirkungslosigkeit. Indem er es als Argument gegen die Glossolalie verwendet[185], bezeichnet λαὸς οὗτος als Adressaten nun nicht mehr die Juden, sondern die Ungläubigen oder die Unkundigen. Es handelt sich jetzt darum, dass die Hörenden – in der Tat die Ungläubigen (vgl. V. 23) – die Glossolalie in Wirklichkeit nicht verstehen (vgl. V. 2: οὐδεὶς γὰρ ἀκούει)[186], die Glossolalie also nicht zur Verständigung führt. Dies beruht folglich nicht auf der Ablehnung oder Verstockung der Hörenden, sondern es beruht auf der Glossolalie selbst, und zwar auf deren Unverständlichkeit, und das Zitat dient dafür als Beweis. Der in dem Zitat gebrauchte Ausdruck λαλεῖν ἐν ἑτερογλώσσοις[187] könnte die Formung des technischen Terminus λαλεῖν γλώσσαις/ γλώσσῃ beeinflusst und somit den terminologischen Ausgangspunkt für die Prägung des Begriffs „Glossolalie" gebildet haben.[188] Nach D.-A. Koch ist „ἐν ἑτερογλώσσοις als Korrektur von διὰ φαυλισμὸν χειλέων" in der LXX anzusehen.[189]

---

[183]   Vgl. F. Wilk, Bedeutung, 112.

[184]   Die Juden lehnen aber ab, die Predigt Jesajas zu hören, und verspotten sie überdies, als ob sie eine unverständliche Sprache von Babys wäre (Jes 28,9).

[185]   F. Wilk, Bedeutung, 180, meint, dass Paulus mit dem Zitat aus Jesaja die korinthische Glossolalie als Rede in fremden Sprachen wie in Apg 2 identifiziert. Gleichwohl ist dies ein Missverständnis.

[186]   H. Conzelmann, 1 Kor, 294, kommentiert, dass es bei Paulus nicht um das Nicht-hören-Wollen, sondern um das Nicht-hören-Können geht; so auch W. Schrage, 1 Kor III, 406. Doch ist dies aus dem Zitat selbst nicht erkennbar. Bei Paulus geht es tatsächlich um das Motiv der Unverständlichkeit selbst.

[187]   Eigentlich kommt ἑτερόγλωσσος bei Aquila vor, nicht in der LXX. Siehe Belege bei W. Bauer, Wörterbuch, 622.

[188]   Siehe dazu oben 2.1.2 (γλώσσαις λαλεῖν als Terminus technicus).

[189]   D.-A. Koch, Schrift, 64.

3.5.2.3   14,22: Interpretation des Zitats

Mit dem ὥστε in V. 22 zieht aus dem Schriftzitat die Schlussfolgerung; damit wird das Zitat von V. 21 logisch „von rückwärts in den
Kontext eingebaut".[190] Der Vers hat eine Schlüsselposition in dem ganzen Abschnitt.[191] Paulus bringt das zunächst in V. 22a so zum Ausdruck: Die Zungen(reden) dienen als Zeichen nicht für die Glaubenden,
sondern für die Ungläubigen. J.P.M. Sweet meint, Paulus nehme hier
einen korinthischen Slogan (αἱ γλῶσσαι εἰς σημεῖόν εἰσιν τοῖς
πιστεύουσιν) auf und kehre ihn um[192]; das ist aber aus dem Text nicht
zu belegen. B.C. Johanson versteht V. 22a als eine rhetorische Frage,
in der Paulus die Meinungen der Gegner zusammenfasst[193]; Paulus, der
in V.20 die Unmündigkeit der Korinther beklagt hatte, setze sich in V.
21-25 mit dieser Unmündigkeit auseinander, und er bestreite vor allem
in V. 23-25 die Meinungen der Gegner. V. 22 diene also der paulinischen Argumentation gegen dieses Verhalten in der Form der rhetorischen Frage, und apologisiere deshalb den Wert der Glossolalie für die
Ungläubigen. Aber V. 23 beginnt mit οὖν und nicht mit einer starken
adversativen Konjunktion. Deshalb macht G. Theißen einen anderen
Vorschlag[194]: Paulus argumentiere gegen die Tendenz der Korinther,
die Glossolalie als Kriterium für die Gemeindezugehörigkeit anzusehen; er sage, dass dies unangemessen ist, weil die Glossolalie ein Zeichen nicht für die Glaubenden, sondern für die nicht zur Gemeinde
gehörenden Ungläubigen sei, während die Prophetie das angemessene
Zeichen für die Glaubenden darstelle. Aber der Text konzentriert sich
nicht auf die Bestätigung der Einschätzung der Gemeinde, sondern auf
die Reaktion der Einzelnen auf die beiden Formen. Beide Interpretati-
onsvorschläge sind darum nicht zu akzeptieren.
Die entscheidende Schwierigkeit für die Lösung des Problems besteht
in der Überinterpretation von σημεῖον. Die Frage ist, was σημεῖον eigentlich bedeutet bzw. in welcher Bedeutung Paulus das Wort gebraucht.[195] Häufig wird angenommen, dass die Glossolalie als „War-
nungszeichen"[196] oder als „Ablehnungszeichen"[197] zu verstehen ist,
während die Prophetie demgegenüner als „Erkennungszeichen"[198] der

---

[190] A. Lindemann, Schrift, 219.
[191] J.F.M. Smit, Tongues, 180, versteht V.22 als die zentrale Position des Abschnitts und ähnlich K.O. Sandnes, Prophecy, 10, als dessen Schluss. V.23 expliziert V.22a und V.22b wird von V.24f. her erklärt.
[192] J.P.M. Sweet, Sign, 241; so auch Th.W. Gillespie, Prophecy, 127.
[193] B.C. Johanson, Tongues, 193f.
[194] G. Theißen, Aspekte, 295. Er nimmt „Zeichen" in beiden Fällen positiv auf.
[195] Nach G. Dautzenberg, Prophetie, 246, habe σημεῖον in 1 Kor 14 eine konkrete Bedeutung wie 1 QH 2,13. Gleichwohl ist das wenig wahrscheinlich.
[196] W. Bauer, Wörterbuch, 1496.
[197] R.B. Hays, 1 Kor, 240.
[198] F.W. Horn, Angeld, 219; G. Theissen, Aspekte, 86f. Vgl. W. Schrage, 1 Kor
III, 407.

Glaubenden gelte. Oder es wird behauptet, die Glossolalie lasse die Ungläubigen erkennen, dass sie sich noch außerhalb der Verständlichkeit befinden und dass also ihr Status als Außenstehende damit bestätigt wird.[199] J.F.M. Smit versteht das σημεῖον als Bestätigungs- bzw. Bekräftigungszeichen[200] : Die Außenstehenden erkennen durch die Glossolalie an, dass sie die Ungläubigen sind. Demgegenüber rechnet Th.W. Gillespie mit der Glossolalie als Zeichen für die göttliche Inspiration.[201] Wenn diese Interpretationen richtig wären, so wäre damit der Wert der Glossolalie als Zeichen – sei es kritisch, sei es positiv – anerkannt. Aber diese Auslegungen beruhen auf einer Überinterpretation von σημεῖον. Paulus stellt die Glossolalie als das σημεῖον für die Ungläubigen dar, das tatsächlich nur einen negativen Eindruck auslösen kann, wie V. 23 zeigt: „Ihr seid verrückt." Da die negative Wirkung des glossolalischen Redens unter dem Gesichtspunkt der Mission kritisch erwähnt wird, ist nicht anzunehmen, dass es um den apologetischen Wert geht.[202] Darüber hinaus sind die folgenden Fragen zu beantworten: Verwendet Paulus das Wort σημεῖον in einem derart kritischem Kontext so unklar, dass es möglicherweise sowohl negativ, auch als positiv ausgelegt werden kann? Oder verwendet er es in einer zweideutigen Bedeutung, die sich widersprüchlich interpretieren lässt? Dann hätte die Aussage des Paulus kaum einen Sinn. Aber der Begriff σημεῖον ist hier nicht ambivalent gebraucht, sondern neutral; er darf deshalb weder im Positiven noch im Negativen „strapaziert" werden, da er einfach „neutral das Zeichen [ist], das der Deutung bedarf und tatsächlich unterschiedlich gedeutet wird"[203] und zu bestimmen Urteilen führt.[204] Von der paulinischen Aussage über das Zeichen in V. 22 her ist auch nicht zu vermuten, dass die Glossolalie bei den Korinthern als ein Zeichen für den Geist oder die Gegenwart Gottes erkannt wurde.[205]

---

[199]   So K.O. Sandnes, Prophecy, 12 und 15.
[200]   J.P.M. Smit, Tongues, 181f. und vor allem 187.
[201]   Th.W. Gillespie, Theologians, 156f. Daher ist die Prophetie nach ihm wegen ihres verständlichen Charakters kein Inspirationszeichen für die Ungläubigen.
[202]   Gegen B.C. Johanson, Tongues, 194.
[203]   A. Lindemann, 1 Kor, 309. Vgl. T.M. Crone, Early Christian Prophecy, 215 Anm. 20 und 21. Er meint, dass σημεῖον „Ursache" bedeutet: Die Glossolalie verursacht Unglauben und die Prophetie den Glauben. Gleichwohl gibt diese Erklärung dem σημεῖον selbst eine übermäßig besondere Bedeutung.
[204]   Bei Paulus kommt σημεῖον nicht oft vor. In Röm 4,11; 2 Kor 12,12a ist es im Sinne des „äußeren Kennzeichens bzw. Merkmals" zu verstehen. In Röm 15,19 ; 2 Kor 12,12b und auch in 1 Kor 1,22 beschreibt Paulus σημεῖον im Zusammenhang der „Wundertat": In 1 Kor 1,22 verdeutlicht er damit negativ die religiöse Erwartung der Juden, die im Gegensatz zur Verkündigung Christi als Gottes Macht und Weisheit steht, während er in Röm 15,19; 2 Kor 12,12b σημεῖον positiv in Bezug auf sein Handeln als Apostel verwendet.
[205]   Gegen N.I.J. Engelsen, Glossolalia, 166.

Auch die Annahme, es gebe eine Spannung zwischen V. 22b und dem Beispiel in V. 24f., das zeige, wie die Prophetie die Ungläubigen zum Glauben bringe, führt zu einer Schwierigkeit der Interpretation.[206] H. Conzelmann, der von dieser Annahme ausgeht, denkt an eine rhetorische Überspitzung des Paulus, um diesen Widerspruch auszugleichen: „Natürlich ist die Glossolalie auch für die Gläubigen ein Zeichen. [...] Und die Prophetie wirkt auch auf die Ungläubigen."[207] Oder es wird von dem doppelten Aspekt des Zeichens gesprochen[208] bzw. behauptet, die Aussage in V. 22 sei tatsächlich nur eine wertlose Meinung, die Paulus verwerfen wolle.[209] Aber solche Auslegungen entsprechen nicht der paulinischen Perspektive; es sind Missverständnisse oder sogar Versuche, nicht die paulinische Aussage selbst zu verstehen, sondern sie richtigzustellen.

In der Aussage des paulinischen Textes liegt der Schwerpunkt nicht auf der Frage, für wen Glossolalie bzw. die Prophetie als Zeichen dient oder als was für ein Zeichen sie dient, sondern der Schwerpunkt liegt auf der Frage, welche Wirkung die beiden Geistesgaben jeweils haben. Tatsächlich ist die paulinische Aussage gegen die Glossolalie gerichtet. Die Unklarheit von V. 22b ist angesichts von V. 24f. zu erklären. Als Gegensatz zu V. 22a beschreibt V. 22b die positive Wirkung der Prophetie (vgl. V. 1-5): Im Gegensatz zur Glossolalie fördert sie den Glauben bzw. die Begegnung mit Gott, wie dann in V. 24f. gezeigt wird. Die Prophetie kann den Hörenden den Glauben „herbeibringen", während die Glossolalie nur einen negativen Eindruck hinterlässt. Darum ist m.E. die Interpretation nicht akzeptabel, wonach Paulus meine, für die Korinther solle die Prophetie als ein Gerichtszeichen fungieren, weil sie die Glossolalie der verständlichen Prophetie vorziehen.[210]

3.5.2.4 14,23-25: Wirkung auf Ungläubige

Paulus verstärkt seine Argumentation durch die Beispiele in V. 23-25; sie zeigen aber nicht einfach eine hypothetische Möglichkeit, sondern

---

[206] Vgl. J.F.M. Smit, Tongues, 176; J. Weiß, 1 Kor, 333. Ähnlich W. Rebell, Gemeinde, 128.

[207] H. Conzelmann, 1 Kor, 294f. Vgl. W. Schrage, 1 Kor III, 409.

[208] K.O. Sandnes, Prophecy, 12: „This verse is not a denial that speaking in tongues is a sign to the believers as well, or that prophecy also is a sign to the outsiders."

[209] So Ch.D. Isbell, Glossolalia and Propheteialalia, 18: „This statement must be understood as a straw man which Paul sets up for the purpose of knocking it down. Evidently it had been the contention of the Corinthians that they practiced *glossolalia* in order to bring unbelievers to conversion. But Paul's own opinion on the matter was exactly the opposite."

[210] Gegen C.K. Barrett, 1 Kor, 324. Doch man kann hier eine Spannung zwischen Paulus und den Korinthern erkennen. Paulus argumentiert, dass nicht die Glossolalie, sondern die Prophetie zu Gott oder der Gegenwart Gottes führt.

sie verweisen auf den Stand der korinthischen Gemeinde.[211] Es ist offenkundig, dass Paulus gegenüber einer stark enthusiastisch bestimmten Gemeinde argumentiert und dazu ein entschiedenes Urteil abgibt. Der Wirkung der Glossolalie setzt er die der Prophetie entgegen, und dabei wird diese ausschließlich positiv beurteilt, jene dagegen ausschließlich negativ. In V.23 expliziert Paulus die Aussage von V. 22a; die Wendung ἐὰν οὖν συνέλθῃ ἡ ἐκκλησία ὅλη ἐπὶ τὸ αὐτό setzt die gottesdienstliche Gemeindeversammlung[212] voraus, bei der auch ἰδιῶται oder ἄπιστοι anwesend sind: Wenn die ganze Gemeinde zusammenkommt und alle glossolalisch reden, gelangen Unkundige oder Ungläubige zu dem Eindruck: „Ihr seid verrückt."

In der Forschung wird der Ausdruck μαίνεσθε häufig als ein entscheidender Schlüssel für das korinthische Glossolalieverständnis angesehen[213], da das Verb μαίνομαι[214] im Sinne der göttlichen Besessenheit („Ihr seid besessen") verstanden[215] und also angenommen wird, dass in der Formulierung des Paulus das griechische Verständnis der Glossolalie sichtbar werde; die korinthische Glossolalie sei mit der μανία in der antiken griechischen Religion zu vergleichen.[216] Aber wenn der Ausdruck sei es von Paulus sei es von den Adressaten als Ausdruck für (kultische) Besessenheit zu verstehen wäre, hätte er kaum einen negativen Sinn, sondern er enthielte im Gegenteil ein positives Urteil über den Zustand der Adressaten und sogar eine Bestätigung bzw. Anerkennung.[217] Das ist weit entfernt von der paulinischen Ansicht; es geht Paulus keineswegs um eine Reflexion von Ekstasen in den zeitgenössischen Riten und Kulten[218], sondern er beschreibt den negativen Eindruck der glossolalischen Praktizierung,

---

[211] Gegen F. Wilk, Bedeutung, 111.

[212] Für Paulus wird ἡ ἐκκλησία vor allem hier als eine gemeinsame Zusammenkunft, die sich ἐπὶ τὸ αὐτό (vgl. 11,20) sammelt, deutlich wahrgenommen.

[213] Beispielsweise J.D.G. Dunn, 1 Corinthians, 80. Vgl. D.E. Aune, Prophecy, 198f.: „the verb most commonly used in Greek sources for the act of prophesying was _mainesthai_, a cognate of the most common Greek designation for a diviner (_mantis_)."

[214] Das Verb μαίνομαι kommt 5-mal im NT vor und nur hier bei Paulus. Es bringt stets ein negatives Urteil zum Ausdruck. Vgl. H. Balz, Art. μαίνομαι, in: EWNT II, 924f.

[215] So Th.W. Gillespie, Prophecy, 158; G.D. Fee, 1 Kor, 685; J.F.M. Smit, Tongues, 183; R.B Hays, 1 Kor, 238; G. Dautzenberg, Prophetie, 245: „Wenn sie die Glossolalie der Gemeinde als _mania_, als Raserei qualifizieren – damit würde die Gemeinde unter die vielen ekstatischen Kultverbände eingereiht – so ist ihr Urteil von ihrem religiösen Standpunkt aus gerechtfertigt. Paulus zitiert es sicher nicht ohne beißende Ironie."

[216] Vgl. H. Conzelmann, 1 Kor, 295 Anm. 26: „Der Leser denkt natürlich an die ekstatischen Kulte."

[217] C.K. Barrett, 1 Kor, 326, sieht diesen Ausdruck als eine Anerkennung der übernatürlichen Herkunft der Glossolalie an. Das ist weniger wahrscheinlich.

[218] Gegen G. Dautzenberg, Glossolalie, 229f.

druck der glossolalischen Praktizierung, und zwar deren negative Wirkung auf ἰδιῶται[219] oder ἄπιστοι.[220] Auch die Interpretation, wonach Paulus in der Überlegenheit einer solchen Ekstase eine Gefahr wahrnehme und deshalb versuche, Elemente der zeitgenössischen heidnischen Kulte oder eine heidnische kultische Verständnismöglichkeit der Glossolalie auszuschließen[221], ist nicht anzunehmen, denn ein solches Urteil müsste davon ausgehen, dass die Außenstehenden das Phänomen als das Wirken des Geistes nicht richtig verstehen.[222] Enthält die Wendung „Ihr seid verrückt" zugleich das Urteil des Paulus über das Phänomen der Glossolalie?[223] Zunächst ist festzuhalten, dass Paulus in derselben Richtung wie zuvor argumentiert. Die rhetorische Frage οὐκ ἐροῦσιν; bestätigt das: Das negative Urteil ist als so selbstverständlich vorausgesetzt, dass die Adressaten es nur noch zu bestätigen brauchen. Der negative Eindruck des Unkundigen oder Ungläubigen[224] über die Praktizierung der Glossolalie lässt die Außenstehenden nicht etwa ihren Status als Außenstehende erkennen, sondern er entzieht ihnen die Möglichkeit, zum Glauben an das Evangelium geleitet zu werden, indem verhindert wird, dass ihnen durch das gottesdienstliche Geschehen[225] die Wahrheit des Evangeliums sichtbar wird. Die Glossolalie bewirkt nichts anderes als ein ausschließlich kritisches Urteil über den christlichen Gottesdienst und über den Glauben. Dabei enthält der Text einen Bezug auf die Teilnehmer am Gottesdienst in Korinth; in der Erwähnung von ἰδιῶται oder ἄπιστοι können wir uns die Teilnahme von Familienangehörigen der Gemeindeglieder, vor allem ihrer Ehepartner (vgl. 1 Kor 7), die noch nicht den Glauben an Christus besitzen, vorstellen.[226]

Nach der Glossolalie (V. 23) wendet Paulus sich in V. 24f. der Prophetie zu. Er behandelt sie zwar unter denselben Voraussetzungen wie zuvor die Glossolalie, zieht aber den umgekehrten Schluss: Im Gegensatz

---

[219] Die ἰδιῶται hier bezeichnet die des glossolalischen Redens Unkundigen wie in V.16. Vgl. H. Conzelmann, 1 Kor, 295, versteht aber, es gebe eine Bedeutungsdifferenz dazwischen.

[220] Die ἄπιστοι hier gelten als Nichtchristen. Deshalb sind ἰδιῶται und ἄπιστοι nicht miteinander zu identifizieren. So J. Weiß, 1 Kor, 333; A. Lindemann, 1 Kor, 309. Dagegen H. Lietzmann, Kor, 73; H. Conzelmann, 1 Kor, 295; W. Schrage, 1 Kor III, 411; C.K. Barrett, 1 Kor, 324f. Doch ἤ bezeichnet kein Gleiches, sondern nur ein Ähnliches.

[221] So F. Hahn, Gottesdienst, 61; ähnlich G.D Fee, 1 Kor, 685.

[222] Diese Ansicht von K. Maly, Gemeinde, 212, ist eine Überinterpretation.

[223] A. Lindemann, 1 Kor, 310, weist zutreffend auf diese Möglichkeit hin.

[224] Siehe zu der Möglichkeit ihrer Teilnahme am christlichen Gottesdienst Belege bei C.K. Barrett, 1 Kor, 325; W. Schrage, 1 Kor III, 411 Anm. 217. Mit diesen Belegen ist jedenfalls festzustellen, dass die gottesdienstliche Versammlung damals keine exklusive Größe war, sondern eine mit einer offenen Tür.

[225] Paulus gibt hier keine sichere Aussage über das Verhältnis von Wortgottesdienst und Eucharistiefeier.

[226] A. Lindemann, Ekklesiologie, 80.

zur Glossolalie hat die Prophetie eine positive Wirkung und den ihr entsprechenden Erfolg, und sie ist darum der Glossolalie hinsichtlich des missionarischen Werts überlegen. Hier bestätigt sich die Bedeutung der Aussage von V. 22b. Paulus schreib in V. 24 zunächst: Wenn alle prophetisch reden, dann wird ein Ungläubiger oder Unkundiger von allen[227] überführt und beurteilt. Die Singularform ἄπιστος oder ἰδιώτης wird verwendet, weil es jetzt im Unterschied zu V. 23 um die Wirkung der Prophetie auf den Einzelnen geht. Auch die Reihenfolge der beiden wird vertauscht, weil der ἄπιστος womöglich resistenter gegen die Wahrheit des Evangeliums ist als der ἰδιώτης.[228] Paulus betont geradezu dramatisch den missionarischen Erfolg des prophetischen Redens. Die Wirkung auf einen Ungläubigen oder Unkundigen schildert er mit den passivisch formulierten Verben ἐλέγχεται[229] und ἀνακρίνεται[230], wobei er nicht an eine besondere Gabe wie „Gedankenlesen" o.ä. denkt[231], sondern die beiden Begriffe in einem quasi gerichtlichen Sinn gebraucht.[232] Die Verkündigung des Evangeliums durch das prophetische Reden lässt den sie hörenden Außenstehenden sich selbst richtig erkennen. Aber es ist nicht das Bild vorausgesetzt, der Außenstehende werde vor dem Forum der Gemeinde seine Schuld eingestehen[233], und der Ausdruck ὑπὸ πάντων meint auch nicht, dass „die prophetisch Redenden sich dem hinzugekommenen Ungläubigen zuwenden und auf ihn hinsprechen".[234] In V. 25 setzt Paulus die Schilderung der Wirkung der Prophetie fort: Das Verborgene des Herzens des Ungläubigen oder des Unkundigen wird offenbar werden[235], und er wird auf sein Angesicht fallen und Gott anbeten und bezeugen, dass Gott wahrhaftig bei ihnen ist. V. 24f. schildern mit sechs Prädikaten[236] nicht den konkreten Ablauf einer Be-

---

[227] Im Zusammenhang mit dem hypothetischen Fall „wenn alle prophetisch reden" ist dies zu verstehen.

[228] So J.F.M. Smit, Tongues, 184. Vgl. Chr. Wolff, 1 Kor, 336 Anm. 514: „ ἄπιστος steht jetzt voran (vgl. V.23), weil der Aspekt der Bekehrung bedeutsam ist."

[229] Dieses Verb kommt nur hier bei Paulus vor und bezeichnet die überführende Wirksamkeit der Prophetie. Vgl. F. Porsch, Art. ἐλέγχω, in: EWNT I, 1042. C.K. Barrett, 1 Kor, 326, versteht ἐλέγχω im Sinne des Sprachgebrauchs der griechischen Moralisten, die es für das Wirken des Gewissens gebrauchen.

[230] Vgl. 2,14f.; 4,3f.; Röm 2,16.

[231] Gegen H. Weinel, Wirkungen, 183.

[232] Vgl. K. Maly, Gemeinde, 213.

[233] So auch A. Lindemann, 1 Kor, 310; W. Schrage, 1 Kor III, 412.

[234] G. Dautzenberg, Prophetie, 247. Andererseits erklärt Chr. Wolff, 1 Kor, 336, dass die Prophetie direkt auf den Außenstehenden gerichtet ist.

[235] Nach G. Dautzenberg, Prophetie, 249, sei das eine Abkürzung von 4,5c, wo das Motiv von der alttestamentlichen göttlichen Herzenskenntnis gebraucht ist.

[236] (V.24:) 1. ἐλέγχεται, 2. ἀνακρίνεται, (V.25:) 3. φανερὰ γίνεται, 4. πεσών, 5. προσκυνήσει und 6. ἀπαγγέλλων. Das 4. und 6. Prädikat ist als Partizip formuliert.

kehrung[237], sondern sie bezeichnen die Konsequenz durch die positive Wirkung der Prophetie auf den ἄπιστος oder der ἰδιώτης. Die Bezeugung der Gegenwart Gottes setzt jedoch das in V. 24 Erwähnte voraus (ἐλέγχεται und ἀνακρίνεται).

Da das Verborgene des Herzens nicht den anderen, sondern dem Ungläubigen oder Unkundigen selber[238] offenbar wird, ist nicht anzunehmen, dass die Prophetie der Grund ist, über diejenigen zu urteilen, die den in 12,2 erwähnten Fluch über Jesus tatsächlich gesprochen haben.[239] Der Überführte bzw. Beurteilte spricht ja nicht von sich selbst, sondern er spricht von Gott bzw. von Gottes Gegenwart in der Gemeinde.[240] Die Verwendung des Verbs προσκυνέω[241] könnte die Frage aufwerfen, ob in Korinth bereits die Proskynese im Gottesdienst praktiziert wurde[242]; aber Paulus lehnt sich an alttestamentliche Redeweise[243] an und bezeichnet mit diesem Verb die von dem Hörenden im Bekenntnis ausgesprochene Unterwerfung. Ob die Bezeugung der Gegenwart Gottes für Paulus das endgültige Zeichen der Prophetie ist[244], lässt sich schwer sagen. Denn die Bezeugung der Gegenwart Gottes ist eine Konsequenz der positiven Wirkung der Prophetie auf den Ungläubigen oder Unkundigen bzw. die Reaktion darauf, sie ist nicht „ein besonderes Zeichen".[245] Aus dem Ausdruck ὁ θεὸς ἐν ὑμῖν ἐστιν – also aus der Verwendung der Pluralform – ist eine paulinische Polemik gegen den Individualismus der korinthischen Enthusiasten nicht abzuleiten[246]; denn V. 24f. sind möglicherweise als das Urteil des Paulus über die Praktizierung des prophetischen Redens zu verstehen, so wie V. 23 als sein Urteil über die Praktizierung des glossolalischen Redens in der gottesdienstlichen Gemeindeversammlung anzusehen war. Zugleich aber bildet diese Bezeugung der Gegenwart Gottes den Schluss des gesamten Gedankengangs: Paulus stellt seine ganze bisherige Argumentation, die hinsichtlich der Erbauung der Gemeinde ek-

---

[237] Zutreffend kommentiert H. Conzelmann, 1 Kor, 296: „Ein regulierter Ablauf der Bekehrung ist nicht vorgesehen."; so auch W. Schrage, 1 Kor III, 413. Dagegen A. Robertson/ A. Plummer, 1 Kor, 318.

[238] Zutreffend A. Lindemann, 1 Kor, 310; so auch W. Schrage, 1 Kor III, 413.

[239] So aber G. Theißen, Aspekte, 310f. Gleichwohl geht er vom vermutlichen Urteil über die Situation der Gemeinde aus.

[240] So A. Lindemann, 1 Kor, 311; so auch H. Conzelmann, 1 Kor, 296.

[241] Das Verb προσκυνέω taucht nur hier bei Paulus auf.

[242] So K. Maly, Gemeinde, 215; A. Lindemann, 1 Kor, 310. Gegen W. Schrage, 1 Kor III, 414.

[243] Siehe H. Greeven, Art. προσκυνέω, in: ThWNT IV, 766.

[244] So N.I.J. Engelsen, Glossolalia, 167.

[245] Die Hauptverben von V.25 sind γίνεται und προσκυνήσει. Deshalb ist die endgültige Konsequenz des prophetischen Redens – grammatisch gesehen – durch das futurisch formulierte Prädikat προσκυνήσει dargestellt. Siehe oben Anm. 236.

[246] Gegen Th.W. Gillespie, Prophecy, 126f. Anm. 80.

klesiologisch orientiert war, nochmals in den Zusammenhang der Ekklesiologie, nun unter dem Aspekt der Mission. Die Formulierung in V. 25 erinnert an biblische Aussagen in 1 Kön 18,39; Jes 45,14; Dan 2,46f.; Sach 8,23[247]; häufig wird gesagt, Paulus habe eine bestimmte Stelle des Alten Testaments vor Augen gehabt, wobei vor allem auf Jes 45,14 verwiesen wird.[248] Tatsächlich bestehen wörtliche Parallelen: Erstens ist hier wie dort das Verb προσκυνεῖν verwendet; zweitens ist zur Gegenwart Gottes fast derselbe Ausdruck gebraucht, mit Ausnahme der Veränderung von ἐν σοὶ ὁ θεός ἐστιν (LXX) zu ὁ θεὸς ἐν ὑμῖν ἐστιν bei Paulus.[249] Die Gegenwart Gottes wird also in Israel bzw. im christlichen Gottesdienst bestätigt. Dabei wird in der Gottesrede in Jes 45,14 gesagt, die Heiden würden sich vor Israel beugen und bekennen, dass Gott bei ihm ist, während Paulus schreibt, der ἄπιστος oder ἰδιώτης werde durch die Verkündigung des verständlichen prophetischen Redens veranlasst, die Gegenwart Gottes im gottesdienstlichen Geschehen zu bestätigen. Aber trotz solcher Parallelität ist nicht mit Sicherheit zu sagen, dass Paulus diese Jes-Stelle zitiert. Zu vermuten ist aber wohl, dass die Aussage vor dem Hintergrund der alttestamentlichen eschatologischen Vorstellung zu lesen ist, die Heiden würden sich zu Gott bekehren und ihn preisen.[250] Allerdings kann nicht als sicher angenommen werden, dass diese Vorstellung auch den Adressaten bewusst war.[251]

3.5.3 Zusammenfassung

Paulus kritisiert in V. 20-25 die Außenwirkung der Glossolalie. Nachdem er zunächst durch die Aufforderung zur Mündigkeit bezüglich des Verstandes auf den Zustand der Gemeinde verwiesen hat, hebt er durch das Schriftzitat und die Schilderung der gottesdienstlichen Situation von V. 23-25 die Unwirksamkeit der praktizierten Glossolalie

---

[247] Vgl. K. Maly, Gemeinde, 213f.; F. Wilk, Bedeutung, 332.

[248] Beispielsweise siehe R.B. Hays, 1 Kor, 239: „First Corinthians 14:25 echoes the language of Isaiah 45:14." Nach D.-A. Koch, Schrift, 18, wird aber der Zitatcharakter verneint. Vgl. Jes 45,14 (LXX): ...καὶ προσκυνήσουσίν σοι καὶ ἐν σοὶ προσεύξονται ὅτι ἐν σοὶ ὁ θεός ἐστιν καὶ ἐροῦσιν οὐκ ἔστιν θεὸς πλὴν σοῦ.

[249] Nach A. Lindemann, Schrift, 219 Anm. 61, ist dieser Wechsel vom Kirchenverständnis des Paulus zu erklären: „Paulus betrachtet die versammelte ἐκκλησία nicht als „Person", die als solche angeredet werden könnte."

[250] So zutreffend W. Schrage, 1 Kor III, 413f.; Chr. Wolff, 1 Kor, 337.

[251] Vgl. R.B. Hays, The Conversation of the Imagination: Scripture and Eschatology in 1 Corinthians, in: NTS 45, 1999, 391-412, insbesondere 396f., behauptet, dass die Korinther nicht durch „an overrealized eschatology", sondern durch „a decidedly non-eschatological Greo-Roman cultural environment" beeinflusst wurden, und leitet zwei Thesen aus seiner Analyse von 14,25 ab: „(1) Paul was trying to teach the Corinthian church to think eschatologically. (2) Paul was trying to teach the Corinthian church to reshape its identity in the light of Israel's Scripture."

hervor. Aus dem unmittelbaren Vergleich von Glossolalie und Prophetie folgt die für Paulus selbstverständliche Konsequenz, dass das Letztere dem Ersteren überlegen ist (vgl. V. 5.18f.). Jetzt beruht das Urteil auf einem konkreten Grund, und zwar auf der Außenwirkung. Die durch die Beispiele von V. 23-25 ausdrücklich erwähnten Reaktionen der Ungläubigen bzw. Unkundigen auf die beiden Formen des Redens lassen sich mit dem eigenen Urteil des Paulus identifizieren. Dabei spitzt sich die Polemik des Paulus hier in deutlicherer Weise zu als in V. 1-5, was insbesondere in dem negativen Ausdruck für die Praktizierung des glossolalischen Redens einerseits und in dem positiven Ausdruck für die Praxis des prophetischen Redens andererseits erkennbar wird. Die Bewertung durch Paulus ist klar: Gegen die enthusiastische Tendenz, das glossolalische Reden in der gottesdienstlichen Gemeindeversammlung ohne Rücksichtnahme auf einen Ungläubigen oder Unkundigen zu praktizieren, argumentiert Paulus, es solle auf die Außenwirkung geachtet werden, denn andernfalls verliere die Gemeinde die Möglichkeit, eine solche Person zum Glauben an das Evangelium zu führen. Das glossolalische Reden löst nämlich nur einen negativen Eindruck aus, es würde dazu führen, dass der Kontakt mit Gemeinde vermieden wird. Die Glaubenden sollen nicht allein auf die Binnenbeziehung achten, sondern auch auf die Außenbeziehung zu den Nichtchristen, insbesondere zu solchen, die im Gottesdienst anwesend sind. Versuche, aus den Aussagen des Paulus eine Verständnismöglichkeit der korinthischen Glossolalie im Licht der zeitgenössischen Religion zu ziehen, als auch Interpretationen, die sich auf die besondere Bedeutung des σημεῖον konzentrieren und daraus einen bestimmten Wert der Glossolalie bestimmen, sind zu korrigieren.

3.6 Anwendung: Gottesdienstliche Praktizierung (14,26-33a.36-40)

3.6.1 Formale Analyse

Der letzte Abschnitt von 1 Kor 14 enthält die konkreten Anweisungen für die Praktizierung der Glossolalie und Prophetie in der gottesdienstlichen Gemeindeversammlung. Paulus markiert einen neuen Ansatz mit der rhetorischen Frage τί οὖν ἐστιν; , verbunden mit der Anrede ἀδελφοί in V. 26, und er schließt dabei durch οὖν seine Ausführungen über das Problem der Praktizierung der Glossolalie ab. Er erwähnt in erster Linie die Vielfalt der sprachlichen Geistesgaben bei der durch den ὅταν-Satz erläuterten Zusammenkunft der Gemeinde, indem er als Subjekt den eine partitive Bedeutung besitzende ἕκαστος und als Prädikat das rhetorisch wiederholte fünfmalige ἔχει verwendet. Mit dem Imperativ πάντα πρὸς οἰκοδομὴν γινέσθω (V. 26c) zeigt er auf die richtige Richtung verschiedener Gaben. Diese Aufforderung bildet zusammen mit V. 40 πάντα δὲ εὐσχημόνως καὶ κατὰ τάξιν γινέσθω den Rahmen des Abschnitts. In V. 27f. stellt Paulus die konkreten Vorschriften zunächst für die Praktizierung der Glossolalie und dann in V. 29ff. für die Praxis der Prophetie dar. Damit stehen V. 27f. parallel zu V. 29ff. In V. 27, der durch die Konjunktion εἴτε eingeleitet ist, beschreibt Paulus Voraussetzungen für die Praktizierung der Glossolalie, die durch καί verbunden sind. Dabei hat der erste Hauptsatz kein Prädikat, und τὸ πλεῖστον schränkt die Zahl τρεῖς ein. Im zweiten Satz ist εἷς als Subjekt beschrieben, durch den Imperativ ist die Forderung der Übersetzung betont. In V.28 erweitert Paulus seine Anweisung, indem er den Glossolalen auffordert, im Falle der Abwesenheit eines Übersetzers in der Gemeinde zu schweigen. Den ersten Imperativ σιγάτω ἐν ἐκκλησίᾳ setzt er dabei dem zweiten Imperativ ἑαυτῷ δὲ λαλείτω καὶ τῷ θεῷ entgegen.

V. 29 beginnt, anders als V. 27 nicht mit einer einen Konditionalsatz einleitenden Konjunktion, sondern mit δέ. In V. 29 beschreibt Paulus mit zwei Imperativen ähnliche Vorschriften wie in V. 27; der erste bezieht sich auf die Propheten, der zweite auf die anderen Gemeindeglieder. In V. 30 nimmt Paulus in dem passivisch formulierten ἐάν-Satz den Fall an, dass einem anderen eine Offenbarung zuteil wird; dann habe der gerade Redende zu schweigen. Den Grund dafür erläutert er (γάρ) in V. 31, wobei nun das Subjekt in die 2. Person Plural wechselt. Der durch ἵνα eingeleitete Nebensatz expliziert die Wirkung bzw. das Ziel der Praktizierung der Prophetie. Paulus verwendet nun die rhetorisch betonten dreimaligen πάντες als Subjekt in beiden Sätzen. In V. 32 begründet er, warum die Propheten die Praktizierung ihrer eigenen Prophetie kontrollieren können. Subjekt ist hier πνεῦμα im Plural. In V. 33a begründet Paulus seine bisherigen Anweisungen theologisch durch den Hinweis auf das Wesen Gottes; die Aussage schließt mit γάρ an die zuvor geäußerten Vorschriften des Paulus an, und sie definiert dabei das Wesen Gottes durch die beiden entgegengesetzten Substantive ἀκαταστασία und εἰρήνη. V. 33b-35 sind höchstwahrscheinlich als eine nachpaulinische Interpolation anzusehen.[252] In V. 36 fragt Paulus,

---

[252] V.33b-35 werden von den meisten Forschern als eine spätere Interpolation anerkannt. V.33b ist eine Einleitung für V.34f. (anders schließt W. Schrage, 1 Kor III, 457, V.33b an V.33a an und sieht, dass V.33b zum genuinen paulinischen Text gehört). V.34f. widersprechen den Aussagen des Paulus von 11,2-16 und nähern andererseits sich den Aussagen von 1 Tim 2,10-13. Auch der Stil ist hart. Also ist mit Sicherheit anzunehmen, dass dieser Schweigebefehl gegen die Frauen eine nachpaulinische Interpolation ist, die eine spätere Situation der christlichen Gemeinde spiegelt (dagegen widerlegen A. Eriksson, Traditions, 202, und C. Niccum, The Voice of the Manuscripts on the Silence of Women: The External Evidence for 1 Cor 14.34-5, in: NTS 43, 1997, 242-255, die Interpolationstheorie von V.33b-36). In V.36 ist die 2. Person Plural gebraucht und darum ist V.36 nicht an V.34f. anzuschließen (So richtig A. Lindemann, 1 Kor, 320; gegen

ob die Korinther einen Grund dafür haben, ihre dem Wesen Gottes widersprechende gottesdienstliche Praxis zu dulden. Dazu sind zwei rhetorische Fragen jeweils durch die Konjunktion ἤ eingeleitet, und sie sind durch die beiden Präpositionen ἀπό und εἰς kontrastiert. Es ist zu beachten, dass sich Paulus durch die Verwendung der 2. Person Plural direkt auf die Adressaten richtet.

In V. 37ff. markiert Paulus die abschließenden Bemerkungen. In V. 37f. betont er zunächst, dass seine praktischen Anweisungen dem Willen des Herrn entsprechen und dass die Adressaten sie deshalb als Gebot des Herrn anerkennen sollen. V. 37 und V. 38 sind jeweils durch εἰ eingeleitet, als Subjekt ist das Indefinitpronomen τις verwendet. V. 37 fordert von den Adressaten diese Anerkennung polemisch in Hinsicht auf ihr Selbstverständnis; es wird durch die beiden Nomina προφήτης und πνευματικός bezeichnet. V. 38 wiederholt diese Aufforderung in einer anderen – negativen – Form; das aktivisch formulierte Prädikat ἀγνοεῖ und das passivisch formulierte ἀγνοεῖται stehen dabei einander gegenüber.

In V. 39 schließt Paulus mit ὥστε nicht nur diesen Abschnitt, sondern die gesamten Aussagen von Kap 14 ab; er verwendet hier erneut die Anrede ἀδελφοί μου. Er verwendet zwei imperativisch formulierte Prädikative: Mit V. 39a (ζηλοῦτε τὸ προφητεύειν) kehrt er zum Anfang des Kapitels (V. 1) zurück, in V. 39b bezieht er sich auf das glossolalische Reden mit dem negativ formulierten Imperativ μὴ κωλύετε. In V. 40, der mit V. 26 den Rahmen des Abschnitts bildet, zieht er mit δέ einen deutlichen Schluss. Durch die beiden Ausdrücke εὐσχημόνως und κατὰ τάξιν bestimmt er abermals und endgültig die Richtung der Praktizierung der Geistesgaben im Gottesdienst.

Der Abschnitt 14,26-40 ist also wie folgt zu gliedern:

14,26 als Einleitung: Gemeindeerbauung als fundamentalem Praxisprinzip
14,27f.: Anweisungen für die Praktizierung der Glossolalie
14,29-32: Anweisungen für die Praktizierung der Prophetie
14,29f.: konkrete Vorschriften
14,31: Grund für die erwähnten Vorschriften
14,32: Kontrolle der Propheten über ihre πνεύματα

G. Dautzenberg, Prophetie, 297f. Er versteht überdies V.33b-38 als eine thematisch ununterbrochene Interpolation, die zum Schweigen der Frauen auffordert). Von daher kann man V.33b-35 als eine nachpaulinische Interpolation, die das Schweigen der Frauen in der Gemeindeversammlung befiehlt, ansehen. Vgl. A. Lindemann, 1 Kor, 316ff.; Chr. Wolff, 1 Kor, 341-346; W. Schrage, 1 Kor III, 479ff.; A.C. Wire, Prophets, 149ff.; G. Dautzenberg, Prophetie, 257-272 und 290-300; Ph.B. Payne, Fuldensis, Sigla for Variants in Vaticanus and 1 Cor 14.34-35, in: NTS 41, 1995, 240-262.

14,33a: Wesen Gottes als theologischer Grund für die Anwei-
          sungen
14,36: Gemeinsame Teilhabe an dem Wort Gottes als Grundlage
          der Kritik
14,37-40: Abschließende Bemerkungen
    14,37f.: Aufforderung zur Annerkennung der apostolischen
              Anweisungen als Gebot des Herrn
        14,37: Aufforderung zur Annerkennung
        14,38: Warnung: Folge der Nichtanerkennung
    14,39f.: Abschluss
        14,39a: Aufforderung zum prophetischen Reden
        14,39b: Aufforderung zum glossolalischen Reden
        14,40: Aufforderung zu Anständigkeit und Ordnung

3.6.2 Inhaltliche Analyse

Nachdem Paulus bisher die Wirkung der Glossolalie und deren Nutzlosigkeit im Vergleich zur Prophetie kritisiert hat, geht er nun zu der
Frage über, wie die Adressaten sie im Gottesdienst verwenden sollen.

3.6.2.1 *14,26 als Einleitung*
In V. 26 appelliert Paulus zunächst an das Urteilsvermögen der Adressaten mit einer Anrede und einer einen Schluss ziehenden rhetorischen
Frage. Mit der Wendung ὅταν συνέρχησθε bezieht er sich anschließend auf die gottesdienstliche Gemeindeversammlung und formuliert
darauf bezogene Anweisungen. Indem er mit dem wiederholt gebrauchten Prädikat ἔχει andere sprachbezogene Geistesgaben erwähnt,
die im Gottesdienst erfahrbar sind, akzeptiert er in erster Linie die
Vielfalt dieser sprachlichen Geistesgaben, zugleich aber relativiert er
durch die Nennung eben dieser Vielfalt den Stellenwert der Glossolalie
im Gottesdienst. Die Glossolalie ist nur eine der verschiedenartigen
Geistesgaben, und sie stellt jedenfalls nicht den Höchstwert im Gottesdienst dar. Durch den Gebrauch von ἕκαστος[253] als Subjekt des ἔχει
schildert er, dass die Geistesgaben nicht allein zu einer bestimmten
Person oder Gruppe gelangen; damit argumentiert er gegen das Selbstbewusstsein der glossolalisch begabten Enthusiasten in Korinth.

---

[253] M.M. Mitchell, Paul, 172, sieht vom Gebrauch von ἕκαστος her eine Dis-
sonanz im Gottesdienst: „ […] each one has his or her own kind of speech, his or
her own way of doing things. All speaking at the same time and not listening to
one another is a sure sign of discord […]" Gleichwohl zeigt Paulus dadurch nicht
ein Spaltungsbild im Gottesdienst, sondern die Vielfalt der sprachlichen Geistesgaben und zwar die Relativität der Glossolalie auf. Überdies behandelt er in der
anschließenden Aussage nur Glossolalie und Prophetie, ohne dass er die übrigen
thematisiert.

Auffallend ist, dass Paulus als Objekt des Prädikats ἔχει nur sprachliche Geistesgaben benennt und die Prophetie nicht dazu zählt. Dies ist einerseits vom Thema von Kap. 14 her zu erklären, andererseits von der anschließenden Aufforderung her. Paulus thematisiert und problematisiert in der Tat die Glossolalie, während er die Prophetie nicht erwähnt, weil sie infolge ihres die Gemeinde erbauenden Charakters die folgende Aufforderung zur Erbauung überflüssig macht. Das Nomen ψαλμός kommt nur hier bei Paulus vor; es bezeichnet nicht den Psalter, sondern „gottesdienstlich verwendete Psalmen".[254] Schon in V. 6 waren διδαχή und ἀποκάλυψις im Gegensatz zur γλῶσσα erwähnt worden. Ebenso wie in 12,10.30 ist in 14,26 ἑρμηνεία mit γλῶσσα verbunden. Nach der Erwähnung der Vielfalt der sprachlichen Geistesgaben schließt Paulus seine Argumentation an das in V.3-5.12 eingebrachte Motiv der Erbauung der Gemeinde an. Mit der Aussage πάντα πρὸς οἰκοδομὴν γινέσθω[255] hebt er hervor, worauf jede sprachliche Geistesgabe im Gottesdienst zielen soll; dies signalisiert, dass die gegenwärtige gottesdienstliche Realität in Korinth nicht der Vorstellung des Paulus entspricht. Vermutlich war der korinthische Gottesdienst stark vom Geist geleitet und hatte deshalb die Tendenz, dort die Charismen wahrnehmbar zu praktizieren. Ein solcher Gottesdienst gerät in die Gefahr, chaotisch fortzuschreiten (vgl. V. 23), insbesondere dann, wenn sich Charismatiker, insbesondere die Glossolalen, mehr auf die Äußerung ihres eigenen Charismas als auf die gemeinsame Erbauung konzentrieren. Also gilt die Forderung der οἰκοδομή als kritischer Maßstab. Die gemeinsame Erbauung der Gemeinde im Gottesdienst wird durch die Verständlichkeit der liturgischen Sprache empfangen, nicht durch deren dramatische, orgiastische Äußerung.

3.6.2.2 *14,27-32: Praktische Anweisungen*
Paulus beschreibt von V.27 an konkrete Regelungen, aber nicht für alle in V. 26 genannten Geistesgaben, sondern nur für die Glossolalie und die Prophetie. Zunächst spricht er wie immer von der Glossolalie in V. 27f., sodann von der Prophetie in V. 29ff. Darum besteht nicht eine Parallelität zwischen V. 27 und V. 28, sondern zwischen V. 27f. und V. 29ff. Allerdings dient die Wendung εἴτε γλώσσῃ τις λαλεῖ als Einleitung der Weisungen und steht durchaus nicht zufällig; zwar gebraucht Paulus in V. 27 das Indefinitpronomen τις, aber es bezieht sich zweifellos gezielt auf die Korinther (vgl. 8,2), und zwar auf die Glossolalen.
Wenn jemand in der Gemeinde glossolalisch redet, sind zwei Voraussetzungen gefordert. Die erste lautet, dass höchstens drei dies tun sol-

---

[254] A. Lindemann, 1 Kor, 313.

[255] M.M. Mitchell, Paul, 280 Anm. 525, beachtet die Parallelität dieser Aufforderung mit 16,14: πάντα ὑμῶν ἐν ἀγάπῃ γινέσθω. Daraus versteht sie die Erbauung in der synonymen Bedeutung als Liebe.

len, und zwar der Reihe nach. Das wird häufig als Beschränkung der
Zahl verstanden, nicht als Ablehnung einer Praktizierung der Glossolalie.[256] Dabei wird vorausgesetzt, dass „der Inspirierte Herr seiner selbst
bleibt".[257] Dies ist aber kaum anzunehmen, weil der νοῦς des Glossolalen beim glossolalischen Reden ausgeschaltet ist und der inspirierte
Glossolale daher ohne Einsatz des νοῦς weder sich selbst kontrollieren
noch sich einer solchen Kontrolle überlassen kann und weil überdies
die Glossolalie ein durch den Geist spontan bewirktes Phänomen ist.
Als zweite Voraussetzung fügt Paulus die Notwendigkeit der Übersetzung hinzu (vgl. V. 5.13), indem er Glossolalie und Übersetzung unmittelbar miteinander verbindet: Einer (εἷς) soll das glossolalische
Reden in ein verständliches Reden übersetzen, wobei Paulus zweifellos nicht an eine Fremdsprache im Sinne von Apg 2 denkt. Der „Eine" ist auch nicht mit einem der Glossolalen zu identifizieren, da dieser seine eigene Glossolalie nicht zu verstehen vermag.[258] Der Ausdruck „einer" als solcher bestätigt aber auch nicht die Vermutung, dass
„der Kreis der zum Übersetzen Befähigten sehr viel kleiner ist als der
Kreis der Zungenredner".[259]
Mit V. 28 nimmt Paulus eine stärkere Haltung ein: Wenn kein Übersetzer da ist, so soll der Glossolale in der Gemeinde schweigen. Auch
hier ist der διερμηνευτής nicht der Glossolale selber. Aber kann ein
Glossolale bewusst schweigen, nachdem er selber bestätigt hat, dass
kein Übersetzer da ist? Das ist allerdings unmöglich, weil er sich selbst
nicht kontrollieren kann.[260] Deshalb nimmt die Gemeinde die Rolle ein,
den Glossolalen zu kontrollieren; Paulus fordert hierzu nicht den Glossolalen, sondern die Gemeinde als ganze auf.[261] Dass sich der Glossolale tatsächlich einer Kontrolle überlässt, ist nur dann festzustellen, wenn
er schweigt. Mit andern Worten: An der Anweisung in V. 28 lässt sich
die Absicht des Paulus ablesen, die Praktizierung der Glossolalie in der
gottesdienstlichen Versammlung tatsächlich unmöglich zu machen.[262]
Die Entwertung der Glossolalie im Gottesdienst belegt Paulus durch
die Wendung ἑαυτῷ δὲ λαλείτω καὶ τῷ θεῷ. Damit zieht er den
Trennungsstrich. Das ἑαυτῷ, das parallel zu τῷ θεῷ (vgl. V. 2) steht,

---

[256] So W. Schrage, 1 Kor III, 447.
[257] H. Conzelmann, 1 Kor, 297; so auch W. Richardson, Order, 151.
[258] Siehe dazu oben die Analyse zu V.5.13. Vgl. J. Kremer, 1 Kor, 310.
[259] Gegen H.-J. Klauck, 1 Kor, 103.
[260] J.D.G. Dunn, 1 Corinthians, 83, nimmt diese Kontrollmöglichkeit an, indem
er zwischen „cool" und „hot" ecstasy unterscheidet. Gleichwohl ist diese Erklärung unplausibel. Die Glossolalie kann wegen deren spontanen Charakters überhaupt nicht nach den Anweisungen des Paulus (insbesondere in V.27f.) praktiziert werden.
[261] Die Adressaten von Kap.14 sind die Gemeinde als ganze bzw. die Korinther
als Glieder der Gemeinde als ganzer.
[262] So zutreffend A. Lindemann, 1 Kor, 313.

bedeutet nicht „zu Hause"[263]; zusammen mit τῷ θεῷ bezeichnet es, dass die Glossolalie zu den anderen überhaupt nicht gesprochen werden darf. Mit τῷ θεῷ verweist Paulus nicht auf das Wesen der Glossolalie als Geistesgabe, die eine göttliche Herkunft hat oder für die die Kommunikation mit Gott genügt; vielmehr ist die Aussage im gleichen Sinne wie in V. 2 zu verstehen: Außer Gott versteht niemand die Glossolalie. So wird ihr die Realität im Gottesdienst abgesprochen, denn für Paulus ist die Gemeinde – und zwar der Gottesdienst als Versammlung der Menschen, die zu Christus gehören – der Ort für die οἰκοδομή nicht Ort für die Demonstration bestimmter Charismen. Daran entzündet sich die wesentliche Differenz zwischen Paulus und den Korinthern.

Oft wird vermutet, dass die von Paulus formulierte Regel die „Nachahmung einer jüdischen Gottesdienstregel"[264] ist, nach der nach dem Vorlesen aus der (hebräischen) Tora ein gleichzeitiges Dolmetschen (Targum) erforderlich ist.[265] Aber hier handelt es sich um die Übersetzung des Gesprochenen, dort hingegen um die Übersetzung des Gelesenen.[266]

Ab V. 29 spricht Paulus von Ordnungsprinzipien betreffs der Prophetie. Er erwähnt die Prophetie, nicht weil er von einer korinthischen Ursache ausgeht[267], sondern um sie der Glossolalie entgegenzusetzen. Für die Propheten weist er auf ähnliche Voraussetzungen hin: Zwei oder drei von ihnen sollen reden. Hier fehlt τὸ πλεῖστον vor τρεῖς, aber das zeigt wohl nicht, dass Paulus das prophetische Reden einer größeren Zahl erlaubt[268], sondern er verwendet nur eine relativ leichtere Nuance. An die Stelle der Forderung der Übersetzung bei den Glossolalen setzt Paulus für die Propheten die Beurteilung durch die anderen: οἱ ἄλλοι διακρινέτωσαν. Diese Forderung macht deutlich, dass das prophetische Reden für die anderen verständlich ist. Mit οἱ ἄλλοι meint er wohl die übrigen Gemeindeglieder, die nicht prophezeien[269], ohne dass

---

[263] So aber H. Conzelmann, 1 Kor, 297; F.W. Horn, Angeld, 293.

[264] J. Weiß, 1 Kor, 340.

[265] Siehe dazu P. Billerbeck, Kommentar III, 466.

[266] So zutreffend A. Lindemann, 1 Kor, 313.

[267] Das prophetische Reden wurde in 11,4f. thematisiert. Aber dort kritisierte Paulus nicht dieses selbst, sondern behandelte ein konkretes Problem, die Verhüllung des Kopfes bei Gebet und Verkündigung in der gottesdienstlichen Versammlung.

[268] So aber W. Schrage, 1 Kor III, 449. Andererseits kommentiert G.D. Fee, 1 Kor, 691: „ [...] the similar recommendation for prophecies in vv. 29-31 [...] is intended to limit the number of speakers in sequence, not the number of prophecies in any given service."

[269] So R. B. Hays, 1 Kor, 242; anders rechnet K. Maly, Gemeinde, 218, mit den anderen Propheten. Andererseits versteht G. Dautzenberg, Prophetie, 286f., das Wort διακρίνειν als „Deutung" und behauptet daher, dass dies nur im Kreis und im Zusammenhang mit der Prophetie existieren kann.

dies konkret betont wäre, während beim Übersetzer der Glossolalie an eine bestimmte Person gedacht ist, welche die Gabe dazu hat. Der Gegenstand des διακρίνειν ist hier nicht die Verhaltensweise bzw. das moralische Verhalten des Propheten wie in Did 11,8.10[270], sondern sein prophetisches Reden. Paulus spricht nicht davon, wozu die Beurteilung der Prophetie nötig ist. Auf jeden Fall kann die Gemeinde durch eine solche Beurteilung die Gefahr vermeiden, durch falsche Prophetien in Verwirrung gebracht zu werden.

Das in V. 29 Gesagte ergänzt Paulus mit V. 30, der durch einen Konditionalsatz (ἐάν-Satz) eingeleitet ist. Er behandelt den Fall, dass eine prophetische Offenbarung einem anderen der Anwesenden zuteil wird. „Offenbarung" hat hier offenbar ebenso wie in 2,10 apokalyptische Bedeutung und bezieht auf das Kundtun einer verborgenen Weisheit; sie scheint mit der Prophetie so zusammenzufließen. Es handelt sich hier also nicht um so etwas wie eine vorbereitete Predigt, doch man braucht auch nicht an das Verhältnis zwischen Prophetie und Ekstase in der griechischen Religion oder an eine Integration zwischen Prophetie und Glossolalie[271] zu denken. Indem Paulus verlangt, der Erste solle schweigen, verhindert er ein nutzloses Durcheinanderreden.[272] Er setzt dabei voraus, dass die Propheten ihr eigenes Reden kontrollieren können, und er expliziert dies erneut in V. 32. Oft wird als Parallele auf die Ordnung des Redens in der Sitzung der Vollmitglieder bei den Qumran-Essenern verwiesen (1 QS VI, 8-13)[273], wo das Hineinreden verboten wird: „Keiner rede mitten in die Worte seines Nächsten hinein, bevor noch sein Bruder zu sprechen aufgehört hat"(VI, 10).[274] Aber dort ist über diese Regel hinaus eine strukturierte Rangeinteilung der Vollmitglieder für das Reden vorausgesetzt, und insofern liegt jedenfalls keine enge Parallele vor.[275]

Indem er in V. 31a die Aufforderung von V. 30 begründet (γάρ), erweitert Paulus seine Argumentation: Denn ihr könnt alle einer nach einem anderen prophetisch reden. Diese Aussage zeigt implizit, dass Paulus die Praktizierung der Prophetie im Gottesdienst im Gegensatz zur Glossolalie ausdrücklich empfiehlt. Das Ziel dafür erläutert er mit

---

[270] Im Gegensatz zur paulinischen Forderung verbietet Did 11,7 das διακρίνειν der Prophetie unter Berufung auf Mt 12,31f.; Mk 3,28f. ausdrücklich: „καὶ πάντα προφήτην λαλοῦντα ἐν πνεύματι οὐ πειράσετε οὐδὲ διακρινεῖτε."

[271] Vgl. Th. Gillespie, 81-84; A.C. Wire, Prophets, 140.

[272] G. Dautzenberg, Prophetie, 275, behauptet: „Die Regel in 14,30 ist dazu bestimmt, den Konflikt zwischen verschiedenen Graden prophetischer Spontaneität zu lösen." Gleichwohl gibt der Text keine Auskunft darüber.

[273] So W. Schrage, 1 Kor III, 453; so auch G. Dautzenberg, Prophetie, 288.

[274] Übersetzung nach J. Maier. Ders., Die Qumran-Essener I, 182.

[275] 1 QS VI,10.13: „Auch spreche er nicht vor dem Rang dessen, der eingeschrieben ist vor ihm. [...] der Mann stehe auf und sage: „Ich habe den Vollmitgliedern etwas zu sagen"; wenn sie es ihm sagen, soll er sprechen." (Übersetzung nach J. Maier). Vgl. A. Lindemann, 1 Kor, 314.

zwei Prädikaten: einem aktivisch formulierten μανθάνωσιν (Konj. Präs. Aktiv 3. Person Plural von μανθάνειν),[276] und einem passivisch formulierten παρακαλῶνται (Konj. Präs. Passiv 3. Person Plural von παρακαλεῖν)[277] im ἵνα-Satz in V. 31b. Auf diese Weise fasst er zusammen, welche Wirkungen das prophetische Reden hat (vgl. V. 3); von der Glossolalie sind solche Wirkungen nicht zu erwarten. Damit ist die Verständlichkeit der Prophetie vorausgesetzt. Das Subjekt der beiden Sätze, das er durch das dreimalige πάντες rhetorisch betont, ist gleich. Durch die richtige und ordentliche Praktizierung der Prophetien ziehen die Propheten selber Nutzen davon. Indem er die 2. Person Plural als Subjekt verwendet, konkretisiert Paulus die Adressaten und bezieht sie in seine Argumentation ein. Doch dies weist nicht auf eine bestimmte Gruppe hin, sondern auf die Gemeinde als ganze.

Eine entscheidende Differenz zwischen Glossolalie und Prophetie zieht Paulus in der Begründung der in V. 29-31 genannten Anweisungen. In V. 32 präsentiert er den Grund dafür, dass ein Prophet die Praktizierung seiner Prophetie kontrollieren kann: Die Geister der prophetisch Redenden ordnen sich den so Redenden unter. Paulus sagt nicht, dass sich die Propheten ihren πνεύματα[278] unterordnen; spräche er so, dann würde dies eher zum Phänomen der Glossolalie gehören. Aber indem er diesen Trennungsstrich zwischen beiden zieht, wird seine Bewertung der Glossolalie abermals augenfällig. Überdies funktioniert die Aussage wie eine rhetorische Definition, obwohl sie eigentlich keine Definition ist.[279] Die Adressaten ziehen daraus einen deduktiven Schluss: Die Propheten können ihre πνεύματα kontrollieren, also die chaotische Situation vermeiden und den Gottesdienst zum Ort für die Erbauung der Gemeinde machen.

3.6.2.3 *14,33a.36: Theologische Begründung*

Paulus begründet sodann seine praktischen Anweisungen theologisch: einerseits durch die Beschreibung des Wesens Gottes (V. 33a), andererseits durch die Kritik an dem Selbstbewusstsein der Adressaten (V. 36).

In V. 33a verwendet er das Mittel der rhetorischen Definition, um so seiner Argumentation die Berechtigung zu verleihen. Durch die Definition des Wesens Gottes expliziert Paulus seine Anweisungen über die Praktizierung von Glossolalie und Prophetie im Gottesdienst. Dies ist eine theologische Begründung für seine Argumentation.

---

[276] Vgl. κατηχεῖν in V.19. Die beiden Prädikate haben eine fast gleichartige Bedeutung.

[277] Siehe dazu V.3, wo die Nomenform dieses Verbs verwendet ist.

[278] Nach A. Lindemann, 1 Kor, 314, nehmen πνεύματα hier Bezug auf die Gaben, die den einzelnen Propheten vermittelt werden. D F G Ψ* 1241ˢ *pc* a b vgᵐˢˢ syᵖ bieten die Singularform πνεῦμα. Dies ist womöglich eine Korrektur nach 12,4.

[279] Siehe dazu oben 3.2.2.1.

Durch zwei miteinander kontrastierende Nomina erklärt er das Wesen Gottes: Gott ist kein Gott der ἀκαταστασία, sondern ein Gott der εἰρήνη. Bei griechischen Autoren ist das Wort ἀκαταστασία im Sinne der politischen Unwälzung gebraucht[280]; bei Paulus ist es noch zweimal im 2 Kor belegt, im Singular in einem Peristasenkatalog (2 Kor 6,5) und im Plural in einem Lasterkatalog (2 Kor 12,20).[281] Wenn Paulus nun dieses Wort als Ausdruck für die Zwietracht der Parteien in Korinth wie in 2 Kor 12,20 verwendet[282], so ist daraus erkennbar, dass die gottesdienstliche Situation in Korinth in der Gefahr steht, die Einheit der Gemeinde durch die Manifestation des Parteigeistes zu zerstören. Aber in 1 Kor 14 geht es nicht um den Zustand der durch die „Parteien" gespaltenen Gemeinde im Sinne von 1 Kor 1-4, als kämen diese Gruppierungen durch die Manifestation jeder bestimmten sprachlichen Geistesgabe zustande, wie M.M. Mitchell meint.[283] Paulus verwendet diese Definition als Grund für seine Anordnungen zur gottesdienstlichen Praxis der Glossolalie und Prophetie; von daher ist eher anzunehmen, dass der Zustand der Gemeinde, den Paulus vor Auge hat, nicht als Spaltung zwischen denen, die sprachliche Gaben haben anzusehen ist, sondern als Spannung zwischen glossolalisch begabten Enthusiasten, die sich unmäßig auf die Praktizierung der Glossolalie konzentrieren, und den übrigen Gemeindegliedern, die diese nicht verstehen. Die ἀκαταστασία, ausgelöst durch das Selbstverständnis der Glossolalen, kann zu einer Gefahr für die Wirklichkeit der Gemeinde werden, ohne dass schon von einer konkreten strukturellen Spaltung zu sprechen wäre. Möglicherweise dominieren die Enthusiasten in Korinth den Gang des Gottesdienstes, und die Einheit der Gemeinde gerät insbesondere durch ihre Praktizierung der unverständlichen Glossolalie in die Gefahr, dass die Gemeindeglieder, die doch einander verstehen, annehmen und füreinander Sorge tragen sollen (12,25), einander stattdessen zu βάρβαροι werden (V. 11), insofern es unter ihnen nicht zur wechselseitigen Kommunikation kommt. Überdies ist das von Paulus hier erörterte Problem der Gemeinde auch das Verständnis der Glossolalen, wonach Glossolalie eine höhere Geistesgabe ist als die anderen oder auch die durch ein solches Verständnis ausgelöste Demonstration einer bestimmten Geistesgabe, aber es ist nicht ein Konflikt zwischen den sprachlich Begabten.

Indem er der ἀκαταστασία die εἰρήνη entgegensetzt, sagt Paulus den Adressaten ausdrücklich, dass das gottesdienstliche Geschehen in Ko-

---

[280] A. Oepke, Art. ἀκαταστασία, in: ThWNT III, 449. Siehe Belege bei M.M. Mitchell, Paul, 173 Anm. 656.

[281] Vgl. Lk 21,9; Jak 3,16.

[282] So M.M. Mitchell, Paul, 173.

[283] M.M. Mitchell, Paul, 172f., sieht hier die Spaltungstendenz der Gemeinde, die durch die Vielfalt der sprachlichen Geistesgaben, und zwar durch die Manifestationen jeder sprachlichen Gabe entsteht.

rinth dem Wesen von Gottes εἰρήνη entsprechen soll. Da Gott der „Schöpfer und Bewahrer"[284] ist, kann die orgiastische Verwirrung in der gottesdienstlichen Zusammenkunft nicht ihm zugeschrieben werden. Die Formel „Gott des Friedens" wird von Paulus im Allgemeinen bei den Briefschlusswünschen gern verwendet[285]; er betont so die zusammenhaltende Kraft der Friedensordnung Gottes. Diese Friedensordnung Gottes gilt auch im Gemeindeleben, vor allem in der gottesdienstlichen Versammlung; deshalb ist der Gottesdienst nicht nur das Geschehen der Gegenwart Gottes (V. 25), sondern auch der Ort, wo dieses Wesen Gottes bestätigt werden soll. Wird dort jedoch die ihm entgegengesetzte ἀκαταστασία festgestellt, so erweist sich ein solcher Gottesdienst nicht als ein Gottesdienst dieses Gottes. Für Paulus gilt darum auch εἰρήνη ebenso wie οἰκοδομή als kritisches Kriterium für das richtige Verständnis der ἐκκλησία im Sinne der gemeinschaftlichen Einheit der Gemeinde.

Dass ἀκαταστασία nicht mit τάξις (V. 40), sondern mit εἰρήνη kontrastiert, zeigt implizit, dass Paulus eine durch die Glossolalen ausgelöste Spannung bzw. Gefahr annimmt. Er denkt womöglich an das in 12,25 erwähnte Phänomen des möglichen σχίσμα in der Gemeinde (vgl. 11,18), aber wohl nicht an strukturelle Spaltungen. Das Verständnis der Glossolalie als einer höheren Geistesgabe könnte als eine Abgrenzung in der Gemeinde funktionieren, indem es den Glossolalen die Bedeutung einer Identitätsbezeichnung gewährt (vgl. V. 4 und V. 36). Aber der „Gott des Friedens" ist ein Vorbild für die Einheit der Gemeinde.

V. 36 schließt an V. 33a an[286], auch wenn V.36 von einigen Exegeten noch als Teil der Interpolation, die vom Schweigen der Frauen in der Gemeinde spricht, angesehen wird.[287] Formal gesehen verwendet Paulus hier die 2. Person Plural anders als in V. 33b-35, sachlich gesehen weist er durch die beiden rhetorischen Fragen auf, dass die Adressaten keinen Grund haben, ihre dem Wesen Gottes – Frieden (V.33a) – widersprechende gottesdienstliche Versammlung zu rechtfertigen, dass sie also keine Überlegenheit gegenüber den anderen Gemeinden für sich beanspruchen können. Die korinthische Gemeinde ist weder Ausgangspunkt des Wortes Gottes (ἀφ' ὑμῶν), noch ist sie die einzige Gemeinde, zu der dieses Wort gelangt ist (εἰς ὑμᾶς μόνους). Die wiederum eine verneinende Antwort selbstverständlich voraussetzende rhetorische Doppelfrage des Paulus klingt polemisch; auf diese Weise

---

[284] A. Lindemann, 1 Kor, 314.
[285] 1 Thess 5,23; Phil 4,9; 2 Kor 13,11; Röm 15,33; 16,20. Siehe zur Verwendung in der rabbinischen Literatur P. Billerbeck, Kommentar III, 318.
[286] So beispielsweise A. Lindemann, 1 Kor, 321; W. Schrage, 1 Kor III, 458.
[287] So beispielsweise H. Lietzmann, Kor, 75; H. Conzelmann, 1 Kor, 289f.; H.-J. Klauck, 1 Kor, 104-106; K. Maly, Gemeinde, 222-225; auch G. Dautzenberg, Prophetie, 297f. Vgl. auch oben Anm. 252.

kritisiert er nochmals das Selbstbewusstsein der Korinther, und betont, dass sie, ebenso wie andere Gemeinden, nur die gemeinsame Teilhabe an dem Wort Gottes haben. Deshalb gibt es für sie keinen Grund, ihren gottesdienstlichen Zustand als legitimiert bzw. gerechtfertigt anzusehen. An diese Mahnung gegenüber der religiösen Anmaßung in Korinth schließen V.37f. gut an.

3.6.2.4   14,37-40: Abschließende Bemerkungen

Paulus beendet in V. 37-40 seine Aussagen über das Problem der Glossolalie: Auf der einen Seite fordert er die Adressaten auf, seine Anweisungen als Gebot des Herrn anzuerkennen (V. 37f.), auf der anderen Seite beschreibt er, wie diese eingehalten werden sollen (V. 39f.). In V. 37f. fordert Paulus die Adressaten auf, seine Anweisungen richtig einzuschätzen. Davei klingt V. 37 ironisch. Das Subjekt τις bezieht sich offenbar auf die Adressaten, und das zeigt sich auch in der Wendung ἃ γράφω ὑμῖν. Gerade wenn sich jemand selber als Prophet oder Pneumatiker (πνευματικός)[288] ansieht[289], so muss er die paulinischen Anweisungen als „Gebot des Herrn"[290] anerkennen.[291] Beim Begriff Pneumatiker (πνευματικός) denkt Paulus zweifellos an die korinthischen Enthusiasten[292] (vgl. 14,1 und 14,12), womöglich speziell an die Glossolalen.[293] Mit κύριος ist hier nicht Gott[294] gemeint, sondern Christus.[295] Paulus expliziert nicht, wie und auf welcher Grundlage seine Anweisungen als Gebot des Herrn anerkannt werden können oder an welches Gebot des Herrn er denkt. Seine Forderung dient auch nicht der Verteidigung seiner apostolischen Autorität bzw. Kompetenz[296]; vielmehr erwartet er von den Korinthern, dass sie, wenn sie tatsächlich die ihrem eigenen Selbstverständnis entsprechenden Mündigen sind,

---

[288]   Der Ausdruck πνευματικός meint hier offenkundig die Person und ist als Bezeichnung des Enthusiasten zu verstehen. Vgl. die Analyse von 14,1 in diesem Kapitel.

[289]   Vgl. 1 Kor 3,18; 8,2. Siehe dazu G.D. Fee, 1 Kor, 711 und R.B. Hays, 1 Kor, 245.

[290]   Vgl. 1 Kor 7,10.25; 9,14.

[291]   Einerseits findet man die Korrekturen in einigen Handschriften: D² Ψ 𝔐 lat sy sa lesen die Pluralform κυρίου ἐστὶν ἐντολαί und A liest θεοῦ ἐστὶν ἐντολή. Andererseits fehlt ἐντολή in D* F G (pc) b sowie Ambst. Aber der Text (κυρίου ἐστὶν ἐντολή) ist durch 𝔓⁴⁶ ℵ² B 048. 0243. 33. 1241ˢ. 1739* u.a. bezeugt.

[292]   So auch H. Conzelmann, 1 Kor, 290.

[293]   Denn im Text beschreibt Paulus den Glossolalen bzw. die Glossolalie im Vergleich mit den Propheten bzw. der Prophetie. Anders versteht Chr. Wolff, 1 Kor, 347, Pneumatiker als einen umfassenden Kreis, zu dem Prophet gehört.

[294]   So aber Chr. Wolff, 1 Kor 347; G. Dautzenberg, Prophetie, 297.

[295]   A. Lindemann, 1 Kor, 322: „κύριος ist aber bei Paulus, außer allenfalls in LXX-Zitaten, immer Christus."

[296]   So aber Chr. Wolff, 1 Kor, 347; so ähnlich H.-J. Klauck, 1 Kor, 106. Andererseits sieht G. Dautzenberg, Prophetie, 290-298, hierin den Charakter der Deuteropaulinen (vgl. 1 Tim 6,13). Aber das scheint mir nicht plausibel.

seine praktischen Anweisungen richtig einzuschätzen vermögen. Paulus ist also davon überzeugt, dass seine Aussagen relevant sind für die Gemeinde und für deren Erbauung, und dass sie daher unentbehrlich sind. Anschließend beschreibt Paulus in V. 38 die Folge der Nichtanerkennung, und zwar durch den Kontrast von Aktiv- und Passivform des Prädikates (ἀγνοεῖ – ἀγνοεῖται[297]): Wer das, was Paulus den Korinthern schreibt, nicht als Gebot des Herrn anerkennt, der wird seinerseits von Gott bzw. von Christus[298] nicht anerkannt. V. 38 ist also als eine Gerichtsdrohung bzw. Warnung zu begreifen. Wenn die Adressaten die Forderung des Paulus (V. 37) nicht befolgen, so hat sich außerdem ihr Selbstverständnis als falsch erwiesen.

In V. 39f. schließt Paulus seine Ausführungen ab (ὥστε).[299] Mit der Anrede ἀδελφοί μου [300] wendet er sich erneut an die Adressaten (vgl. V. 6.20.26); durch die Aufforderung ζηλοῦτε τὸ προφητεύειν kehrt er zu V. 1 zurück. Deutlich ist, dass er im prophetischen Reden die ideale Form der vom πνεῦμα bewirkten Sprachen sieht, weil dieses zur Erbauung der Gemeinde zu dienen vermag. Mit einem negiert formulierten Imperativ fordert er in V. 39b zu etwas Ungewöhnlichem auf: τὸ λαλεῖν μὴ κωλύετε γλώσσαις. Ist aus dieser Aufforderung zu schließen, dass in der Gemeinde Tendenzen zur Verhinderung von Glossolalie bestehen?[301] Aber solche Tendenzen finden sonst nirgends Erwähnung. Oft wird die Aufforderung des Paulus als Anerkennung des Phänomens der Glossolalie verstanden [302] oder auch als Aussage, die das Missverständnis beseitigen solle, „als ob Paulus eine rein negative Sicht der Glossolalie vertrete".[303] Aber die Aussage in V. 39b ist im Kontext des ganzen Abschnitts zu interpretieren: Sie gilt nur dann, wenn die von Paulus in diesem Abschnitt, insbesondere in V. 27f. erwähnten Anweisungen eingehalten werden, auch wenn er darauf nicht ausdrücklich hinweist. Überdies ist die Aufforderung von V. 39b schon durch die nachfolgende Bemerkung in V. 40 eingeschränkt (δέ).

---

[297] Während 𝔓[46] ℵ[2] A[c] B D[2] Ψ 1881 sy 𝔐 den Imperativ ἀγνοείτω als erleichternde Lesart lesen, ist die Passivform ἀγνοεῖται durch ℵ* A[*vid] D[(*)] 048. 1243. 6. 33 u.a. bezeugt.

[298] Hier kann *passivum divinum* ἀγνοεῖται beide, Gott oder Christus, als handelnde Subjekt haben. Dies muss hier offen bleiben. So A. Lindemann, 1 Kor, 322.

[299] Anders sieht M.M. Mitchell, Paul, 174, V.40 als Schluss von 11,2-14,40 an.

[300] In 𝔓[46] B[2] D[*] F G Ψ 0243. 33. 1739. 1881 𝔐 fehlt μου. Das ist womöglich eine Korrektur aufgrund der Nuance von V.37f.

[301] J.W. MacGorman, Glossolalic Error and Its Correction: 1 Corinthians 12-14, in: Rexp 80, 1983, 389-400, hier 391, nimmt eine solche Verhinderung der Glossolalie als Überreaktion der Nicht-Glossolalen in Korinth voraus und leitet daraus einen Konflikt zwischen Glossolalen und Nicht-Glossolalen ab. Dies scheint mir zweifelhaft.

[302] So H. Conzelmann, 1 Kor, 300; so auch J. Weiß, 1 Kor, 343.

[303] W. Schrage, 1 Kor III, 461. Vgl. K. Maly, Gemeinde, 228: Paulus mahne so eindringlich, um der Abwertung der Geistesgaben entgegenzutreten.

Rechnet man damit, dass Paulus hier etwas für die Glossolalen Unmögliches fordert[304], so ist auch diese Aufforderung nicht als positiv gemeint zu verstehen, sondern als eine paradoxe Aussage. Auch das Fehlen der Forderung nach einer Übersetzung ist darum nicht als Beweis für die paulinische Anerkennung der Praktizierung der Glossolalie anzusehen.[305] Paulus fasst in V. 40 seine Anweisungen zusammen: πάντα δὲ εὐσχημόνως καὶ κατὰ τάξιν γινέσθω. V. 40 bezeichnet zusammen mit V. 26c (πάντα πρὸς οἰκοδομὴν γινέσθω) den Rahmen des Abschnitts. Da V. 26c in der Tat erfüllt werden kann, sofern die Forderung von V. 40 eingehalten wird, werden εὐσχημόνως und κατὰ τάξιν[306] zu Voraussetzungen der οἰκοδομή. Die beiden Termini bilden eine Opposition zu ἀκαταστασία (V. 33a). Das Adverb εὐσχημόνως[307] ist auch sonst bei Paulus belegt; es beschreibt die Außenwirkung des Christenlebens, insbesondere des Gemeindelebens (1 Thess 4, 12; Röm 13,13).[308] Durch das gottesdienstliche Geschehen soll die Gemeindeversammlung also als Gemeinde Gottes festgestellt werden – und dies vor allem von den Außenstehenden (vgl. V. 24f.). Die Wendung κατὰ τάξιν kommt demgegenüber bei Paulus nur hier vor und bedeutet wohl „in rechter Ordnung".[309] So werden die praktischen Forderungen von V. 27-30 zusammengefasst. Dieser abschließende Forderung lässt vermuten, dass Paulus nun noch einmal die Glossolalen kritisiert, die nicht über ihre eigene Glossolalie gebieten können und die deshalb den Gottesdienst in Unordnung bringen. Damit ist auch V. 40 im Kontext der anderen Stellungnahmen des Paulus zur Praktizierung der Glossolalie zu verstehen: Die Glossolalen können die hier aufgestellte Aufforderung überhaupt nicht erfüllen. Paulus fordert, der Gottesdienst solle der Ort werden, wo sich der „Gott des Friedens" auswirkt.

3.6.3   Zusammenfassung

Paulus schließt seine Darlegungen von 1 Kor 14 mit konkreten Anweisungen ab. Die gottesdienstliche Gemeindeversammlung ist der Ort der Gegenwart Gottes bzw. der Offenbarung Gottes. Das gottesdienst-

---

[304]   Siehe die Analyse zu V.27f. sowie V.40.

[305]   So aber W. Schrage, 1 Kor III, 461.

[306]   Als Parallele dazu wird die Mysterieninschrift von Andania genannt, Ditt Syll 736,42: „ [...] ὅπως εὐσχημόνως καὶ εὐτάκτως ὑπὸ τῶν παραγεγενημένων πάντα γένηται."

[307]   J. Weiß, 1 Kor, 343, definiert εὐσχημοσύνη als das „wohlgesittete, nicht eifersüchtig-egoistische Verhalten".

[308]   In Röm 13,13 ist εὐσχημόνως im christlichen Wandeln angesichts der nahenden Errettung erfordert und der Gegensatz von Fressen, Saufen, Unzucht, Ausschweifung, Streit und Eifersucht. 1 Thess 4,12 beschreibt εὐσχημόνως als christliche Verhaltensweise vor den Außenstehenden.

[309]   W. Bauer, Wörterbuch, 1603. Vgl. Jos Bell II, 132: ἐν τάξει.

liche Geschehen soll dem Wesen Gottes entsprechen, damit die Gemeindeglieder dadurch Erbauung empfangen; deshalb ist die rechte Ordnung im Gottesdienst erforderlich. Paulus konkretisiert dieses Prinzip mit einigen Vorschriften, deren Ziel durchgängig der Hinweis auf die Erbauung der Gemeinde ist (14,26). Hier liegt eine deutliche Kritik an der falschen Praxis der Glossolalie in der gottesdienstlichen Gemeindeversammlung in Korinth.

Auch in Bezug auf die unmittelbare Anwendung im Gottesdienst ist die Argumentation des Paulus deutlich und schlagkräftig: Durch die Nennung verschiedener auf die Sprache bezogener Geistesgaben akzeptiert er die in der Gemeinde gegebene Vielfalt, und er relativiert dadurch den Stellenwert der Glossolalie im Gottesdienst (V. 26). Indem er von den Glossolalen etwas Unmögliches fordert (V. 27f.), zeigt er erneut implizit auf, dass seine Absicht darin liegt, die Glossolalie aus dem Gottesdienst zu verbannen. Anschließend betont er die Kontrollmöglichkeit der Propheten (insbesondere in V. 32). Durch die Definition des Wesens Gottes (V. 33a) und die daran anschließende Aufforderung zu Anständigkeit und Ordnung (V. 40) schränkt er die Praktizierung der Glossolalie nochmals ein und entzieht ihr darüber hinaus vor allem einen Platz im Gottesdienst. Die Adressaten werden aufgefordert, diese Anweisungen des Paulus als Gebot des Herrn anzuerkennen (V. 37f.).

Diese Anweisungen signalisieren, dass die Realität des Gottesdienstes in Korinth den Erwartungen des Paulus nicht entspricht. Im korinthischen Gottesdienst, in dem die benachteiligten Glieder geehrt, die Einheit der Gemeinde bewahrt und dadurch die Gemeinde als ganze erbaut werden soll (12,12-30), ist im Gegenteil die Einheit tatsächlich bedroht und das Leben als „ein Leib" gerade nicht zu erwarten. Diese Gefahr ist wahrscheinlich durch eine übermäßige Demonstration der Glossolalie und durch deren symbolische Deutung als Identitätsbezeichnung ausgelöst worden. Paulus sieht die Notwendigkeit, eine solche Tendenz zu verhindern, und er versucht deshalb, die Praktizierung der Glossolalie in der gottesdienstlichen Gemeindeversammlung zu unterdrücken. Diese Absicht ist auch darin zu erkennen, dass die an die Glossolalen gerichteten Aufforderungen angesichts von deren orgiastischem Charakter gar nicht verwirklicht werden können. In einer konkreten Situation der Gemeinde bzw. im Umgang mit einem konkreten Problem entwickelt Paulus sein Verständnis der ἐκκλησία und der πνευματικά und so korrigiert er das Verständnis der πνευματικά in Korinth.

3.7 Ergebnis: Glossolalie und religiöser Enthusiasmus in Korinth

Das Phänomen der Glossolalie begegnet Paulus als eine ekklesiale Erscheinung in Korinth[310]; er thematisiert es unmittelbar in 1 Kor 14. Die Hochschätzung der Glossolalie in Korinth ist abhängig von der Situation der Gemeinde und zugleich womöglich auch vom Selbstverständnis der Adressaten. Dahinter steht ein religiöser Enthusiasmus in Korinth.[311] Dieser Enthusiasmus[312] wird sichtbar auch im korinthischen Taufverständnis, in asketischen Tendenzen, im Verständnis von γνῶσις, im Verständnis des Herrenmahls und in der Ablehnung der Vorstellung der Auferstehung der Toten. Zwar sind die im 1 Kor erkennbaren verschiedenartigen religiösen Haltungen nicht durchgängig auf nur einem religiösen Hintergrund zu erklären; aber es ist doch wahrscheinlich, dass der religiöse Enthusiasmus mit den erwähnten Phänomenen bzw. Problemen zu in Verbindung steht. Bei der Taufe sehen die Korinther die Verbindung mit dem Namen des jeweiligen Täufers offenbar als bedeutsam an (1,13), und sie meinen, dass die Glaubenden durch die Taufe unmittelbar in den Bereich des Herrn versetzt werden (vgl. 12,13), die Taufe also „das Hineingehen in ein vom Tod nicht mehr bedrohtes neues Leben"[313] bedeutet (10,1-22; 15,29).[314] Der Enthusiasmus kann überdies Ursache auch für eine asketische Haltung gewesen sein (7,1)[315]; es scheint insbesondere die Tendenz gegeben zu haben, um der Reinheit der Gemeinde willen die Auflösung bestehender Ehen zwischen Christen und Nicht-Christen zu fordern

---

[310]   Glossolalie kommt nur im 1 Kor bei Paulus vor und fehlt auch in der Aufzählung der Gnadengaben in Röm 12,6ff.

[311]   Die Behauptung, der korinthische Enthusiasmus beruhe auf dem gnostischen Missverständnis des paulinischen Evangeliums, wurde sehr häufig aufgestellt (beispielsweise R. Bultmann, Theologie; W. Schmithals, Gnosis; U. Wilckens, Weisheit und Torheit, Tübingen 1959; R.M. Wilson, How Gnostic were the Corinthians?, in: NTS 19,1972, 65-73; S. Arai, Die Gegner des Paulus im 1. Korintherbrief und das Problem der Gnosis, NTS 19, 1973, 430-437; R.A. Horsley, Gnosis in Corinth. 1 Corinthians 8:1-6, in: NTS 27, 1981, 32-51 u.a.). Aber Gnosis war in paulinischer Zeit noch kein Problem und ist nicht belegt. Andererseits wird auch behauptet, dass die Fehlentwicklung der korinthischen Enthusiasmus durch das paulinische Evangeilum selber verursacht wurde (so beispielsweise J. Becker, Paulus, 171; J. Eckert, Das paulinische Evangelium im Widerstreit, in: J. Hainz (Hg.), Theologie im Werden. Studien zu theologischen Konzeptionen im Neuen Testament, Paderborn u.a. 1992, 301-329, hier 314; E. Lohse, Paulus, 146-159).

[312]   Siehe dazu auch unten 5.1.1.

[313]   A. Lindemann, Ekklesiologie, 80. Nach ihm wirkt diese Überzeugung als der Hintergrund der Bestreitung der Totenauferstehung in 15,12b.

[314]   Vgl. F. Lang, Kor, 26.

[315]   Vgl. H. Köster, Einführung in das Neue Testament, Berlin/ New York 1980, 557.

(7,12-16).[316] Auch die Behauptung einer unbegrenzten Freiheit (6,12; vgl. 10,23) ist von hier aus zu erklären. Überdies nehmen die Enthusiasten an, dass sie durch die Teilnahme am Herrenmahl bereits jetzt unmittelbaren Anteil am ewigen Leben haben.[317] Indem diejenigen, die glauben, Erkenntnis (γνῶσις) zu haben (8,1; vgl. 8,7), frei handeln und am beispielsweise am Götzenopfermahl teilnehmen, wird ihr Verhalten zum Anstoß für die Schwachen (8,9). In Korinth gibt es auch einige, welche die Totenauferstehung bestritten (15,12). Für sie ist das physische Sterben bedeutungslos, weil sie „dank ihres Geistbesitzes" bereits Teilhabe am ewigen Leben besitzen[318]; die Erwartung der Totenauferstehung wird daher von ihnen abgelehnt.[319] Die Aussage des Paulus in 4,8 bestätigt den Charakter des korinthischen Enthusiasmus: „Ihr seid schon gesättigt! Ihr seid schon reich! Ohne uns seid ihr zur Herrschaft gelangt!" (4,8a). Die Korinther halten sich nämlich für vollendet; und auch der Begriff πνευματικοί (Maskulinum; 2,15; 3,1; 14,37)[320] lässt sich im Zusammenhang des Enthusiasmus verstehen – auch wenn er sich nicht eindeutig als Selbstbezeichnung der Korinther[321] feststellen lässt.
1. In 1 Kor 14 sind Erweise und Indizien für den religiösen Enthusiasmus in Korinth zu erkennen; zumal das Phänomen der Glossolalie als Demonstration dieses Enthusiasmus wird als in das gottesdienstliche Geschehen integriert angesehen:
1) In der korinthischen Gemeinde gibt es pneumatischen Eifer: „Ihr seid die nach Geistern Strebenden", schreibt Paulus (14,12, vgl. 12,31a). Diese Aussage, sei sie ein kritischer Tadel oder eine Beschreibung des Selbstbewusstseins der Korinther, richtet sich gegen den tatsächlichen Zustand bei den Adressaten. Sie haben die enthusiastische Tendenz, nach einer ekstatischen Erfahrung des πνεῦμα zu streben. Paulus fordert, dieser Eifer solle in das Suchen nach der Erbauung der Gemeinde als ganzer umgesetzt werden (V. 12.26).
2) Im korinthischen Enthusiasmus gilt Glossolalie sehr wahrscheinlich als eine hervorragende Geistesgabe und als ein herausragender Beweis für die Ekstase sowie für den Geistbesitz; das zeigt die Relativierung der Glossolalie durch Paulus deutlich. In Korinth hat sie als Sprache der Engel (13,1) einen Höchstwert in der Skala der Geistesgaben; die Aussagen des Paulus in Kap. 14 richten sich gegen diese Hochschätzung der Glossolalie. Die Enthusiasten in Korinth, die die Glossolalie

---

[316] A. Lindemann, Ekklesiologie, 77f.
[317] A. Lindemann, 1 Kor, 14.
[318] A. Lindemann, Eschatologie, 72.
[319] Vgl. J.Chr. Beker, Paul, 165: „The Corinthians deem salvation a present reality."
[320] Der Ausdruck πνευματικοί kommt 6-mal im 1 Kor vor und ist in 9,11; 12,1; 14,1 als Neutrum, d.h. als nicht auf Personen bezogen zu lesen.
[321] F.W. Horn, Angeld, 180-201, sieht πνευματικοί als „exklusive Selbstbezeichnung korinthischer Christen" an.

als eine höhere Geistesgabe ansehen[322], besitzen damit ein Überlegenheitsgefühl gegenüber den anderen, die über diese Geistesgabe nicht verfügen (vgl. 12,21). Dieses Verständnis, das für die Glossolalen möglicherweise geradezu eine Identitätsbezeichnung darstellt (vgl. V. 36f.), wird von Paulus zurückgewiesen.[323] Wiederholt setzt er ihm den Vorrang des verständlichen prophetischen Redens entgegen, ohne dabei etwas zur hierarchischen Reihenfolge der Geistesgaben zu sagen, da für ihn alle Geistesgaben in der Gemeinde gleichwertig sind (12,12-30) und alle Glieder also die prinzipiell gleichen Rechte haben.

3) Vor allem in der gottesdienstlichen Versammlung wird der Einfluss der glossolalisch begabten Enthusiasten sichtbar. Der Gottesdienst der Gemeinde ist vom Geist geleitet, es werden womöglich verschiedene Charismata praktiziert. Insbesondere die starke Tendenz, das glossolalische Reden im Gottesdienst ohne Rücksichtnahme auf die anderen, d.h. die Nicht-Glossolalen zu praktizieren, dominiert offensichtlich den Gottesdienst (V. 16f.). Die Glossolalen konzentrieren sich mehr auf die Äußerung ihrer Glossolalie als auf die gemeinsame Erbauung der Gemeinde (vgl. V. 12). Paulus versucht, diese Tendenz durch die Erwähnung der Unwirksamkeit der praktizierten Glossolalie zu unterdrücken.

4) Die Demonstration der Glossolalie im Gottesdienst beruht womöglich auf dem in Korinth vorhandenen Verständnis, Glossolalie könne der Erbauung der Gemeinde dienen (vgl. V. 4.12). Die Enthusiasten, die dieses Verständnis besitzen, dominieren den Gang des Gottesdienstes und bedrohen so die Einheit der Gemeinde. Der Gottesdienst „verwirrt" sich, und deshalb wird die Einheit dort nicht bestätigt, sondern im Gegenteil gefährdet oder sogar objektiv beschädigt. Die Gemeindeglieder und ebenso die „Unkundigen" bleiben einander dort fremd (βάρβαροι). Dagegen betont Paulus, dass nicht die unverständliche Glossolalie, sondern die verständliche Prophetie den Glauben fördert und deshalb die Gemeinde erbaut (V. 24f.).

5) Im Kontext des pneumatischen Enthusiasmus in Korinth wird die Glossolalie wegen ihres unverständlichen Charakters womöglich für eine mysteriöse Sprache, für ein geheimnisvolles Reden gehalten. Die wiederholte Forderung des Paulus nach der Übersetzung solchen Redens (V. 5.13.28) richtet sich gegen ein solches Verständnis der Glossolalie. Er lehnt eine solche Verständnismöglichkeit ab: Die praktizierte Glossolalie löst nur einen negativen Eindruck aus (V.23).

---

[322] In 12,31a beschreibt Paulus das Streben der Korinther nach „höheren Gaben" kritisch, wenn es zutrifft, dass man ζηλοῦτε als Indikativ liest. In der Tat wird dieses Verhalten durch das Zeigen der Liebe als besseren Weg in Kap. 13 kritisiert. Siehe oben Anm. 17.

[323] W. Schrage, 1 Kor I, 57, versteht Glossolalie als „exklusives Merkmal der πνευματικά". Andererseits bemerkt A. Eriksson, Traditions, 210, dass Glossolale von ihrem religiösen Elitestatus durch Glossolalie überzeugt sind.

Vermutlich stellte das Problem der Glossolalie eine Herausforderung sowohl für das Verständnis der πνευματικά als auch für das Verständnis der ἐκκλησία sowie für das Selbstverständnis der Christen dar. Paulus konzediert in 1 Kor 14 die Praktizierung der Glossolalie in der Gemeinde bzw. deren Hochschätzung gerade nicht[324], sondern er versucht, sie einzuschränken und zu unterdrücken. Überdies versucht er auch, die Höherwertung der Glossolalie umzuwerten. Eine antienthusiastische Tendenz leitet also seinen Argumentationsgang. Er relativiert den Stellenwert der in Korinth hoch geschätzten Glossolalie von der Prophetie her (V.5), und er verweist die Adressaten angesichts ihrer Hochschätzung der Glossolalie wiederholt auf deren Unverständlichkeit und Nutzlosigkeit (V. 6.16f.23). Überdies entzieht er der Praktizierung der Glossolalie den Platz im Gottesdienst, indem er von den Glossolalen etwas im Grunde Unmögliches fordert. Insofern sind seine Darstellungen in 1 Kor 14 absolut kritisch und antienthusiastisch.[325]

2. Ein entscheidender Grund, weshalb Paulus die Praktizierung der Glossolalie so stark kritisch beurteilt, besteht darin, dass die Realität der korinthischen Gemeinde seinem Verständnis der ἐκκλησία[326] nicht entspricht. Sie beruht auf einem falschen Verständnis der πνευματικά sowie der ἐκκλησία durch die Korinther, die daraus ihr falsches Selbstverständnis ableiten. Hier liegt womöglich der Kern des Problems.

1) Die Gemeinde (ἐκκλησία) ist die gottesdienstliche Gemeinschaft. Sie ist kein Verein, den Einzelne aus eigenem Interesse bilden, auch wenn Paulus die Glaubenden als die Glieder eines Leibes schildert. In der Gemeinde bekennt man im Geist Gottes Jesus als den Herrn (12,3), das gottesdienstliche Geschehen wird als Gegenwart bzw. Offenbarung Gottes anerkannt (14,25). Da die Gemeinde der Raum des Wirkens des göttlichen Geistes ist, soll zugleich die εἰρήνη als Wesen Gottes (14,33a) im gottesdienstlichen Geschehen bestätigt werden. Deshalb soll die Gemeinde nicht der Ort für die individuelle Manifestation einer bestimmten Geistesgabe sein, sondern Ort für die Förderung des Glaubens und die gemeinsame Erbauung. Geistesgaben dürfen nicht der individuellen Selbstdarstellung dienen, sondern diese Geistesgaben bzw. diejenigen, die über eine solche Geistesgabe verfügen, sollen der Gemeinde bzw. deren Erbauung dienen. So werden die wahren Wirkungen des Geistes bestätigt.

---

[324] Dagegen folgert F.W. Horn, Angeld, 292f., dass Paulus die Glossolalie kritisch akzeptiert: als private Form des Gebets (V.2.28) und als grundsätzlich möglich in der Gemeindeversammlung (V.39). Siehe zur Kritik an diesem Verständnis oben die Analyse zu den betreffenden Versen.

[325] Siehe unten 5.1.1.

[326] Siehe auch unten 4.2.1.1.

2) Die Gemeinde als Raum des Wirkens des göttlichen Geistes soll die Einheit in der Vielfalt bewahren. Die Gnadengaben, die von diesem an jedes Gemeindeglied verteilt werden – das bedeutet die Vielfalt –, konzentrieren sich jedoch nicht auf den Einzelnen, sondern auf die Gemeinde als ganze, also auf deren Einheit: In der Gemeinde, und zwar in der gottesdienstlichen Versammlung, gibt es die Vielfalt der Geistesgaben, aber gerade darin soll die Gemeinde ihre Einheit bewahren. Deshalb unterstreicht Paulus die gegenseitige Verantwortung und den gegenseitigen Dienst. Die Gemeindeglieder sollen Rücksicht nehmen sowohl auf die anderen Glieder und auf die Gemeinde als ganze wie auch auf die Außenstehenden, und sie sollen so der Erbauung der Gemeinde dienen.[327] Dabei ist für Paulus klar, dass der Leib nicht durch seine Glieder begründet wird, und dass dessen Einheit auf der Zugehörigkeit der Glieder zu Christus beruht.[328] In der Gemeinde als Leib gibt es somit keine Hierarchie der Geistesgaben, und es gibt auch nicht den Stellenwert der Glossolalie als höchste Geistesgabe.

3) Die Gemeinde ist der Ort, in dem neue Möglichkeiten der christlichen Existenz verwirklicht und praktiziert werden (14,18f.) und wo Gottes Kraft zum Heil (vgl. Röm 1,16) erfahren wird (14,24f.). Paulus bezeichnet dies mit dem Ausdruck „Erbauung" (οἰκοδομή), und so wird das durch die Geistesgaben angetriebene Wachstum der Kirche nach innen sowie nach außen sichtbar.[329] Glossolalie vermag dazu nichts beizutragen. Die Fähigkeit der Glossolalie als Identitätsbezeichnung (vgl. 14,36f.) beruht auf der Prämisse, die Identität des Menschen werde durch seine Fähigkeiten und Eigenschaften definiert; für Paulus kann der Mensch jedoch nicht aus einer bestimmten übernatürlichen Gabe oder aus ekstatischen Erfahrungen den Sinn und Ursprung seiner Existenz finden. Denn Gott erkennt den Menschen bedingungslos an (vgl. Röm 3,21-26) und setzt ihn als Glied des einen Leibes in der Gemeinde ein (12,11.28). Diese Gnade Gottes ermöglicht dem Menschen die Zugehörigkeit zur Gemeinde als Leib und qualifiziert ihn als Glied. Deshalb soll jedes Glied gleichberechtigt anerkannt werden und zugleich ein gemeindeorientiertes Leben führen. Diese neuen Möglichkeiten der christlichen Existenz, die durch die Gnade Gottes und das Wirken des Geistes verändert wurde, werden in der Gemeinde konkretisiert.

---

[327] Siehe unten 5.2.2.

[328] Vgl. R. Bultmann, Theologie, 311: „Sein leitender Gedanke ist nicht der, daß die einzelnen Glieder des Leibes als verschiedene das Ganze konstituieren und also in ihrer Verschiedenheit gleich bedeutsam sind für den Leib; vielmehr der, daß die Glieder, weil und sofern sie Christus angehören, gleich sind, so daß die Unterschiede bedeutungslos werden."

[329] Th. Söding, Blick zurück nach vorn. Bilder lebendiger Gemeinden im Neuen Testament, Freiburg u.a. 1997, 103.

Kapitel 4
Die Glossolalie im Kontext der theologischen Themen im 1 Kor:
Der Stellenwert der Glossolalie in 1 Kor 12-14

In diesem Kapitel wird untersucht, wie Glossolalie im Zusammenhang der paulinischen Theologie zu interpretieren ist. Es geht dabei vor allem um die im 1 Kor sichtbar werdende paulinische Pneumatologie und Ekklesiologie, insofern die Aussagen des Paulus zur Glossolalie im Zusammenhang jenes Abschnitts begegnen, in dem von den Versammlungen der Gemeinde und von den πνευματικά die Rede ist.

4.1 Glossolalie im Zusammenhang der Pneumatologie des Paulus

Zuerst ist zu untersuchen, welche Bedeutung die Darstellung der Glossolalie als Gnadengabe (χάρισμα) hat und welche Absicht Paulus bei seinem Vergleich von Glossolalie und Liebe einerseits sowie von Glossolalie und Prophetie andererseits verfolgt.

4.1.1 Glossolalie als χάρισμα

4.1.1.1 Die Vielfalt der χαρίσματα (12,10)
Im 1 Kor wird die Glossolalie erstmals in 12,10 erwähnt, und zwar als ein χάρισμα. Paulus behandelt in Kap. 12-14 die πνευματικά (12,1), und zwar aufgrund seiner Ekklesiologie, denn seine Ausführungen stehen im Zusammenhang mit den Aussagen zur Gemeindeversammlung, die in 11,2 beginnen. Um gegen die pneumatische enthusiastische Tendenz, die insbesondere an der Hochschätzung eines bestimmten χάρισμα erkennbar ist, zu polemisieren, stellt Paulus in 12,1-11 die πνευματικά zunächst mit zwei zentralen Elementen dar, welche offenkundig die Grundlage seiner Theologie, vor allem seiner Rechtferti-

gungslehre bilden: Glauben und Gnade.[1] Er nennt zuerst das Bekenntnis zu Jesus als dem Herrn als Kriterium für den Empfang des πνεῦμα (12,1-3).[2] In 12,4-11 unterstreicht er dann den Geschenkcharakter der Geistesgaben durch die Verwendung des Begriffs χαρίσματα und die damit verbundene Hervorhebung der von Gott ausgehenden Initiative. Mit deutlichem Akzent expliziert er, dass alle χαρίσματα, die unter den Gemeindegliedern verteilt sind, dieselbe Quelle haben. Anschließend markiert er unter einem neuen Aspekt einen neuen Abschnitt, in dem er die Gemeinde als Leib schildert (12,12-31). Es geht Paulus um die Vielfalt und Einheit innerhalb der Gemeinde, und dabei stellt er die Glossolalie als eine von verschiedenen χαρίσματα dar. In dieser Aussage ist offensichtlich seine theologische Intention enthalten. In der Grundaussage über die Wirkungen des πνεῦμα (πνευματικά)[3] stellt Paulus anhand von zwei Fällen dar, dass nicht alle religiösen Erfahrungen christlich sind. Er zeigt zunächst, dass die heidnische Vergangenheit der Adressaten[4], welche die stummen Götzen verehrt hatten, durch das Wirken des πνεῦμα überwunden wurde und dass sie deshalb zum Glauben und zum Bekenntnis zu Jesus gelang sind (V. 2-3). Dieser Kontrast von Vergangenheit und Gegenwart wird zugleich auch als Kontrast zwischen einem unbewussten Zustand (12,2, ὡς ἂν ἤγεσθε

---

[1] Vgl. E. Käsemann, Amt, 119: „Die Charismenlehre des Paulus ist nichts anderes als die Projektion der Rechtfertigungslehre in die Ekklesiologie hinein." Hier (1 Kor 12) fehlt freilich der Begriff χάρις. Aber die den Glaubenden verschieden verliehenen χαρίσματα sind im Zusammenhang der χάρις zu verstehen (so auch E. Lohse, Römer, 341). Denn bei Paulus entsprechen sie der den Christen gegebenen χάρις (vgl. Röm 12,6). Vgl. W. Klaiber, Rechtfertigung, 219: „Alle Gaben sind χαρίσματα, Ausfluß und Konkretion der Gnade." H. Conzelmann, Art. χάρις κτλ., in: ThWNT IX, 364f., zufolge war χάρις bei den Griechen weder ein zentraler religiöser noch ein bedeutsamer philosophischer Begriff. Andererseits argumentiert O. Betz, Der biblische Hintergrund der paulinischen Gnadengaben, in: ders., Jesus. Der Herr der Kirche, Aufsätze zur biblischen Theologie II, WUNT 52, Tübingen 1990, 252-274, dass die Verwendung der Begriffe χάρις und χαρίσματα durch Paulus einen Bezug zum Alten Testament hat.
[2] Andererseits sieht H. Probst, Brief, 332, die Beziehung von 12,1-3 zu 1 Kor 8-10: „1 Kor 12,1-3 ist demnach Nachhall der in 1 Kor 8-10 intensiv verhandelten Christologie, die ja ganz aus der Reflexion des irdischen Jesus lebt."
[3] In 12,1 beschreibt Paulus ein neues Thema erneut mit περί (wie in 7,1.25; 8,1; 16,1.12a). Das Wort πνευματικά wird hier als Neutrum gelesen (wie in 9,11; 14,1). Denn hier geht es nicht um die Personen, nämlich Pneumatiker, sondern um die Sache. Dieses Wort war womöglich den Adressaten vertraut.
[4] Paulus bezeichnet den Zustand der Adressaten vor der Veränderung durch das πνεῦμα als heidnische Vergangenheit und gebraucht den Begriff ἔθνη dafür. Hier ist zu beachten, dass das Gegenteil dieses Begriffs bei ihm nicht Christen, sondern Juden meint. Er setzt womöglich die paganen Erfahrungen der Adressaten voraus und unterscheidet daraus zwischen Ekstase und der wahren Wirkung des πνεῦμα. Es ist nicht schwer anzunehmen, dass die Heidenchristen wahrscheinlich die Mehrheit in der korinthischen Gemeinde bilden.

ἀπαγόμενοι)[5] und einer bewussten, bekennenden Entscheidung (12,3) beschrieben; schon darin ist möglicherweise eine indirekte Kritik an der ekstatischen Glossolalie enthalten. Da ekstatische Phänomene selber ihrem Wesen nach zweideutig sind[6], zeigt Paulus das offene Bekenntnis als das Kriterium, das sich dem Wirken des wahren πνεῦμα verdankt. Neben dem Kontrast zwischen V.2 und V.3 ist ein weiterer Kontrast innerhalb von V.3 zu beobachten: Paulus differenziert zwei Weisen des Verständnisses Jesu in Bezug auf das wahre Wirken des πνεῦμα. Der Ausruf ᾿Ανάθεμα ᾿Ιησοῦς[7] könnte sich auf das aufgrund der jüdischen Vorstellung (Dtn 21,23) formulierte Verständnis Jesu[8] beziehen, von dem Paulus dann feststellt, dass es nicht als Wirken des πνεῦμα Gottes anerkannt werden kann[9], womit er zugleich die Trennungslinie zwischen Unglaube und Glaube sowie zwischen Geist und Nicht-Geist zieht. Der Glaube ist erkennbar nicht am ekstatischen Reden, sondern am Inhalt des Bekenntnisses zu Jesus als Herrn (Κύριος ᾿Ιησοῦς[10], vgl. Röm 10,9). Das Kriterium für das Wirken des πνεῦμα

---

[5]   Damit bezeichnet Paulus die Vergangenheit der Adressaten als den Zustand, dass sie ohne eigene Entscheidung durch ein Phänomen bzw. eine Macht sich hingezogen fühlten. Indem er hier Impf. Pass. mit ἄν schreibt, schildert er dies als den wiederholten Stand. Aber das Wirken des πνεῦμα beruht nicht auf dem „unbewussten", ekstatischen Zustand.

[6]   H. Conzelmann, Art. χάρις κτλ., in: ThWNT IX, 395.

[7]   A. Strobel, 1 Kor, 185, vermutet, man könnte diese Verfluchungsformel im Umfeld der Synagoge begreifen.

[8]   Vgl. Ch.H. Talbert, The Holy Spirit, 96. In der korinthischen Gemeinde bilden zwar die Heidenchristen die Mehrheit, aber diese Gemeinde ist als eine gemischte Größe von den Heidenchristen und Judenchristen anzusehen (vgl. A. Lindemann, Ekklesiologie, 67f.). Daher könnte man sich vorstellen, dass jüdische Vorstellungen innerhalb der korinthischen Gemeinde noch Einfluss haben. Wie der Fluch über Jesus in V.3 verstanden werden soll, ist eines der strittigsten Probleme in der Diskussion. Die Annahme, dass der Fluch über Jesus (᾿Ανάθεμα ᾿Ιησοῦς) als ein rhetorischer, kontrastierender Ausdruck zum Bekenntnis (Κύριος ᾿Ιησοῦς) von Paulus formuliert wurde (Chr. Wolff, 1 Kor, 286; R.B. Hays, 1 Kor, 209), und die Behauptung von W. Schmithals, Gnosis, 117-122, dass die Korinther Gnostiker sind und den Fluch über den irdischen Jesus geübt haben, sowie die Interpretation im Zusammenhang des Kaiserkults (O. Cullmann, Die Christologie des Neuen Testaments, 226) sind nicht einfach festzustellen. Der Fluch über Jesus (᾿Ανάθεμα ᾿Ιησοῦς) würde wahrscheinlicher von Juden als von Heiden geäußert. Betrachtet man als Hintergrund dieses Fluchs den jüdischen Zusammenhang (Dtn 21,23) wie in Gal 3,13 (so A. Lindemann, 1 Kor, 265), kritisiert Paulus diese Handlung aus der Sicht des wahren Wirkens des πνεῦμα: Sie ist auf keinen Fall als das Wirken des πνεῦμα zu bestätigen. Im Gegensatz zum Verständnis der Korinther betont Paulus Jesus als Gekreuzigten (1,23; 2,2) und verkündigt diesen als Gottes Macht und als Gottes Weisheit (1,24).

[9]   Zu beachten ist, dass Paulus auf ungewöhnliche Weise hier die hebräische Ausdrucksweise „οὐδεὶς ἐν πνεύματι θεοῦ λαλῶν λέγει" gebraucht.

[10] L. Schenke, Urgemeinde, 345f., vermutet, dass dieser Ruf als Antwort auf die Frage nach der Identität Jesu zu verstehen ist und in den gemischten Gemeinden von Anthiochien und Syrien zweideutig verwendet wurde: Für Heidenchristen

wird also aufgrund der Christologie expliziert, wobei vorausgesetzt ist, dass Jesus Christus das Fundament (οἰκοδομή) der Gemeinde ist als Gottes οἰκοδομή (3,11). Anders als im Verständnis der Korinther wird nicht derjenige, der über eine bestimmte, ekstatische Geistesgabe verfügt, als der Geistbegabte und als der im Heiligen Geist Redende verstanden, sondern jeder Glaubende, der sich zu Jesus als Herrn bekennt[11], weil „niemand sagen kann: Κύριος Ἰησοῦς, außer im Heiligen Geist".[12] Das Bekenntnis zu Jesus als Herrn, dem auch Ekstasen unterworfen sind, gibt der Versammlung der Gemeinde ihren Charakter. Es wird deutlich, dass Paulus damit die Tendenz kritisiert, die Glaubenden nach der Art der ekstatischen Gabe, über die sie verfügen, einzuordnen. Dabei zielen die Aussagen in V.1-3 nicht auf die Bewahrung der Einheit der Gemeinde gegenüber den Außenstehenden[13], sondern auf die Betonung des Wirkens des Geistes, woraus er den Trennungsstrich zwischen Vergangenheit und Gegenwart der Adressaten anschaulich ableitet.

Ab V.4 behandelt Paulus konkret die χαρίσματα, und er begründet hier insbesondere das Verhältnis zwischen Vielfalt und Einheit. Durch die bewusste Verwendung des Begriffs χαρίσματα[14] hält er fest, dass sie sich der von Gott gegebenen Gnade (χάρις) verdanken (vgl. 7,7); sie werden stets „im Sinne der durch das πνεῦμα bewirkten χάρις"[15] (12,11) verstanden, d.h. Paulus unterwirft sie dem Kriterium der χάρις. Dies wird auch durch die Verwendung des passivisch formulierten δίδοναι (12,8.9) erneut festgestellt. Indem er so den Geschenkcharakter impliziert, unterstreicht er, dass die χαρίσματα nicht als besondere Erweise des Geistbesitzes angesehen werden können, die durch die individuelle Demonstration einzelner Gaben konstatiert werden. In V. 4-6 stellt er dies durch zwei kontrastierende Ausdrücke, nämlich die jeweils dreimal verwendeten Begriffe διαιρέσεις einerseits und τὸ αὐτό/ ὁ αὐτός anderseits, dar. Die Vielfalt der χαρίσματα hat dabei eine göttliche

---

fungierte er einerseits als Antithese zu den Kyrios-Kulten, für die Judenchristen galt Jesus andererseits als endzeitlicher Heilsbringer. Aber deutliche Belege darüber haben wir nicht.

[11]   Ähnlich V.P. Furnish, Theology, 88.

[12]   J.S. Vos, Das Rätsel von 1 Kor 12:1-3, in: NT 35, 1993, 251-269, betrachtet V.3 als die Hauptthese in der Argumentation des Paulus. Ihm zufolge geht es in V.3 um den „Aspekt der Einheit": „Jeder Pneumatiker hat Anteil an demselben Herren und jeder Gläubige hat Anteil an demselben Geist (a.a.O., 259)."

[13]   Gegen M.M. Mitchell, Paul, 268 Anm. 453. Die Argumentation des Paulus richtet sich vielmehr möglicherweise gegen den in der Gemeinde existierenden Enthusiasmus.

[14]   Mit diesem Begriff bezeichnet Paulus insbesondere in 1 Kor 12-14 die im Gottesdienst erfahrbaren Erscheinungen des πνεῦμα. Gleichwohl ist nicht festzustellen, ob Paulus selber diesen Ausdruck zur Bezeichnung der πνευματικά sprachlich formuliert hat.

[15]   A. Lindemann, 1 Kor, 265.

Quelle: den Geist (V. 4), den Herrn (V. 5) und Gott (V. 6). In V. 7-11 schildert Paulus die Vielfalt und Einheit der χαρίσματα auf eine andere Weise, indem er das jeweils Gegebene durch Dativobjekte näher zuordnet (ἑκάστῳ, ᾧ, ἄλλῳ, ἑτέρῳ) und indem er das Wirken des πνεῦμα durch präpositionale Wendungen näher beschreibt (διά, κατά, ἐν). V. 7 nennt zunächst das Ziel der χαρίσματα, in V. 8-10 folgt dann ihre Aufzählung. In V. 11 fasst Paulus den Abschnitt zusammen. Die Fähigkeiten, die vom πνεῦμα gewirkt werden, werden verstanden als Gaben, als Dienste und als Wirkkräfte. Paulus setzt dabei die Vielfalt der Wirkungen des πνεῦμα innerhalb der Gemeinde voraus und betont zugleich deren Einheit, die auf demselben gemeinsamen göttlichen Ursprung beruht. Dies sagt er nochmals in V. 11 durch den Hinweis auf die „souveräne Initiative" des πνεῦμα. Der Abschnitt V. 4-6 ist deutlich parallel konstruiert, wie sich im Folgenden zeigt:

Die Satzstruktur von V.4-6

V.4 διαιρέσεις δὲ χαρισμάτων εἰσίν, τὸ δὲ αὐτὸ πνεῦμα ·

V.5 καὶ διαιρέσεις διακονιῶν εἰσιν, καὶ ὁ αὐτὸς κύριος ·

V.6 καὶ διαιρέσεις ἐνεργημάτων εἰσίν, ὁ δὲ αὐτὸς θεός ὁ ἐνεργῶν τὰ πάντα ἐν πᾶσιν.

Das Verhältnis zwischen Vielfalt und Einheit ist nicht als Alternative zu verstehen. Die Tatsache, dass Paulus die Vielfalt der Wirkungen des πνεῦμα konzediert, impliziert zugleich, dass er sich gegen die Tendenz wendet, eine bestimmte hervorragende Gabe höher zu schätzen als andere. Die Gemeinde ist der Raum des Wirkens des Geistes, das sich auf unterschiedliche Weise konkretisiert. Die Vielfalt ist an den Gnadengaben (V. 4), den Diensten (V. 5) und den Wirkkräften (V. 6) zu erkennen. Sie dienen der οἰκοδομή der Gemeinde, und dies wird in V. 8-10 näher beschrieben. Indem er außerdem das Wort Zuteilung (διαίρεσις) verwendet, verhindert Paulus die Möglichkeit, sich auf eine bestimmte Fähigkeit zu konzentrieren oder nach Uniformität zu suchen. Zwar haben die Korinther an Gnadengaben (χαρίσματα) als den vom πνεῦμα gegebenen Gaben keinen Mangel (1,7), aber sie bestätigen dadurch keineswegs ihre Mündigkeit (vor allem in 1 Kor 2-3). Dienste (διακονίαι) und Wirkkräfte (ἐνεργήματα) sind möglicherweise als Handlungen zu verstehen, die in der Gemeinde und für sie durchgeführt werden; an ein Amt ist noch nicht zu denken.[16] Paulus unterstreicht also die Wichtigkeit der Vielfältigkeit innerhalb der Gemeinde. Indem er aber die Gemeinsamkeit der Quelle parallel darstellt, zeigt er zugleich ein zweites Rezept gegen die enthusiastische Tendenzen in Korinth: Zwar gibt es Unterschiede der χαρίσματα, Dienste und Wirkkräfte; aber sie werden auf dasselbe πνεῦμα, auf denselben Herrn und

---

[16] Aber in 12,28a werden Ämter bzw. Amtsträger näher bezeichnet.

auf denselben Gott zurückgeführt. Es handelt sich hier nicht um so etwas wie eine trinitarische Theorie des Paulus, sondern um die bewusst rhetorische Hervorhebung ein und derselben göttlichen Quelle; die Reihenfolge πνεῦμα – Herr – Gott ist wohl im Zusammenhang des Themas zu begreifen. Die Erwähnung des göttlichen Ursprungs besagt nicht, dass alle Gaben bzw. Leistungen in der Gemeinde homogen sind; sie bedeutet vielmehr, dass keine Gabe auf menschliche Fähigkeiten gründet. Deshalb darf man nicht stolz auf diese Fähigkeiten sein.

In V. 7 weist Paulus ausdrücklich auf das Ziel der verschiedenen Gaben hin, indem er die in V.4-6 erwähnten verschiedenen Wirkungen des πνεῦμα in dem Ausdruck φανέρωσις τοῦ πνεύματος[17] zusammenfasst und dies erneut konkret in V. 8-10 erweitert. Die Manifestation des πνεῦμα ist gegeben zum Nutzen der Gemeinde (vgl. 6,12; 10,23)[18], und damit ist ein anschauliches Kriterium dafür aufgestellt, wie Gaben verwendet werden sollen. Die χαρίσματα zielen weder auf sich selber noch auf deren Entwicklung noch auf den jeweiligen Besitzer, sondern darauf, wie sie zum Nutzen der Gemeinde gebraucht werden. Alle Gaben sollen dem gemeinsamen Ziel dienen, nicht der οἰκοδομή des Einzelnen, der über die jeweilige Gabe verfügt. Dies richtet sich möglicherweise gegen den exzentrischen Individualismus durch Enthusiasten, es bildet außerdem die Grundlage der Aussagen des Paulus in Kap. 12-14. Die χαρίσματα sind wesentliches Mittel zur οἰκοδομή der Gemeinde, wie dann in Kap. 14 festgestellt werden wird. Neben der Betonung des Ziels „zum Nutzen" hält Paulus zugleich auch fest, dass nicht eine bestimmte Person bzw. Gruppe, sondern alle Gemeindeglieder Gaben bekommen, indem er ausdrücklich „jeden"[19] als Objekt des Empfangs der χαρίσματα bezeichnet (V. 7, ebenso V. 11; vgl. 7,7). Der Hochschätzung eines bestimmten χάρισμα[20] und dem damit verbundenen Selbstverständnis des „Charismatikers" wird damit der Boden entzogen.

---

[17]   Ob der Genitiv τοῦ πνεύματος als *genitivus subjectivus* oder als *genitivus objectivus* aufzufassen ist, bleibt sprachlich offen. Doch die Interpretation als *genitivus objectivus* könnte als wahrscheinlicher angenommen werden (so auch A. Robertson/ A. Plummer, 1 Kor, 264), weil dies der Satzstruktur von V.8-10 entspricht. Außerdem kommt τὸ πνεῦμα erst in V.11 als Subjekt vor.

[18]   Anders als in 6,12; 10,23, wo der Gegenstand des Nutzens nicht konkret erwähnt ist, wird hier die Gemeinde als der Gegenstand des Nutzens ausdrücklich bezeichnet.

[19]   Dativobjekt ἑκάστῳ. Laut H. Conzelmann, 1 Kor, 254, wird hier nicht ἑκάστῳ, sondern πρὸς τὸ συμφέρον unterstrichen. Paulus betont zwar den Zweck, aber es handelt sich hier nicht um ein Entweder-Oder.

[20]   Offenbar ist deshalb, dass sich die Argumentation des Paulus gegen die Glossolalie richtet.

In V. 8-10 wird die in V. 7 bezeichnete Manifestation des πνεῦμα in der Aufzählung der χαρίσματα konkretisiert. Offenkundig ist, dass es nicht um eine vollständige Liste der Gaben handelt, sondern um Beispiele. Die Satzstruktur von V. 8-10 entspricht der von V. 7.

Der Vergleich des Satzes von V.8-10 mit V.7

V.7

V.7   ἑκάστῳ δὲ δίδοται ἡ φανέρωσις τοῦ πνεύματος πρὸς τὸ συμφέρον.

V.8-10

V.8   ᾧ μὲν γὰρ διὰ τοῦ πνεύματος δίδοται λόγος σοφίας ,1.,
       ἄλλῳ δὲ λόγος γνώσεως ,2. κατὰ τὸ αὐτὸ πνεῦμα,

V.9   ἑτέρῳ πίστις ,3. ἐν τῷ αὐτῷ πνεύματι,
       ἄλλῳ δὲ χαρίσματα ἰαμάτων ,4. ἐν τῷ ἑνὶ πνεύματι,

V.10   ἄλλῳ δὲ ἐνεργήματα δυνάμεων ,5.,
       ἄλλῳ δὲ προφητεία ,6.,
       ἄλλῳ δὲ διακρίσεις πνευμάτων ,7.,
       ἑτέρῳ γένη γλωσσῶν ,8.,
       ἄλλῳ δὲ ἑρμηνεία γλωσσῶν ,9. ·

Der Vergleich zeigt drei Phänomene: *Erstens* wird das Dativobjekt ἑκάστῳ in V. 7 durch andere Dativobjekte (ᾧ - ἄλλῳ - ἑτέρῳ) in V. 8-10 erweitert; es wird keine bestimmte ekstatische Person bzw. Gruppe als „gegeben" bezeichnet, wodurch Paulus die Vielfalt der Empfänger nachdrücklich unterstreicht. *Zweitens* wird das πνεῦμα in V. 8-9 durch präpositionale Wendungen ausdrücklich als Mittel (διά), Maßstab bzw. Kriterium (κατά)[21] und Instrument (ἐν) bezeichnet; das zeigt, dass als Quelle der Gaben nun nicht an das πνεῦμα, sondern an Gott zu denken ist. Durch die präpositionalen Wendungen hält Paulus fest, dass das πνεῦμα die Begründung der Einheit der Gemeinde als Kraftfeld des πνεῦμα darstellt. *Drittens* wird ἡ φανέρωσις τοῦ πνεύματος (V. 7) in neun χαρίσματα (V. 8-10) konkretisiert; die hier genannten Gaben gelten als Darstellung der in der Gemeinde erkennbaren Vielfältigkeit des Wirkens des πνεῦμα.

Offensichtlich ist diese Aufzählung der χαρίσματα an der Situation der korinthischen Gemeinde orientiert. Die σοφία wird in Korinth hoch geschätzt (1,17ff.), sie wird aber von Paulus vom Standpunkt des Wortes vom Kreuz her durchaus kritisiert. Die γνῶσις wird im Zusammenhang des Götzenopferfleischproblems vor allem in Kap. 8 nachdrücklich diskutiert. Beide Gaben, σοφία und γνῶσις, geben bei den Korinthern Anlass zur Ruhmsucht (vgl. 1,29.31; 8,1). Die weiteren Gaben προφητεία, γένη γλωσσῶν und ἑρμηνεία γλωσσῶν werden in Kap. 14 ausführlich behandelt, wobei vor allem die Hochschätzung der

---

21   A. Lindemann, 1 Kor, 266.

Glossolalie von Paulus abgelehnt und zugleich die Prophetie als kritisches Gegenüber zur unverständlichen Glossolalie und die Übersetzung der Glossolalie als Mittel zu deren Entmystifikation (14,5.13.27) hervorgehoben wird.[22] Auch hier verfolgt Paulus das Ziel, das Phänomen der Glossolalie zu unterdrücken, indem er die Glossolalie durch die Forderung nach Übersetzung einschränkt. Die προφητεία[23] wird in Kap. 14 nicht im Sinne der Enthüllung der Zukunft beschrieben, sondern als das Reden, das die Gemeinde und deren Glieder erbaut und den Glauben fördert (14,3.4.24-25). Dadurch wird das Innere des Menschen aufgedeckt, und es wird überdies die gottesdienstliche Gemeindeversammlung als das Geschehen der Gegenwart Gottes bestätigt. Die im Anschluss an die προφητεία genannte διακρίσεις πνευμάτων kann möglicherweise in Bezug auf die Prophetie begriffen werden als die Fähigkeit, zu beurteilen, ob das Gesagte das richtige Wirken des πνεῦμα ist (vgl. 14,29).[24] Die Einordnung der γένη γλωσσῶν und der ἑρμηνεία γλωσσῶν in der Aufzählung der χαρίσματα bereitet die Argumentation in Kap. 14 vor; Paulus setzt die beiden bewusst an das Ende der Aufzählung, nicht im Sinne einer Betonung, sondern eher im Sinne der Relativierung ihres Stellenwertes.

Paulus führt auch die πίστις auf das Wirken desselben πνεῦμα zurück, und er schildert sie dadurch als Gabe. Die πίστις ist hier wahrscheinlich in einem umfassenden Sinne verstanden, anders als in 13,2, wo sie als „die Fähigkeit, Wunder zu tun"[25] geschildert ist. Auch der im Bekenntnis zu Jesus als dem Herrn geäußerte Glaube (12,3b)[26], der als Heilsglaube bezeichnet werden kann, ist hier wohl nicht gemeint. In der Aufzählung folgen die χαρίσματα ἰαμάτων und die ἐνεργήματα δυνάμεων, ohne von Paulus näher expliziert zu werden. Der pluralische Ausdruck zeigt womöglich die Vielfalt der Erscheinungsformen dieser Fähigkeiten, aber Paulus beschränkt sie auf das Wirken des einen πνεῦμα (V. 9b). In Mt 8,17 wird die Heilungstätigkeit Jesu als Erfüllung der alttestamentlichen Prophetie verstanden, wonach Gott in der messianischen Zeit sein Volk heilen werde (Jes 53,4); dass Paulus

---

[22] Siehe oben die Exegese zu 1 Kor 14 in Kapitel 3 sowie unten 5.1.2 (Das Motiv der Entzauberung der Geistesgaben) dieser Arbeit.

[23] Auch in der Aufzählung von Röm 12,6-8 ist προφητεία als eine Gabe erwähnt. Dort ist sie abhängig von πίστις.

[24] Vgl. 1 Thess 5,21. Siehe zum Kriterium, nach dem man die falschen Propheten erkennen kann, Did 11,8.

[25] H. Conzelmann, 1 Kor, 247, versteht den Glauben in V.9 so; so auch H. Schürmann, Gnadengaben, 394. Diese Auslegung ist möglich, wenn man vermutet, Paulus begreife dies als ähnliche Gabe wie die folgenden Gaben χαρίσματα ἰαμάτων und ἐνεργήματα δυνάμεων. Aber dann gibt es keine Unterschiede zwischen ihnen.

[26] Dort erläutert Paulus, dass das Bekenntnis zu Jesus auf das Wirken des πνεῦμα zurückgeht.

Gnadengaben der Heilkräfte (χαρίσματα ἰαμάτων)[27] hier in dieser Weise versteht und dass solche Heilungstaten in der korinthischen Gemeinde wirklich ausgeübt wurden, lässt sich nicht zeigen. Ebenfalls nicht präzise ist auch zu definieren, was Paulus unter dem Ausdruck ἐνεργήματα δυνάμεων[28] versteht: Geht es im allgemeineren Sinne um Heilung[29], oder geht es womöglich speziell um Exorzismus?[30] In V. 11 fasst Paulus seine Aussagen zusammen. Alles, was er bisher genannt hat, führt er auf das Wirken ein und desselben πνεῦμα zurück.[31] Das πνεῦμα ist nachdrücklich als Urheber der χαρίσματα bezeichnet, es bewirkt all dieses (πάντα ταῦτα). Das Ziel des Paulus besteht dabei nicht darin, die göttliche Herkunft der in der Gemeinde erfahrbaren Erscheinungen anzuerkennen und sie dadurch zu legitimieren; vielmehr will er dieselbe Herkunft aller χαρίσματα betonen und dadurch den Enthusiasten die Basis des aufgrund einer bestimmten Gabe angetriebenen menschlichen Stolzes entziehen. Dies verstärkt er abermals durch die Verwendung von ἰδίᾳ ἑκάστῳ: Die χαρίσματα werden nicht bestimmten Personen verliehen, sondern jeder, welcher der Gemeinde dient und zu deren οἰκοδομή beiträgt, wird als Geistbegabter bzw. Pneumatiker legitimiert. Daher steht der Ausdruck ἰδίᾳ ἑκάστῳ der Verabsolutierung der Pneumatiker gegenüber. Überdies weist Paulus durch die Betonung der Souveränität bzw. Initiative des πνεῦμα (καθὼς βούλεται, vgl. V. 18) auf, dass die χαρίσματα entsprechend dem Willen des πνεῦμα verliehen werden, und dass sie deshalb keinen Grund dafür bieten, als menschliche Fähigkeiten verstanden zu werden, derer man sich rühmen könnte. Eine bestimmte Gnadengabe begründet keine Umwertung der menschlichen Fähigkeiten und signalisiert keine magisch wirkende, übernatürliche Begabung, sondern sie belegt allein das Wirken des πνεῦμα.

Die Existenz der Gemeinde ist bei Paulus die Existenz im πνεῦμα, und daher ist die Gemeinde als der Wirkungsbereich des πνεῦμα verstanden.[32] Das πνεῦμα manifestiert sich zwar auch in vielen sichtbaren Erscheinungen innerhalb der Gemeinde; aber die Wirkungen des πνεῦμα werden vor allem gekennzeichnet als das Bekenntnis zu Jesus und als die χαρίσματα, die zum Nutzen der Gemeinde gegeben sind. Daher soll

---

27 Das Substantiv ἴαμα kommt im NT nur in 1 Kor 12 (V.9.29.30) vor.
28 Vgl. Gal 3,5: ἐνεργῶν δυνάμεις. Die δύναμις ist hier als Wundertat zu verstehen.
29 So H. Conzelmann, 1 Kor, 255.
30 So H. Conzelmann, 1 Kor, 255 Anm. 29; A. Robertson/ A. Plummer, 1 Kor, 266; so auch B. Kollmann, Jesus und die Christen als Wundertäter, 341.
31 H. Hübner, Theologie II, 189f., meint, dass Paulus in V.11 „einen pneumatologischen Grundsatz" aufstellt und dieser pneumatologische Grundsatz zugleich „ein ekklesiologischer Grundsatz" ist.
32 Vgl. R. Bultmann, Theologie, 155: „In der Taufe ist allen Christen der Geist geschenkt worden; in der gottesdienstlichen Feier der Gemeinde erweist er sich als in ihnen lebendig."

die Gemeinde ihre verschiedenen Begabungen als gleichrangig und als zugeteilte Gaben verstehen. Vielfalt und Einheit der χαρίσματα bilden darüber hinaus den Grund für die Vielfalt und Einheit der Gemeinde als realer Größe; denn die χαρίσματα sind „Ausdruck der vom Geist gewährten und bewirkten Vielfältigkeit in der Einheit".[33] Angesichts der in Korinth vorhandenen Tendenz, eine individualistische, pneumatische Strömung innerhalb der Gemeinde zu entwickeln und eine bestimmte Gabe höher einzuschätzen als andere, weist Paulus ausdrücklich auf die Tatsache hin, dass das πνεῦμα in der Gemeinde und zu deren Nutzen bzw. οἰκοδομή gegeben ist. Es zeigt sich, dass das paulinische Verständnis der χαρίσματα auf seiner theologischen Konzeption, insbesondere auf seinem Verständnis der Gemeinde und der christlichen Existenz, beruht. Seine Pneumatologie ist somit als eine direkte Konsequenz seiner Ekklesiologie aufzufassen.

4.1.1.2 Die Beauftragung durch Gott (12,28)

In der zweiten Aufzählung der Ämter und der χαρίσματα in 12,28-30[34] ist wiederum von der Glossolalie die Rede. Nachdem Paulus die Gemeinde als einen vielfältig gegliederten Leib beschrieben hatte (V. 12-26)[35], geht er unmittelbar auf die Adressaten ein, indem er die 2. Person Plural verwendet: „Ihr aber seid Leib Christi und einzeln genommen Glieder" (V. 27, vgl. V. 2). Diese Aussage setzt das in V. 12-26 Gesagte voraus und kann deswegen als dessen Fazit[36] begriffen werden; ein Bruch des paulinischen Gedankengangs ist also nicht erkennbar. Die Gemeinde wird ein Leib, und die Einzelnen als dessen Glieder bilden „aufgrund ihrer Zugehörigkeit zu Christus"[37] den „Leib Christi" (σῶμα Χριστοῦ). Mit diesem Begriff wird die paulinische Argumentation über die Einheit der Gemeinde als des einen Leibes sowie die Vielfalt in der Gemeinde verdeutlicht und geschärft.

In V. 28, unmittelbar im Anschluss an V. 27[38], stellt Paulus dar, dass Gott die Glieder mit unterschiedlichen Funktionen in der Gemeinde

---

[33]   U. Schnelle, Paulus, 231.

[34]   Die Annahme, die Aufzählung in 12,8-10 meine die korinthischen Wertungen und Paulus beschreibe die zweite Aufzählung in 12,28-30 als Korrektur dazu (H. Schürmann, Gnadengaben, 395), ist nicht zu akzeptieren. Denn schon in 12,8-10 ist die indirekte Kritik des Paulus an den Adressaten enthalten und die beiden Texte sagen nichts anderes, obgleich einige unterschiedliche χαρίσματα genannt werden. Vielmehr ist die Aufzählung in 12,28-30 als konkrete Ergänzung des Glied-Seins innerhalb der Gemeinde zu verstehen, von dem in 12,12-26 und V.27 gesprochen wurde.

[35]   Siehe unten 4.2.1.1.

[36]   So A. Lindemann, 1 Kor, 275. Vgl. unten Anm. 172 dieses Kapitels.

[37]   A. Lindemann, 1 Kor, 275.

[38]   A. Lindemann, Kirche, 146 Anm. 55. Seinem Vorschlag zufolge ist das καὶ οὓς als ein verkürzter Ausdruck für καὶ ἐστε οὗτοι οὓς zu begreifen. Daher gibt es keinen syntaktischen – grammatischen – und thematischen Bruch zwischen

eingesetzt hat. Die Glieder von V. 27 werden als Personen mit Ämtern oder mit χαρίσματα konkretisiert. Jetzt wird, anders als in V. 4-6, Ursprung dieser Ämter allein auf Gott konzentriert; dennoch wird natürlich auch hier deutlich, dass die genannten Ämter und Funktionen nicht auf menschliche Fähigkeiten oder auf menschliche Auswahl zurückgehen, sondern auf Gott. Die souveräne Initiative Gottes – seine Gnade und Allmacht – wird damit besonders unterstrichen (vgl. V. 11)[39]; allein die Beauftragung durch Gott ermöglicht diese Ämter und Funktionen. Die Verwendung des Verbs ἔθετο (Aorist Medium [40] von τίθημι[41]) scheint ein Echo auf V. 18 zu sein, wo gesagt worden war, Gott habe die Glieder im Leib eingesetzt (der Aorist besitzt hier möglicherweise konstatierenden Aspekt). Paulus gebraucht den Begriff ἐκκλησία hier erstmals in der Darstellung der πνευματικά, zugleich verbindet er durch die Ortsangabe (ἐν τῇ ἐκκλησίᾳ, vgl. 14,19) die Ämter und Funktionen konkret mit dem Gemeindeleben.

Paulus nennt am Anfang der Aufzählung drei Ämter: ἀπόστολοί προφήται[42] und διδάσκαλοι.[43] Möglicherweise sind sie unter dem Gesichtspunkt der Verkündigung oder des Wortdienstes miteinander zu verknüpfen[44], vielleicht lassen sie sich auch als Lehrtätigkeit im umfassenden Sinne begreifen.[45] Durch die Ordinalzahlen πρῶτον, δεύτερον und τρίτον zeigt Paulus ein Urteil über die Wichtigkeit an, aber eine konkrete hierarchische Rangordnung in der Gemeinde wird damit nicht bezeichnet.

In V. 28b wechselt Paulus vom Konkreten zum Abstrakten: Es geht nicht um die Personen, sondern um die Gaben selbst (wie in V. 8-10). Die fünf Gaben werden nicht in einer hierarchischen Reihenfolge genannt; aber es ist sicher kein Zufall, dass Paulus auch hier die Glosso-

---

V.27 und V.28 (anders H. Conzelmann, 1 Kor, 262 Anm. 40; A. F. Zimmermann, Lehrer, 108). Siehe zu (καὶ) μέν ohne korrelatives (καὶ) δέ BDR § 447,15.

[39] Aber das Tempus des Verbs verändert sich vom Präsens (V.11) zum Aorist (V.28) und auch das Subjektiv vom Geist zu Gott.

[40] Nach A. Robertson/ A. Plummer, 1 Kor, 278, impliziere das Medium, Gott habe die Funktionen für sein Ziel eingesetzt.

[41] Siehe BDR § 316,2.

[42] Siehe zu προφητεία oben die Auslegung zu 12,10 in diesem Kapitel.

[43] In Röm 12,7 ist die Partizipform ὁ διδάσκων genannt. Vgl. H. Greeven, Propheten, Lehrer, Vorsteher bei Paulus, in: K. Kertelge (Hg.), Das kirchliche Amt im Neuen Testament, Darmstadt 1977, 325 Anm. 36. A. F. Zimmermann, Lehrer, 112f., behauptet überdies, diese Nennung der drei Amtsträger in 12,28 sei ein Zitat der antiochenischen Trias zugunsten eines „ökumenischen" Zugeständnisses des Paulus an die Ekklesiologie der Kephaspartei. Dies scheint mir zweifelhaft.

[44] Vgl. J. Roloff, Kirche, 139.

[45] Von einer doppelten Amtsstruktur bei Paulus, bei der sich einerseits Apostel auf die Gesamtkirche bezieht und andererseits Prophet und Lehrer auf die einzelne Ortsgemeinde, ist hier nicht zu sprechen (gegen K. Kertelge, Der Ort des Amtes in der Ekklesiologie des Paulus, in: ders., Grundthemen paulinischer Theologie, 228).

lalie (γένη γλωσσῶν) an letzter Stelle nennt. Abermals zeigt sich deutlich die Intention, diese Gabe nicht etwa hervorzuheben, sondern im Gegenteil zu relativieren. Die ersten beiden Begriffe δυνάμεις und χαρίσματα ἰαμάτων werden in umgekehrter Reihenfolge als in V. 9-10 erwähnt, sie sind jeweils mit ἔπειτα in der Aufzählung verbunden. Die dazwischen stehenden Begriffe ἀντιλήμψεις und κυβερνήσεις[46] werden weder in der ersten Aufzählung noch in den folgenden rhetorischen Fragen (V. 29-30)[47] erwähnt. Indem er diese beiden Begriffe in der Aufzählung nennt, erklärt Paulus anschaulich, dass das Wirken des πνεῦμα nicht auf ekstatische, übernatürliche Manifestationen eingeschränkt wird. Dies fungiert wohl als deutliche Kritik an der Tendenz der Korinther, ein bestimmtes Phänomen – Glossolalie als die ekstatische Rede – höher einzuschätzen und sich dessen zu rühmen. Die genannten Ämter und χαρίσματα sind freilich nicht als eine vollständige Aufzählung zu begreifen; sie sind vielmehr zur Betonung der Vielfalt im repräsentativen Sinne verwendet. Der Gesichtspunkt, unter dem Paulus die χαρίσματα schildert, ist die Einheit der Gemeinde in der Vielfalt und Verschiedenheit.

Die wiederholten rhetorischen Fragen in V. 29-30 implizieren offenbar, dass sich Paulus gegen Personen wendet, die sich als hervorragend ansehen; die Fragen setzen selbstverständlich eine verneinende Antwort voraus. Daraus ergibt sich, dass nicht alle nur ein bestimmtes Amt bzw. eine bestimmte Funktion ausüben, und dass niemand über alle unterschiedlichen χαρίσματα verfügt; die Verabsolutierung einer bestimmten Gabe erweist sich daher als falsch. Darüber hinaus relativiert Paulus Glossolalie erneut, indem er sie durch die Erwähnung der Übersetzung abermals einschränkt (vgl. V. 10).

In V. 31a zeigt sich, dass die Wirklichkeit der Adressaten im Gegensatz zur bisherigen paulinischen Argumentation steht, wenn ζηλοῦτε als Indikativ[48] zu lesen ist, also als das Urteil des Paulus über den Zustand in Korinth: „Ihr aber sucht nach den größeren Gnadengaben.“ Durch die Darstellung der χαρίσματα erklärt Paulus konkret das Glied-Sein innerhalb der als ein Leib geschilderten Gemeinde: Die Personen, die jeweils über ein χάρισμα verfügen, spielen als Glieder jeweils eine eigene Rolle innerhalb der Gemeinde. Auffallend ist, dass Paulus ent-

---

[46]   Chr. Wolff, 1 Kor, 308, versteht diese Gabe als die auf die Leitung des Gottesdienstes bezogene ordnende Tätigkeit in der Gemeinde.

[47]   A. Lindemann, 1 Kor, 278, zeigt, diese Auslassung dieser beiden Gaben in V.29-30 könnte bedeuten, dass sie womöglich von allen Gliedern ausgeübt werden.

[48]   So Chr. Wolff, 1 Kor, 308; A. Lindemann, 1 Kor, 208; G. Iber, Zum Verständnis von 1 Cor 12,31, in: ZNW 54, 1963, 43-52. Die Verwendung der adversativen Konjunktion δέ ist insbesondere zu beachten (vgl. BDR § 447,1). Andererseits versteht J.F.M. Smit, Two Puzzles: 1 Corinthians 12.31 and 13.3: A Rhetorical Solution, in: NTS 39, 1993, 247ff., ζηλοῦτε als ironischen Appell; so auch V.P. Furnish, Theology, 97.

gegen dem Verständnis der Adressaten die Begriffe χαρίσματα und „Begabte" verallgemeinert.[49] Es gibt kein Amt und keine Funktion in der Gemeinde, die nicht χάρισμα wäre; daher sind alle, die sich zu Jesus als Herrn bekennen und mit ihrem χάρισμα in der Gemeinde als dem einen Leib in Verantwortung zu deren οἰκοδομή stehen, „Begabte" und Pneumatiker. Durch diese Demokratisierung der χαρίσματα und durch deren theologische Verankerung in der Beauftragung durch Gott erweist sich eine Rangordnung der χαρίσματα als fundamental unmöglich; es ist deshalb problematisch, die paulinische Aufzählung der χαρίσματα als Spiegel einer in den Gemeinden tatsächlich vorhandenen pneumatischen Ordnung bzw. Verfassung zu begreifen. Die Darstellung der χαρίσματα ist nichts anderes als die konkrete Erläuterung der neuen Verantwortung[50] in der Gemeinde, insofern Paulus den Nutzen der Gemeinde (12,7) oder deren οἰκοδομή (1 Kor 14) zum Maßstab macht. Die Echtheit der χαρίσματα wird nicht erkannt an einer ekstatischen, übernatürlichen Erscheinung, sondern am Dienst und an der Verantwortung gegenüber der Gemeinde. Somit wird klar: Die Argumentation des Paulus kann nicht einfach im paränetischen Zusammenhang verstanden werden[51]; vielmehr richtet sie sich gegen den korinthischen Enthusiasmus, vor allem gegen die in Kap. 14 nachdrücklich kritisierte Glossolalie. Paulus veranschaulicht, dass die Glossolalie nur eines unter verschiedenen und unterschiedlichen χαρίσματα ist, und dass deshalb auch die hoch geschätzte Glossolalie relativiert werden muss.

4.1.2 Glossolalie und ἀγάπη

Nachdem er gegen das Streben der Adressaten nach den größeren Gnadengaben (12,31a) den hervorragenden Weg als Alternative (12,31b) dargestellt hat[52], expliziert Paulus in Kap. 13, was der hervorragende Weg bedeutet.[53] Damit veranschaulicht er zugleich, was seine Aussage von 8,1b (ἡ δὲ ἀγάπη οἰκοδομεῖ) bedeutet.[54] Durch die Rela-

---

[49] Vgl. H. Conzelmann, Theologie, 294.

[50] Siehe zur Darstellung in Hinsicht der Verantwortung in der Gemeinde insbesondere E. Käsemann, Amt und Gemeinde im Neuen Testament, in: K. Kertelge (Hg.), Das kirchliche Amt im Neuen Testament, Darmstadt 1977, 173-204.

[51] So aber U. Blockhaus, Charisma, 209f.

[52] Wenn man 12,31a als Indikativ liest, entfällt das Problem, das beim Begreifen von 12,31a als Imperativ entsteht, d.h. das ambivalente Verhältnis des Paulus, das einerseits das Streben nach den größeren Gaben fordert, aber andererseits zugleich eine bestimmte Gabe abzuwerten versucht (so aber U. Brockhaus, Charisma, 176f.).

[53] Siehe oben zum Kontext von Kap. 12-14, d.h. der Stellung des 1 Kor 13 3.1.1 dieser Arbeit.

[54] Vgl. V. Furnish, Theology, 98.

tivierung aller Gaben aus Sicht der ἀγάπη[55] wird die Argumentation des Paulus gegen den korinthischen Enthusiasmus noch stärker. Erkennbar wird außerdem, dass er auch hier die Glossolalie im Blick hat und sie direkt oder indirekt kritisiert. Kap. 13 ist also eng sowohl auf die Situation der Adressaten als auch auf den unmittelbaren Kontext des Briefes bezogen.[56] Paulus versucht, das bei den Adressaten vorhandene Verständnis der Gaben zu korrigieren und diesem gegenüber eine neue Perspektive durchzusetzen.[57] Die Situation von Kap. 13 ist offensichtlich die Auseinandersetzung mit dem religiösen Enthusiasmus; Paulus will das Interesse der Adressaten von den Gaben selbst auf den Nutzen bzw. die οἰκοδομή lenken, indem er in Kap. 13 und auch in Kap. 14 die Auswirkung der Gaben für die Gemeinde behandelt, die zuvor in Kap. 12 so noch nicht konkret erwähnt worden war.

4.1.2.1 Die Grenze der χαρίσματα (13,1)
Im ersten Abschnitt von Kap. 13 (V. 1-3) stellt Paulus die ἀγάπη den verschiedenen religiösen sowie ethischen Tätigkeiten gegenüber, und er gibt zugleich ein Urteil über eine solche Tätigkeit, wenn sie ohne ἀγάπη geschieht. Damit kritisiert er wahrscheinlich die Tendenz, die eigene Existenz auf das zu gründen, worüber man verfügt oder was man besitzt. Die ἀγάπη ist also womöglich als eine entscheidende Herausforderung an alles menschliche Streben aufzufassen.
Paulus formuliert die Aussagen in V. 1-3 im Grunde in drei Sätzen, wie die folgende Tabelle zeigt.

Struktur von V.1-3

Bedingungssatz		Hauptsatz (Konsequenz: Urteil)
Nachsatz (Kriterium)	**Vordersatz** (Gaben/ Leistungen)	
V.1	Ἐὰν ταῖς γλώσσαις τῶν ἀνθρώπων λαλῶ καὶ τῶν ἀγγέλων,	

---

[55] Die ἀγάπη ist jedoch nicht als die höchste Gabe, welche den Wert der übrigen Gaben verneint, zu verstehen; vielmehr fungiert sie als Kriterium für die οἰκοδομή der Gaben in der Gemeinde.

[56] So V. Furnish, Theology, 96f.; A. Lindemann, 1 Kor, 280f.; R.P. Martin, The Spirit and the Congregation. Studies in 1 Corinthians 12-15, Grand Rapids 1984, 39-56; M.M. Mitchell, Paul, 270f.; G. Sellin, Hauptprobleme, 2984; F. Voss, Wort, 239f.; O. Wischmeyer, Weg, 36f.

[57] Das Verständnis von M.M. Mitchell, Paul, 270ff., die Liebe sei „the antidote to factionalism in Korinth", ist in dieser Hinsicht zuzustimmen, selbst wenn es zweifelhaft ist, ob „the factionalism" vom Text selbst aus festgestellt werden kann.

		γέγονα χαλκὸς ἠχῶν ἢ κύμβαλον ἀλαλάζον.
ἀγάπην δὲ μὴ ἔχω,		
V.2	καὶ ἐὰν ἔχω προφητείαν καὶ εἰδῶ τὰ μυστήρια πάντα καὶ πᾶσαν τὴν γνῶσιν καὶ ἐὰν ἔχω πᾶσαν τὴν πίστιν ὥστε ὄρη μεθιστάναι,	
ἀγάπην δὲ μὴ ἔχω,		οὐθέν εἰμι.
V.3	κἂν ψωμίσω πάντα τὰ ὑπάρχοντά μου καὶ ἐὰν παραδῶ τὸ σῶμά μου ἵνα καυθήσομαι.	
ἀγάπην δὲ μὴ ἔχω,		οὐδὲν ὠφελοῦμαι.

Formal und inhaltlich gesehen kontrastieren die Nebensätze (ἐάν-Sätze[58]), in denen fünf positiv formulierte Bedingungssätze (Vordersatz) durch einen dreimaligen negativ formulierten Bedingungssatz (Nachsatz) eingeschränkt sind, mit dem jeweiligen Hauptsatz.[59] In den jeweils durch den ἐάν-Satz eingeleiteten Nebensätzen werden nämlich einerseits Gaben (V. 1-2) bzw. menschliche Leistungen (V. 3), die in den Vordersätzen erwähnt werden, durch δέ nachdrücklich dem dreimaligen, gleichen Nachsatz gegenübergestellt (ἀγάπην δὲ μὴ ἔχω), der sowohl als Antithese dazu wie auch als Kriterium für diese Fähigkeiten beschrieben ist. Andererseits kontrastiert jeder Vordersatz im Nebensatz mit dem die Konsequenz darstellenden Hauptsatz. Diese Konsequenz ist offensichtlich das klare Urteil des Paulus über Gaben und Leistungen ohne ἀγάπη, d.h. ohne die Praktizierung der ἀγάπη. Die Form von V. 1-3 wird oft als „Wertepriamel"[60] oder „Priamel"[61], d.h. als Antwort auf die Frage nach dem Höchstwert betrachtet. Der Höchstwert wird dort gegen andere abgesetzt. Die Bedingungssätze von V. 1a.2a.3a setzen womöglich die in Korinth allgemein anerkann-

---

[58] Das Eventualis (ἐάν-Satz: ἐάν+Konj.) ist hier keinesfalls als hypothetisch zu verstehen; vielmehr setzt Paulus damit einen möglichen Fall voraus.
[59] Vgl. G. Bornkamm, Der köstlichere Weg, 223: „Form und Inhalt dieser bewegten Sätze stimmen genau zusammen: fünfmal setzen die bedingenden Vordersätze gleichmäßig an; sie rollen wie Wellen heran, im zweiten Vers zu drei Satzgliedern anschwellend, und zerschellen an dem dreimal gleichen ἀγάπην δὲ μὴ ἔχω, und die Nachsätze bringen diese Vergeblichkeit des Anlaufes mit eindringlicher Gleichmäßigkeit zum Ausdruck: οὐθέν εἰμι – οὐδὲν ὠφελοῦμαι."
[60] O. Wischmeyer, Weg, 208f.; Chr. Wolff, 1 Kor, 312. O. Wischmeyer, Weg, 213 und 217, sieht auch in V.8 sowie V.13 eine Wertepriamel.
[61] K. Berger, Formgeschichte, 212f.

ten Werte voraus.[62] Gleichwohl sind die Aussagen von V. 1-3 nur schwer als Antwort des Paulus auf die Frage danach anzusehen, was der höchste Wert ist. Denn die paulinischen Aussagen scheinen weniger eine Antwort, sondern eher eine Ablehnung der Antwort zu sein. Er beschreibt die ἀγάπη anschaulich als die Antithese zum Verhalten der Adressaten (12,31a); aus der Sicht der ἀγάπη erweist sich die Frage nach den höheren Gaben als durchaus unmöglich. Die Relativierung der Gaben durch die ἀγάπη zielt somit auf die Demokratisierung aller Gaben. Die ἀγάπη ist offensichtlich nicht die höchste Gabe, sondern sie ist das Kriterium für die οἰκοδομή der Gaben innerhalb der Gemeinde.

Paulus erwähnt zunächst bewusst die in der korinthischen Gemeinde hoch geschätzte Glossolalie.[63] Es ist umstritten, was konkret er unter dem Reden mit Menschenzungen und dem mit Engelszungen versteht.[64] Zum einen wird gesagt, beides beziehe sich auf die Glossolalie[65], zum andern aber wird auch vorgeschlagen, das Erste meine die Prophetie, das Zweite die Glossolalie.[66] Aber das Reden mit Menschenzungen braucht sich nicht nur auf Glossolalie selber[67], sondern es kann sich auch auf die verschiedenen Redeweisen im umfassenden Sinne beziehen.[68] Der Begriff „Reden mit Engelszungen" meint möglicherweise die Glossolalie, die als himmlische Sprache im Sinne von TestHi 47-52[69] angesehen wird. Die Korinther verstehen womöglich aufgrund dieser Vorstellung einer himmlischen Sprache die Glossolalie als den Beweis ihres zukünftigen himmlischen Zustandes.[70] Der Vorstellung einer Sprache in der himmlischen Welt, die das apokalyptische Weltbild voraussetzt, begegnen wir auch in ApkZeph 8 und CorpHerm I (Poimandres) 24-26.[71] Das Lobpreisen in der Sprache der Engel könnte bei den Korinthern als eine Art „Vorgriff auf eschatologische Vollendung"[72] verstanden worden sein. Gleichwohl expliziert das Verständnis der Glossolalie als des „Redens mit Engelszun-

---

[62] So H. Conzelmann, 1 Kor, 270.

[63] Vgl. H. Conzelmann, 1 Kor, 271: „Paulus folgt der korinthischen Rangordnung [Glossolalie (V.1) – Prophetie (V.2)] der Geistesgaben."

[64] Vgl. D.B. Martin, Tongues, 559, hält 13,1 für eine rhetorische Konstruktion.

[65] Beispielsweise V. Scippa, La glossolalia nel Nuovo Testamento. Ricerca secondo il metodo storico-critico e analitico-structtrale, Neapel 1982, 219 Anm. 5.

[66] Beispielsweise W. Pratscher, Glossolalie, 130f.

[67] H.-J. Klauck, 1 Kor, 94, denkt an Fremdsprachen wie im Pfingstbericht. Andererseits rechnet O. Wischmeyer, Weg, 40, auch mit inspirierten „Pseudosprachen".

[68] So A. Lindemann, 1 Kor, 282. Chr. Wolff, 1 Kor, 313, denkt darunter an „ein gottesdienstliches Reden".

[69] Siehe dazu 2.3.4 dieser Arbeit.

[70] Vgl. G.D. Fee, Glossolalia, 32f.

[71] Siehe auch 2.3.4 dieser Arbeit.

[72] F. Lang, Kor, 182.

gen" nicht die Darstellung, die dann in 14,2 gegeben wird[73]; denn dort legitimiert Paulus nicht die Glossolalie als himmlische Sprache, sondern er kritisiert deren Unverständlichkeit. Wenn die ἀγάπη nicht praktiziert wird (ἀγάπην δὲ μὴ ἔχω)[74], dann wird sogar ein solches Reden – eine Sprache in der himmlischen Welt – zum „hallenden Erz" oder zur „gellenden Zymbel" (κύμβαλον[75]). Somit wird die ἀγάπη zum Kriterium für die Geltung eines solchen Redens, also für die οἰκοδομή. Das „Ich" bezieht sich nicht auf Paulus selber, sondern auf ein generalisierendes „Ich".[76] Dass Paulus an die in heidnischen Kulten verwendeten Instrumente denkt oder voraussetzt, was diese Instrumente in orgiastischen Kulten bedeuten[77], ist fraglich. Die Aussage ist vielmehr im Zusammenhang mit 14,6ff. zu begreifen, wo das Phänomen der Glossolalie als unverständliche Rede durch Vergleiche mit undeutlichen Tönen expliziert wird. Die Interpretation, wonach 13,1 die Aussage von 14,4a verschärfe, indem das Verhältnis des Einzelnen zur Glossolalie erklärt werde[78], besitzt wenig Wahrscheinlichkeit, da die Aussage in 14,4a auf keinen Fall positiv gelesen werden kann.[79]

In V. 2 spricht Paulus von der Prophetie im ersten ἐάν-Satz und dann im zweiten vom Glauben.[80] Anders als in Kap. 14, wo Glossolalie und Prophetie einander kontrastieren, sind sie hier nebeneinander gestellt. Das besagt jedoch nicht, dass er hier nicht gegen die Glossolalie polemisiert und sie lediglich in den richtigen Rahmen zu setzen versucht[81]; vielmehr verdeutlicht die Aussage nur, dass Paulus die Gaben grundsätzlich relativiert.[82] Er verbindet Prophetie mit dem Wissen um Geheimnisse sowie um Erkenntnis, und er expliziert dadurch den Inhalt der Prophetie.[83] Der Begriff Geheimnisse (μυστήρια) ist hier im Zusammenhang des apokalyptischen Sprachgebrauchs, d.h. als Wissen des eschatologischen Willens Gottes zu verstehen.[84] Der Begriff

---

[73]   So aber R.B. Hays, 1 Kor, 223. Siehe oben die Analyse zu 14,2 in Kapitel 3 dieser Arbeit.

[74]   Die ἀγάπη ist in V.1-3 als Objektiv beschrieben. Aber das bedeutet nicht, dass sie nur der Gegenstand des Besitzes ist.

[75]   Das κύμβαλον ist ein *hapax legomena* im NT. Vgl. K.L. Schmidt, Art. κύμβαλον, in: ThWNT III, 1037f.

[76]   So O. Wischmeyer, Weg, 90f.

[77]   So aber C.K. Barrett, 1 Kor, 300; Chr. Wolff, 1 Kor, 314f. ; R.B. Hays, 1 Kor, 223; A. Robertson/ A. Plummer, 1 Kor, 289; so auch W. Harris, 'Sounding Brass' and Hellenistic Technology, in: BAR 9, 1982, 38-41.

[78]   So aber O. Wischmeyer, Weg, 47: „Auch die eigene Erbauung ist nützlich, wenn man ἀγάπη hat."

[79]   Siehe oben die Analyse zu 14,4 in Kapitel 3 dieser Arbeit.

[80]   Diese Gaben sind in der abweichenden Reihenfolge zu 12,8-10 beschrieben.

[81]   Gegen R.B. Hays, 1 Kor, 222.

[82]   Vgl. G. Sellin, Hauptprobleme, 3010: „Die Liebe relativiert alle Charismen."

[83]   G. Dautzenberg, Prophetie, 150f. Andererseits erklärt Paulus in 14,3 die Wirkungen der Prophetie.

[84]   So G. Dautzenberg, Prophetie, 153-156.

γνῶσις wird offenbar durch die Korinther soteriologisch und eschatologisch verstanden und von Paulus kritisch diskutiert (insbesondere in Kap. 8). Von V. 2 aus ist die indirekte Kritik des Apostels am Verständnis des Erkennens durch die Korinther abzuleiten.[85] Anschließend fügt Paulus die Gabe des Glaubens hinzu (vgl. 12,9), verdeutlicht durch die bekannte jüdische Vorstellung vom „Berge versetzen"[86] als wunderwirkende Kraft. Erneut macht die Antithese ἀγάπην δὲ μὴ ἔχω die Aufzählung der genannten Gaben sinnlos: Selbst wenn „Ich" die Gabe der Prophetie als einer solchen oder die Gabe des Glaubens als eines solchen habe, mir aber die ἀγάπη mangelt[87], dann bin „Ich" nichts. Paulus veranschaulicht damit die Konsequenz der Existenz ohne ἀγάπη nachdrücklich.[88]

In V. 3 stellt Paulus radikale ethische Handlungsweisen der ἀγάπη gegenüber. Er erwähnt zwei Formen der Selbstverleugnung – zum einen die Preisgabe des gesamten Eigentums, zum andern die Preisgabe des eigenen Lebens. Beide Handlungen sind nicht hypothetisch, sondern durchaus denkbar in Bezug auf den religiösen Enthusiasmus. Das textkritische Problem, ob die Lesart καυθήσομαι primär ist oder ob die Lesart καυχήσωμαι eigentlich ist, ist umstritten. Beide Lesarten sind durch wichtige Handschriften bezeugt: καυθήσομαι wird gelesen von den Majuskeln C D F G L sowie den Minuskeln 6. 81. 104. 630. 945, die von Nestle/ Aland im Text vorgeschlagene Lesart καυχήσωμαι ist durch 𝔓⁴⁶ ℵ A B 048 sowie 33. 1739* pc co u.a. bezeugt. Ein Urteil lässt sich nicht nach dem äußeren Textbefund, sondern nur nach inhaltlichen Kriterien abgeben. Gibt man der Lesart καυχήσωμαι den Vorzug, dann geht es um „das Charisma des urchristlichen Apostolats"[89], d.h. es wäre gesagt, dass die Apostel durch die Preisgabe des eigenen Körpers nach Ruhm streben (vgl. 9,15), und da kaum gemeint sein dürfte, dass eine von der ἀγάπη angetriebene Preisgabe des Körpers solchen Ruhm hervorruft[90], könnte Paulus tatsächlich an die Bereitschaft zur Preisgabe des σῶμα im Feuertod gedacht haben.[91] Die Struktur von V. 1-3 signalisiert allerdings, dass die von Paulus betonte Kritik nicht durch den Finalsatz im Vordersatz, sondern durch das Kriterium im Nachsatz ausgedrückt wird: Unter der Perspektive der ἀγάπη

---

[85] Vgl. insbesondere O. Wischmeyer, Weg, 68f.
[86] Vgl. P. Billerbeck, Kommentar I, 759. Dieser Ausdruck kommt im Jesuslogion Mk 11,22f. Parr. vor.
[87] Bei Paulus ist der Glaube mit der ἀγάπη verbunden (Gal 5,6).
[88] Vgl. C. Focant, 1 Corinthians 13. Analyse rhétorique et analyse de structures, in: R. Bieringer, Hg., The Corinthian Correspondence, 199-245, hier 221.
[89] O. Wischmeyer, Weg, 80; so auch F. Voss, Wort, 249; G.D. Fee, 1 Kor, 634f.
[90] Zutreffend A. Lindemann, 1 Kor, 286: „Paulus würde kaum sagen können, ein von ἀγάπη begleitetes καυχᾶσθαι sei im Zusammenhang der Preisgabe des σῶμά möglich und diese bringe dann „Nutzen"."
[91] So H. Conzelmann, 1 Kor, 272f.; G. Bornkamm, Der köstliche Weg, 225f.; A. Lindemann, 1 Kor, 285f.

werden alle solchen radikalen Handlungsweisen als disqualifiziert festgestellt; ohne die Praktizierung der ἀγάπη sind sie nutzlos. In V. 1-3 relativiert Paulus also die von den Adressaten als besonders wichtig angesehenen Gaben oder Eigenschaften und Leistungen. Die Aussagen sind offenkundig auf die korinthische Gemeindesituation bezogen[92]: Wenn sie nicht durch die ἀγάπη praktiziert werden, bleiben die χαρίσματα bzw. die religiösen und ethischen Tätigkeiten nutzlos und sinnlos. Dabei ist die ἀγάπη nicht eine mit anderen zu vergleichende Gabe, aber auch nicht in dem Sinne, dass sie die höchste Gabe wäre; sie soll vielmehr das ursprüngliche Motiv für die Praktizierung der genannten Gaben und Handlungen und zugleich deren Grenze sein. Die Erwähnung der ἀγάπη bildet somit offenkundig die Herausforderung durch Paulus an die enthusiastische religiöse Bewegung innerhalb der korinthischen Gemeinde.

4.1.2.2 Aufhören und Bleiben (13,8)
Im letzten Abschnitt (V. 8-13)[93], in dem Paulus vom eschatologischen Bleiben der ἀγάπη spricht, wird die Glossolalie erneut relativiert.

Struktur von V.8-13

		Positiv	Negativ
V.8	Kontrast 1	ἀγάπη: Bleiben (V.8a)	Gaben: Aufhören (V.8b)
		Ἡ ἀγάπη οὐδέποτε πίπτει·	εἴτε δὲ προφητεῖαι, καταργηθήσονται· εἴτε γλῶσσαι, παύσονται· εἴτε γνῶσις, καταργηθήσεται.
V.9-10	Kontrast 2	τὸ τέλειον (V.10)	τὸ ἐκ μέρους (V.9)
		ὅταν δὲ ἔλθῃ τὸ τέλειον, τὸ ἐκ μέρους καταργηθήσεται.	ἐκ μέρους γὰρ γινώσκομεν καὶ ἐκ μέρους προφητεύομεν

---

[92] Die Bezogenheit auf die aktuelle Situation der korinthischen Gemeinde wird in V.4-7 noch deutlicher erkennbar. Daraus wird die Anspielung darauf ablesbar, was Paulus im Blick auf die Fehlentwicklungen durch den korinthischen Enthusiasmus hat. Gegenüber der Leistung der enthusiastischen Korinther unterstreicht er das Tun der ἀγάπη anschaulich: Die ἀγάπη erbaut die Gemeinde und schafft den Raum für die Gemeinschaft. Nicht nur durch die negativ formulierten Prädikate (8 Verben), sondern auch durch die positiv formulierten Prädikate (7 Verben) kritisiert er womöglich implizit das Verhalten der Korinther. Vgl. dazu insbesondere O. Wischmeyer, Weg, 108f. und F. Voss, Wort, 240.

[93] Vgl. C. Focant, 1 Corinthiens 13, 223ff., versteht V.8a als Parallele zu V.4a und sieht deshalb in V.8b den Anfang des neuen Abschnitts. Aber V.8a bildet mit V.13b den Rahmen (*inclusio*). Bemerkenswert ist, dass die ἀγάπη das erste sowie das letzte Wort dieses Abschnitts ist.

V.11	**Kontrast 3**	ἀνήρ (V.11b)	νήπιος (V.11a)
		ὅτε γέγονα ἀνήρ, κατήργηκα τὰ τοῦ νηπίου.	ὅτε ἤμην νήπιος, ἐλάλουν ὡς νήπιος, ἐφρόνουν ὡς νήπιος, ἐλογιζόμην ὡς νήπιος·
V.12	**Kontrast 4** (Sehen)	τότε (V.12αβ)	ἄρτι (V.12αα)
		τότε δὲ πρόσωπον πρὸς πρόσωπον·	βλέπομεν γὰρ ἄρτι δι᾿ ἐσόπτρου ἐν αἰνίγματι,
	Kontrast 5 (Erkennen)	τότε (V.12bβ)	ἄρτι (V.12bα)
		τότε δὲ ἐπιγνώσομαι καθὼς καὶ ἐπεγνώσθην.	ἄρτι γινώσκω ἐκ μέρους,
V.13	**Kontrast 6** (mit V.8b)	(V.13a) Νυνὶ δὲ μένει πίστις, ἐλπίς, ἀγάπη, τὰ τρία ταῦτα·	
	Parallel (zu V.8a)	(V.13b) μείζων δὲ τούτων ἡ ἀγάπη.	

In V. 8a wird die These der Unvergänglichkeit der ἀγάπη nachdrücklich unterstrichen (οὐδέποτε), sie wird in V. 13 wieder aufgenommen. Der ἀγάπη gegenüber sind alle Gaben vergänglich. Diese gründlegende Stellungnahme des Paulus wird durch mehrmalige Kontraste veranschaulicht, die anzeigen, dass die Darlegungen des Paulus ausgesprochen polemisch sind. Klar erkennbar ist der Wechsel des Stils und des Subjekts. Der Stil ist generell prosaisch, das Subjekt wechselt sehr oft, anders als in den vorherigen Abschnitten. In V. 8a ist das Subjekt die ἀγάπη, ebenso wie in V. 4-7; in V. 13a sind Subjekt die drei – πίστις, ἐλπίς und ἀγάπη – als Einheit. Paulus benutzt als Subjekt die 1. Person Singular erneut in V. 11 sowie in V. 12b, ebenso wie in V. 1-3, ferner die 1. Person Plural in V. 9 sowie in V. 12a. In V. 8b und V. 10 wird demgegenüber die 3. Person Singular als Subjekt verwendet.

In V. 8 steht die Unvergänglichkeit der ἀγάπη der Vergänglichkeit der Gaben gegenüber, wobei Paulus sie durch die Verwendung des Tempus des Verbs unterscheidet: Für die ἀγάπη steht die Präsensform (V. 8a), für die damit verglichenen Gaben steht das Futur (V. 8b). In V. 8 wird ein klares Urteil abgegeben, und von daher sind V. 9-12 als dessen Explikation zu begreifen.[94] Der Kontrast der ἀγάπη mit den Gaben geht auf V. 1-3 zurück; aber während es dort um die gegenwärtige Wertlosigkeit der Gaben ohne die ἀγάπη geht[95], steht hier die eschato-

---

[94] Das γάρ in V.9 ist also als explizierend zu verstehen. Zutreffend H. Conzelmann, 1 Kor, 276 Anm. 76. Anders interpretieren O. Wischmeyer, Weg, 124f. Anm. 382 sowie Chr. Wolff, 1 Kor, 322 und F. Voss, Wort, 257 Anm. 810, es als begründend.

[95] Dort werden daher die Gaben erst durch die ἀγάπη wertvoll und erfüllt.

logische Perspektive im Vordergrund: Die ἀγάπη fällt niemals[96], während im Gegensatz dazu die Gaben – sei es Prophetie, sei es Glossolalie, sei es Erkenntnis – aufhören werden.[97] Die Relativierung der Gaben durch die ἀγάπη lässt wiederum die Frage nach der Rangfolge der Gaben als unmöglich erscheinen; vielmehr werden alle Gaben „demokratisiert" und überdies durch die ἀγάπη überprüft und legitimiert.

Die Erklärung in V. 8b, die Gaben würden an ihr Ende kommen, klingt polemischer als die Aussage in V. 1-3. Paulus beschreibt die Vergänglichkeit der χαρίσματα durch zwei Verben im Futur, und zwar durch das passivisch formulierte zweimalige καταργεῖσθαι und das medial formulierte παύεσθαι. Prophetie und Erkenntnis werden im Eschaton beendet werden, und auch die Glossolalie wird aufhören. Ekstatische Phänomene haben also keineswegs einen eschatologischen Wert, sie sind durchweg irdisch und also vorläufig. Dies ist erkennbar eine riesige, unerträgliche Herausforderung an die enthusiastischen Korinther. Paulus entzieht damit der enthusiastischen Tendenz ihre Basis. Daher wird die Hochschätzung bzw. Hervorhebung einer bestimmten Gabe im Grunde unmöglich. Insbesondere ist bemerkenswert, dass die Glossolalie mit der Aussage in V. 8 endgültig „erledigt" wird[98], während Prophetie und Erkenntnis im Folgenden weiter erläutert werden: Paulus will der Glossolalie offensichtlich keinen Wert zubilligen. Genau genommen konzediert er ihr nicht einmal einen teilweisen Wert, wie er ihn den anderen Gaben – Prophetie und Erkenntnis – zuweist.[99]

In V. 9-12 ist der Aspekt der Diskontinuität vorherrschend. Es geht nicht um eine Kontinuität bzw. Entwicklung, sondern um eine qualitative Diskontinuität, und sowohl zwischen τὸ τέλειον und τὸ ἐκ μέρους (V. 9-10), als auch zwischen ἀνήρ und νήπιος (V. 11) und schließlich zwischen τότε und ἄρτι (V. 12a.b). Die bruchstückhafte Prophetie und Erkenntnis werden nicht das Vollkommene, sondern sie werden vernichtet werden. Sie stehen unter dem „eschatologischen Vorbehalt"[100] (V. 9-10). Dies ist ein kritisches Korrektiv gegenüber dem korinthischen Enthusiasmus, d.h. gegenüber dessen Gabenverständnis (12,31a). Das Kindliche entwickelt sich nicht, sondern es wird vernichtet (V.

---

[96]   Paulus verwendet hier das zeitlose Präsens.
[97]   Vgl. A. Lindemann, 1 Kor, 289: „Das dreimalige εἴτε betont eher das Zufällige der Auswahl, nicht deren Vollständigkeit."
[98]   Anders H. Conzelmann, 1 Kor, 276: „In der Auslassung der Glossolalie [in V.9] wird man keine besondere Absicht finden dürfen."
[99]   Dies ist hinreichend erkennbar aus der Analyse von 1 Kor 14; siehe oben Kap. 3 dieser Arbeit. Für die Auslassung der Glossolalie in V. 9 gibt es andere Erklärungen: Zum einen wird die Vorläufigkeit der Glossolalie als selbstverständlich angesehen (so A. Strobel, 1 Kor, 209). Zum anderen wird behauptet, dass die Vorstellung bruchstückhafter sowie vollkommener Glossolalie undenkbar ist (so F. Voss, Wort, 257 Anm. 810).
[100]   A. Lindemann, 1 Kor, 290.

11).[101] Es geht also nicht um einen Wachstumsprozess; vielmehr werden beim Übergang von einer Phase zur anderen diejenigen, die zur ehemaligen Phase gehört haben, nicht bewahrt, sondern vernichtet werden. Dem gegenwärtigen (ἄρτι) indirekten Sehen und der gegenwärtigen (ἄρτι) bruchstückhaften Erkenntnis werden, in V. 12 im *parallelismus membrorum* formuliert[102], das kommende (τότε) Sehen „von Angesicht zu Angesicht" und die kommende (τότε) vollständige Erkenntnis durch Gott als Antithese (vgl. 8,3)[103] entgegengesetzt.[104] Auf diese Weise polemisiert Paulus offensichtlich gegen das Vollendungsbewusstsein der Enthusiasten.[105] Durch die so betonte Diskontinuität zwischen dem Gegenwärtigen und dem Kommenden unterstreicht Paulus das Aufhören der Gaben im Eschaton; und er problematisiert und kritisiert zugleich das Verständnis der Enthusiasten, d.h. deren Vorstellung von einer endgültigen und vollkommenen Bedeutung, die sie der gegenwärtigen Manifestation des πνεῦμα zuschreiben. Das Bruchstückhafte ist keinesfalls eine Vorwegnahme des Vollkommenen – in dieser Aussage des Paulus liegt der deutliche Gegensatz zu dem in Korinth virulenten enthusiastischen Verständnis.[106] Das Bruchstückhafte wird vernichtet werden, oder es wird von selbst aufhören, und insofern sind die Gaben nicht als Beweis der eschatologischen Gegenwart zu begreifen, sondern Paulus betont ihre Diesseitigkeit sowie ihren teilweisen und indirekten Charakter.[107] Seine bisherige Argumentation (V. 8-12) führte Paulus aus der eschatologischen Perspektive. In V. 13 unterstreicht er erneut das eschatologische Bleiben der ἀγάπη; so bildet er den abschließenden Höhepunkt seiner ganzen Argumentation, wobei das νυνὶ δέ am Anfang als ein logisches zu begreifen ist.[108] V. 13a steht im Gegensatz zu V. 8b, und

---

101 Durch die Verwendung des Verbs καταργεῖν sowie dessen Perfektform unterstreicht Paulus dies ausdrücklich in V.11. Außer V.11 gebraucht er das Futur ab V. 8b bis zu V. 12.
102 Vgl. O. Wischmeyer, Weg, 131.
103 Einerseits begründet der καθώς-Satz in V.12bβ den wesentlichen Unterschied zu V.12bα. Andererseits lässt die passivische Formulierung an Gott als Subjekt des Handelns denken.
104 Ob Num 12,6-8 als Hintergrund von 13,12 betrachtet werden kann, ist nicht mit Sicherheit zu sagen (gegen G. Dautzenberg, Prophetie, 172-184).
105 Ob man die paulinische Polemik in V.8-12 „als Streit um die Christologie" verstehen kann (so O. Wischmeyer, Weg, 144), d.h. ob man dahinter die implizierte paulinische Christologie sehen kann, ist nicht mit Sicherheit zu beantworten. Denn hier ist Christus gar nicht unmittelbar erwähnt. Es geht hier vielmehr eigentlich um die Pneumatologie – genau genommen das Verständnis der Charismen – zwischen Paulus und den enthusiastischen Korinthern.
106 Siehe oben 3.7 dieser Arbeit.
107 So S. Pedersen, Agape, 175.
108 So beispielsweise H. Conzelmann, 1 Kor, 281; A. Lindemann, 1 Kor, 292; A. Strobel, 1 Kor, 210; A. Robertson/ A. Plummer, 1 Kor, 300; Th. Söding, Trias, 135. Anders fassen Chr. Wolff, 1 Kor, 325 sowie G.D. Fee, 1 Kor, 650, und R.B.

so werden die in Korinth so hoch geschätzten Gaben durch Paulus grundsätzlich nochmals auf die Probe gestellt. Nicht die von den Korinthern angestrebten „größeren" Gaben „bleiben", sondern es „bleiben" πίστις, ἐλπίς und ἀγάπη.[109] Das als Prädikativ dieser drei[110] beschriebene μενεῖν beinhaltet hier den eschatologischen Sinn (vgl. V. 8a).[111] Da Paulus bereits in V. 7 gesagt hatte, die ἀγάπη glaube und hoffe alles, steht V. 13a in keinem logischen Widerspruch zu den anderen Aussagen, die von der Vorläufigkeit dieser Gaben sowie von der Unvergänglichkeit der ἀγάπη (V. 8a) künden. Sowohl ἀγάπη als auch πίστις und ἐλπίς bleiben im Eschaton weiter in Geltung[112], und zwar als Elemente, welche die christliche Existenz weiter strukturieren.[113] Gegen die korinthischen Enthusiasten hält Paulus dadurch fest, dass deren vom Besitz der „größeren" χαρίσματα angetriebenes Vollendungsbewusstsein sich keinesfalls durchsetzen wird, denn gegenüber

---

Hays, 1 Kor, 230 es als temporal auf. Andererseits liest S. Pedersen, Agape, 176 Anm. 48, daraus eine adversative Bedeutung ab.

[109] Die ἀγάπη steht offenbar zur rhetorischen Hervorhebung an der letzten Stelle, d.h. im Höhepunkt. Durch diese Trias kritisiert Paulus wohl das Selbstverständnis der Adressaten (so auch D. Lührmann, Glaube, 54).

[110] Diese drei Worte werden mehrfach als Begriffe verwendet, welche die ganze christliche Existenz umfassen (1 Thess 1,3; 5,8; Gal 5,5-6; Röm 5,1-5; auch vgl. Kol 1,4-5; Eph 1,15-18; Heb 10,22-24; 1 Petr 1,21). Deshalb bezeichnet G. Bornkamm, Der köstlichere Weg, 230f. Anm. 40, sie als „Inbegriff des christlichen Seins". Ähnlich schreibt F. Lang, Kor, 190: „Glaube, Liebe und Hoffnung sind integrierende Verhaltensweisen eines jeden christlichen Lebens, ohne die es kein „Sein in Christus" gibt." Auch W. Weiß, Glaube – Liebe – Hoffnung. Zu der Trias bei Paulus, in: ZNW 84, 1993, 196-217, hier 217: „Diese drei sind zusammengefasst die gültige Verwirklichung des Christenlebens im vollkommen Glaubensstand." Außerdem erklärt G. Bornkamm, Der köstlichere Weg, 233, sie in Bezug auf die drei Ebenen der Zeit: „Gründet sich der Glaube auf das, was Gott getan hat, richtet sich die Hoffnung auf das, was Gott tun wird, so ist die Liebe – aus Gott, zu Gott und so zugleich die Liebe zum Bruder (vgl. 1. Joh 4,7ff!) – die unvergängliche Gegenwart des Heils, das „Band der Vollkommenheit" (Kol 3,14)."

[111] So H. Conzelmann, 1 Kor, 272; A. Lindemann, 1 Kor, 293. Zu beachten ist jedoch, dass das μενεῖν nicht auf ein zeitliches Bleiben bis zu einem bestimmten Zeitpunkt hindeutet.

[112] Aber anders verstehen Chr. Wolff, 1 Kor, 325 und O. Wischmeyer, Weg, 154, dass die ἀγάπη allein im Eschaton Geltung und Dauer hat.

[113] Vgl. insbesondere R. Bultmann, Art. ἐλπίζω κτλ., in: ThWNT II, 529 und ders., Art. πιστεύω κτλ., in: ThWNT VI, 223. Er verlängert πίστις und ἐλπίς in das Eschaton hinein. Bei ihm wird ἐλπίς als ein Teil der Struktur der πίστις, als eine Eigenschaft der πίστις (ders., Theologie, 320f.) gefasst. Für die πίστις schreibt er unter Verweis auf Gal 3,11; Röm 1,17: „Die πίστις ist keine in sich abgeschlossene Seelenverfassung des Menschen, sondern richtet sich auf die Zukunft." Auch für die ἐλπίς: „Diese ἐλπίς ist das Frei- und Offensein für die Zukunft, da der Glaubende die Sorge um sich selbst und damit um seine Zukunft im Gehorsam Gott anheimgestellt hat." (ders., Theologie, 320).

146 Kapitel 4: Die Glossolalie im Kontext der theologischen Themen

den drei „bleibenden" Größen sind die von den Korinthern hoch geschätzten Gaben unvollkommen und bruchstückhaft. Mit V.
13b schließt Paulus das gesamte Kapitel inhaltlich ab. Daher ist
V. 13b nicht nur eine Ergänzung von V. 13a, sondern auch die
Schlussfolgerung der ganzen Argumentation: „Die größte von ihnen
aber ist die ἀγάπη", aber „so kann sie nur genannt werden, weil sich
die in πίστις und ἐλπίς erschlossene Möglichkeit in ihr in der konkreten Existenz realisiert".[114] Da sie einerseits alles glaubt und hofft (V. 7)
und andererseits niemals fällt (V. 8a) und da auch die πίστις durch sie
wirksam ist (Gal 5,6), spricht auch dies für die Überordnung der ἀγάπη,
zumal sie als die eschatologische Realität der Heilskraft Gottes, durch
die πίστις und ἐλπίς bekräftigt werden, zu verstehen ist. Die ἀγάπη ist
auch deshalb am größten, weil in ihr alles gefunden wird, wonach die
korinthischen Enthusiasten in den πνευματικά suchen.
In V. 8-13 betont Paulus die Unvergänglichkeit der ἀγάπη auf der e-
schatologischen Ebene und relativiert zugleich dadurch den Wert der
in Korinth als wichtig angesehenen Gaben. Die ἀγάπη bleibt eschatologisch, die Gaben dagegen werden aufhören. Deshalb fungiert sie als
das entscheidende Kriterium – offenkundig als kritisches Kriterium –
für die korinthische Gemeinde. Der vor allem in Korinth höher eingeschätzten Glossolalie wird kein Wert beigemessen, Paulus will ihr
nicht einmal einen teilweisen Wert zusprechen. Durch diese Argumentation entzieht er dem mit der Hochschätzung der Glossolalie verbundenen Selbstverständnis der Korinther den Boden, indem er den Versuch, die eigene Existenz durch Eigenschaften bzw. Fähigkeiten zu
definieren und die Glaubenden nach der Art ihrer ekstatischen Gaben
einzuordnen, als unmöglich erscheinen lässt.
Durch Kap. 13, das als Antithese zum Suchen nach den größeren Gaben dargestellt ist, bereitet Paulus seine Argumentation von Kap. 14
grundlegend vor. Deshalb ist offenkundig, dass dieses Kapitel sehr eng
auf den Kontext bezogen und in seiner Argumentation im Rahmen von
Kap. 12-14 unentbehrlich ist. Durch die Aussagen des Paulus über die
ἀγάπη wird das in Korinth vorhandene enthusiastische Denken indirekt,
aber doch sehr deutlich erkennbar, und außerdem wird so die Frage
nach den πνευματικά ausdrücklich beantwortet.[115]

---

[114] R. Bultmann, Theologie, 346. Vgl. A. Plummer/ A. Robertson, 1 Kor, 300:
„Love is the root of the other two."
[115] Die Aussage über die ἀγάπη impliziert somit nicht die Gaben als unentbehrliches Element, sondern das Gabenverständnis impliziert die Aussage ü-
ber die ἀγάπη.

4.1.3 Glossolalie und Prophetie

In 1 Kor 14 vergleicht Paulus Glossolalie mit Prophetie grundsätzlich miteinander; dabei wird der Prophetie der Vorzug gegeben. Dies zeigt sich zum einen direkt in dem Vergleich von V. 1-5.20-25, zum andern indirekt in der Aufforderung zur Übersetzung der Glossolalie; denn diese Aufforderung enthüllt augenfällig das Phänomen der Glossolalie als unverständliche Rede. So wird durch den Vergleich mit der Prophetie und durch die Forderung der Übersetzung die Glossolalie erneut relativiert, und sie verliert zudem ihren Platz in der gottesdienstlichen Gemeindeversammlung.

4.1.3.1 Der Vorrang der Prophetie (14,1-5.20-25)

Die Begründung, aus der Paulus den Vorrang der Prophetie ableitet, besteht im Vergleich mit der Glossolalie. Denn bereits in Kap. 12 waren beide jeweils als ein χάρισμα geschildert worden, und auch in Kap. 13 waren sie aus der Perspektive der ἀγάπη grundsätzlich relativiert worden. Es ist also kein absoluter Vorrang einer bestimmten Gabe oder eine wesentliche Rangfolge der χαρίσματα festzustellen.

Das Verständnis des Verhältnisses von Glossolalie und Prophetie geht oft von der Annahme aus, dass die beiden Gaben in Korinth noch nicht deutlich voneinander getrennt sind.[116] Deshalb wird bisweilen behauptet, dass erst Paulus diese Trennung zu ziehen versucht habe[117], oder dass beide Phänomene von den Korinthern als Mischung bzw. Integration verstanden worden seien[118] und nun Paulus in Kap. 14 seine eigene Definition beider gebe.[119] Aber Paulus setzt schon in Kap. 12-13 die Differenz zwischen beiden voraus, und er erläutert die Differenz in Kap. 14 in einer Weise, die voraussetzt, dass sie den Adressaten selbstverständlich bekannt ist; deshalb ist die erwähnte Annahme unplausibel. Hinzukommt, dass Paulus hier nicht die Prophetie problematisiert, sondern dass sich seine Kritik sich vor allem gegen die Glossolalie richtet.

---

[116] Beispielsweise U.B. Müller, Prophetie, 31.: „Die Korinther werden Prophetie in der Form der Glossolalie getrieben haben, und damit setzt sich Paulus auseinander. Bei den Korinther war also der Glossolale der Prophet schlechthin, der Pneumatiker." Siehe auch unten Anm. 117. 118 und 119.

[117] So N.I.J. Engelsen, Glossolalia, 100; H.-J. Klauck, 1 Kor, 98f.; Th.W. Gillespie, Pattern, 83-85, behauptet, dass Paulus den Terminus λαλεῖν γλώσσῃ verwendet, um das Phänomen der Glossolalie von der Prophetie zu unterscheiden, und ferner, dass er versucht, der Glossolalie eine neue Rolle im Rahmen der ekstatischen Frömmigkeit zu widmen. Er sieht auch in 12,8-10 die paulinische Unterscheidung zwischen prophetischer Mitteilung (dem Wort der Weisheit/ dem Wort der Erkenntnis) und prophetischer Konfirmation (Glossolalie).

[118] So A.C. Wire, Prophets, 140-146.

[119] So A. Eriksson, Traditions, 201.

Die Ähnlichkeit zwischen den beiden Gaben besteht in Folgendem: *Erstens* sind beide eine jeweils durch das πνεῦμα bewirkte und in der gottesdienstlichen Gemeindeversammlung erfahrbare Rede. *Zweitens* sind sie dementsprechend das einem Einzelnen gegebene χάρισμα und so von Gott in der Gemeinde eingesetzt (12,9f.28). *Drittens* hören sie im Gegensatz zur ἀγάπη eschatologisch auf (13,8.10), und sie werden ausschließlich durch die ἀγάπη nützlich und wertvoll (13,1-2); doch der Glossolalie verleiht Paulus nicht einmal einen teilweisen Wert[120], während er der Prophetie einen solchen zuerkennt (13,9). *Viertens* versteht Paulus nicht nur Glossoalie, sondern auch Prophetie zum Teil als ein spontanes, d.h. als ein ekstatisches Phänomen (14,30)[121], wobei für den Gottesdienst der korinthischen Gemeinde gilt, dass einige eine Offenbarung haben (14,30; vgl. 14,26), ohne dass Paulus in 14,29f. zwischen kurzem Offenbarungswort und eigentlicher, längerer prophetischer Predigt unterscheidet.[122]

Trotz dieser relativen Ähnlichkeit ist die Differenz zwischen Prophetie und Glossolalie als selbstverständlich gegeben vorausgesetzt, und diese Differenz ist es, die den Vorzug der Prophetie ermöglicht: *Erstens* ist die Prophetie verständlich für die Hörenden, während die Glossolalie durchweg unverständlich ist; außer Gott versteht niemand den Glossolalen (14,2), und deshalb bedroht der durch unverständliche Glossolalie angetriebene Abbruch der Kommunikation innerhalb der Gemeinde die Einheit der Gemeinde (14,11). *Zweitens* erbauen die prophetisch, also verständlich Redenden die Gemeinde als ganze, während die Glossolalen lediglich sich selbst erbauen (14,4); der vernünftige Charakter der Prophetie wird also erkennbar an ihrer Wirkung bzw. an ihren Funktionen. Paulus stellt die Wirkung des prophetischen Redens durch die drei als Objekte des Verbs λαλεῖν genannten Nomina οἰκοδομή, παράκλησις[123] und παραμυθία (14,3) dar, ausserdem durch zwei als Ziel der Regeln für Prophetie erläuterte Prädikate, einem passivisch formulierten μανθάνωσιν und einem aktivisch formulierten παρακαλῶνται (14,31). Die Prophetie hat daher sowohl eine ethische und soziale wie auch eine seelsorgliche Funktion. Die χαρίσματα wer-

---

[120] Das ist von der Auslassung der Glossolalie in 13,9-12 her abzuleiten.
[121] Dies bedeutet aber nicht, dass Glossolalie nicht ekstatischer als Prophetie ist (so aber M. Turner, The Holy Spirit, 238). Andererseits versteht G.D. Fee, Glossolalia, 29 und 32, dass in 14,27f.32 Glossolalie und Prophetie als unekstatische Rede dargestellt sind, weil der Redende weder im ekstatischen Zustand noch sonst außer Kontrolle ist. Dies scheint mir aber zweifelhaft, denn diese Erklärung gilt nur für die Prophetie. Siehe oben die Analyse von den betroffenen Versen, insbesondere V.27f. Ferner behauptet W.E. Mills, Glossolalia, 94, dass Glossolalie den hebräischen Hintergrund hat und überdies dieses Phänomen keinesfalls ekstatisch ist. Gleichwohl ist dies unplausibel.
[122] So aber U.B. Müller, Prophetie, 26. Ihm zufolge ziehen Korinther das kurze Offenbarungswort vor, aber Paulus die prophetische Predigt.
[123] Auffällig ist die enge Verbindung zwischen der Erbauung und der Mahnung.

den nicht durch ihr ekstatisches und übernatürliches Wesen charakterisiert und legitimiert, sondern dadurch, dass sie an die Gemeinde als ganze gebunden sind und erkennbar zu deren οἰκοδομή ausgeübt werden. *Drittens* fördert Prophetie den Glauben[124], indem sie ihre Hörer etwas aus göttlicher Perspektive erkennen lässt, während demgegenüber die Glossolalie nur einen negativen Eindruck[125] hinterlässt (14,23-25)[126]; Prophetie bedeutet dabei nicht Weissagung im Sinne der Zukunftsvorhersage. Eine entscheidende Differenz zwischen Glossolalie und Prophetie wird durch die Wirkung auf Gottesdienstbesucher, insbesondere Unkundige oder Ungläubige, gezogen; ein missionarischer Beitrag ist nicht von der unverständlichen Glossolalie zu erwarten, sondern nur von der verständlichen Prophetie. Prophetie führt den Adressaten zum Bekenntnis, und so erkennt dieser also das gottesdienstliche Geschehen der Gemeinde als Geschehen der Gegenwart Gottes an, (14,24f.).[127] In 14,19 macht Paulus durch die Erwähnung seines Verzichts auf den Versuch, die christliche Existenz auf eine bestimmte ekstatische Gabe zu begründen, deutlich, dass der Glaube auf der verstehbaren Verkündigung des Evangeliums basiert, und dass deshalb Glossolalie nicht den Vorgang des Gottesdienstes dominieren darf. *Viertens* können die prophetisch Redenden sich selbst und ihre Aussagen kontrollieren, im Gegensatz zu den Glossolalen (14,32). Ob die in 14,27f. für die Glossolalie erwähnten Regelungen die Kontrollmöglichkeit der Glossolalen voraussetzen, ist sehr fraglich[128]; jedenfalls

---

[124] Paulus betont insbesondere in 1 Kor 14 die förderliche Funktion, welche die Prophetie für die Gemeinde als ganze hat.

[125] Ch.H. Talbert, The Holy Spirit, 102, bezieht den Eindruck der Außenstehenden „ihr seid verrückt" auf den rituellen Wahnsinn der heidnischen ekstatischen Kulte. Er meint, dass Paulus die Korinther fragt, ob sie wollen, dass Nicht-Christen die christliche Gemeinde mit heidnischen ekstatischen Kulten identifizieren. Aber es geht Paulus keinesfalls um eine Reflexion von Ekstasen in den zeitgenössischen Kulten. Siehe oben die Analyse von V.23 in Kapitel 3 dieser Arbeit. Dieses Verständnis von Ch.H. Talbert geht von der Annahme aus, dass 14,22f. als Behauptung der Korinther und 14,23-25 als Reaktion des Paulus darauf verstanden werden können. Aber da V.22 als paulinische Interpretation des biblischen Zitats in V.21 gilt und die Bedeutung von V.22 überdies von V.23-25 deutlich erklärt wird, ist diese Annahme weniger aussagekräftig.

[126] So auch W. Rebell, Gemeinde, 130. Andererseits meint G. Dautzenberg, Prophetie, 299, dass die Aussage in Kap. 14 als ein in der Auseinandersetzung mit der Glossolalie erörterter Sonderfall gilt und deshalb „auf keinen Fall als repräsentativ für die Aufgaben der Prophetie im Gottesdienst" aufgefasst werden kann.

[127] G. Dautzenberg, Prophetie, 298, behauptet, dass es hier um die prophetische Erkenntnis und ihre Folge geht. Ihm zufolge hat die prophetische Erkenntnis partiell an der göttlichen Erkenntnis und auch an der göttlichen Herzenskenntnis teil. 1 Kor 14 stellt daher, so G. Dautzenberg, das Gewicht der prophetischen Erkenntnis im Gesamtphänomen der urchristlichen Prophetie dar. Aber es scheint mir zweifelhaft, ob die gesamte Darstellung der Prophetie in Kap. 14 auf die prophetische Erkenntnis einzuschränken ist.

[128] Siehe oben Anm. 121 sowie die Analyse zu 14,27f. in Kapitel 3 dieser Arbeit.

können die Aufforderungen des Paulus aufgrund des spontanen und ekstatischen Charakters der Glossolalie von den Glossolalen gar nicht befolgt werden. Paulus schließt überdies nicht aus, dass jedes Gemeindeglied die Möglichkeit hat, Prophetie auszuüben; dennoch ist die Behauptung, hinsichtlich der Erkenntnis Gottes trage die Glossolalie einen „zeitlos-überweltlichen", die Prophetie dagegen einen „situationsbezogenen" Charakter, wenig wahrscheinlich.[129] Der entscheidende und fundamentale Maßstab des Vergleichs ist augenscheinlich die οἰκοδομή der Gemeinde (14,5b.12.26; vgl. 12,7).

Paulus stellt die Prophetie nicht etwa deshalb als empfehlenswerter dar, weil er sie verteidigen oder legitimieren will[130]; er versucht auch nicht, der Glossolalie eine unabhängige Rolle zu verleihen.[131] Vielmehr versucht Paulus, die Glossolalie angesichts von deren Hochschätzung durch die Adressaten zu entwerten. Er empfiehlt zwar die Prophetie als erstrebenswerter gegenüber der Glossolalie (14,1b.39a)[132], aber dabei zielt er nicht auf die Betonung der Bedeutung der Prophetie, sondern es geht ihm um die Relativierung des Stellenwertes der Glossolalie. Dass Paulus die Glossolalie der Prophetie unterordnet, wird auch sichtbar an der Aufzählung der χαρίσματα in 12,8-10 und 12,28-30, wo die Glossolalie bewusst nach der Prophetie genannt ist.

4.1.3.2   Die Übersetzung der Glossolalie (14,5.13.27f.)

Paulus bezeichnet in 12,10 (vgl. 12,30) die ἑρμηνεία der Glossolalie als eine Gabe, und er fordert auch in Kap. 14 die Übersetzung der Glossolalie. Hier sind zwei Fragen zu erörtertn[133]: Kann die Glossolalie durch die Übersetzung die gleiche Funktion und den gleichen Wert wie Prophetie erhalten? Und welche Bedeutung hat die Aufforderung zur Übersetzung in der paulinischen Argumentation?

Paulus schreibt in 14,5b: „Wer aber prophetisch redet, ist größer als der, wer glossolalisch redet, es sei denn, dass er übersetzt, damit die Gemeinde Erbauung empfange." Diese Aussage wird bisweilen so verstanden, dass Glossolalie dann der Prophetie gleichwertig ist und die gleiche Funktion wie diese hat, wenn sie übersetzt wird.[134] Aber Paulus betont etwas anderes: Da die Übersetzung der Glossolalie die Voraussetzung des Verstehens sowie der Kommunikation ist, die Hörenden, d.h. die Gemeinde, die οἰκοδομή also nur erfahren können, wenn das Gesagte verstanden wird, so geht es jetzt nicht darum, dass die Glosso-

---

[129]   So aber Chr. Wolff, Zungenrede, 755.
[130]   So aber A.C. Wire, Prophets, 143.
[131]   So aber Th.W. Gillespie, Pattern, 83.
[132]   Ch.H. Talbert, The Holy Spirit, 99, sieht also *inclusio* in 14,1b und 39a.
[133]   Zur Frage, an wen Paulus als Übersetzer denkt, wenn er von der Übersetzung spricht, siehe oben die Analyse von 14,5.13.27f. in Kapitel 3 dieser Arbeit. Für Paulus ist wohl offenkundig, dass der Glossolale auf keinen Fall selbst seine eigene Glossolalie übersetzen kann.
[134]   So H. Conzelmann, 1 Kor, 286.

lalie unter Umständen als mit der Prophetie gleichwertig angesehen werden kann, sondern es geht um die Kritik an der Nutzlosigkeit der unübersetzten Glossolalie, auch wenn der Glossolalie nicht die Möglichkeit verweigert wird, sich durch die Übersetzung zur verstehbaren Sprache umzuwandeln.

Auf keinen Fall ist aus der paulinischen Aussage abzuleiten, dass die Übersetzung eine Überführung der Glossolalie in Prophetie bedeutet[135], auch wenn die Aufgabe der Übersetzung darin besteht, das Unverständliche für Menschen verständlich zu machen. Da Glossolalie für Paulus keineswegs eine fremde bzw. eine ungelernte menschliche Sprache ist[136], kann die geforderte Übersetzung nicht als eine Übersetzung aus einer Fremdsprache verstanden werden. Es geht auch nicht darum, dass die Glossolalie eine unartikulierte Sprache wäre und die ἑρμηνεία deshalb die Artikulierung bedeutet[137], denn Paulus verwendet die Worte ἑρμηνεία bzw. ἑρμηνεύω nicht in diesem Sinne. Gemeint ist schließlich auch nicht, dass die Gabe der ἑρμηνεία dazu dient, die sprachlose Zungenrede in vernünftige Sprache zu übersetzen.[138]

In der korinthischen Gemeinde wurde auch die Prophetie als eine wichtige Gabe anerkannt, und so sind wohl auch die in 13,1-3 von Paulus genannten Gaben und Leistungen als in Korinth anerkannte Werte aufzufassen; aber im Unterschied zur Prophetie bzw. anderen Gaben wurde die Glossolalie möglicherweise als das exklusive Merkmal der πνευματικά angesehen. Während die Korinther der Glossolalie offenbar aufgrund von deren Unverständlichkeit mystischen Charakter zuschreiben[139], konzediert Paulus dieses Verständnis nicht im Geringsten, sondern er kritisiert die Glossolalie aufgrund von deren Unverständlichkeit. Die Aussage, der Glossolale spreche zu Gott (14,2.28)[140], ist nicht etwa eine Bestätigung des mystischen göttlichen Wesens der

---

[135] So aber H. Weder, Gabe, 32: „Die ἑρμηνεία ist die Überführung des ekstatischen Zungenredens in verständige prophetische Sprache."
[136] So aber beispielsweise R.H. Gundry, 'Estatic Utterance' (N.E.B.)?, in: JThS 17, 1966, 299-307; V. Poythress, The Nature of Corinthian Glossolalia: Possible Options, in: WThJ 40, 1977, 130-135; W.E. Mills, Glossolalia, 69; M.J. Cartledge, The Nature and Function of New Testament Glossolalia, in: EQ 72, 2000, 135-150.
[137] So A.C. Thiselton, Interpretation, 15-36; W. Richardson, Order, 150.
[138] So aber H. Weder, Gabe, 42f. Er argumentiert aufgrund der Sprachlosigkeit der Götzen (12,2), dass diese stummen Mächte weder Zustimmung noch Widerspruch äußern lassen und deshalb unwiderstehliche Gewalt haben und dass Paulus durch ἑρμηνεία Abschied von der Unwiderstehlichkeit wortloser Götzen nimmt. Aber das scheint mir nicht plausibel.
[139] Siehe unten 5.1.2 (Das Motiv der Entzauberung der Geistesgaben) dieser Arbeit.
[140] U.B. Müller, Prophetie, 30, vermutet, dass die korinthischen Enthusiasten diese Meinung hatten. Das scheint mir aber zweifelhaft. Denn diese Aussage impliziert dann eine positive Darstellung des Wertes der Glossolalie durch Paulus. Siehe oben die Analyse von den betroffenen Versen in Kapitel 3 dieser Arbeit.

Glossolalie, sondern eine starke Kritik an deren für Menschen unverständlichen Charakter. Von daher wird deutlich, dass die Aufforderung zur Übersetzung der Glossolalie nicht als Maßnahme für eine doch noch zu ermöglichende theologische Legitimität der Glossolalie fungiert, sondern als eine Weise der Kritik an ihrer Unverständlichkeit. Die Mystifikation wird dadurch gebremst und letztlich verweigert. Es ist das Motiv der „Entzauberung"[141] der Glossolalie, das die Aufforderung zur Übersetzung beherrscht. Die Forderung der Übersetzung bedeutet faktisch, dass die Praktizierung der Glossolalie entwertet und schließlich sogar unterdrückt werden soll.

4.1.4 Zusammenfassung

Bei Paulus ist die Gemeinde der Raum des Wirkens des πνεῦμα, das sich auch in vielen sichtbaren Erscheinungen in der Gemeinde manifestiert, insbesondere aber durch die verschiedenen Gaben, die zur οἰκοδομή der Gemeinde beizutragen vermögen.[142] Die Gaben als Erscheinungen des πνεῦμα innerhalb der Gemeinde konstituieren das Zusammenleben der Gemeinde und verleihen jedem Glied innerhalb der Gemeinde seinen unverwechselbaren Platz. Entscheidend ist aber, dass Paulus diese Manifestation des πνεῦμα nicht auf ekstatische Phänomene beschränkt, sondern dass er von den Adressaten ein neues Gedankenparadigma verlangt: Er bindet die Manifestation des πνεῦμα an die Gemeinde, und er versucht sogar, das Interesse der Adressaten von den „Begabten" oder den „Gaben" zum πνεῦμα selbst hin zu lenken.[143] Der christliche Glaube basiert nicht auf ekstatischen Phänomenen bzw. auf Personen, die über solche Phänomene verfügen, sondern er basiert auf dem Bezug zu Gott sowie auf der verstehbaren Verkündigung des Evangeliums. Die Vielfalt und Verschiedenheit der von Gott in der Gemeinde eingesetzten Gaben signalisiert zwar auch, dass es verschiedene Funktionen bzw. unterschiedliche Aufgaben innerhalb der Gemeinde gibt. Aber diese Vielfalt verhindert keinesfalls die Einheit der Gemeinde; vielmehr bauen die Gaben durch den jeweiligen Beitrag die Gemeinde auf, zumal sie zum Nutzen der Gemeinde gegeben werden.[144] Ihre Einheit beruht auf einer gemeinsamen, göttlichen Quelle, und daraus folgt, dass sich die durch die enthusiastischen, insbesondere glossolalisch begabten Korinther ausgelöste hierarchische Rangstufe der Gaben offenkundig als unmöglich erweist. Da keine Gabe absolut

---

[141]   A. Lindemann, 1 Kor, 299.
[142]   Vgl. J. Becker, Paulus, 441.
[143]   H. Conzelmann, Theologie, 293f.
[144]   Vgl. J. Roloff, Kirche, 137: „Das Wirken des Geistes gilt der Kirche in ihrer Gesamtheit."

gesetzt werden darf, verliert das Verständnis der Gaben durch den korinthischen Enthusiasmus seinen Boden.

Die Aussagen des Paulus in 1 Kor 12-14 beziehen sich auf die durch die enthusiastischen Strömungen bestimmte Situation der Gemeinde, wobei er überwiegend das Streben der Korinther nach den „größeren Gaben" und insbesondere das durch die Praktizierung und besondere Hochschätzung der Glossolalie ausgelöste Problem im Blick hat. Er verweist *erstens* darauf, dass Glossolalie nur eine von verschiedenen Gaben ist, d.h. er versucht, die Gaben bzw. die Begabten zu demokratisieren und beider aus der Sicht der ἀγάπη grundsätzlich zu relativieren. Dieser Versuch ist insofern geradezu als eine Provokation für die korinthischen Enthusiasten zu begreifen, insofern Paulus betont, dass alle Beiträge zur Erbauung der Gemeinde als Geistesgaben gelten und dass daher alle Glieder, die dazu beizutragen vermögen, als Begabte gelten.[145] Als Kriterium für die οἰκοδομή der Gemeinde fungiert dabei nicht etwa eine andere Gabe, sondern die ἀγάπη. *Zweitens*: Paulus ordnet alle Gaben der Gemeinde als ganzer unter bzw. deren οἰκοδομή; alle Gaben sind an die Gemeinde gebunden, und daher ist es die Erbauung, welche die χαρίσματα legitimiert, nicht umgekehrt. *Drittens* relativiert Paulus den Wert der Glossolalie auch durch den Vergleich mit der Prophetie; so entzieht er im Grunde genommen der Glossolalie ihren Wert innerhalb der Gemeinde, insofern er feststellt, dass die Glossolalie auf keinen Fall der οἰκοδομή der Gemeinde zu dienen vermag.

Bemerkenswert ist, dass sich die paulinische Argumentation gegen das Selbstverständnis der Korinther richtet. Aus der Sicht des Paulus ist das Geistesgabenverständnis der Adressaten nichts anderes als ein Versuch, den Sinn und den Ursprung der eigenen Existenz aus sich selbst, d.h. aus eigenen Eigenschaften bzw. Fähigkeiten zu finden. In Wahrheit aber wird die Existenz der Christen nicht durch sich selbst bestimmt, sondern durch Gott und durch die Gemeinde, die einen größeren Kontext darstellt. Deshalb betont Paulus die göttliche Initiative, und deshalb sagt er, dass Gott die Adressaten als Glieder „in der Gemeinde" eingesetzt hat (12,18.28). Überdies ist wichtig, dass der christliche Glaube auf einer verstehbaren Verkündigung basiert, und deshalb ist die Prophetie der Glossolalie vorzuziehen (14,19). Die in 1 Kor 12-14 sichtbar werdende Pneumatologie ist also zugleich als eine Umschreibung der Ekklesiologie des Paulus zu verstehen, insofern die Existenz der Gemeinde insbesondere als die Existenz im πνεῦμα bezeichnet wird.

---

[145] Zutreffend sieht J. Roloff, Kirche, 137, dies als eigentlichen Kern der paulinischen Lehre von den χαρίσματα an.

4.2   Glossolalie im Zusammenhang der Ekklesiologie des Paulus

4.2.1   Glossolalie und Gemeinde

4.2.1.1   *Die Einheit der Gemeinde (12,12-30)*

In 1 Kor 12,1-11 hatte Paulus gezeigt, dass in der Gemeinde verschiedene χαρίσματα existieren, die aber alle auf eine göttliche Quelle zurückgehen, wodurch trotz der Verschiedenheit die Einheit bewahrt wird; Glossolalie ist dabei nur eine von verschiedenen χαρίσματα. Die Betonung der souveränen Initiative Gottes beherrscht die Aussagen des Paulus; die in diesem Zusammenhang prägnant versuchte Demokratisierung der χαρίσματα richtete sich offenkundig gegen die Tendenz der Verabsolutierung bestimmter Gaben. Nun expliziert er seine Argumentation weiter[146], indem er beschreibt, welches Verhältnis diese Gaben zur Gemeinde haben. Unter einer neuen Perspektive zeigt er den Grund der Einheit der Gemeinde auf, und die jetzt von ihm verwendete Metapher ist die Vorstellung der Gemeinde als menschlicher Körper.[147] Welchen Platz nimmt Glossolalie in einem solchen Kirchenverständnis ein?

Die von Paulus verwendete Metapher entspricht der in der antiken griechischen und römischen Literatur oft belegten Vorstellung vom „einen Leib und vielen Gliedern"[148]. Wobei es zunächst nicht um den Leib-Christi-Gedanken geht[149], sondern um das Motiv der Gemeinde als Leib. Die ekklesiologische Darstellung des Paulus beginnt deshalb nicht erst in V.27, sondern schon in V. 12.14.

Paulus markiert in V. 12-14 den Ausgangspunkt, indem er den Grund für die Einheit und die Vielfalt innerhalb des einen Leibes nennt. V. 12a und V. 14 bilden prägnant die *inclusio*[150] und zugleich einen zentralen Mittelpunkt der paulinischen Aussagen in diesem Abschnitt: „Der Leib ist einer, aber hat viele Glieder." „Der Leib ist nicht ein Glied, sondern viele." Alle Glieder, die zu einem Leib gehören, nehmen trotz ihrer je eigenen Beschaffenheit an der Einheit teil (V. 12b: „Alle Glieder des Leibes aber, obwohl es viele sind, sind ein Leib."). Paulus spricht ohne Übergangsphase und ohne nähere Erklärung von der Gemeinde als Leib spricht; deshalb ist anzunehmen, dass er voraussetzt, die Adressaten würden seine Aussagen problemlos verstehen.

---

[146]   In V.12 ist das bisherige Gesagte durch γάρ expliziert und näher begründet.

[147]   Vgl. Röm 12,4-8 bei Paulus. Vgl. auch Kol 1,18 sowie Eph 1,23.

[148]   Siehe dazu insbesondere A. Lindemann, Kirche, 134-138. Er analysiert vor allem vier Vorstellungstypen, die diese Metapher verwenden können.

[149]   Der Leib-Christi-Gedanke wird häufig als Zentrum der paulinischen Ekklesiologie angesehen. Er hat eine reiche Literatur in der Forschung. Siehe dazu Th. Söding, Leib Christi, 272f. Anm. 1. Aber eine solche Überschätzung des Leib-Christi-Gedankens wird insbesondere von H. Merklein, Entstehung, 319-344, kritisiert.

[150]   So A. Lindemann, 1 Kor, 270.

In V. 12c führt er die Anwendung im Blick auf das Verhältnis zu Christus ein: „So verhält es sich auch mit Christus (οὕτως καὶ ὁ Χριστός)."[151] So gewinnt seine Aussage ihren metaphorischen Charakter. In den in V. 13 und V. 14 folgenden Aussagen gibt er die Begründungen[152]: In V. 13 erklärt er, wie alle Glieder zu einem Leib (εἰς ἓν σῶμα) geworden sind; er nennt dazu zwei Aspekte: Erstens „Wir alle sind durch einen Geist zu einem Leib getauft worden", zweitens „Wir alle sind mit einem Geist getränkt worden." Auffällig ist die Verwendung der 1. Person Plural. Bei der ersten Aussage ist zu beachten, dass Paulus nicht vom σῶμα Χριστοῦ spricht, sondern vom ἓν σῶμα; die Taufe schließt also zwar die Getauften zu einem Leib zusammen, aber dies besagt noch nicht, dass sie die Getauften konkret in das σῶμα Χριστοῦ integriert.[153] Die zweite Aussage bedeutet, dass wir alle durch das πνεῦμα jeweils eigene Gaben bekommen, dass wir also auch aufgrund des jeweiligen χάρισμα eine Einheit bilden.[154] Die durch das πνεῦμα bewirkte Einheit der Gemeinde wird sichtbar in der Aufhebung der Unterschiede oder Alternativen innerhalb der Gemeinde. Paulus erläutert dies mit dem Hinweis darauf, dass es bei den an der Taufe des einen πνεῦμα teilnehmenden Menschen – „Juden oder Griechen", „Sklaven oder Freie"[155] – und bei den durch die jeweiligen Gaben mit der Gemeinde verbundenen Menschen keinen Unterschied mehr gibt; das Wirken des πνεῦμα zerstört alle religiösen und sozialen Unter-

---

[151] Zutreffend zeigt A. Lindemann, 1 Kor, 271, dass V.12c nicht als Bezeichnung der Identität, sondern als Analogie gelesen werden soll. Deshalb ist nicht zu behaupten, dass Paulus bereits hier den Leib-Christi-Gedanken (vgl. V.27) zum Ausdruck bringt. Anders E. Käsemann, Problem, 179f.: „In Christus" ist die Kirche der Leib.

[152] Die beiden Verse sind durch γάρ mit den vorangegangenen Aussagen (V.12) verbunden.

[153] So aber U. Schnelle, Christusgegenwart, 141.

[154] Chr. Wolff, 1 Kor, 299, behauptet anders, dass die Aoristform (ἐποτίσθημεν) nicht angemessen für den Bezug dieses Satzes auf das Herrenmahl ist und man deshalb die Bezugnahme auf die Taufe annehmen kann. Aber die genauere Bezugnahme, entweder auf die Taufe oder auf das Herrenmahl, muss offen bleiben (so auch H. Merklein, Entstehung, 339).

[155] Gegenüber Gal 3,28 ist die Erwähnung „Mann und Frau" ausgelassen. A.C. Aune, Prophetie, 137, sieht dies als bewusste Weglassung des Paulus im Blick auf die korinthischen Prophetinnen an: „It is best explained in the light of the Corinthian women not to evoke what "not male and female" means to them." Andererseits versteht H. Merklein, Entstehung, 337, dies als Weglassung aus der Überlieferung aufgrund der Situation, d.h. es gehe in der korinthischen Gemeinde um die sprachlichen Barrieren und deshalb nenne er nur die ersten beiden Paare, die darauf zu beziehen sind und bereits in der Glossolalie-These der Korinther eine Rolle spielten. Aber diese Annahmen scheinen mir zweifelhaft.

schiede der Menschen[156] und formt sie vielmehr zu einer Einheit (vgl. Gal 3,28). Auch V. 14 begründet die Aussage von V. 12[157]: Im Leib besteht auch Vielfalt, denn er besteht nicht aus einem, sondern aus vielen Gliedern.

Dass diese Vielfalt jedoch nicht die Einheit des Leibes verhindert, sondern sie bewahrt, veranschaulicht Paulus in eindrucksvoller Weise in den folgenden Versen.

In V. 15-18 erläutert er die Funktion und Rolle der Glieder: Alle Glieder sind Bestandteile des einen Leibes. Indem Paulus in V. 15.16 den Fuß und das Ohr als Beispiel nennt, schildert er, dass jedes Glied des Leibes keineswegs nur als individuelle Existenz existieren kann, indem es womöglich seine Beziehung zum Leib verweigert und seine Unabhängigkeit behauptet. Jedes der Glieder soll seinen eigenen Platz im Leib wahrnehmen. In V. 17 wird die Argumentation durch die Nennung anderer Organe als Beispiele ergänzt. Dabei sind Augen, Ohr und Nase nicht als die womöglich schwächeren Mitglieder der korinthischen Gemeinde zu identifizieren[158]; das Ziel der Aussage des Paulus ist vielmehr eindeutig: Jedes Glied hat seine eigene Rolle bzw. Aufgabe, und beides ist von Gott entsprechend seinem Willen eingesetzt worden (V. 18), womit die Initiative Gottes abermals betont wird (vgl. V. 11). Sie wird zudem offenkundig auch in der Darstellung dessen, wie der Leib arbeitet (V. 24). Durch die geradezu „theozentrische" Betonung der göttlichen, souveränen Initiative und Intentionalität unterscheidet sich die Anwendung der Leib-Glieder-Vorstellung des Paulus von derjenigen in der politischen Theorie der Antike[159]; aber das besagt nicht, dass Paulus bereits hier den Leib nicht mehr als menschlichen Körper, sondern als eine wesentlich andere, religiöse Gestalt ansieht[160], denn die unmittelbare Bezugnahme des Wesens des Leibes auf die Gemeinde wird erst in V.27 erkennbar.[161] Hätte der Leib nur eine einzige Aufgabe, so würde er keinesfalls als vollständiger Leib funktionieren; deshalb wird die Vielfalt der Glieder innerhalb des einen Leibes zur Voraussetzung für die vollständige Gesundheit und Funktion des Leibes, d.h. es ist die Zusammenarbeit der Glieder, die die Einheit des Leibes bewahrt. Dies beschreiben V. 19-20 erneut in Bezug auf das Verhältnis von Einheit und Vielfalt (vgl. V. 12.14): „Jetzt aber sind zwar viele Glieder, aber ein Leib (V. 20)."

In V. 21-26 spricht Paulus vom Verhältnis der Glieder untereinander, insbesondere von deren gegenseitiger Abhängigkeit: Alle sind gleich-

---

[156] U. Schnelle, Christusgegenwart, 141, zufolge ist dies ein traditionelles Motiv „hellenistischer Tauftheologie als Aufhebung religiöser und sozialer Fundamentalalternativen."

[157] V. 14 lehnt sich deutlich an V. 12a an.

[158] So aber beispielsweise M.M. Mitchell, Paul, 269; Th. Söding, Leib Christi, 143.

[159] Vgl. V.P. Furnish, Theology, 90.

[160] Gegen M. Walter, Gemeinde, 140 Anm. 71.

[161] Vgl. A. Lindemann, Kirche, 144f.

wertig und gleichberechtigt, und daher muss jedes Glied jedes andere Glied als unentbehrlich anerkennen. V. 21 beschreibt dies deutlich: Kein Glied darf ein anderes für unnötig halten[162] oder es vom Leib entfernen, denn jedes von ihnen soll den Leib in gegenseitiger Zusammenarbeit aufbauen. In V. 22-24a wird dann ein Trennungsstrich zu der politischen Verwendung der Leib-Glieder-Metapher in der Antike gezogen. Paulus formuliert eine dreifache Gegenüberstellung: ἀσθενέστερα – ἀναγκαῖα (V. 22), ἀτιμότερα – τιμὴ περισσοτέρα (V. 23a), τὰ ἀσχήμονα – εὐσχημοσύνη περισσοτέρα (V. 23b). Im menschlichen Körper sind diejenigen Glieder, die als die schwächeren erscheinen, umso notwendiger (V. 22). Jenen Gliedern, die uns minderwertiger und weniger anständig scheinen, erweisen wir umso größere Ehre, und sie haben desto größere Wohlanständigkeit (V. 23.24a); dabei ist auch hier keine womöglich auf die korinthische Situation bezogene Rangordnung zwischen verschiedenen Gliedern vorausgesetzt.[163] Anschließend spricht Paulus von der Solidarität der Glieder (V. 24b-26). Entscheidend ist, dass er auch hier betont, dass das Ineinander der Glieder in einem Leib auf das Wirken Gottes zurückgeht (V. 24b, vgl. V. 18): Gott hat den Leib so zusammengesetzt, dass er dem bedürftigen Glied besondere Ehre gab. In dem anschließenden ἵνα-Satz (V. 25) expliziert er die Intention Gottes: „Damit es keine Spaltung im Leib gebe, sondern die Glieder einträchtig füreinander sorgen." Ob Paulus hier an eine solche Spaltung (σχίσμα) wie im so genannten Parteienproblem von 1 Kor 1-4 denkt[164], lässt sich nicht mit Sicherheit sagen; es geht um „das Phänomen des σχίσμα überhaupt."[165] Das Ziel der Schöpfung des Leibes besteht in der füreinander zu tragenden Sorge; die gegenseitige Abhängigkeit und die Sorge der Glieder füreinander baut gerade den Leib auf, und daher wird die Zusammengehörigkeit und Zusammenarbeit aller Glieder als unentbehrliches Element für die Einheit des Leibes konstatiert. Den Gedanken der So-

---

[162] Die Annahme, dass diese Schilderung eine Anspielung auf den Zustand der korinthischen Gemeinde ist und als Kritik daran verstanden werden kann (vgl. W. Schrage, 1 Kor III, 225), scheint mir zweifelhaft. Auch M. Walter, Gemeinde, 127f., folgt ähnlich dieser Annahme: „Die Verse 14-27 problematisieren die Konfliktfälle innerhalb einer „charismatischen Gemeindeordnung"."
[163] So aber R.B. Hays, 1 Kor, 215; Th. Söding, Leib Christi, 280. Demnach hält Th. Söding, Leib Christi, 282, fest: „Das Leib-Gleichnis hat eine doppelte pragmatische Spitze. Der erste Teil zielt auf die schleichende Resignation der scheinbar »Schwachen«; [...] der zweite Teil zielt auf die Selbstverabsolutierung der scheinbar »edleren Glieder«."
[164] So aber M.M. Mitchell, Paulus, 166. Sie entwickelt auch hier ihre These weiter, Paulus setze sich im gesamten 1 Kor mit „factionalism" auseinander. Sie behauptet also, dass die Metapher des Leibes in den antiken politischen Texten verwendet wurde, um gegen „factionalism" zu kämpfen, und dass auch Paulus die Leib-Christi-Metapher in demselben Zusammenhang, d.h. gegen „factionalism" innerhalb der korinthischen Gemeinde verwendet.
[165] A. Lindemann, 1 Kor, 274.

lidarität der Glieder vertieft Paulus in V. 26 durch zwei Verben, die das Präfix συμ enthalten, συμπάσχειν und συγχαίρειν: „Und wenn ein Glied leidet, *leiden* alle Glieder *mit*; wenn ein Glied geehrt wird, *freuen sich* alle Glieder *mit*." Diese Solidarität verbindet die einzelnen Glieder am Leib miteinander, so dass man geradezu von einer „Gemeinschaftstheologie" des Paulus sprechen kann.

Erst in V. 27[166] werden die Adressaten als „Leib Christi" und dann „einzeln genommen" als dessen Glieder bezeichnet (ὑμεῖς δέ ἐστε σῶμα Χριστοῦ καὶ μέλη ἐκ μέρους). Offenbar handelt es sich nicht um die Anwendung eines bereits vorhandenen theologischen Terminus (σῶμα Χριστοῦ)[167], sondern um die Schlussfolgerung am Ende des Argumentationsgangs. Als Subjekt verwendet Paulus erneut die 2. Person Plural (vgl. V. 2); er bezeichnet die Adressaten als σῶμα Χριστοῦ[168], aber er entfaltet keine überlegte ekklesiologische Theorie von der Kirche als σῶμα Χριστοῦ.[169] Sein Ausdruck bezieht sich vielmehr auf die Zugehörigkeit der Korinther zu Christus, aufgrund derer sie als der zugehörige Leib bezeichnet werden.[170] Der Ausdruck „Leib Christi" ist das „Ergebnis seiner Gedankenführung"[171], und Paulus zieht diese Schlussfolgerung, indem er die Leib-Glieder-Vorstellung nun direkt auf die korinthische Gemeinde bezieht.[172] V. 27 ist also eine Theologisierung der Leib-Glieder-Vorstellung auf einer neuen Ebene, nämlich in Bezug auf die Zugehörigkeit der Christen zu Christus. Nun werden nämlich die Glieder, die durch ein πνεῦμα zu einem Leib getauft und mit einem πνεῦμα getränkt worden sind (V. 13), zum ersten und einzigen Mal tatsächlich als Leib Christi (σῶμα Χριστοῦ) und als dessen Glieder (μέλη) bezeichnet, und damit wird die neue Identität der Ge-

---

[166]   Andererseits meint M. Walter, Gemeinde, 139f., dass V.12 und V.27 den Rahmen des Abschnitts bilden. Aber die paulinische Argumentation über das Leib-Glieder-Bild setzt sich logisch bis V.30 fort.

[167]   Gegen E. Käsemann, Problem, 183. Siehe unten Anm. 171.

[168]   Zu beachten ist, dass der Terminus σῶμα Χριστοῦ ohne Artikel verwendet ist.

[169]   Dies betonen mit Recht insbesondere V.P. Furnish, Theology, 90f. und A. Lindemann, Kirche, 144.

[170]   Also stellt H. Merklein, Entstehung, 339, fest: „>Leib Christi< ist weder eine bloße Metapher für die *Gemeinde* noch ein Synonym für *Christus*, sondern eine Interpretation des *In-Christus-Seins* (vgl. Gal 3,28b)."

[171]   A. Lindemann, 1 Kor, 275. Vgl. auch H.-J. Klauck, Herrenmahl, 344-346. Er argumentiert für die korinthische Konzeption des Begriffs des Leibes Christi. Das Umgekehrte behauptet E. Käsemann, Problem, 183. Ihm zufolge sei der Leib Christi „die ekklesiologische Formel, mit welcher sich die hellenistische Christenheit zur Weltmission anschickte." Paulus habe, so E. Käsemann, diese vorpaulinische Formel „zugunsten der popularphilosophischen Tradition abgewandelt, welche eine politische oder kosmische Gelegenheit als Leib bezeichnet" (vgl. auch E. Käsemann, Römer, 323).

[172]   Zutreffend H. Merklein, Entstehung, 339; Th. Söding, Leib Christi, 289f.; A. Lindemann, Kirche, 144.

meinde und der Adressaten begründet.[173] Daraus folgt, dass V. 27 nicht eine christologische Darstellung der Identität Christi ist[174], sondern eine ekklesiologische Darstellung der christlichen Existenz innerhalb der Gemeinde als Leib.

Abschließend folgt in V. 28-30 die Aufzählung der Ämter und der jeweils „Begabten". Die in V.4-11 erwähnten Gaben werden als die Personen, die über diese Gabe verfügen und dadurch in der Gemeinde ihre Aufgabe ausführen, konkretisiert und als Glieder der Gemeinde als Leib festgestellt. Dies ist aber kein neuer Gedanke, sondern Fortsetzung der vorangegangenen Aussage über das Gliedsein in der Gemeinde als Leib (V. 27). Paulus erwähnt abermals die Vielfalt der Glieder innerhalb der Gemeinde, wobei auch die Glossolalie als eine der Formen verschiedener und unterschiedlicher χαρίσματα genannt wird. Der Glossolale ist also eines der Glieder, die durch ihre Gabe zur Gemeinde als Leib gehören und dadurch ihre Funktion haben. Die Demokratisierung der χαρίσματα in V. 1-11 wird in V. 12-30[175] in der Form der Demokratisierung der Glieder innerhalb der Gemeinde in konkretisiert und vertieft. Alle χαρίσματα haben denselben göttlichen Ursprung und den gleichen Wert, und in dem einen Leib hat jedes Glied seine eigene Aufgabe bzw. Funktion und deshalb den gleichen Nutzen. Da die Glieder einander ergänzen, sind sie unentbehrlich im Leib, und deshalb wird die Gemeinde verstanden als die Konkretisierung der Einheit in der Vielfalt der vom πνεῦμα verliehenen und bewirkten χαρίσματα. Diese Argumentation lässt die Kritik des Paulus an dem aufgrund einer bestimmten Gabe entstandenen Individualismus der Korinther bzw. an deren Versuch der Distanzierung von der Gemeinde erkennen. Dies zielt nicht nur auf die rechte Formung des innerhalb der Gemeinde existierenden zwischenmenschlichen Verhältnisses, sondern hier wird das Wesen der Gemeinde entfaltet. Es geht also in 12,12-30 eigentlich um das Verständnis der Gemeinde bzw. um das Verständnis der christlichen Existenz in Bezug auf die Gemeinde. Das darin sichtbar werdende Kirchenverständnis ist möglicherweise eine Provokation für die individualistische pneumatische Tendenz des korinthischen Enthusiasmus; es fungiert gleichzeitig als Korrektiv für das Selbstverständnis der ekstatischen Korinther. In 1 Kor 14 zeigt sich dann die praktische Auslegung sowie eine konkrete Anwendung dieses paulinischen Kirchenverständnisses.

---

[173] So auch H. Merklein, Entstehung, 339f. Er interpretiert, dass Paulus sich mit „der Fehleinschätzung der christlichen Existenz durch bestimmte korinthische Kreise" auseinander setzt.

[174] So aber beispielsweise U. Schnelle, Christusgegenwart, 141: „Damit ist nicht die Inkorporation in den individuellen Christusleib am Kreuz gemeint, sondern der erhörte Kyrios ist durch den Geist als Gemeinde existent und gegenwärtig."

[175] Siehe zur Analyse von 1 Kor 12,28-31 oben 4.1.1.2 dieser Arbeit.

4.2.1.2 Die οἰκοδομή der Gemeinde (14,3-5.12.17.26)

In der Argumentation des Paulus in 1 Kor 12-14 spielt der Begriff der οἰκοδομή[176] der Gemeinde eine große Rolle.[177] Paulus hält fest, dass die Kundmachung des πνεῦμα zum Nutzen (πρὸς τὸ συμφέρον) gegeben wird (12,7). Auch in den Aussagen über die Solidarität der Glieder in der Gemeinde klingt das Motiv noch als Hintergrund an (vor allem 12,24b-26).[178] In Kap. 13 hatte Paulus die ἀγάπη als Kriterium für die οἰκοδομή in eindrucksvoller Weise dargestellt und betont, die erbauende ἀγάπη (vgl. 8,1) relativiere alle Gaben und menschlichen Leistungen. Aufgrund dieser theologischen Verankerung in der ἀγάπη fungiert nun aber die οἰκοδομή vor allem in Kap. 14[179] nicht nur als Leitmotiv der paulinischen Argumentation, sondern immer wieder auch als Kriterium seiner Bewertung, wenn es um das Problem der Glossolalie geht. Die οἰκοδομή ist das Ziel, nach dem die Adressaten streben sollen (14,12.26), d.h. sie wird verstanden als das praktische Kriterium für das Gemeindeleben: „Alles geschehe zur Erbauung!" (14,26b). Deshalb wird das Suchen danach von Paulus empfohlen (14,5.12.26), und überdies wird die οἰκοδομή im unmittelbaren Vergleich von Glossolalie und Prophetie nachdrücklicher hervorgehoben.

Die οἰκοδομή der Gemeinde geschieht nach Kap. 14 keinesfalls durch Glossolalie bzw. durch deren Praktizierung, sondern sie geschieht als eine Leistung der Prophetie[180]: Mahnung (V. 3.31), Ermutigung (V. 3), Hervorrufen der Zustimmung zum Beten (V. 16f.), Unterweisung (V. 19) und Lehren (V. 31). Insbesondere in V. 24f. ist die Leistung der Prophetie als verstehbare und überzeugende Sprache in auffälliger Weise dargestellt: Indem der Hörende überführt und sein Inneres offenbar wird, betet er Gott an und bezeugt er die Gegenwart Gottes im gottesdienstlichen Geschehen. Demnach wirkt die Prophetie sowohl für die Glaubenden als auch für die Ungläubigen als mächtige und för-

---

[176] In Hinblick auf den Hintergrund dieses Begriffs behauptet Ph. Vielhauer, Oikodome, 122, gegen R. Reitzenstein und E. Käsemann, dass er von Paulus nicht aus gnostischen Vorstellungen, sondern aus alttestamentlichen Gedanken aufgenommen und christlich umgeprägt wurde.

[177] Vgl. 1 Kor 3,1-17. Dort bezeichnet Paulus die Gemeinde als Gottesbau. Auch J. Roloff, Kirche, 110-116, betont, dass Paulus den Bau- und Tempelgedanken in 1 Kor 3,5-17 durch die Darstellung der οἰκοδομή der Gemeinde dynamisiert und dadurch die Kirche als eine in einem stetigen Prozess bestehende Größe bezeichnet.

[178] Zutreffend meint J. Roloff, Kirche, 136, auch die Darstellung von der Gemeinde als Leib in 12,12-31 illustriere das paulinische Kriterium der οἰκοδομή der Gemeinde.

[179] Das Substantiv οἰκοδομή kommt in V. 3.5.12.26 vor und andererseits das Verb οἰκοδομεῖν/ οἰκοδομεῖσθαι in V. 4.17.

[180] Zutreffend zeigt Ph. Vielhauer, Oikodome, 86f. mit deutlichem Akzent, dass der Begriff οἰκοδομή in Bezug auf Glossolalie durchaus negativ gebraucht wird, während er in Bezug auf Prophetie positiv gebraucht wird. Vgl. auch G. Bornkamm, Erbauung, 115.

dernde Rede. Die οἰκοδομή der Gemeinde wird zwar durch die Prophetie bestimmt und konkretisiert; das bedeutet aber nicht, dass Paulus sie ganz auf Prophetie beschränkt, denn er erwähnt daneben auch Offenbarungsrede, Erkenntnis und Lehre (V. 6). Auf jeden Fall ist deutlich, dass die Verständlichkeit der Prophetie und die daraus entstehende Kommunikationsmöglichkeit grundsätzlich dem Gewinnen des Glaubens und also der οἰκοδομή der Gemeinde zu dienen vermögen. Wie im Vergleich mit der Prophetie erkennbar wird, vermag die Glossolalie keinesfalls der οἰκοδομή der Gemeinde zu dienen. Sie ruft vielmehr das Umgekehrte hervor, auch wenn grundsätzlich alle Gaben als Mittel der οἰκοδομή gelten.[181] Das aber bedeutet gerade, dass eine Legitimität der Praktizierung der Glossolalie im Gottesdienst unmöglich ist.

Der Kern in den auf die οἰκοδομή bezogenen Aussagen von Kap. 14 liegt darin, dass die Gemeinde und deren Glieder immer wieder als ihr Gegenstand erwähnt werden und sogar die im Gottesdienst anwesenden Außenstehenden darin enthalten sind.[182] Anders als die enthusiastischen Korinther verlagert Paulus nämlich den Schwerpunkt von den Einzelnen auf die Gemeinde, und er versteht außerdem die Gemeinde vor allem im Sinne des Gottesdienstes. Er beschreibt sie als die konkret zum Gottesdienst versammelte Gemeinschaft der zu Christus gehörenden Menschen.[183] Der Gottesdienst ist der Ort für die Verwirklichung der οἰκοδομή, d.h. die οἰκοδομή der Gemeinde wird durch das gottesdienstliche Geschehen vollzogen.[184] Demnach erhält die οἰκοδομη bei Paulus ihren „Platz in der Ekklesiologie"[185], und dies verdeutlicht, dass das Interesse der Adressaten von den ekstatischen Phänomenen bzw. Gaben weg daraufhin gelenkt wird, welche Konsequenz sie in der Gemeinde haben. Durch den Gottesdienst tritt überdies die Gemeinde als eine Gemeinschaft in Erscheinung.

Es ist deshalb zumindest problematisch, die Selbsterbauung durch die Glossolalie (14,4) als mögliche Anerkennung des Wertes dieser Gabe auf der privaten Ebene aufzufassen.[186] Paulus polemisiert gegen die

---

[181] Vgl. U. Brockhaus, Charisma, 189.

[182] Ferner sieht G. Bornkamm, Erbauung, 116f., auch in dem apostolischen Wirken des Paulus die unmittelbare Beziehung zur οἰκοδομή. So auch O. Michel, Art. οἰκοδομεῖν κτλ., in: ThWNT V, 139-151, hier 142.

[183] Vgl. R. Bultmann, Kirche, 164: „Die „Kirche" ist *die kultische Versammlung der Gemeinde* [...], in der der Herr (κύριος) gegenwärtig ist, wie der Geist (das πνεῦμα) und die Gnadengaben (χαρίσματα) das dokumentieren."

[184] E. Schweizer, The Service of Worship. An Exposition of 1 Corinthians 14, in: ders., Neotestamentica, Zürich/ Stuttgart 1963, 333-343, hier 337f.

[185] Ph. Vielhauer, Oikodome, 96.

[186] Ph. Vielhauer, Oikodome, 87, zeigt mit Recht auf, dass die οἰκοδομή in Kap.14 durchaus auf die Gemeinschaft bezogen ist und deshalb der Gebrauch des Begriffs in V.4a deren Natur widerspricht. Siehe oben die Analyse von 14,4 in Kapitel 3 dieser Arbeit.

Hochschätzung der Glossolalie innerhalb der Gemeinde, und da diese unter der Pespektive der οἰκοδομή in Kap. 14 durchgängig kritisiert wird, ergibt sich, dass Paulus die Selbstbauung durch die Glossolalie als *oppositum* zur Gemeindeerbauung durch die Prophetie entworfen hat. Möglicherweise hat er den Gedanken der οἰκοδομή in Auseinandersetzung mit dem korinthischen Enthusiasmuσ entwickelt und von daher die Gemeinde als den Bereich für deren Verwirklichung bezeichnet.

Die οἰκοδομή der Gemeinde geschieht konkret durch die Praktizierung der verständlichen und fördernden sowie überzeugenden Rede, durch die gegenseitige Annahme und Sorge der Glieder. So erhält die Gemeinde ihre wesentliche Existenz als die sich so konstituierende Größe, und dadurch wird auch der Gottesdienst als Geschehen der Gegenwart Gottes sowie als Ort des Glaubens festgestellt. Die Gemeinde ist nach Paulus nicht als eine in sich abgeschlossene Größe zu bezeichnen, sondern als eine ständig sich realisierende und wachsende Größe. Somit gilt bei ihm die οἰκοδομή der Gemeinde als theologische Konzeption bzw. als unaufgebbares Kriterium nicht nur für die χαρίσματα, sondern für das Gemeindeleben als ganzes.[187]

4.2.2　Glossolalie und Gottesdienst

4.2.2.1　Die Ordnung des Gottesdienstes (14,26-33a.39f.)

Der Kontext von 1 Kor 14 ist die gottesdienstliche Versammlung der korinthischen Gemeinde[188]; die Aussagen des Paulus setzen diese Situation voraus. Offenkundig ist, dass die Enthusiasten, insbesondere die glossolalisch Begabten, den Gottesdienst in Korinth dominieren und der dortige Gottesdienst einen starken ekstatischen Charakter hat.[189] Angesichts dieser Tendenz versucht Paulus, die Praktizierung der Glossolalie durch den Vergleich mit Prophetie zurückzuweisen. Seine Bemühungen zur Bewältigung des Problems werden insbesondere in 14,26ff. deutlich, insofern Paulus hier konkrete Anweisungen für die Anwendung beider Redeweisen im Gottesdienst gibt. Oft wird gesagt, Paulus habe in Kap. 14 von Anfang an den Blick auf die Ordnung des Gottesdienstes gerichtet.[190] Dies trifft aber nicht zu, wenngleich klar ist,

---

[187]　Anders als Ph. Vielhauer, Oikodome, 88 meint, ist die οἰκοδομή der Gemeinde in Kap.14 nicht als auf die sakrale Ebene beschränkt zu verstehen, wenngleich sie durch das gottesdienstliche Geschehen geschieht. Vgl. H. Conzelmann, Theologie, 292: „Diese οἰκοδομή ist nicht kultisch verstanden, sondern als Ordnung des Zusammenlebens der Christen im Alltag."
[188]　Paulus behandelt in 11,2-14,40 Probleme, die sich auf die Versammlung der Gemeinde beziehen, ausführlich.
[189]　Vgl. W. Wiefel, Gottesdienstformen, 46f.
[190]　Beispielsweise R. Shallis, Zungenreden aus biblischer Sicht, Bielefeld 1986. Er konzentriert sich durchwegs auf dieses Verständnis.

dass im Gottesdienst die rechte Ordnung erforderlich ist. Die erwähnte Annahme gründet auf der Annahme, dass das Problem, mit dem sich Paulus auseinander setzt, die durch die unbesonnene Praktizierung der Glossolalie ausgelöste, liturgische Unordnung war und dass Paulus deshalb versuche, die rechte liturgische Ordnung zu schaffen. Aber dabei wird die wesentliche Absicht des Paulus, nämlich die Polemik gegen die Hochschätzung der Glossolalie, übersehen. G. Dautzenberg meint, 14,26-40 sei eine „Gemeinderegel"[191] im Sinne jüdischer Gemeindeordnungen[192], geschrieben in der Absicht, „ein ausgewogenes Verhältnis zwischen Glossolalie und Prophetie herbeizuführen".[193] Aber auch mit dieser These ist die umfassende polemische Auseinandersetzung des Paulus mit der Glossolalie und seine Kritik an deren Praktizierung nicht klar genug im Blick.

Paulus beschreibt zunächst den Grundsatz, der den Gottesdienst und das Gemeindeleben tatsächlich beherrschen soll, indem er die οἰκοδομή der Gemeinde als grundsätzliches Praxisprinzip beschreibt: Im Gottesdienst soll alles zur οἰκοδομή geschehen (V. 26c). Für den Vollzug der οἰκοδομή unterstreicht er dann vor allem zweierlei: Erstens soll alles in Ordnung geschehen (V. 27.29-31); Paulus versucht in diesem Zusammenhang zwar, den zur Unordnung tendierenden ekstatischen Phänomenen, insbesondere der Glossolalie, einen geordneten Rahmen zu geben, aber er setzt schon voraus, dass die Glossolalie diese Forderung keinesfalls erfüllen kann. Auffällig ist, dass er im Gegensatz zur Glossolalie die Prophetie als kontrollierbar ansieht (V. 32). Seine Argumentation erhält ihre theologische Verankerung in V. 33a, wo er das Wesen Gottes als „Gott nicht der Unordnung, sondern des Friedens" bezeichnet; dem soll der Gottesdienst entsprechen, und so erhalten die paulinischen Anweisungen ihre Legitimität, weil sie geeignet sind, zum Frieden in der Gemeinde, beizutragen. Zweitens soll und kann alles, was im Gottesdienst gesagt wird, von allen verstanden werden (V. 27f.). Deshalb fordert er von der Glossolalie bzw. den Glossolalen die Übersetzung[194], und er verlangt das Schweigen bei Abwesenheit eines Übersetzers. Diese Forderung setzt nicht voraus, dass es einen der Gemeinde bekannten Übersetzer gibt, als könnte der Glossolale selbstverständlich mit der Anwesenheit eines Übersetzers

---

[191] G. Dautzenberg, Prophetie, 253.
[192] Auch W. Wiefel, Gottesdienstformen, 48f., meint, dass Paulus diese Ordnung der liturgischen Praxis der jüdischen Gemeinde sowie bei Qumran-Essenern entnimmt. Ähnlich H.-J. Klauck, Gottesdienst, 54. Gleichwohl werden die Unterschiede dazwischen deutlich erkennbar. Siehe dazu oben die Analyse von 1 Kor 14,28.30 in Kapitel 3 dieser Arbeit.
[193] G. Dautzenberg, Prophetie, 273.
[194] Die Aufforderung zur Übersetzung von V.28 bedeutet keinesfalls, dass der Glossolale seinen eigenen Enthusiasmus kontrollieren kann (gegen W. Richardson, Order, 151).

rechnen[195]; vielmehr kritisiert Paulus durch seine Forderung die Unverständlichkeit der Glossolalie, und er entzieht damit der Glossolalie ihren Platz im Gottesdienst. In der Argumentation von Kap. 14 spielt tatsächlich das Motiv des Verstehens bzw. der Verständlichkeit eine entscheidende Rolle. Denn es fungiert offenkundig als Voraussetzung der οἰκοδομή der Gemeinde. Abschließend fasst Paulus seine vorangegangenen Aussagen ausdrücklich zusammen: „Alles aber soll anständig und in Ordnung geschehen!" (V. 40). Anständigkeit und Ordnung, denen sich das Streben nach dem prophetischen Reden und dem glossolalischen Reden (V. 39) unterordnen soll, sind auch Voraussetzungen für die οἰκοδομή der Gemeinde; die ekstatischen Erscheinungen des πνεῦμα können keineswegs die Verantwortung des Einzelnen und der Gemeinde ausschalten.

Ob die Glossolalie erfüllen kann, was Paulus von ihr fordert, lässt sich eindeutig beantworten: Die Forderung kann infolge des ekstatischen und spontanen Charakters der Glossolalie keinesfalls erfüllt werden, d.h. die praktischen Anweisungen in 14,26ff. zielen nicht darauf ab, die Glossolalie als eine akzeptable Manifestation des πνεῦμα gelten zu lassen.[196] Auch die Definition des Wesens Gottes in 14,33a sowie die Aufforderung zu Anständigkeit und Ordnung in 14,40 entziehen ihr diese Möglichkeit. Es ist deshalb zumindest problematisch, zu meinen, das Ziel des Paulus sei nur oder vor allem die Schaffung einer liturgischen Ordnung im Gottesdienst; es geht auch nicht um das Interesse des Paulus an der missionarischen Aufgabe der Gemeinde.[197] Es geht Paulus überhaupt nicht um die Ordnung an sich, sondern es geht ihm um die Einheit der Gemeinde und um den rechten Vollzug der Zusammenkünfte der Gemeinde als gottesdienstliches Geschehen. Letztlich besteht seine Absicht darin, die Glossolalie bzw. deren Praktizierung aus dem Gottesdienst ganz zu verbannen[198]; das gottesdienstliche Geschehen soll nämlich Vollzug der οἰκοδομή der Gemeinde sein, und somit sind die paulinischen Anweisungen zur Ordnung des Gottesdienstes als Voraussetzungen für die οἰκοδομή der Gemeinde formuliert[199], nicht als organisatorische Regeln für kultische Stabilität.

4.2.2.2 Das Amen des Unkundigen (14,16)

Die Situation des Gottesdienstes ist auch in V. 14ff. vorausgesetzt. Insbesondere in V. 16 schildert Paulus ein Beispiel, das verdeutlicht,

---

[195]   So aber J. Hainz, Ekklesia, 94.
[196]   So aber W. Richardson, Order, 146.
[197]   So aber W. Richardson, Order, 150. Vgl. unten 4.2.3 dieser Arbeit.
[198]   Gegen H. Weder, Gabe, 32.
[199]   Vgl. G. Bornkamm, Erbauung, 114f.: „Vielmehr stellt er [Paulus] alles gottesdienstliche Geschehen unter das eine und eindeutige Kriterium der „Erbauung" der Gemeinde. [...] und das Prinzip dieser Ordnung – Über- und Unterordnung – heißt οἰκοδομή (14,26)."

dass das glossolalische Gebet für den Unkundigen unverständlich ist, insofern die Glossolalie wesentlich unverständliche Rede ist. Auffallend ist, dass die Glossolalie hier nicht nicht mit Prophetie verglichen wird[200], d.h. Paulus spricht nur von der Unverständlichkeit, welche die Glossolalie impliziert.

Für Paulus ist wichtig, dass die ganze Versammlung dem Gottesdienst zu folgen vermag, und deshalb soll auch das Gebet mit dem responsorischen Amen[201] aller Anwesenden beschlossen werden.[202] Dabei setzt er voraus, dass auch derjenige, der das glossolalische Gebet überhaupt nicht verstehen kann, im Gottesdienst anwesend ist. Als Folgerung ergibt sich daraus, dass die Gemeinde Rücksicht auf eine solche Person nehmen soll, insbesondere auf deren Verstehensfähigkeit hinsichtlich des gesprochenen Gebets. Eine Rede, die für nicht alle Anwesenden verständlich ist, verhindert die mit dem Amen gegebene Antwort. Nachdem Paulus in V. 15 erläutert hat, dass Gebet und Gesang sowohl mit dem Geist (τῷ πνεύματι) als auch mit dem Verstand (τῷ νοΐ) gleichermaßen wichtig und notwendig sind, nennt er dafür die Begründung in V. 16. Sein Urteil ist deutlich: Der des glossolalischen Gebets Unkundige kann auf ein solches Gebet nicht mit dem Amen antworten, er kann ihm nicht seine Zustimmung geben. Da der ἰδιώτης hier zumindest kein Nicht-Christ ist[203], ist auf keinen Fall zu behaupten, dass Paulus nun mit der missionarischen Wirkung rechnet. Das responsorische Amen-Sagen stammt aus der Praxis der Synagoge[204], und es ist zugleich als Gemeindesitte im Gottesdienst bezeugt.[205] Das Gebet hat – wie jeder Bestandteil des Gottesdienstes – kommunikativen Charakter auch zwischen den Anwesenden; dass das responsorische Amen nicht gesprochen werden kann, zeigt zumindest, dass durch die Glossolalie eine heterogene Gruppe innerhalb der Gemeinde hervorgerufen werden könnte – und zwar in dem Sinne, dass sich die Unkundigen von den Glossolalen differenzieren, weil sie die Glossolalie nicht verstehen. Eine solche durch die Praktizierung der Glossolalie ausgelöste Gefahr hat Paulus schon in V. 11 im Blick: Dort, wo der Sprechende und der Zuhörende einander zu Fremden werden, kann eine gemeinschaftliche

---

[200] Vom Verhältnis zwischen Glossolalie und Prophetie ist in V.6-19 keine Rede.
[201] Vgl. K. Seybold, Zur Vorgeschichte der liturgischen Formel „Amen", in: ThZ 48, 1992, 109-117.
[202] Das ein Gebet abschließende Amen entspricht der jüdischen Praxis. Siehe dazu E. Güting, Amen, Eulogie, Doxologie. Eine textkritische Untersuchung, in: D.-A. Koch/ H. Lichtenberger (Hg.), Begegnung zwischen Christentum und Judentum in Antike und Mittelalter, FS für H. Schreckenberg, Göttingen 1993, 133-162, hier 139-141. Vgl. unten Anm. 204.
[203] Siehe oben die Analyse von 1 Kor 14,16 in Kapitel 3 dieser Arbeit.
[204] Siehe dazu Belege bei P. Billerbeck, Kommentar III, 456-461, und auch W. Wiefel, Gottesdienstformen, 38. W. Wiefel, Gottesdienstformen, 47, zufolge war das als Akklamation gesprochene Amen die einzige traditionelle liturgische Form.
[205] H.-W. Kuhn, Art. ἀμήν, in: EWNT I, 167.

Einheit nicht erwartet werden. So wie das Reden ohne Kommunikation wertlos ist, so ist auch das glossolalische Gebet ohne Kommunikation nutzlos für die Zustimmung und Bekräftigung des Gesagten. Offenbar ist, dass die Unverständlichkeit, welche die Glossolalie impliziert, gegenseitige Kommunikation verhindert. Ausserdem ist zu beachten, dass Paulus keineswegs den des glossolalischen Gebets Unkundigen als Schwächeren und den Glossolalen als Stärkeren bezeichnet; er rechnet nicht mit einer durch einen Konflikt zwischen zwei Gruppen ausgelösten strukturellen Spaltung der Gemeinde. Die ekstatischen Erscheinungen des πνεῦμα haben keinen Selbstzweck, sie werden von Paulus vielmehr unter dem Gesichtspunkt der οἰκοδομή der Gemeinde relativiert; auf diese Weise soll die Gemeinschaft der Gemeinde gestiftet und auch die gegenseitige und gemeinsame Förderung zwischen den Gliedern angetrieben werden. Dies wird wohl auch dadurch festgestellt, dass Paulus in V. 17 das glossolalische Gebet erneut in Bezug auf die οἰκοδομή der Gemeinde bewertet, mit der Feststellung, dass es auf keinen Fall der οἰκοδομή der Gemeinde zu dienen vermag. Damit fordert Paulus die Adressaten zu einer neuen Perspektive auf: Ein jeder soll sich nicht von seinem persönlichen Standpunkt aus, sondern er soll sich unter Rücksichtnahme auf die Geschwister bzw. die Hörenden verhalten. Das responsorische Amen-Sagen ist also offensichtlich als ein Kennzeichen der οἰκοδομή der Gemeinde und also als Umschreibung der gegenseitigen Verantwortung in der Gemeinde als einer geschichtlichen und eschatologischen Größe[206] aufzufassen.

4.2.3   Glossolalie und Mission (14,20-25)

Die christliche Kirche verstand sich von Anfang an als eine missionierende Größe. Den lukanischen Darstellungen – insbesondere in der Apg – zufolge entwickelte sich die Kirche durch das missionarische Wirken der Apostel bzw. christlicher Missionare rasch.[207] Die Apg schildert vor allem Paulus als einen der wichtigsten Missionare des Urchristentums, und sie beschreibt zugleich seinen großen missionarischen Erfolg als die entscheidende Ursache für die Ausweitung des Evangeliums. Aber angesichts der Aussagen in den paulinischen Brie-

---

[206] G. Bornkamm, Erbauung, 114, zufolge wird in der Auseinandersetzung des Paulus mit der korinthischen Situation die Frage nach dem rechten Verständnis „der Gemeinde als einer eschatologischen Größe und ihres Gottesdienstes als eschatologischen Geschehens" gestellt. Vgl. R. Bultmann, Die Christologie des Neuen Testaments, in: ders., Glauben und Verstehen I, 245-267, hier 255.
[207] Vgl. zum lukanischen Missionsverständnis J. Kremer, Weltweites Zeugnis für Christus in der Kraft des Geistes. Zur lukanischen Sicht der Mission, in: K. Kertelge (Hg.), Mission im Neuen Testament, QD 93, Freiburg u.a. 1982, 145-163.

fen erweist es sich als ziemlich schwierig, ihn als einen solchen Missionar anzusehen. In den Briefen erscheint vielmehr „der Apostel als Organisator und seelsorglicher Berater bereits bestehender Gemeinden".[208] Die paulinischen Briefe sind darüber hinaus auf die jeweils besonderen Situationen der Gemeinden bezogen, und sie signalisieren deutlich die Bemühungen des Paulus um eine Bewältigung der innerhalb der Gemeinden vorhandenen Probleme. Aber das bedeutet natürlich nicht, dass Paulus kein Interesse an der Mission gehabt hätte; denn die Gemeinden, an die er schreibt, verdanken sich dem missionarischen Wirken dessen, der sich zur Heidenmission berufen weiß (Gal 1,15f.).[209]

In 1 Kor 14 treten beide Motive, der Gottesdienst der Gemeinde und die nach außen gerichtete Mission, nebeneinander.[210] Es lässt sich kaum sagen, ob in den paulinischen Aussagen von 1 Kor 14 die Mission bzw. das Bild der Gemeinde als einer missionierenden Gemeinschaft explizit enthalten ist; weder das eigentliche paulinische Missionsverständnis noch seine Missionsstrategie können aus diesem Text abgelesen werden.[211] Offenkundig setzt Paulus die gottesdienstliche Gemeindeversammlung voraus, und insofern geht es nicht um die Mission im eigentlichen Sinne.[212] Es ist aber zu prüfen, ob und gegebenenfalls wie Paulus im gottesdienstlichen Geschehen eine Missionsmöglichkeit für die Nicht-Glaubenden sieht.[213]

In 14,20-25 geht es nicht um eine Innen-, sondern um die Außenbeziehung[214], auch wenn Paulus aus der Sicht der gottesdienstlichen Zusammenkunft der Gemeinde spricht. Er erläutert die Außenwirkung der beiden Redeweisen, des glossolalischen und des prophetischen Redens. Er setzt dabei einen Gottesdienst voraus, dem nicht nur ἰδιῶται, also die des glossolalischen Redens Unkundigen im Sinne von V. 16, sondern auch Ungläubige (ἄπιστοι), die von den ἰδιῶται zu unter-

---

[208]   A. Lindemann, Mission, 118.
[209]   Vgl. F. Hahn, Mission, 82.
[210]   Siehe zum Auseinandertreten der beiden in der nachpaulinischen Zeit F. Hahn, Mission, 120-126.
[211]   Siehe zum paulinischen Missionsverständnis D. Zeller, Theologie der Mission bei Paulus, in: K. Kertelge (Hg.), Mission im Neuen Testament, QD 93, Freiburg u.a. 1982, 164-189; ferner H. Marschall, Who were the evangelists?, in: J. Ådna/ H. Kvalbein (Hg.), The Mission of the Early Church to Jews and Gentiles, WUNT 127, Tübingen 2000, 251-263.
[212]   Damit meine ich die Mission in dem Sinne, dass ein Missionar, wie in der Apg geschildert ist, unmittelbar dorthin geht, wo die Ungläubigen wohnen, sie besucht, ihnen begegnet und durch die Verkündigung des Evangeliums sie überzeugt.
[213]   Es ist hier auch zu beachten, dass Paulus diese Missionsmöglichkeit nicht unmittelbar mit seiner missionarischen Tätigkeit verbindet.
[214]   Andererseits versteht W. Richardson, Order, 147, dass das hauptsächliche Interesse des Paulus in Kap. 14 in der Mission besteht. Gleichwohl ist zweifelhaft, ob das ganze Kapitel in dieser Hinsicht zu verstehen ist.

scheiden sind[215], beiwohnen (V. 23.24). Offensichtlich konnten Ungläubige den christlichen Gottesdienst besuchen[216], und in diesem Zusammenhang sieht Paulus sie als Gegenstand der christlichen Mission an. Der Begriff ἄπιστοι bezeichnet diejenigen, die noch nicht den Glauben an Christus besitzen. Möglicherweise handelt es sich es um Familienangehörige der Gemeindeglieder[217], vor allem um nichtchristliche Ehepartner (vgl. 1 Kor 7), die nicht mit Ablehnung, sondern mit Interesse am christlichen Gottesdienst teilnehmen. Paulus sieht offensichtlich eine Möglichkeit, sie von der Wahrheit des Evangeliums zu überzeugen und so zum Glauben an Christus zu führen. Der Gottesdienst ist insofern also eine missionarische Chance, auch wenn dem Gottesdienst als solchem keine direkte missionarische Funktion zugewiesen wird.[218] Die Gemeinde soll wenigstens indirekt missionarisch durch den Gottesdienst wirken. Dann aber ist klar, dass solche Mission nicht durch die Praktizierung der Glossolalie geschehen kann, sondern ausschließlich durch die Praktizierung der Prophetie. Das Erlebnis ekstatischer, glossolalischer Manifestation löst nur ein Missverständnis des christlichen gottesdienstlichen Geschehens aus: „Ihr seid verrückt" (V. 23), und somit erweist sich die Glossolalie als kaum passend für die Verkündigung des Evangeliums (vgl. V. 19). Die Begründung dafür gibt Paulus mit dem Schriftzitat von V. 21: Das erwähnte Urteil beruht nicht auf der Ablehnung oder der Verstockung der Hörenden, sondern es geht zurück auf die Unverständlichkeit, welche Glossolalie impliziert.

Demgegenüber ermöglicht die Prophetie die Überwindung dieser durch die Praktizierung der Glossolalie ausgelösten Gefahr (V. 23), denn im Gegensatz zum glossolalischen Reden führt das prophetische Reden führt die dem christlichen Gottesdienst beiwohnenden Ungläubigen zur Erfahrung der Gegenwart Gottes (V. 24f.). Sie bleiben nicht nur Beobachter der Vorgänge des Gottesdienstes, sondern sie werden auch Bekennende und somit Zeugen dafür, dass Gott im Gottesdienst wahrhaftig am Werk ist. Die Gemeinde wird also aufgrund der Leistung des prophetischen Redens zum Raum der Weitergabe des Glaubens, und diese Möglichkeit beruht auf der prophetischen Verkündi-

---

[215] Siehe dazu die Analyse von 14,23 in Kapitel 3 dieser Arbeit.

[216] Chr. Wolff, 1 Kor, 336, und W. Rebell, Gemeinde, 127, vermuten, dass Paulus diese Praxis womöglich von der Synagoge her kannte. Aber deutliche Belege über diese Praxis haben wir nicht. Vgl. R. Banks, Going to Church in the First Century. An Eyewitness Account, Greenacre 1980. Andererseits sieht E. Ebel, Die Attraktivität früher christlicher Gemeinden. Die Gemeinde von Korinth im Spiegel griechisch-römischer Verein, WUNT II/ 178, Tübingen 2004, 215f., diese Offenheit der Gemeinde für die Nicht-Christen als einen Schlüssel zum Erfolg der christlichen Gemeinden, d.h. als ihr Attraktivitätselement an.

[217] A. Lindemann, Ekklesiologie, 80.

[218] Zutreffend verweist W. Rebell, Gemeinde, 131, darauf, dass die missionarische Funktion des Gottesdienstes in 1 Kor 14 von Paulus nur indirekt dargestellt ist.

gung, und zwar gerade auf ihrer Verständlichkeit. Dadurch wird die sich zum Gottesdienst versammelnde Gemeinde zu einem Missionsfaktor[219], insofern sie das Potenzial hat, ungläubige Besucher zu evangelisieren.

In Hinsicht auf die missionarische Wirkung lösen Glossolalie und Prophetie also eine höchst unterschiedliche, genau genommen eine entgegengesetzte Reaktion aus. Deshalb kann die Aussage in 14,22a, wonach die Glossolalie als Zeichen für die Ungläubigen diene, nicht als eine Darstellung der missionarischen Funktion der Glossolalie begriffen werden.[220] Allein die Prophetie besitzt als gottesdienstliches Wort eine missionarische Funktion, und so gewinnt sie besondere Bedeutung nicht nur in Hinsicht auf die οἰκοδομή der Gemeinde, sondern auch in Hinsicht auf die Wirkung auf die Außenstehenden. Dies besagt aber nicht, dass Paulus im prophetischen Reden zwischen der Missionspredigt und der Verkündigung an bereits bestehende Gemeinden unterscheidet; es geht nicht um verschiedene Funktionen, sondern um einen gemeinsamen Schwerpunkt[221]: Der Gottesdienst darf von Unkundigen oder Ungläubigen nicht negativ erfahren werden, und dies widerspricht der enthusiastischen Tendenz, Glossolalie im Gottesdienst ohne Rücksichtnahme auf solche Personen zu praktizieren; vielmehr muss auf die Außenwirkung geachtet werden, denn sonst beraubt sich die Gemeinde der Möglichkeit, solche Personen zum christlichen Glauben zu führen. Die Erwähnung des Gottesdienstes als Missionschance zielt nicht darauf, den Gottesdienst primär unter dem Gesichtspunkt der Mission zu betrachten; vielmehr ist auch dieser Hinweis nichts anderes als ein weiteres Kriterium für das kritische Urteil des Paulus über den Wert bzw. die Wirkung der Glossolalie.

4.2.4   Zusammenfassung

Bei Paulus ist die Gemeinde als ein „demokratisches" Wesen zu begreifen[222], weil alle Glieder innerhalb der Gemeinde als des einen Leibes gleichwertig – nicht gleichartig – sind und weil gegenseitige Rücksichtnahme und Sorge sowie gegenseitige Annahme und Anerkennung die Grundlage ihrer Solidarität bilden (insbesondere 1 Kor 12); in der Gemeinde soll die Gemeinschaft als „geschwisterliche Ein-

---

[219]   Vgl. A. Harnack, Die Mission und Ausbreitung des Christentums in den ersten drei Jahrhunderten, Leipzig [4]1924, 557: „Die Kirche missioniert durch ihre Existenz und ihre heiligen Besitztümer und Ordnungen, viel weniger durch berufsmäßige Missionare."

[220]   Siehe dazu die exegetische Analyse von 14,22 in Kapitel 3 dieser Arbeit.

[221]   Vgl. F. Hahn, Mission, 120.

[222]   Siehe insbesondere A. Lindemann, Kirche, 132-157. Er bezeichnet den Untertitel dieses Aufsatzes so: „Beobachtungen zur „demokratischen" Ekklesiologie bei Paulus".

heit"[223] aufgerichtet werden. Die Höherschätzung bzw. geradezu Verabsolutierung eines bestimmten Wertes oder einer bestimmten Erfahrung bzw. Fähigkeit stört die Einheit der Gemeinde und gefährdet bzw. schädigt das Zusammenleben der Gemeinde. In Korinth erweist sich solches Verhalten als Anlass zu Individualismus und Ruhmsucht; mit solchem falschen Geistesgabenverständnis der Adressaten, konkret mit dem falschen Glossolalieverständnis der Korinther, setzt sich Paulus in 1 Kor 12-14 auseinander. Seine ekklesiologische Argumentation ist dabei eine klare Provokation für die korinthischen Enthusiasten, insofern Paulus von allen, nicht von einer bestimmten Gruppe bzw. einem bestimmten Begabten, die Verantwortung und das Bemühen um die οἰκοδομή der Gemeinde erwartet. Alle Glieder und alle Fähigkeiten bzw. Funktionen innerhalb der Gemeinde als des einen Leibes haben ihren Wert und ihre Bedeutung erst dann, wenn sie sich einander zuordnen und wenn sie sich auf die Gemeinde als ganze beziehen. Die Frage nach dem Rang einzelner Gaben bzw. Fähigkeiten innerhalb der Gemeinde als des einen Leibes ist eine im Ansatz falsche Frage. Die Gemeinde ist weder eine in sich abgeschlossene noch eine abstrakte Größe, sondern sie ist eine durch den jeweiligen Beitrag der einzelnen Glieder sich immer wieder neu konstituierende, konkrete und zugleich geschichtlich-eschatologische Größe.[224] Sie wird von Paulus überwiegend als gottesdienstliche Versammlung begriffen[225], und daraus ergibt sich die These, der Gottesdienst solle als Vollzug der Erbauung der Gemeinde fungieren. Der Gottesdienst ist Raum der Kommunikation der Glieder, und er behält zugleich die missionarisch Chance, einen Ungläubigen zum Glauben an Christus und zur Erfahrung der Gegenwart Gottes zu führen. Diese Funktion des Gottesdienstes aber erfüllt allein die Prophetie als verstehbare Rede, während die Glossolalie nichts zu dieser eigentlichen Aufgabe bzw. Funktion beizutragen vermag. Die Aufforderung zur Übersetzung der Glossolalie sowie zur Anständigkeit und Ordnung verdeutlicht die Absicht, die Glossolalie aus der gottesdienstlichen Praxis zu verbannen; zwar leugnet er nicht, dass Glossolalie eine Gabe ist und dass die Gemeinde auch Raum des Wirkens des πνεῦμα ist, aber dies alles soll dem Vollzug der οἰκοδομή der Gemeinde untergeordnet werden. Daraus lässt sich ableiten, dass die paulinische Theologie nicht auf religiösen Erfahrungen, sondern auf deren Konsequenz basiert.

---

[223] J. Becker, Paulus, 441.
[224] Vgl. J. Hainz, Ekklesia, 322 sowie H. Conzelmann, Theologie, 299. Siehe auch oben Anm. 208.
[225] Vgl. J. Hainz, Ekklesia, 232 und auch R. Bultmann, Theologie, 309: „Ihre reinste Darstellung findet die eschatologische Gemeinde jeweils in der kultischen Versammlung der Gemeinde, in der der κύριος als Herr bekannt wird (1. Kr 12,3; Phl 2,11)."

Die hier sichtbar werdende Ekklesiologie des Paulus ist möglicherweise ein Korrektiv zur Pneumatologie bzw. zum Geistesgabenverständnis der enthusiastischen Korinther, und sie bildet zugleich die Grundlage der paulinischen Pneumatologie. [226] Der korinthische Enthusiasmus wird von Paulus gründlich destruiert. Dabei geht es Paulus um die Frage der Existenz der Gemeinde, d.h. nach deren Identität, und nach dem Selbstverständnis der Christen. Die Existenz der Christen wird nicht durch diese selber bestimmt, sondern durch Gott bzw. Christus. Dieses so neu geformte Selbstverständnis der Christen soll wiederum in einem noch größeren Kontext, d.h. in der Gemeinde reflektiert werden. Durch den Bezug auf die Gemeinde wird die christliche Existenz neu bestimmt: Die Glaubenden als Glieder bilden die Gemeinde als Leib.

---

[226] Mit Recht schreiben H. Conzelmann, Theologie, 293: „Paulus muß also zugleich mit dem Kirchenverständnis auch das Geistverständnis richtigstellen."

Kapitel 5
Das paulinische Urteil über die Glossolalie

Die exegetische Analyse des Textes und die theologische Analyse der paulinischen Aussagen über die Glossolalie im Zusammenhang der im Ersten Korintherbrief erörterten Themen haben gezeigt, dass das Urteil des Paulus über das Phänomen der Glossolalie überaus kritisch ist. In diesem Kapitel soll nun untersucht werden, aus welchen theologischen Motiven heraus Paulus sein theologisches Urteil entwickelt, welche Grundposition er einnimmt und welche Bedeutung die Glossolalie für die paulinische Theologie hat.

5.1 Glossolalie und paulinische Pneumatologie

5.1.1 Das Motiv des paulinischen Antienthusiasmus

Die korinthische Gemeinde steht, wie wir gesehen haben, unter dem starken Einfluss eines religiösen Enthusiasmus[1]; mit dieser religiösen Tendenz setzt sich Paulus auseinander, wobei er zum einen gegen die enthusiastische Strömung polemisiert und zum andern versucht, das Verständnis der Adressaten zu korrigieren. Sein Argumentationsgang wird also durch eine antienthusiastische Tendenz geleitet, doch dies besagt nicht, dass – wie im Fall des 2 Kor oder des Gal – die Enthusiasten als eine bestimmte Gegnergruppe innerhalb der korinthischen Gemeinde existiert oder dass die Gemeinde durch eine grundsätzlich antipaulinische Tendenz dominiert wird.[2]
James D.G. Dunn weitet den Begriff des Enthusiasmus ins Allgemeine aus, indem er ihn im Sinne der religiösen „Emotion und Berufung auf Inspiration und speziellen Offenbarung" beschreibt; in 1 Kor 12-

---

[1] Siehe dazu 3.7 dieser Arbeit.
[2] Anders vgl. G. Lüdemann, Paulus II, 105-125.

14 findet er die klassische Diskussion, aber er entdeckt auch in den Evangelien und in der Apg deutliche Spuren.[3] E. Käsemann spricht ohne präzise Unterscheidung davon, dass der Enthusiasmus beiden Gruppen, d.h. dem palästinischen und dem hellenistischen Christentum, gemeinsam gewesen sei und sich die Theologie für beide dadurch entwickelt habe.[4] Aber der in der korinthischen Gemeinde erkennbare Enthusiasmus entspricht diesen Auffassungen durchaus nicht. Der korinthische religiöse Enthusiasmus wird oft in engem Zusammenhang mit dem Geist- bzw. Geistesgabenverständnis der Korinther sowie mit ihrem Sakramentsverständnis gesehen, wobei das Heraustreten aus dem irdischen Leib in die himmlische Welt eine wichtige Rolle spielt.[5] Die Problematik dieses Enthusiasmus wird wichtig, wenn der Bezug zur Glossolalie in den Bilck kommt, denn sie ist es, die den Charakter des korinthischen, pneumatischen Enthusiasmus am deutlichsten enthüllt. In Korinth fungiert die Glossolalie als eine Demonstration des pneumatischen Enthusiasmus, und sie ist dabei vor allem auch tief in den Gottesdienst integriert. Die ekstatische Glossolalie gilt für die Korinther als ein konkreter Beweis für den Besitz des πνεῦμα[6] und als ein Merkmal für die Vorwegnahme des ewigen Lebens und den Anteil an himmlischen Kräften (vgl. 13,1).[7]

Paulus sieht die Notwendigkeit, sich selbst und ebenso die Gemeinde von einem solchen Verständnis zu trennen. Zwar leugnet er nicht die Existenz der Glossolalie als Geistesgabe (12,10.28); aber er versucht, die Adressaten in ein neues Gedankenparadigma zu setzen. Insofern ist das paulinische Glossolalieverständnis als seine theologische U-minterpretation der Realität der korinthischen Gemeinde zu begreifen, als ein Versuch seiner theologischen Abgrenzung.
1. Die antienthusiastische Argumentation des Paulus ist zunächst einmal erkennbar an seiner Kritik am Verständnis der Glossolalie als I-dentitätsbezeichnung (vgl. 14,37).[8] Für die korinthischen, glossolalisch begabten Enthusiasten gilt die Glossolalie als Merkmal höchster

---

[3] J.D.G. Dunn, Art. Enthusiasmus, in: RGG[4] II, 1326. Vgl. die Definition von G. Sellin, Hauptprobleme, 3017: „Es handelt sich um ein hellenistisches bzw. hellenistisch-jüdisches Konzept, wonach das Göttliche jederzeit die Seele eines Menschen erfüllen kann bzw. die Seele des Menschen in Ekstase das Göttliche schaut. Entscheidend ist dabei die Ausschaltung der zeitlichen Dimension zugunsten des Gedankens einer ewigen Transzendenz."
[4] E. Käsemann, Die Anfänge christlicher Theologie, in: ders., Exegetische Versuche und Besinnungen II, Göttingen 21965, 82-104, hier 88.
[5] Vgl. F.W. Horn, Angeld, 219-262. Mit ihm kann man den korinthischen Enthusiasmus umfassend als „pneumatischen Enthusiasmus" definieren.
[6] Vgl. J. Becker, Paulus, 216, und auch W. Klaiber, Rechtfertigung, 189.
[7] Vgl. E. Lohse, Paulus, 149; J. Becker, Paulus, 215.
[8] Vgl. F.W. Horn, Angeld, 201.

religiöser Perfektion, und deshalb halten sie sich dank dieses ekstatischen Phänomens für vollendet (vgl. 4,8). Bei Paulus hingegen wird die christliche Existenz nicht durch eine ekstatische Gabe bzw. ein ekstatisches Erleben definiert, und infolgedessen begründet er die christliche Existenz weder auf den Besitz einer religiösen Gabe noch auf das religiöse Erlebnis selbst, sondern einerseits auf Gott bzw. das πνεῦμα als Geber oder Quelle (12,4-6.11.28) und andererseits auf die Bindung an die Gemeinde (12,12ff.). Gegenüber dem individuellen Vollendungsbewusstsein betont Paulus außerdem nachdrücklich „den eschatologischen Vorbehalt", insbesondere in 13,8-13. Folglich argumentiert er gegen den religiösen Enthusiasmus auf zwei einander widersprechende Weisen: Auf der einen Seite entgeschichtlicht er den Heilsstand, den die Enthusiasten bereits vorweggenommen zu haben meinen; auf der anderen Seite vergeschichtlicht er die christliche Existenz in Bezug auf die Gemeinde als Leib. Die christliche Existenz hat ihren Geschichtsbezug in der Gemeinde, und demnach ist die Gemeinde als Leib der Ort des Geschichtsbezugs des christlichen Glaubens.

2. Paulus betont mit deutlichem Akzent, dass sich die Gaben innerhalb der Gemeinde vielfältig und unterschiedlich manifestieren.[9] Sie sind nicht als Mittel für die Legitimation des Geistbesitzes[10], sondern als Funktionen bzw. Aufgaben zum Nutzen und zur Erbauung der Gemeinde gegeben. Paulus protestiert gegen die Tendenz der Verabsolutierung einer bestimmten Gabe, und deshalb verallgemeinert er die Gaben, also die χαρίσματα, bzw. die „Begabten", d.h. die Charismatiker. Die Gaben beschränken sich nicht auf ekstatische Phänomene; vielmehr ist alles, was der Erbauung der Gemeinde dient, Gabe, und in gleicher Weise ist jeder, der mit einer jeweiligen Gabe etwas zur Erbauung der Gemeinde beiträgt, „Charismatiker" (12,8-10.28-30). Darüber hinaus relativiert Paulus die Gaben aus der Sicht der Liebe (Kap. 13), und er relativiert insbesondere die Glossolalie durch die Gegenüberstellung mit der Prophetie (Kap. 14). Die Gaben spalten trotz ihrer Vielfalt und Verschiedenheit die Gemeinde nicht, sondern sie vereinigen sie. Denn die Vielfalt der Erscheinungen des πνεῦμα in der Gemeinde basiert auf der freien, göttlichen Zuteilung und geht auf das eine πνεῦμα zurück (12,4-6.11). Die Verschiedenartigkeit der Gaben gehört also zum Wesen der christlichen Gemeinschaft, so dass der Leib nicht als Summe seiner Glieder, sondern als Einheit in der Vielfalt zu verstehen ist.

3. Gegen die durch das Verständnis der Glossolalie als Identitätsbezeichnung ausgelöste Tendenz, sich von der Gemeinde zu distanzieren,

---

[9] D. Zeller, Charis, 186, sieht eine Parallele zwischen der Darstellung der Vielfalt und Verschiedenheit der Gaben bei Paulus und der „Metapher von der überströmenden Gnade" bei Philon.
[10] Vgl. Apg 10,44-46.

verdeutlicht Paulus, dass Gaben nicht zur Distanzierung des Einzelnen dienen (vgl. 12,25), sondern ihn an die Gemeinde binden (vgl. 12,18). Das πνεῦμα manifestiert sich zwar in Form der Gabe an den Einzelnen, aber es ist in erster Linie und vor allem der Gemeinde gegeben. Die innerhalb der Gemeinde existierende Vielfalt der Gaben und Funktionen verhindert auf keinen Fall die Einheit (12,20); vielmehr fördern die Gaben die Einheit der Gemeinde als Leib, weil jedes Glied, das an die Gemeinde als Leib gebunden ist, jeweils eine unverzichtbare Aufgabe hat (vgl. 12,21). Also besteht die Existenz des einzelnen Christen nur in seinem Glied-Sein der Gemeinde. Jeder Versuch der Distanzierung erweist sich damit als unmöglich und falsch.

4. Zwischen Paulus und den enthusiastischen Korinthern existiert eine wesentliche Differenz: Paulus betont, dass ein ekstatisches Phänomen kein Kriterium ist, sondern dass es seinerseits eines solchen Kriteriums bedarf; er lenkt damit das Interesse der Adressaten von dem Phänomen selbst auf dessen Auswirkung bzw. Konsequenz (14,5.17.27). Auch durch die wiederholte Forderung, Glossolaie bedürfe der Übersetzung, verdeutlicht Paulus, dass er die Auswirkung für das Wichtigere hält. Der der Glossolalie in der Skala der Geistesgaben zugeschriebene Höchstwert wird durch ein neues Kriterium überprüft und gebremst: Die Erbauung der Gemeinde ist es, die die Gaben legitimiert.

5. Hinsichtlich der Betonung der Erbauung der Gemeinde sind auch die Orientierung der paulinischen Argumentation an der Gemeinde und sein Verständnis der Gaben als Aufgaben bzw. Funktionen zu beachten. Im Gegensatz zu den Enthusiasten konzentriert sich Paulus nicht nur auf den Einzelnen, der über eine ekstatische Gabe verfügt; vielmehr setzt er den Akzent sowohl auf den Einzelnen, der als Glied in die Gemeinde von Gott eingesetzt ist (12,18.28ff.) und durch den jeweiligen Beitrag zur Erbauung der Gemeinde dient, wie auch auf die Gemeinde als Leib: Die Gemeinde als ganze ist der Gegenstand der Erbauung (14,4.12.26). Überdies ist bei Paulus offenkundig, dass sich die Gaben nicht an sich selbst bzw. ihrer Entwicklung zu orientieren haben, sondern an der Intention Gottes (12,7).[11] Das bedeutet, dass die Gaben nicht im Sinne der menschlichen, besonderen Fähigkeiten für den Einzelnen zu begreifen sind, sondern im Sinne der Aufgaben bzw. der Verantwortung für die Gemeinde als Leib. Auch Paulus setzt ebenso wie die korinthischen Enthusiasten voraus, dass sich das πνεῦμα auch in den ekstatischen Gaben manifestiert; aber er zieht einen deutlichen Trennungsstrich zwischen sich selbst und dem korinthischen

---

[11] Vgl. D. Zeller, Charis, 189, der der Auffassung ist, dass Paulus den stoischen Gedanken des „Nutzens" von der Polis und vom Kosmos übernommen und ihn auf die Gemeinde übertragen habe. Zwar klingen die Aussagen des Paulus ein wenig nach stoischem Denken, aber ein unmittelbarer Zusammenhang zwischen ihnen muss offen bleiben.

Enthusiasmus, indem er zeigt, dass die Geistesgaben im Dienst an der Gemeinde, der zum Nutzen der Gemeinde beiträgt, qualifiziert werden.

6. Die Auseinandersetzung des Paulus mit dem korinthischen Enthusiasmus ist überdies erkennbar am unterschiedlichen Verständnis des Gottesdienstes. Die Enthusiasten begreifen den Gottesdienst als einen Raum für die Demonstration ihrer eigenen ekstatischen Gabe (14,16.23), also als Versammlung derer, die über eine solche Gabe verfügen[12]; für Paulus dagegen ist der Gottesdienst ein Raum des Glaubens, in dem die Gegenwart Gottes durch die verstehbare Verkündigung des Evangeliums erfahren wird (14,24f.), und er ist zugleich ein Raum für die Verwirklichung der Erbauung der Gemeinde. Deshalb soll Frieden, nicht Unordnung, durch das gottesdienstliche Geschehen verwirklicht werden (14,33a). Nicht das Erleben, das in ekstatischer Form in Erscheinung tritt, bestimmt den Gottesdienst, vielmehr muss sich dieses Erleben der Erbauung der Gemeinde unterordnen. In dem den Glauben an Jesus Christus stiftenden Gottesdienst wird die christliche Existenz, die eine eigene, besondere Funktion bzw. Aufgabe in der Form der Gabe hat, festgestellt; zugleich wird darin auch ihr Dienst vergegenwärtigt.

Paulus hält den glossolalisch begabten Enthusiasten gegenüber daran fest, dass die christliche Botschaft verständlich verkündigt und entfaltet werden soll. Denn der christliche Glaube entsteht nicht aus ekstatischen Erfahrungen bzw. übernatürlichen Fähigkeiten; er basiert vielmehr auf dem Evangelium, d.h. auf dessen Verkündigung.[13] Paulus unterstreicht dies durch den Vergleich zwischen Glossolalie und Prophetie (14,19.23-25). Deshalb bedient er sich der Glossolalie weder als Basis seines missionarischen Dienstes (14,6) noch als eines Beweises für die Bestätigung der eigenen religiösen Erfahrung (14,18f.). Die Gemeinde als gottesdienstliche Versammlung ist Träger der Verkündigung; und da diese wesentliche Aufgabe nicht in einem Gottesdienst zu erfüllen ist, der durch die Praktizierung der unverständlichen Glossolalie dominiert wird, verliert die Glossolalie ihren Platz im Gottesdienst. Dass Paulus versucht, den von den Korinthern der Glossolalie zugeschriebenen Wert umzuwerten, ist aus seiner Argumentation eindeutig abzuleiten. Die Enthusiasten sehen die himmlischen Kräfte und das ewige Leben als bereits hier und jetzt erfahrbar an[14],

---

[12] So D. Lührmann, Offenbarungsverständnis, 38.

[13] In Mk 16,1-8 kann man ein ähnliches Motiv wie hier finden. Dem Verfasser des Mk zufolge basiert der Osterglaube nicht auf dem Schauen von dem Auferstandenen, sondern auf der Verkündigung von ihm (vgl. auch Lk 24,13-35). Siehe dazu insbesondere A. Lindemann, Die Osterbotschaft des Markus. Zur theologischen Interpretation von Mark 16.1-8, in: NTS 26, 1980, 298-317.

[14] Vgl. E. Lohse, Paulus, 156.

und sie sehen in der Glossolalie eine derartige Möglichkeit bzw. sogar einen Beweis hierfür. Dagegen polemisiert Paulus, indem er betont, dass es bei der Glossolalie nicht um die Verbindung der einzelnen Christen mit himmlischen Kräften geht. In 1 Kor 13 billigt er der Glossolalie keinen Wert im Sinne einer eschatologischen Vorwegnahme zu; und in Kap. 14 bestreitet er ihr zudem die Möglichkeit, etwas zur Erbauung der Gemeinde beizutragen. Das Motiv der Orientierung an der Gemeinde ist es, durch das die paulinische Uminterpretation der Gaben, insbesondere der Glossolalie, bestimmt wird.

5.1.2 Das Motiv der Entzauberung der Geistesgaben

Der Enthusiasmus bezieht sich im Allgemeinen auf einen Zustand, der vor allem als eine Besessenheit des Menschen durch eine Gottheit zu bezeichnen ist; gemeint ist also, dass eine göttliche Kraft im Menschen wirkt (vgl. 14,12). Da dieser Zustand nicht normal bzw. da er übernatürlich ist, kann er auch als Ekstase[15] bezeichnet werden. Er bedeutet nämlich „das Heraustreten aus dem gewöhnlichen in einen erhöhten Zustand".[16] Somit gilt ein ekstatisches Phänomen für die Enthusiasten als ein Beweis für das Erfülltsein durch eine Gottheit. Auch für den in Korinth virulenten Enthusiasmus ist besondere religiöse Erfahrung von größter Bedeutung.[17] Ekstatische Geistesgaben fungieren insbesondere als Grund für die religiöse Vollendung sowie als Garantie der Vorwegnahme des Heilsstandes. Deshalb haben sie in der Sicht der Korinther einen besonderen Stellenwert in der Skala der Geistesgaben, und sie werden als „höhere Gaben" von ihnen angestrebt (12,31a). Da sie den Menschen vom Gewöhnlichen distanzieren, wird ihnen ein mystischer Charakter zugeschrieben, und so wirkt der nicht normale Zustand als Anlass zur Mystifikation der Geistesgaben. Möglicherweise bezaubern die ekstatischen Gaben die Korinther; dabei gewinnt offenbar vor allem die Glossolalie eine neue Qualität durch Identifikation und Symbolisierung, indem sie durch die Identifikation, mittels derer eine neue Identität entsteht, als mystische Sprache betrachtet wird: Die Glossolalie als unverständliche Rede wird

---

[15] Siehe zur Ekstase oben 2.3, vor allem 2.3.1 sowie 2.3.2 und 2.3.3 dieser Arbeit. Insbesondere begreift G. Dautzenberg, Art. Glossolalie, in: RAC 11, 225-246, die Glossolalie in Hinblick auf die Ekstase.

[16] F. Pfister, Art. Enthusiasmos, in: RAC 5, 456.

[17] Aber anders als die Behauptung von H.-J. Klauck, Herrenmahl, 350, besagt dies nicht, dass die pneumatische Erfahrung im Gottesdienst der korinthischen Gemeinde deutlich im Zusammenhang der hellenistischen Kulte verstanden werden kann. Siehe dazu insbesondere die Analyse von 14,23 in Kapitel 3 dieser Arbeit.

mit der Sprache einer Engelsklasse (13,1; vgl. TestHi 48-52)[18] oder mit einer himmlischen Sprache identifiziert, und dabei wird deren Unverständlichkeit als Mysterium interpretiert. Auch der phänomenale, ekstatische Charakter der Glossolalie spielt hier eine bedeutende Rolle. Durch die Symbolisierung wird sie als ein exklusives Merkmal der Ekstase sowie als ein Zeichen der Gegenwart Gottes angesehen. Auch in der Exegese besteht bisweilen die Tendenz, die Glossolalie als eine besondere Gabe zu betrachten. G. Sellin meint, sie sei „durchgehend direkt an Gott gerichteter Lobgesang". [19] F. Hahn schreibt ihr einen besonderen Wert als eine Sprache des Geistes zu, indem er zwischen Glossolalie und Prophetie wie folgt unterscheidet: „Glossolalie ist ein Reden des Menschen zu Gott, kann insofern in besonderer Weise Sprache des Geistes sein, Prophetie dagegen ist eine Verkündigung gegenüber Menschen, muß daher artikuliert und verständlich sein."[20] K. Berger stellt unter Hinweis auf Apg 10,44-48; 19,1-7 die unübersetzte Glossolalie als Zeichen der Erwählung dar.[21] Und E. Käsemann meint, Glossolalie zeige, dass der Mensch durch die Inspiration als Werkzeug Gottes benutzt wird, und ihre Unverständlichkeit beruhe nicht zuletzt auf deren Charakter als nicht wiederzugebende Worte.[22] Aber bei Paulus wird die Glossolalie gerade nicht als Möglichkeit des Menschen auf Gott hin begriffen[23], und auch eine Mystifikation der Glossolalie wird von ihm rundheraus verweigert.

Die Auseinandersetzung des Paulus mit dem Glossolalieverständnis der Korinther richtet sich einerseits gegen die Nutzlosigkeit der Glossolalie, andererseits gegen das mögliche magische Missverständnis der Geistesgaben durch die Adressaten und gegen die dadurch entstandene Hochschätzung der Glossolalie. Aus der Sicht des Paulus wird die Glossolalie aber von den pneumatischen, enthusiastischen Korinthern fehlgedeutet; die Gegenwart oder die Offenbarung Gottes wird gerade nicht durch die unverständliche Glossolalie, sondern durch die verstehbare Prophetie wahrgenommen (14,23-25), d.h. die Gegenwart Gottes darf keinesfalls mystisch begriffen werden. Insbesondere betont Paulus, dass die Unverständlichkeit der Glossolalie keineswegs deren Mystifikation legitimiert (14,21), was auch aus seinen wiederholten Aufforderungen zur Übersetzung der Glossolalie

---

[18] Vgl. H.-J. Klauck, Von Kassandra bis zur Gnosis. Im Umfeld der frühchristlichen Glossolalie, in: ders., Religion und Gesellschaft im frühen Christentum, WUNT 152, Tübingen 2003, 119-144, hier 129.
[19] G. Sellin, Auferstehung, 66f. Anm. 104.
[20] F. Hahn, Theologie II, 277.
[21] K. Berger, Art. Geist/ Heiliger Geist/ Geistesgaben III, in: TRE 12, 178-196, hier 184.
[22] E. Käsemann, Der gottesdienstliche Schrei nach der Freiheit, in: ders., Perspektiven, 211-236, hier 224.
[23] Siehe oben die Analyse von 14,2.28 in Kapitel 3 dieser Arbeit.

(14,5.13.27f.) abzuleiten ist. Da die unverständliche Glossolalie nicht Glauben stiftet, vermag sie auch nichts zur Erbauung der Gemeinde beizutragen.

Die Korinther verstehen die Geistesgaben als besondere religiöse Erfahrungen und als menschliche Fähigkeiten, die als solche einen Eigenwert haben; für Paulus hingegen bedeuten sie dies auf keinen Fall, und sie haben auch keinen Wert an sich, sondern sie werden im Sinne ihrer Aufgaben bzw. Funktionen begriffen, die an die Gemeinde gebunden sind und etwas zur Gemeinde als Leib beitragen sollen. Indem Paulus die Gemeinde als Leib versteht (12,12ff.) zeigt er deutlich, dass die zum Gottesdienst versammelte Gemeinde nicht einen Bezug auf das Übernatürliche, sondern auf die konkrete geschichtliche Existenz hat. Darüber hinaus weisen die Erwähnung der Vielfalt der im Gottesdienst erfahrbaren Erscheinungen und die Betonung der Erbauung der Gemeinde als Kriterium (14,26) sowie vor allem auch die Forderung, der Glossolale solle bei Abwesenheit eines Übersetzers schweigen (14,28), darauf hin, dass die Gaben, insbesondere die Glossolalie, nicht als ein wertvolles Grunderlebnis verstanden werden dürfen, das den christlichen Glauben begründet und die christliche Existenz bestimmt: „Der christliche Glaube versteht sich selber in der Bindung an die Gemeinde." [24]
Für Paulus basiert der christliche Glaube nicht auf einer ekstatischen Erfahrung (vgl. 2 Kor 12,1-10), sondern auf dem Evangelium, genommen auf der Verkündigung des Evangeliums (Röm 1,16f.). Das Wort Gottes ergeht in der Verkündigung an den Menschen[25], und deshalb hat Gott in der Gemeinde die Verkündiger dieses Wortes eingesetzt (12,28). Durch diese Verkündigung gewinnt der Mensch den Glauben. Somit umfasst dieser Glaube ein „Verstehen" als Voraussetzung, und daraus ergibt sich, dass Paulus die Unverständlichkeit der Glossolalie nicht als Zeichen des Mysteriums ansieht, sondern im Gegenteil als als Gegenstand seiner Kritik. Die Betonung der Verständlichkeit bedeutet dennoch keine Verabsolutierung der Vernunft durch Paulus (14,15); er setzt sich mit der Vorstellung der besonderen Qualität auseinander, die die enthusiastischen Korinther der Glossolalie

---

[24] H. Conzelmann, Theologie, 294.
[25] Vgl. R. Bultmann, Der Begriff des Wortes Gottes im Neuen Testament, in: ders., Neues Testament und christliche Existenz, hg. von A. Lindemann, UTB 2316, Tübingen 2002, 122-147. In dieser Hinsicht drückt er deutlich aus: „Gottes Wort wird nicht gesehen, sondern gehört" (a.a.O., 126f.). Auch O. Hofius, Wort Gottes und Glaube bei Paulus, in: ders., Paulusstudien, WUNT 51, Tübingen 1989, 148-174, hier 154, beschreibt: „Der Glaube, von dem nunmehr die Rede sein muß, hat keinen anderen Inhalt als den des gepredigten Evangeliums selbst."

zuschreiben[26], und dabei betont er, dass der christliche Glaube nicht auf das Ereignis, das man „schauen" kann, zu begründen ist. Es ist nach Paulus also unmöglich, Geistesgaben auf Grund einer Art ekstatischer Erscheinung zu charakterisieren sowie die Glossolalie auf Grund deren Unverständlichkeit zu mystifizieren. Das ekstatische religiöse Phänomen hat als solches keinen Eigenwert und es ist den anderen weder vorzuziehen noch besonders hoch einzuschätzen. Es soll vielmehr durch deren Auswirkung neu interpretiert und somit ekklesiologisch definiert werden. Insofern erscheint die paulinische Bewertung der Glossolalie geradezu als ein entscheidendes Motiv zur Entzauberung der Geistesgaben.

5.2 Glossolalie und paulinische Ekklesiologie

5.2.1 Die Gefahrenquelle der kirchlichen Wirklichkeit

Im 1 Kor geht es Paulus vor allem um die Gemeinde und deren Erbauung. Deshalb bemüht er sich durchgängig um die Bewahrung der Einheit und um den Vollzug der Erbauung der Gemeinde. Anders gesagt: Er setzt sich im 1 Kor mit dem Problem der Spaltungen in der Gemeinde auseinander.[27] Dies besagt allerdings nicht, dass er die innerhalb der Gemeinde existierenden, strukturellen Zwiespalte für selbstverständlich hält; sie sind für ihn vielmehr theologisch unmöglich[28], und deshalb bemüht er sich darum, den Bereich und die

---

[26] Vgl. D. Lührmann, Offenbarungsverständnis, 38. Er meint auf Grund von 14,30, dass die Glossolalen nur der Glossolalie Offenbarungsqualität zuerkennen wollten.

[27] Es wird sehr oft behauptet, dass die von Konflikten bzw. Streitigkeiten bestimmte Gemeindesituation aus dem 1 Kor abzuleiten ist. Beispielsweise bietet B.W. Winter, The 'Underlays' of Conflict and Compromise in 1 Corinthians, in: T.J. Burke/ J.K. Elliott (ed.), Paul and the Corinthians. Studies on a Community in Conflict. Essays in Honour of Margaret Thrall, NT.S, Leiden 2003, 139-156, hier 143, eine interessante Analyse zum Gebrauch der Worte sowie Argumentationslinien durch Paulus im 1 Kor an. Dieser Analyse zufolge seien 45 Prozent davon für die Probleme in Hinblick auf Konflikte verwendet. C.K. Barrett, Sectarian Diversity at Corinth, in: T.J. Burke/ J.K Elliott (ed.), a.a.O., 287-302, hier 295, beschreibt die Liste der Gruppen, die aus dem 1 Kor abzuleiten sind. Ihm zufolge gebe es vielleicht 13 Gruppen, zu denen die Korinther gehören könnten – freilich bezweifelt er die Existenz der Christus-Partei: „A Paul party; an Apollo party; a Cephas party; a sexual freedom party; a celibate party; 'Gnostic' freedom to eat food sacrificed to idols; 'Sacramenentarian' freedom to eat food sacrificed to idols; some abstain from eating food sacrificed to idols; a Cephas, James, and Jerusalem party (Ch. 9); the rich and the poor; the charismatics; doubters of the resurrection."

[28] Siehe dazu oben 4.2.1.1 dieser Arbeit.

Grenze zu bestimmen, wo Mannigfaltigkeit und Unterschiedlichkeit der in der Gemeinde erfahrbaren Aspekte und Haltungen erlaubt sind. Bei den Zusammenkünften der korinthischen Gemeinde traten die vom Geist ausgelösten Wirkungen in den Vordergrund. Nun sollen die Wirkungen des Geistes der Gemeinde nutzen, tatsächlich aber steht die korinthische Gemeinde als die zum Gottesdienst versammelte Gemeinschaft der Glaubenden dank der Manifestation des Geistes oder der Praktizierung der Gaben paradoxerweise einer Bedrohung ihrer kirchlichen Wirklichkeit gegenüber. Hier ist zu fragen, wie und warum die Glossolalie eine Gefahrenquelle wird bzw. welche Gefahr Paulus in ihr sieht.

M.M. Mitchell sieht in Kap. 14 dieselbe Spaltung, die sie durchgängig im gesamten 1 Kor findet. Unter Hinweis auf 14,26 meint sie, die Uneinigkeit im Gottesdienst sei Folge des Konflikts zwischen denen, die jeweils über eine eigene sprachliche Gabe verfügen und die sich einer dadurch geformten eigenen Handlungsweise entsprechend verhalten. Die Unterschiedlichkeit der sprachlichen Gaben wirke als fester Topos für die Bildung der verschiedenen Gruppen.[29] Aber in Kap. 14 spricht Paulus nicht von einem Konflikt zwischen den prophetisch Redenden und den glossolalisch Redenden[30] und auch nicht von einem Streit zwischen den Besitzern der jeweiligen sprachlichen Gabe. U. Brockhaus meint, die Ursache der Gefahr, der die korinthische Gemeinde gegenübersteht, sei aus der Haltung der Glossolalen abzuleiten: Sie erlangen aufgrund der ihnen durch die Praktizierung der Glossolalie im Gottesdienst zugeschriebenen besonderen Rolle eine herausragende Anerkennung ihrer Funktion und eine damit verbundene Position. Zugleich entstehen bei den anderen Gemeindegliedern Minderwertigkeitsgefühle, weil die anderen ständig darum bemüht sind, rücksichtslos nach einer solchen Funktion zu streben.[31] So sieht Brockhaus eine Spaltung zwischen den Glossolalen und den Nicht-Glossolalen in Hinblick auf die gottesdienstliche Versammlung. Aber der Text sagt nicht, dass die Glossolalen selber unmittelbar das hohe Ansehen und eine besondere Position erlangen wollen; vielmehr setzt Paulus offenbar voraus, dass die Hochschätzung der Glossolalie von der ganzen Gemeinde akzptiert wird, denn er spricht die Gemeinde als ganze an und setzt sich mit ihrem Verständnis der Glossolalie auseinander.[32] A. Schreiber sieht in der Glossolalie eine Herausforderung an die Führungsautorität innerhalb der Gemeinde; die Ausübung der Glossolalie stelle eine starke Betonung individueller Freiheitsräume

---

[29] M.M. Mitchell, Paul, 172 und 279.
[30] So auch H. Merklein, 1 Kor I, 143.
[31] U. Brockhaus, Charisma, 103-105.
[32] Die paulinische Argumentation ist wohl an die Gemeinde als ganze gerichtet, wie insbesondere der Vergleich mit den Gliedern eines Leibes (12,12ff.) zeigt.

dar, die sich einer übergeordneten Autorität entziehen. Da Glossolalie nämlich ein Beispiel für rein individualistisches Verhalten sei, gefährde sie die Gemeinde.[33] Aber aus dem Text ist nicht abzuleiten, dass die prophetisch Redenden in der Gemeinde bereits eine Führungsrolle innehatten oder dass es zwischen prophetisch Redenden und glossolalisch Redenden einen konkreten Konflikt um den Führungsanspruch gab. H. Merklein meint, dass die Glossolalen die entscheidende Quelle des Problems darstellen, insofern sie die Christus-Parole „ich aber [gehöre] zu Christus" (1,12) aussprechen.[34] Aber dafür haben wir keinen konkreten Beleg. Chr. Forbes vermutet, ein innergemeindlicher Konflikt sei dadurch entstanden, dass einige Korinther, welche die Glossolalie als Zeichen ihres religiösen Elitestatus ansehen, das Praktizieren der Prophetie nur auf die eigene Gruppe beschränken.[35] Das aber würde bedeuten, dass die Aussage des Paulus, Prophetie sei der Glossolalie vorzuziehen, nicht als Kritik, sondern als Bestätigung ihrer Haltung fungiert.

1. Die Gefahr, die Paulus im Blick auf die Glossolalie sieht, besteht zunächst darin, dass sie den Gottesdienst in Verwirrung bringt.[36] Die Aufforderung zu Anstand und Ordnung (14,40) zeigt, wie die Gaben im gottesdienstlichen Rahmen angewendet werden müssen, und dabei spielen sowohl der spontane und ekstatische Charakter der Glossolalie als auch die Unverständlichkeit, welche die Kommunikation zwischen den Gottesdienstteilnehmern zerstört, eine entscheidende Rolle (14,11.16). Schon in 1,13 hatte Paulus dargestellt, dass die Einheit des Christusglaubens und die Heilstat Christi nicht durch Spaltungen bedroht werden dürfen; und er hatte dann den Inhalt seiner Verkündigung mit dem Ausdruck „Wort vom Kreuz" (1,18) zusammenge-

---

[33] A. Schreiber, Die Gemeinde in Korinth. Versuch einer gruppendynamischen Betrachtung der Entwicklung der Gemeinde von Korinth auf der Basis des ersten Korintherbriefes, NTA. NF 12, Münster 1977, 167.
[34] H. Merklein, 1 Kor I, 146.
[35] Chr. Forbes, Prophecy, 323.
[36] P. Wick, Gottesdienste, 214f., begreift den Gottesdienst in der korinthischen Gemeinde im Zusammenhang der hellenistischen Symposien und vermutet, dass Paulus in 1 Kor 14 ein Durcheinander von sympotischen Beiträgen bzw. einen solchen Streit im Blick hat (ähnlich auch M. Klinghardt, Gemeinschaftsmahl und Mahlgemeinschaft. Soziologie und Liturgie frühchristlicher Mahlfeiern, TANZ 13, Tübingen/ Basel 1996, 333-371). Als einen Grund dafür nennt er die Forderung zu Anständigkeit und richtiger Ordnung. Denn ihm zufolge waren sie „wichtige Topoi für die Gestaltung antiker Symposien" (a.a.O., 215). Dies scheint mir aber unplausibel. Die paulinische Aufforderung zu Anständigkeit und Ordnung in 14,40 impliziert keine sympotische Verwirrung. Ob der Gottesdienst der korinthischen Gemeinde als „Wortgottesdienst" sympotischen Charakter hat, bestimmt Paulus übrigens im Text nicht klar.

fasst.[37] Mit der Verkündigung des Wortes vom Kreuz verwirklicht sich das Heilsgeschehen gegenwärtig, und zugleich wird in der Verkündigung der Christusbotschaft die auf die eigenen Eigenschaften bzw. Fähigkeiten begründete Selbstdefinition des Menschen disqualifiziert (1,26-31).[38] Angesichts des Wortes vom Kreuz verschwindet daher auch der Grund für die Spaltungen. Durch die Verkündigung des das Heil stiftenden Evangeliums (Röm 1,16f.) wird der Geist offenbar (Gal 3,1-5). Dabei wird das verkündigte Wort auch als „Wort Gottes" bezeichnet (1 Thess 2,13), und damit wird deutlich, dass die Wirkungen des Geistes am Inhalt der Verkündigung erkennbar werden, nicht an einer ekstatischen Erscheinung. Die Funktion der Verkündigung des Evangeliums kann nicht durch die Glossolalie erfüllt werden, denn sie vermag den Glauben, der die Existenz der Gemeinde begründet, nicht hervorzurufen und sie vermag nichts zur Erbauung der Gemeinde beizutragen (14,23). Wenn dennoch die Praktizierung der Glossolalie den Gottesdienst der Gemeinde beherrscht und dessen Charakter bestimmt[39], dann hat dies zur Folge, dass sich der Gottesdienst verwirrt (14,23.26-28). Im Gegensatz dazu leistet die Prophetie die Verkündigung des Evangeliums, sie ist vollmächtige Verkündigung für die Gemeinde (14,3.24f.31).[40] Darüber hinaus ist auch das Motiv der Erbauung der Gemeinde im Zusammenhang der rechten Gestalt des Gottesdienstes zu begreifen.

2. Paulus sieht in der Hochschätzung der Glossolalie und in deren Auswirkung auf das Selbstverständnis der Christen eine besondere Gefahr. Diese Hochschätzung ist zum einen auf das Verständnis der Geistesgaben und auf das Selbstverständnis der Christen bezogen, die so entstehende Rangstufe der Geistesgaben, die bei Paulus unmöglich ist (Kap.12), verursacht darüber hinaus eine Verabsolutierung bestimmter Gaben und das Streben nach höheren Gaben (12,31a).[41] Dies lässt außer Acht, wozu die Gaben gegeben sind. Die glossolalisch begabten Enthusiasten definieren ihre Existenz durch diese Gabe, und deshalb fungiert die Glossolalie bei ihnen womöglich als Begründung für Ruhm. Wenn Paulus auf die Praktizierung dieser Fähigkeit in der Gemeinde verzichtet (14,18f.), dann richtet sich das offenkundig gegen den Versuch, die christliche Existenz überhaupt auf eine bestimmte Gabe gründen zu wollen. Die Korinther sind dagegen der

---

[37]   Vgl. F. Hahn, Theologie II, 187: „Paulus hat das Evangelium als Kreuzesbotschaft zum Leitthema seiner Verkündigung und Theologie gemacht."

[38]   Siehe insbesondere H. Conzelmann, Theologie, 264-268.

[39]   Anders als die Vermutung von P. Wick, Gottesdienste, 214, besagt dies nicht, dass der Gottesdienst in Korinth ein sympotischer Wortgottesdienst war, bei dem jeder Teilnehmer wie bei Symposien aufgefordert wird, sich aktiv daran zu beteiligen. Siehe oben Anm. 36.

[40]   Siehe dazu oben 4.1.3.1 dieser Arbeit.

[41]   Dies besagt aber nicht, dass es eine Konkurrenz darüber, welche Gabe die wahre Manifestation des Geistes ist, unter den Gliedern der korinthischen Gemeinde gegeben haben muss. Aus dem Text ist das nicht klar abzuleiten.

stimmte Gabe gründen zu wollen. Die Korinther sind dagegen der
Auffassung, das subjektive Erleben des Einzelnen könne der Erbau-
ung der Gemeinde dienen, und so versuchen sie, im Gottesdienst die
Glossolalie als ein solches Erleben zu praktizieren (14,16.23).

3. Das Glossolalieverständnis der korinthischen Enthusiasten löste
möglicherweise eine stark individualistische Tendenz innerhalb der
Gemeinde aus; demgegenüber ist das Verständnis der Gemeinde als
Leib (12,12-30) eine Gegenposition zu dieser Entfaltung der individualistischen Form des christlichen Glaubens, denn bei Paulus orientiert
sich der christliche Glaube an der Gemeinde (14,18f.). Die Gaben sind
der Gemeinde zum Nutzen gegeben (12,7)[42], und daher wird die Möglichkeit der Erbauung durch die Praktizierung der Glossolalie von
Paulus nicht zugestanden. Auch die durch die Praktizierung der Glossolalie entstehende „Selbsterbauung" wird von Paulus nicht als Anerkennung des Wertes der Glossolalie als Möglichkeit des Menschen
auf Gott hin verstanden, sondern sie ist das *oppositum* zu der durch
die Praktizierung der Prophetie entstehenden Erbauung der Gemeinde
(14,4).[43]

4. In einer in der heidnischen Welt befindlichen Gemeinde wie der
korinthischen ist das „Image", das diese Gemeinde bei den Außenstehenden hat, relevant für deren Existenz. Der Eindruck, den Außenstehenden, vor allem vielleicht die nicht-christlichen Ehepartner (7,13-
16), aus dem Gottesdienst als Versammlung der Glaubenden ableiten,
bildet ein repräsentatives Image für die Gemeinde als ganze. Dieser
Eindruck übt nicht nur auf die christliche Mission, sondern auch auf
den Vollzug des Glaubenslebens entscheidenden Einfluss aus. Die
Forderung des Paulus, die Außenwirkung der Glossolalie zu beachten
(14,20-25), hat die Existenz der Gemeinde und die Existenz der Glaubenden in der heidnischen Welt im Blick. Die Gaben dürfen nicht
zum Identitätsverlust der christlichen Gemeinde im Gegenüber zur
Außenwelt führen.[44] Die Gemeinde entwickelt sich nicht nur durch die
innergemeindliche Beziehung, sondern auch dadurch, wie sich ihre
Glieder in Bezug auf die Gesellschaft und die Kultur verhalten, in der
sie leben.

---

[42]   In dieser Hinsicht weist P. Wick, Gottesdienste, 215, zutreffend darauf hin:
„Die Nützlichkeitserwägungen dominieren beinahe die ganze thematische Einheit."

[43]   Siehe oben 3.2.4.2 dieser Arbeit.

[44]   Freilich besagt dies nicht, dass der Identitätsverlust der christlichen Kirche
bereit im 1 Kor thematisiert und problematisiert wird. Siehe zur Identitätskrise,
der sich das Christentum in der nachpaulinischen Zeit in der heidnischen Umwelt gegenübersah und die es überwinden musste, E. Plümacher, Identitätsverlust und Identitätsgewinn. Studien zum Verhältnis von kaiserzeitlicher Stadt und
frühem Christentum, BThSt 11, Neukirchen-Vluyn 1987.

Die Gefahr für die kirchliche Wirklichkeit, die Paulus im Blick auf die Glossolalie sieht, ist also nicht nur auf der strukturellen Ebene, sondern sie ist erst recht auch auf der inhaltlichen, theologischen Ebene zu betrachten. Im Text ist nicht davon die Rede, dass die Glossolalie eine konkrete, strukturelle Spaltung in der korinthischen Gemeinde ausgelöst hätte oder dass es ihretwegen zu Gruppenbildungen gekommen wäre. Es geht Paulus entscheidend darum, dass die wesentliche Funktion der zum Gottesdienst versammelten Gemeinde nicht durch die Praktizierung der Glossolalie beschädigt wird. In einem Leib gibt es keine Hierarchie zwischen den Gliedern, und dementsprechend gibt es auch keine Hierarchie zwischen den Geistesgaben als den Funktionen bzw. Aufgaben für die Gemeinde. Die Gaben haben sich an der Gemeinde und an deren Erbauung zu orientieren, sie gewinnen ihren Wert nur in der Gemeinde. Keinesfalls soll die christliche Gemeinde in der Perspektive der Außenwelt als negative Erscheinung wahrgenommen werden; aber die Glossolalie beschädigt die Existenz der Gemeinde und der Christen dadurch, dass sie bei den Außenstehenden nichts als nur einen negativen Eindruck hinterlässt.

5.2.2 Das Motiv der Theologie der Gemeinschaft

Die paulinische Argumentation in Kap. 12-14 ist nicht nur pneumatologisch, sondern auch ekklesiologisch bestimmt, denn die Aussagen orientieren sich im Grunde an dem einen Grundprinzip, dass die Gemeinde ein Leib ist und die Christen dessen Glieder.[45] Paulus versteht dabei „Leib" nicht nur als ein Bild für die Wirklichkeit und das Leben in der Gemeinde, sondern er identifiziert ihn mit der Gemeinde (12,27). Die Vorstellung von der Gemeinde als Leib fungiert als ein Kristallisationspunkt des paulinischen Gemeinschaftsverständnisses im 1 Kor überhaupt.[46] In diesem Zusammenhang aber ist es höchst

---

[45] Andererseits meint E. Käsemann, Problem, dass es bei der Leib-Christi-Vorstellung in erster Linie nicht um die Ekklesiologie, sondern um die Christologie geht. Deshalb schreibt er, a.a.O., 204: „Sie [Die Kirche] ist der Bereich, in dem und durch den Christus sich nach seiner Erhöhung irdisch als Kyrios erweist. Leib Christi ist sie als sein gegenwärtiger Herrschaftsbereich, in welchem er durch Wort, Sakrament und Sendung der Christen mit der Welt handelt und in ihr schon vor seiner Parusie Gehorsam erfährt." Auch U. Schnelle, Christusgegenwart, 159: „Der Gedanke der Inkorporation in den Leib Christi betont die Prävalenz der Christologie gegenüber der Ekklesiologie." Aber in 1 Kor 12,12ff. handelt es sich im Grunde um das Verständnis der Gemeinde als Leib, nicht als Leib Christi. Siehe dazu oben 4.2.1.1 dieser Arbeit. Paulus beschreibt nicht in 12,12ff., sondern in 3,11 Christus im Zusammenhang mit der Gemeinde nachdrücklich, nämlich als das Fundament der Gemeinde. Darüber hinaus spricht er in der gottesdienstlichen Gemeindeversammlung nicht von der Gegenwart Christi, sondern von der Gegenwart Gottes (14,25).

[46] Das Verständnis der Gemeinschaft (κοινωνία) des Paulus im 1 Kor ist auch durch 1,9;10,16-21; 11,17-34 zu bestimmen. Siehe dazu J. Roloff, Kirche, 102-

bewerkenswert, dass dieser gemeinschaftstheologische Grundsatz nicht in Kap. 1-4 zum Ausdruck kommt, wo Paulus ausführlich zu den Streitigkeiten innerhalb der Gemeinde Stellung nimmt, sondern im Zusammenhang der Aussagen über die Gaben bzw. Wirkungen des Geistes. Dies zeigt, dass es in Kap. 12-14 wesentlich um die Einheit der Gemeinde und die Gemeinschaft der Christen geht. Aber dies besagt nicht, dass der Abschnitt Kap. 12-14 eine strukturelle Spaltung der Gemeinde erkennen lässt; Paulus betont vielmehr, dass durch den einen Geist die Glaubenden an die Gemeinde als Leib gebunden sind und dass also das Wirken des Geistes der Gemeinschaft und der Einheit der Gemeinde dient.

Die Gemeinde wird durch die Berufung des Menschen zur Gemeinschaft (κοινωνία) mit Christus durch Gott (1,9) geschaffen; in der Gemeinde wird diese Gemeinschaft durch die Verkündigung und durch das Bekenntnis und das Sakrament (Kap. 10-11) wiederholt. Paulus schreibt, dass beim Herrenmahl der Kelch die Gemeinschaft (κοινωνία) des Blutes Christi und das Brot die Gemeinschaft des Leibes Christi ist (10,16); damit sagt er zugleich, dass beim Herrenmahl die Teilnahme am Tod Christi praktiziert wird[47], und so verwirklicht sich auf Grund der Gemeinschaft mit Christus auch die Gemeinschaft zwischen den Glaubenden (Kap. 12-14), wobei der Geist als Kraft der Gemeinschaft wirkt (vgl. 2 Kor 13,13). Deshalb ist die Gemeinde ein Produkt bzw. eine Frucht der Gemeinschaft und zugleich der Raum für deren Verwirklichung.[48]

Die Auseinandersetzung des Paulus mit den enthusiastischen Korinthern zeigt, dass die Gemeinde bzw. die gottesdienstliche Gemeindeversammlung die Möglichkeit zur Verwirklichung der Gemeinschaft eröffnet, aber diese noch nicht garantiert.[49] Die Tendenz der korinthischen Enthusiasten, eine individualistische pneumatische Strömung zu entfalten, ist daran erkennbar, dass sie versuchen, sich auf Grund ihrer Hochschätzung bestimmter Geistesgaben von der Gemeinde zu distanzieren. Für Paulus aber ist die Gemeinde die Gemeinschaft der Berufenen[50], und deren Glieder sind die berufenen Heiligen (1,2). Da die Gemeinde überdies als ein Leib gekennzeichnet wird (12,12ff.), ist

---

107, und R. Schnackenburg, Die Einheit der Kirche unter dem Koinonia-Gedanken, in: R. Schnackenburg, F. Hahn und K. Kertelge, Einheit der Kirche. Grundlegung im Neuen Testament, QD 84, Freiburg u.a. 1979, 52-93, hier 61-67.

[47] Zutreffend zeigt A. Lindemann, 1 Kor, 224, dass „Leib Christi" (τὸ σῶμα τοῦ Χριστοῦ) hier nicht ekklesiologisch zu verstehen ist.

[48] Zutreffend U. Schnelle, Paulus, 645: „Die Gemeinde ist der Ort der gemeinsamen Lokalisierung der Glaubenden und Getauften in ihrer Beziehung zu Gott und Jesus Christus. Die Teilhabe am gemeinsamen Heil kann es für Paulus nur in der Gemeinschaft der Glaubenden geben."

[49] Siehe oben 5.2.1.

[50] Vgl. insbesondere G. Strecker, Theologie, 190-206.

eine strukturelle Spaltung innerhalb der Gemeinde im Grunde unmöglich. So verweist Paulus die Adressaten eingehend darauf, dass und in welcher Weise der Einzelne die Zugehörigkeit zur Gemeinde erhält, in welchem Verhältnis er zu den anderen Gliedern steht und unter welchem Kriterium das Gemeindeleben geführt werden soll.

1. Paulus will die in Korinth vorhandene Tendenz disqualifizieren, das Wirken des Geistes im Sinne der Abgrenzung zwischen den Glaubenden zu begreifen; deshalb betont er zunächst die Gemeinsamkeit, welche die Glaubenden untereinander verbindet: Sie gehören durch den Geist und die Taufe zur Gemeinde (12,13). Jedes Glied der Gemeinde hat am Wirken desselben Geistes – und dazu gehört auch das Bekenntnis zu Jesus (12,3) – teil, und es gibt in dieser grundlegenden Beziehung zwischen ihnen keine qualitativen Unterschiede. Denn alle Gaben haben dieselbe göttliche Quelle (12,4-6), und die Glaubenden, die alle das gleiche Recht innerhalb des eines Leibes haben, bilden eben als die Glieder den einen Leib.[51] Dies bezieht sich gleichermaßen auf die Entdeckung des Selbst wie auch auf die Entdeckung des Universalismus (12,13; vgl. Gal 3,26-28)[52]: Wer über eine Gabe verfügt, erkennt, dass er selber als Glied mit dieser Gabe an die Gemeinde als Leib gebunden ist, und er erkennt auch, dass er dies nicht mit seiner besonderen Erwählung oder seinen Eigenschaften verdankt, sondern allein dem bedingslosen Handeln Gottes (12,18.28). Infolgedessen nimmt er auch die anderen Glieder bedingungslos an und erkennt sie als unentbehrlich an. Paulus will in Kap. 12 also aufzeigen, dass die Verantwortung für einen besonderen Dienst[53] jedem Glied der Gemeinde anvertraut ist. Somit ist die Gemeinde geradezu als eine „Schicksalsgemeinschaft" (12,26) zu verstehen, in der die einzelnen Christen ihre Identität daraus gewinnen, dass sie am Lebensvollzug des gegenseitigen Dienstes teilnehmen. Die Solidarität zwischen den Glaubenden beruht auf der wechselseitigen Annahme und Anerkennung (12,12-30).

2. Für Paulus ist klar, dass die Geistesgaben nicht den Individualismus hervorrufen, sondern im Gegenteil Gemeinschaft stiften. Diese Gemeinschaft wird nicht durch einen Zusammenschluss der Einzelnen gebildet, sondern sie ist als unmittelbare Auswirkung der Gabe zu verstehen. Paulus kritisiert demnach das korinthische „individualisti-

---

[51] Vgl. J.D.G. Dunn, Paul, 551: „The Identity of the Christian assembly as "body", however, is given not by geographical location or political allegiance but by their commen allegiance to Christ."

[52] In der Gemeinde als Leib werden die ethnischen und sozialen Unterschiede bestritten: Entgrenzung und Überwindung des Trennenden werden darin gelebt und praktiziert.

[53] Vgl. J. Roloff, Zur diakonischen Dimension und Bedeutung von Gottesdienst und Herrenmahl, in: G.K. Schäfer/ Th. Strohm (Hg.), Diakonie – biblische Grundlagen und Orientierungen, Heidelberg 1990, 186-201.

sche Pneumatikertum"[54], indem er zum einen die Vielfalt der in der Gemeinde erfahrbaren Erscheinungen unterstreicht und indem er zum andern den Versuch der enthusiastischen Korinther abweist, sich von der Gemeinde zu distanzieren.

3. Die paulinische Polemik spitzt sich zu durch die Nennung des entscheidenden Kriteriums[55]: Das Christusbekenntnis (12,3) bestimmt die Zugehörigkeit zur Gemeinde, die Erbauung der Gemeinde ist Maßstab für die Praktizierung der Gaben (Kap. 14)[56], und das Kriterium für diese οἰκοδομή ist die Liebe (Kap. 13). Paulus sieht den Grund der Gemeinsamkeit nicht in den ekstatischen Erfahrungen, sondern in deren Auswirkungen auf die Gemeinde; die Orientierung an der Gemeinde ist es, die die Gaben legitimiert und die Gemeinschaft konstituiert.

4. Für Paulus ist die ἐκκλησία τοῦ θεοῦ keine abstrakte Größe, sondern er denkt an „die konkrete Ortsgemeinde"[57] als reale Größe und an die örtliche Versammlung als Gemeinschaft.[58] Zugleich aber zielt die ἐκκλησία über Familie und Innenbeziehung zwischen den Gemeindemitgliedern hinaus in den weiten Raum der Heilsgeschichte; Paulus denkt primär an die Gemeinschaft zwischen den Mitgliedern innerhalb der Gemeinde, aber in dieser Versammlung sieht er zugleich die Möglichkeit zur Bildung von Gemeinschaft zwischen den Mitgliedern und den Nichtmitgliedern (14,20-25). Nicht-Christen können durch die Verkündigung des Evangeliums Teilhabe am Glauben gewinnen, und solche gemeinsame Teilhabe ist der Grund für die Gemeinschaft.[59]

In der Glossolalie kristallisiert sich der korinthische Enthusiasmus.[60] Sie gilt den Korinthern als die „höhere Gabe", und sie fungiert als Ursache für die Abgrenzung von den anderen. Sie führt dazu, dass das gottesdienstliche Geschehen von den Außenstehenden als negativ und befremdlich eingeschätzt wird und dass sich die der Glossolalie Unkundigen infolge der Unverständlichkeit der Glossolalie als Fremde fühlen. Das hat zur Folge, dass der Gottesdienst nicht seine wesentli-

---

[54] H. Conzelmann, Theologie, 292.
[55] Vgl. F. Hahn, Charisma und Amt. Die Diskussion über das kirchliche Amt im Lichte der neutestamentlichen Charismenlehre, in: ZThK 76, 1979, 419-449, hier 438ff.
[56] Vgl. zum Zusammenhang von Gnadengaben und Gemeindeerbauung R. Gebauer, Charisma und Gemeindeerbauung. Zur oikodomischen Relevanz der paulinischen Charismenlehre, in: M. Karrer, W. Kraus und O. Merk (Hg.), Kirche und Volk Gottes, FS Jürgen Roloff, Neukirchen-Vluyn 2000, 132-148.
[57] A. Lindemann, 1 Kor, 28.
[58] Vgl. W. Klaiber, Rechtfertigung, 13.
[59] J. Hainz, Koinonia, 173, zufolge ist die κοινωνία als „Gemeinschaft durch Teilhabe" zu definieren. Vgl. auch ders., Art. κοινωνία, in: EWNT II, 749-755.
[60] Siehe oben 5.1.1 dieser Arbeit.

che Aufgabe erfüllt, den Glauben zu fördern, indem das Evangelium
im Gottesdienst gehört werden und im Zusammenleben der Glaubenden Gestalt gewinnen soll.

Im Gegensatz zur Realität der korinthischen Gemeinde definiert Paulus die christliche Gemeinde als den Raum der Treue und Solidarität
und die christliche Gemeinschaft als Folge des Wirkens des Geistes
und des neuen Lebens, dessen Zeichen die Taufe ist.[61] Mit Hilfe der
Leib-Glieder-Vorstellung expliziert Paulus augenscheinlich das Zusammenleben der Christen, d.h. er zeigt, wie jedes Glied eine spezifi-
sche eigene Identität hat, wie es zugleich von anderen Gliedern abhängig ist und wie eng sie schließlich miteinander verknüpft sind. Die
einzelnen Christen gewinnen also ihre Identität nicht durch das, was
sie voneinander unterscheidet; der Glaubende tritt durch die Taufe in
den Lebenszusammenhang mit Christus ein (12,12f.), und die Gaben,
die jedem Glied von dem einen Geist gegeben sind, vermögen der Erbauung der Gemeinde zu dienen.

5.3   Glossolalie und paulinische Ethik

Offensichtlich herrscht, wie 1 Kor unschwer erkennen lässt, in der
korinthischen Gemeinde große Unsicherheit auf dem Gebiet der Ethik.
Paulus setzt sich nicht nur mit religiösen Problemen auseinander, sondern er kämpft auch gegen verschiedene moralische Missstände.[62] E-
thische Probleme, die durch aktuelle Konflikte in der Gemeinde ausgelöst werden, sind ab Kap. 5 detailliert behandelt. Es handelt sich
zum einen um das Verhältnis der Glaubenden zur Welt, nämlich um
das Verhältnis von Glaube und Welt[63] und um das Selbstverständnis
der Christen in diesem Zusammenhang, es handelt sich zum anderen
um das Verhältnis der Gemeindeglieder untereinander. Gegenüber der
dualistischen anthropologischen Perspektive der Korinther[64] schreibt
Paulus ausdrücklich: „Wisst ihr nicht, dass eure Leiber Glieder Christi
sind?" (6,15). „Wisst ihr nicht, dass euer Leib Tempel des Heiligen
Geistes in euch ist, den ihr von Gott habt, und dass ihr euch nicht
selbst gehört?" (6,19). Deshalb werden die Adressaten aufgefordert,
Gott in ihrem Leib zu ehren (6,20; vgl. 10,31). Indem Paulus ein Prinzip ethischer Praxis des Einzelnen – „Alles ist mir erlaubt; aber nicht
alles nützt." (6,12; vgl. 10,23) – zum Ausdruck bringt, distanziert er

---

[61]   Vgl. W. Schrage, Einzelgebote, 90.
[62]   Siehe insbesondere A. Lindemann, Toragebote, 91-114.
[63]   Das wird vor allem in 1 Kor 6,1-11 klar betrachtet.
[64]   Vgl. W. Marxsen, Ethik, 183f. Anders als die Vorstellung der Gnosis gilt die
       Welt für die korinthischen Enthusiasten nicht als Bereich des Unheils, sondern
       als irrelevant infolge ihres Vollendungsbewusstseins bzw. Verständnisses der
       Vorwegnahme des Heils.

sich von den Handlungsmaximen der Korinther, insofern er das Motiv des Nutzens – und zwar der Gemeinde – eine bedeutende Rolle spielt (vgl. 12,7). Derselbe Gedanke findet sich in 8,1: „Die Erkenntnis bläht auf, die Liebe aber baut auf", und deshalb sollen die Glaubenden darauf achten, dass ihre Freiheit nicht zum Anstoß für die Schwachen wird (8,9). Dieser ethische Grundsatz des Paulus gilt auch in seinem eigenen Leben: Auch wenn er allem gegenüber ein freier Mensch ist, so versklavt er sich[65], um eine Mehrzahl von Menschen zu retten (9,19).

Paulus entwirft im 1 Kor keine systematische Ethik, sondern er fordert die Adressaten dazu auf, in jedem aktuellen Konfliktfall eine ethische Entscheidung im Glauben an Christus zu treffen.[66] Dass Christus als unser Passalamm geopfert worden ist (5,7), fungiert als Grund für die Gemeinde, den reinen Zustand zu bewahren. Die Adressaten sollen begreifen, dass ihre Identität durch Christus bestimmt und definiert worden ist: „Ihr seid gerechtfertigt worden im Namen des Herren Jesus Christus und im Geist unseres Gottes" (6,11). „Eure Leiber sind Glieder Christi" (6,15). Die christliche Erkenntnis beruht darauf, dass es für die Christen „Einen Gott und Einen Herrn Jesus Christus"[67] gibt (8,6); aber diese Erkenntnis soll nicht zum Anstoß für „den schwachen Bruder" werden, weil Christus um dessentwillen gestorben ist (8,11), da solches Verhalten eine Sünde gegen Christus ist (8,12). Paulus beschreibt sich selbst als Vorbild (9,19-27). Dabei sagt er in 9,21, er sei den „Gesetzlosen wie ein Gesetzloser", doch sei er nicht gesetzlos in Bezug auf Gott (ἄνομος θεοῦ), aber „im Gesetz in Bezug auf Christus" (ἔννομος Χριστοῦ), wobei sich ἔννομος nicht auf die Tora bezieht.[68] Auch im Zusammenhang des Themas Gottesdienst zeigt Paulus in Bezug auf das Christusgeschehen eine neue Perspektive auf: Es gibt eine schöpfungsgemäße Überordnung des Mannes über die Frau (11,3.8-10), „aber im Herrn (ἐν κυρίῳ) ist weder die Frau ohne den Mann noch der Mann ohne die Frau" (11,11).

Die Kritik des Paulus an der Glossolalie zeigt, dass das Leben und Handeln der Christen in Bezug auf die Gemeinde als ganze verstanden werden soll. Die ethischen Überzeugungen beziehen sich auf diese neue Relation, und in dieser Relation werden die ethischen Ent-

---

[65] Vgl. Gal 5,13.
[66] Vgl. U. Schnelle, Paulus, 635: „Ausgangspunkt und Begründung der Ethik ist bei Paulus die Lebens- und Handlungseinheit des neuen Seins als Teilhabe am Christusgeschehen."
[67] Vgl. O. Hofius, „Einer ist Gott – Einer ist Herr". Erwägungen zur Struktur und Aussage des Bekenntnisses 1 Kor 8,6, in: ders., Paulusstudien II, WUNT 143, Tübingen 2002, 167-180.
[68] So A. Lindemann, 1 Kor, 212.

scheidungen gefällt.[69] Ein Begriff wie „der Tempel des Heiligen Geistes" (6,19), der zur Bezeichnung der Ausgrenzung bzw. Distanz gebraucht werden kann[70], kommt deshalb in Kap 12-14 nicht vor. Es ist vielmehr das Bekenntnis zu Jesus als dem Herrn (12,3), das das Wirken des wahren Geistes legitimiert; aufgrund der Taufe (12,13)[71] werden die Glaubenden als Glieder der Gemeinde als Leib bezeichnet, und von daher verstehen sie sich selbst in der Gemeinde bzw. in Bezug auf die Gemeinde und treffen ihre ethischen Entscheidungen. Die Polemik des Paulus gegen die Glossolalie beinhaltet zwar keine wirklich systematische Ethik; aber aus den konkreten Anweisungen des Paulus sind grundsätzliche ethische Aspekte sehr wohl abzuleiten. Sie sind eine Konsequenz seiner theologischen Überlegungen, und seine Argumentation in Kap. 14 ist also nicht von seiner Ethik getrennt denkbar.[72]

1. Die Grundaussage, durch welche die ethische Entscheidung des Paulus deutlich wird, ist in 14,18-19 enthalten. Paulus schreibt, er wolle „in der Gemeinde" auf die Praktizierung der Glossolalie verzichten, obwohl er doch mehr als die Korinther glossolalisch sprechen könne. Die mit diesem Verzicht verbundene Absicht wird ausdrücklich gesagt: Es geht um „die Unterweisung der anderen" (ἵνα καὶ ἄλλους κατηχήσω), und da die Glossolalie diesen Zweck nicht erfüllen kann, sind selbst zehntausend glossolalische Worte gegenüber fünf verständlichen Worten wertlos und nutzlos. Die christliche Existenz orientiert sich an der Gemeinde, und diese Erkenntnis bestimmt das ethische Leben und Verhalten der Christen.

---

[69] Vgl. zum Verhältnis von „Indikativ und Imperativ" bei Paulus vor allem R. Bultmann, Das Problem der Ethik bei Paulus, in: ders., Exegetica, Tübingen 1967, 36-54. Ihm zufolge sei der Imperativ bei Paulus auf der Rechtfertigung basiert und aus dem Indikativ abgeleitet. Die Existenz des Christen sei durch die χάρις bestimmt. Daher seien sowohl die ethische Forderung als auch die ihr entsprechende Haltung als χάρις Gottes zu verstehen (a.a.O., 53f.).

[70] Vgl. F.W. Horn, Wandel, 164.

[71] Es ist offenkundig, dass die Taufe bei Paulus auf das Christusgeschehen bezogen ist (so G. Barth, Zwei vernachlässigte Gesichtspunkte zum Verständnis der Taufe im Neuen Testament, in: ders., Neutestamentliche Versuche und Beobachtungen, Waltrop 1996, 11-44, hier 42 und 44) und deshalb eine soteriologische Bedeutung hat (so U. Schnelle, Christusgegenwart, 156). Die ethischen Ermahnungen des Paulus sind zudem in Taufe und Rechtfertigung verankert (so R. Bultmann, Theologie, 334f.; P. Stuhlmacher, Theologie, 374). In der korinthischen Gemeinde existierte womöglich die Auffassung, dass Sakramente das Heil garantieren (vgl. 10,2). Darum wurde die Taufe als ein magisches Mittel zur Ermöglichung der Teilnahme am ewigen Heil verstanden, so dass sich die Korinther für die Verstorbenen taufen ließen (15,29).

[72] In diesem Punkt ist der Darlegung von W. Marxsen, Ethik, 15, zuzustimmen, dass „Ethik ein integrierender Bestandteil von Theologie ist. [...] ein Aspekt von Theologie [ist]. Aber sie ist unverzichtbar, denn ohne Ethik ist Theologie nicht mehr Theologie."

2. Kriterium für Leben und Handeln der Christen ist die Erbauung der Gemeinde (14,3-5.12.17.26). Subjektive geistliche Ekstase, insbesondere die Glossolalie, wirkt auf die Unkundigen befremdlich und abstoßend; und da der Gottesdienst dem Kriterium der Erbauung der Gemeinde entsprechend geschehen soll, verliert Glossolalie im Gottesdienst ihren Platz.

3. Das Wirken des Geistes bereitet den Weg zur Liebe vor, das Leben im Geist besteht in der Liebe (Kap. 13).[73] An dieser Liebe soll sich das Handeln der Christen ausrichten (vgl. Röm 14,15)[74], und daher kann Paulus einerseits sagen: „Die Liebe ist die Erfüllung des Gesetzes" (Röm 13,10; vgl. Röm 13,8), und er kann andererseits schreiben, dass der Glaube durch die Liebe wirksam ist (Gal 5,6).[75] Auch die Geistesgaben werden mit der Nächstenliebe in Verbindung gebracht[76], wie der Kontext von Kap. 12-14 deutlich zeigt.[77] Daher fordert Paulus die Adressaten auf, nach der Liebe zu trachten (14,1), denn die Liebe ist der hervorragendste Weg (12,31b) und sie deswegen Kriterium für die Erbauung der Gemeinde (Kap. 13).[78] Gottesdienstliche Lebensäußerungen sollen sich somit der erbauenden Liebe (8,1) unterordnen, und die Christen sollen ihre ethischen Entscheidungen in der Begegnung mit dem Nächsten treffen. Dies besagt nicht, dass die Liebe womöglich eine Einschränkung der christlichen Freiheit[79] wäre, sondern die Liebe ist vielmehr deren konsequenter Vollzug. Demgegenüber wird in der Praktizierung der unverständlichen Glossolalie keinesfalls die Liebe bewiesen, weil das glossolalische Handeln gerade

---

[73] Zutreffend beschreibt F.W. Horn, Wandel, 170: „Die Originalität des Paulus besteht also nicht darin, eine pneumatologisch begründete Ethik zu entwerfen, sondern das Wirken des endzeitlichen Geistes so verstehen zu lernen, daß dieser Geist der Nächsten- und Bruderliebe den Weg bereitet." Vgl. R. Bultmann, Theologie, 338.

[74] Vgl. W. Schrage, Ethik, 202f.

[75] Vgl. V.P. Furnish, The moral teaching of Paul, Nashville 1979, 22.

[76] In dieser Hinsicht steht Paulus offenbar in einer Kontinuität zu der alttestamentlichen Tradition sowie der Überlieferung Jesu.

[77] Freilich verwendet Paulus zwar hier den Ausdruck „Nächstenliebe" nicht unmittelbar, aber seine Forderung zur Rücksichtnahme auf die Brüder bzw. die anderen impliziert diese Nächstenliebe.

[78] Hier ist die Liebe ein kritisches Korrektiv zum Verhalten der Korinther und zugleich ein kritisches Auslegungsprinzip für das Gemeindeleben. Vgl. H. Weder, Normativität der Freiheit, in: M. Trowitzsch (Hg.), Paulus, Apostel Jesu Christi, FS G. Klein, Tübingen 1998, 129-145, hier insbesondere 136ff.

[79] Siehe zum Verständnis der Freiheit des Paulus insbesondere R. Bultmann, Der Gedanke der Freiheit nach antikem und christlichem Verständnis, in: ders., Neues Testament und christliche Existenz, hg. von A. Lindemann, UTB 2316, Tübingen 2002, 274-183, vor allem 279-283. Ihm zufolge ist die Freiheit die Macht, die den Menschen von der Sünde und sich selbst befreit, „die in Christus offenbar gewordene Gnade Gottes, die aus dem alten Menschen einen neuen macht, als die Gnade der Vergebung" (a.a.O., 281). Vgl. anders S. Jones, „Freiheit" in den Briefen des Apostels Paulus, GTA 34, Göttingen 1987, 69.

nicht von der Rücksichtnahme auf die Geschwister in der Gemeinde bestimmt ist (14,16f.23). Zwar begegnet in Kap. 14 kein direkter Hinweis auf die Christusbeziehung im ethischen Zusammenhang[80]; aber alles spricht dafür, dass in der von Paulus geforderten Rücksichtnahme auf die anderen der Verweis auf das Christusgeschehen (vgl. 8,11) impliziert ist.

4. Wird die durch die Praktizierung der Glossolalie ausgelöste gottesdienstliche Unordnung im Zusammenhang einer zügellosen demonstrativen Praktizierung der Freiheit durch den pneumatischen Enthusiasmus betrachtet[81], so sind auch die „Definition" des Wesens Gottes (14,33a) und die Forderung nach „Anstand und Ordnung" (14,40) durchaus als ethische Anweisungen gegen solche Tendenz zu begreifen. Die Definition des Wesens Gottes fordert ein diesem Wesen Gottes entsprechendes Handeln.[82]

Paulus bezeichnet das Leben der Christen als „Wandel im Geist" (Gal 5,25; vgl. 5,16)[83], und er sieht die Glaubenden als Glieder der als „ein Leib" verstandenen Gemeinde, die mit ihrer jeweils eigenen Geistesgabe zu deren Erbauung beitragen (vgl. 12,13). Das Leben und Handeln der Christen ist also pneumatologisch zu erfassen.[84] Im Gegensatz zu den Korinthern, die sich in ihrem Handeln an der Demonstration der Geistesgaben, insbesondere der Glossolalie, ohne Rücksichtnahme auf die Brüder orientieren, stellt Paulus das Handeln unter ein anderes Kriterium: Die Liebe bestimmt die Erscheinungen des Geistes, also die Geistesgaben (χαρίσματα), und sie legitimiert deren Wert; sie konkretisiert sich dabei in der Erbauung der Gemeinde. Das gilt, obwohl Paulus in Kap. 14 weder konkrete ethische Normen beschreibt noch seine Aussagen ausschließlich auf der Grundlage der Ethik zu verstehen sind. Die ethische Interpretation der Wirkungen des Geistes entzieht der Glossolalie den Boden im Gottesdienst.

---

[80] Das biblische Zitat in 14,21 hat keinen ethischen Charakter bzw. keine normierende Funktion. Siehe dazu A. Lindemann, Toragebote, 109f.

[81] Vgl. W. Marxsen, Ethik, 182.

[82] E. Brandenburger, Frieden im Neuen Testament. Grundlinien urchristlichen Friedensverständnisses, Gütersloh 1973, 61-63, zeigt zutreffend, dass der Begriff des Friedens sehr eng mit der Erbauung verbunden ist.

[83] Vgl. in diesem Punkt W. Schrage, Einzelgebote, 71, zutreffend: „Der Geist ist jetzt Inbegriff des neuen Lebens bis in die Einzelheiten und Alltäglichkeiten hinein; das ganze Leben des Christen von Anfang bis Ende ist Wirkung und Schöpfung des Geistes."

[84] Bei Paulus ist eine Verbindung von Geist und Ethik deutlich erkennbar (vor allem in 1 Kor 3,16f.; 6,19f.; Gal 5,16-26). Siehe zum pneumatologischen Ansatz der paulinischen Ethik W. Schrage, Ethik, 181-184.

Kapitel 6
Das Glossolalieverständnis des Paulus

6.1 Überblick: Glossolalie und die christliche Gemeinde in Korinth

Der Erste Korintherbrief zeigt deutlich die Schwierigkeiten, mit denen sich das Urchristentum im 1. Jahrhundert auseinander setzte und die es zur Wahrung seiner Existenz zu überwinden hatte. Vor allem das Problem der Glossolalie lässt erkennen, wie sich Paulus in der engen Beziehung zu den Adressaten des Briefes, die in der Heidenwelt leben, um die Bewältigung einer innerhalb der Gemeinde bestehenden, endogenen Herausforderung bemüht und wie er in der Auseinandersetzung mit diesem Problem seine theologische Theorie konzipiert, formuliert und entwickelt. Die Theologie des Paulus ist nicht von der real existierenden, christlichen Gemeinde zu trennen, sein theologischer Ausgangspunkt ist in der Tat das Interesse, den Adressaten konkret zu helfen.[1] So richtet sich sein Augenmerk auf die in Korinth bestehende Gemeinde und die Existenz der Christen.

Das Problem der Glossolalie in der korinthischen Gemeinde und die theologische Bemühung um deren Bewältigung durch Paulus[2] können wie folgt zusammengefasst werden:

---

[1] In diesem Punkt ist der Ausdruck von J.D.G. Dunn „Paul's Pastoral and Theological Response" für den 1 Kor zutreffend (ders., 1 Corinthians, 90-108).
[2] Siehe zur theologischen Reaktion des Paulus darauf auch unten 6.2 dieser Arbeit.

Das Problem der Glossolalie in der korinthischen Gemeinde

Glossolalie bei den Glossolalen	Missstand bzw. Tendenz innerhalb der Gemeinde	Reaktion und Rezept des Paulus [*Kriterium: Erbauung*]
Identitätsbezeichnung	Distanzierung Individualisierung	Gemeinschaftstheologie Bestimmung der christlichen Existenz innerhalb der Gemeinde
Beweis für Ekstase bzw. Geistbesitz	Verabsolutierung der Glossolalie	Demokratisierung der Gaben Relativierung der Glossolalie
Vorwegnahme des Ewigen bzw. Heils (Engelssprache)	Vollendungsbewusstsein Enteschatologisierung	Eschatologischer Vorbehalt Vergeschichtlichung Ethisierung der Geistesgaben
Unverständliche Sprache	Magisches Verständnis (Mystifikation)	Entzauberung durch die Forderung der Übersetzung
Mittel der Förderung des Glaubens	Gottesdienstliche Verwirrung (Negativer Eindruck)	Aufforderung zu Ordnung und Rücksichtnahme

Wie bestimmt Paulus das Verhältnis zwischen den Einzelnen und der Gemeinde? Wie definiert er die Existenz der Christen? Die Strömung des pneumatischen Enthusiasmus in Korinth, insbesondere die Glosso-lalie als ein ekstatisches Phänomen, stellte die Korinther vor die Frage nach ihrer Existenz und ihrem Selbstverständnis, d.h. sie standen vor der Frage, ob sie gegenüber den Übrigen eine besondere Rolle spielen dürfen oder nicht. Paulus versuchte nun, sich diesem Problem nicht auf der individuellen Ebene der einzelnen Christen, sondern aus der Sicht der οἰκοδομή der Gemeinde zu nähern.[3] Er bremst die Individualisie-rung des christlichen Glaubens, indem er das Selbstverständnis der Adressaten auf die Existenz der Gemeinde bzw. das Kirchenverständ-nis bezieht. Denn für ihn ist die christliche Existenz durchweg an die Gemeinde gebunden, die ihrerseits nicht mit einem durch Einzelne zu-sammengeschlossenen Verein identifizierbar ist. Den Argumentations-gang des Paulus leitet die Überzeugung, dass selbst die den Einzelnen verliehenen Gnadengaben (χαρίσματα) in erster Linie der Gemeinde zu deren οἰκοδομή gegeben sind. Es ist also letztlich das Kirchenverständ-

---

3 Siehe oben 3.2.4.1 und 3.2.4.2.

nis, durch das das Geist- und Geistesgabenverständnis des Paulus bestimmt ist. Dies besagt freilich nicht, dass das Individuum von Paulus
als wertlos angesehen wird oder in der Gemeinde quasi versteckt bleiben soll. Gegenüber der individualistischen Tendenz fordert Paulus die
Adressaten vielmehr dazu auf, die anderen Personen als Glieder anzuerkennen, die jeweils einen unverzichtbaren Wert in der Gemeinde als
Leib besitzen und also gleichberechtigt sind (12,12-30). Er will das
neue Denkparadigma betonen, demzufolge die christliche Existenz
durch den Bezug auf die Gemeinde neu bestimmt wird (14,18f.). Er
fordert von den Adressaten das Suchen nach der Gemeindeerbauung,
nicht nach der Selbsterbauung; von diesem Zusammenhang her wird
die Identität der Gemeinde und der Christen – Rollen, Funktionen und
Verantwortungen – klar definiert.

Durch die Analyse der Texte aus den anderen neutestamentlichen
Schriften und durch die religionsgeschichtliche Analyse[4] war festgestellt worden, dass es weder im Neuen Testament noch sonst in der
Antike eine direkte Entsprechung zu der im 1 Kor von Paulus beschriebenen Glossolalie gibt. Die korinthische Glossolalie ist insbesondere nicht mit dem „Zungenreden" in der Apg, vor allem in Apg 2,
identifizierbar; sie ist vielmehr ein auf die korinthische Gemeinde begrenztes Phänomen. Die korinthische Glossolalie ist ein ekstatisches
und unverständliches Phänomen; das „Zungenreden" bei Lukas ist dagegen eine nicht erlernte, aber verständliche Fremdsprache, und mit
dem Hinweis auf sie bringt Lukas aus theologischem Interesse zum
Ausdruck, dass die christliche Verkündigung nicht an eine bestimmte
Sprache gebunden ist und dass die Kirche als Zeugin Jesu bzw. des
Evangeliums von Anfang an der Aufgabe der Verkündigung (Apg 1,8)
der großen Taten Gottes (Apg 2,11) dient. Die von Paulus beschriebene Glossolalie in Korinth dagegen vermag zur Verkündigung des E-
vangeliums nichts beizutragen (1 Kor 14,23), und deshalb wird sie
bzw. deren Hochschätzung von Paulus relativiert und kritisiert. Auch
ähnliche Erscheinungsformen aus antiker Religiosität stellen keine
unmittelbaren Parallelen zu der von Paulus geschilderten Glossolalie
dar.

Hinter der Hochschätzung der Glossolalie in Korinth, der sich Paulus
gegenübersah, stand ein religiöser Enthusiasmus. Die glossolalisch begabten Enthusiasten nahmen an, der Besitz dieser Gabe qualifiziere die
christliche Existenz und garantiere den Heilsstand; möglicherweise
meinten sie auch, sie besäßen dank ihres Geistbesitzes und insbesondere dank der Glossolalie bereits jetzt Teilhabe am ewigen Leben.[5] Als

---

[4] Siehe oben Kap. 2 dieser Arbeit.
[5] Siehe oben 3.7 dieser Arbeit.

Sprache der Engel (13,1) hatte die Glossolalie einen Höchstwert in der Skala der Geistesgaben, und deshalb wurde ihr der Wert einer intensiv zu praktizierenden Gabe und wohl auch eine positive Wirkung auf die Gemeinde zugebilligt. Der Gottesdienst war offenbar stark enthusiastisch bestimmt (vgl. 14,23); die Tendenz, die unverständliche Glossolalie ohne Rücksichtnahme auf die anderen, nämlich die Nicht-Glossolalen, zu praktizieren, dominierte aber den Gottesdienst (14,16f.) so, dass das gottesdienstliche Geschehen verwirrt und wird zudem die zwischenmenschliche Kommunikation abgebrochen wurde. Aus der Sicht des Paulus bedeutete dies, dass die Gemeinschaft und die Einheit der Gemeinde nicht bestätigt, sondern gefährdet wurde.

Der Kontext von 1 Kor 12-14[6] zeigt, dass eine antienthusiastische Tendenz den Argumentationsgang des Paulus leitet. Er wendet sich gegen die Verabsolutierung einer bestimmten Gabe durch den Enthusiasmus, und dabei wird sein kritischer Ton im Verlauf der Argumentation immer deutlicher und stärker. Zunächst versucht er, die Charismen bzw. die Charismatiker zu „demokratisieren", indem er einerseits die Vielfalt der Gnadengaben in der Gemeinde akzeptiert (12,4-11) und zugleich andererseits die Einheit der Gemeinde als des einen Leibes herausstellt (12,12-30). Anschließend relativiert er die Glossolalie aus Sicht der ἀγάπη grundsätzlich, indem er in Kap. 13 die Liebe als den hervorragenden Weg (12,31b) gegen das von den Adressaten praktizierte Streben nach den größeren Gnadengaben (12,31a) beschreibt. Hier konzediert er der Glossolalie nicht einmal einen eschatologischen Wert (13,8-13), und er will ihr genau genommen nicht einmal einen teilweisen Wert zubilligen. In Kap. 14 versucht er, eine Praktizierung der Glossolalie in der Gemeinde bzw. deren Hochschätzung einzuschränken und letztlich zu unterdrücken. Überdies ist er bemüht, die Glossolalie umzuwerten, indem er den Stellenwert der Glossolalie von der Prophetie her neu einschätzt und die Adressaten auf die Unverständlichkeit und Nutzlosigkeit der Glossolalie hinweist. Außerdem entzieht er der Glossolalie ihren Platz im Gottesdienst, indem er von ihr etwas eigentlich Unmögliches fordert, insofern sie überhaupt nicht nach den Anweisungen bzw. Prinzipien des Paulus praktiziert werden kann (14,27f.). Die Annahme, es gebe in den paulinischen Aussagen in 1 Kor 14 eine mehr oder weniger positive Anerkennung der Glossolalie, erweist sich damit als falsch.

Die Textexegese[7] und die Analyse der theologischen Themen[8] haben vielmehr gezeigt, dass Paulus das Ziel verfolgt, die Glossolalie bzw. deren Praktizierung aus der gottesdienstlichen Gemeindeversammlung

---

[6] Siehe oben 3.1.1 dieser Arbeit.
[7] Siehe oben Kap. 3 dieser Arbeit.
[8] Siehe oben Kap. 4 dieser Arbeit.

zu verbannen.[9] Die Glossolalie ist eine unverständliche Rede und sie vermag daher nicht der οἰκοδομή der Gemeinde zu dienen; deshalb kann sie keinen Höchstwert in der Skala der Geistesgaben beanspruchen. Im Blick auf das Verständnis der Existenz der Christen sagt die Argumentation des Paulus, dass der Mensch nicht aus einer bestimmten übernatürlichen Gabe oder aus ekstatischen Erfahrungen den Sinn und Ursprung seiner Existenz finden kann und dass die Geistesgaben also nicht der individuellen Selbstdarstellung oder der Abgrenzung dienen dürfen; sie gründen nämlich nicht auf den menschlichen Fähigkeiten, sondern auf dem Wirken des Geistes (12,11), und sie sind der Gemeinde zur οἰκοδομή (14,3-5.12.17.26) bzw. zum Nutzen (12,7) gegeben worden. Paulus idealisiert die Gemeinde nicht[10], er sieht in ihr nicht eine zeitlose, himmlische Größe, sondern eine immer wieder neu sich konstituierende, geschichtlich-eschatologische Größe. Paulus übernimmt zwar die zeitlose Vorstellung des σῶμα-Begriffs, aber er vergeschichtlicht sie.[11] Die Gemeinde ist der Raum, in dem die christliche Existenz als „neue Schöpfung" (2 Kor 5,17) und dabei das gemeinsame Leben der Getauften (12,13) erfahren und erfüllt wird. Paulus betont die οἰκοδομή als Kriterium für das Gemeindeleben, und deshalb soll der Gottesdienst nicht ein Ort der Demonstration einer übernatürlichen Gabe sein, sondern Vollzug der οἰκοδομή der Gemeinde. Paulus sieht in der Glossolalie durchaus ein χάρισμα, und er versteht die Gemeinde sehr wohl als Raum des Wirkens des πνεῦμα als pneumatische Realität; aber dies alles steht für ihn unter dem Vorbehalt, dass es dem Vollzug der οἰκοδομή der Gemeinde unterzuordnen ist (14,26). Dies ist das Grundmotiv und sogar Grundkriterium für die bewusste Relativierung der Glossolalie bzw. deren Werts.

* Exkurs: Zum Verständnis der Glossolalie in der christlichen Gemeinde in Korea

In den 1970er und 1980er Jahren wurde das Phänomen der Glossolalie in der koreanischen Kirche heftig diskutiert.[12] Bis dahin wurde sie in den Kirchen, die zur

---

[9]   Siehe oben Kap. 5 dieser Arbeit.
[10]   Die Aussagen des Paulus im 1 Kor setzen vielmehr die innerhalb der Gemeinde bestehenden Spannungen voraus.
[11]   H. Conzelmann, Theologie, 299: „Er [Paulus] versteht also den»Leib« als den Herrschaftsbereich Christi. Er ist der Lebensraum des Glaubens, bestimmt als Raum der Freiheit, als die Möglichkeit, der Welt entgegenzutreten." Vgl. zu einem Versuch, die modernen Bedeutungen von»Leib Christi« in der Perspektive der systematischen Theologie zu beleuchten, M. Welker, Kirche im Pluralismus, KT 136, Gütersloh 1995, 104-127.
[12]   S.-C. Oh, Die Möglichkeit und Grenze des Glossolalieerlebnisses in Hinsicht auf die pastorale Perspektive, in: Kirche und Theologie 17 (koreanisch), 1985, 96-129, hier 96-99.

Pfingstbewegung[13] gehörten, insbesondere in der „Full Gospel Church in Yoido"[14] in Seoul, als wichtig betont. Bis heute gibt es zwei einander widersprechende Perspektiven: die positive und die negative. Während die konservativen Kirchen Glossolalie sogar als ketzerisch ansehen und deshalb deren Praktizierung verhindern[15], halten nicht nur die Pfingstkirchen, sondern auch viele Kirchen, die für die charismatische Erneuerungsbewegung plädieren, sie für unentbehrlich. Da insbesondere das Wachstum der Kirche (church growth) seit den 1970er Jahren eine starke Strömung in der koreanischen Kirche bildete[16], gilt auch die in den dabei führenden Kirchen hoch eingeschätzt Glossolalie als eine wichtige Geistesgabe. Eine entsprechende Tendenz zeigte eine Umfrage unter Theologiestudenten[17]: Die Frage „Können Sie glossolalisch reden?" wurde von 45 % der Befragten mit „Ja" beantwortet, 6 % äußerten die Erwartung, dies jedenfalls tun zu können. Die Frage „Wie schätzen Sie das Verhältnis zwischen Glossolalie und dem Leben des Gläubigen ein?" wurde von 63 % positiv beantwortet (Glossolalie nützt ihm), von 29 % eher kritisch (sie nützt ihm nicht), nur von 5 % ablehnend (sie stört das Leben des Gläubigen). 75 % der Befragten nannten die Glossolalie „eine Gnadengabe von Gott her", für 14 % war sie „eine Bewegung der Zunge durch das zur Gewohnheit werdende Gebet".

Die gegenwärtige Lage der koreanischen Kirche ist kaum eine andere, und sie ist deshalb als charismatisch zu charakterisieren[18], wobei vor allem die Pfingstbewegung bzw. die charismatische Bewegung großen Einfluss ausübt. Die meisten Christen begegnen der Glossolalie nicht ablehnend, sondern mit Interesse, und es gibt viele positive Berichte über Glossolalieerfahrungen. Zugleich aber gilt die Glossolalie in der koreanischen Kirche nicht als theologisches Thema, sondern sie verstanden als Erfahrung des Glaubens, und als solche hat sie ihren Wert. Daher wird sie nicht theologisch systematisiert und theologisch überprüft.

Da vor allem die Pfingstbewegung das Glossolalieverständnis der koreanischen Kirche beträchtlich beeinflusst hat, soll im Folgenden das Glossolalieverständnis von Paul Yonggi Cho (geb. 1936) vorgestellt werden, der diese Tendenz in Korea

---

[13] Siehe zur Pfingstbewegung in Korea W.J. Hollenweger, Charismatisch-pfingstliches Christentum. Herkunft, Situation, Ökumenische Chancen, Göttingen 1997, 121-127.

[14] Diese Kirche wird als „das Zentrum der koreanischen Pfingstbewegung" angesehen und hat über 600.000 Mitglieder (D.K. Suh, Korea, in: RGG⁴ IV, 1686).

[15] Beispielsweise vertritt insbesondere das Magazin „Kirche und Ketzerei" (koreanisch), das für die Pastoren monatlich publiziert wird, diese Tendenz.

[16] Die Geistbewegung fungierte offenbar als ein sehr wichtiges Element des schnellen Wachstums der koreanischen Kirche. Siehe W.Y. Ji, Korea II, in: TRE 19, 618f.

[17] H.-H. Do, Die moderne Bedeutung der wunderbaren Gaben (koreanisch), Seoul 1994, 207.

[18] Vgl. W.Y. Ji, Art. Korea II, in: TRE 19, 618: „Diese sogenannte Geistbewegung (sungryung oondong) ist eine eigenständig koreanische religiöse Erscheinung, in der das derzeitige gesellschaftliche, politische, religiöse und geistliche Klima einen Niederschlag findet." Auch in der christlichen Erweckungsbewegung, die am Anfang des 20. Jh., insbesondere im Jahr 1907, das Wachstum der koreanischen Kirche anführte, kommt dieser charismatische Charakter deutlich zutage [siehe dazu K.-B. Min, Die Geschichte des koreanischen Christentums (koreanisch), Seoul 1972, 252f.; K.-S. Song, Die koreanische Kirche und der Heilige Geist, in: Theologisches Denken 31 (koreanisch), Seoul 1980, 723].

einführte[19] und der einer der bekanntesten Pfingstprediger der koreanischen Kirche und Pfarrer der „Full Gospel Church in Yoido" ist. Pastor Yonggi Cho hat eigentlich kein eigenes, besonderes Glossolalieverständnis[20], sondern sein Verständnis basiert auf dem der Pfingstbewegung. Sie betont dreierlei: 1. die Notwendigkeit der Taufe des Geistes; 2. die Bedeutung der Glossolalie als elementarer Beweis für die Taufe des Geistes; 3. die fortdauernde Erfahrung der anderen Geistesgaben.[21] Der theoretische Grund der Predigt von Yonggi Cho besteht in der Theorie des „Five-Fold Gospel", nämlich „The Gospel of Salvation (Rebirth)", „The Gospel of Fullness of the Holy Spirit", „The Gospel of Divine Healing", „The Gospel of Blessing" und „The Gospel of Second Coming".[22] Dabei erregt vor allem das „Gospel of Fullness of the Holy Spirit" Aufmerksamkeit, denn es wird unterschieden zwischen dem Wirken des Heiligen Geistes in der Erfahrung der Wiedergeburt (Heil) und dem Wirken in der Taufe des Geistes: „Wiedergeburt" bedeutet, dass man durch den Heiligen Geist und durch das Evangelium (Wort) zu Christus gehört und das neue Leben bekommt; die „Taufe des Geistes" bedeutet eine Erfahrung, welche die Tätigkeiten des Dienstes für die Kirche bekräftigt und den Menschen mit der Kraft für eine solche Tätigkeit ausrüstet. Pastor Cho erklärt: „Die Erfahrung der Regeneration und die der Taufe des Geistes können gleichzeitig passieren, aber sie sind nicht gleich. Die Taufe des Geistes ist eine Erfahrung dafür, dass der Heilige Geist den Gläubigen die geistliche Kraft gibt, damit sie dem Auftrag erfüllen können, den der Herr ihnen gegeben hat."[23] Dabei wird die Glossolalie als erster Beweis für die Taufe des Geistes angesehen[24], durch sie als wahrnehmbares Erkennungsmerkmal der erfolgten Geistestaufe erfolgt der Eintritt in die Gemeinde.[25] Deshalb ist die Glossolalie für die Gläubigen nicht nur wichtig, sondern notwendig, wenn sie den Heiligen Geist empfangen. Sie fungiert auch als ein spezifisches Zeichen für das Selbstverständnis der Gläubigen, insofern sie sich

---

[19] Die durch W.J. Hollenweger, Charismatisch-pfingstliches Christentum. Herkunft, Situation, Ökumenische Chancen, Göttingen 1997, 126 Anm. 2, zitierte Darstellung von M.R. Mullins, The Empire Strikes Back: Korean Pentecostal Mission to Japan, in: K. Poewe (Hg.), Charismatic Christinity as a Global Culture, 87-102, zeigt den Charakter von Pastor Yonggi Chos Theologie m.E. zutreffend: „eine Synthese von koreanischem Schamanismus, Robert Shullers positivem Denken und dem Pragmatismus der Church Growth School an der School of Word Mission, Fuller Theological Seminary, Pasadena."

[20] Vgl. zum Verständnis von Geistestaufe und Zungenreden der Pfingstbewegung W.J. Hollenweger (Hg.), Die Pfingstkirchen. Selbstdarstellung, Dokumente, Kommentare, Stuttgart 1971, 174-205.

[21] F.D. Bruner, A Theology of the Holy Spirit, Grand Rapids 1976, 149. Siehe auch W.J. Hollenweger, The Pentecostals, Minneapolis 1977, 47-62.

[22] Siehe J.-B. Ahn, Pastor Yonggi Cho und Geistbewegung (koreanisch), Seoul 1983.

[23] K.J. Kim, Eine theologische Einschätzung der koreanischen Pfingstbewegung (koreanisch), Seoul 2000, 81. Dies ist eine allgemeine Ansicht der Pfingstbewegung. Siehe dazu W. Hollenweger, Enthusiastisches Christentum. Die Pfingstbewegung in Geschichte und Gegenwart, Wuppertal/ Zürich 1969, 372-388; M. Kesley, Tongue Speaking. The History and Meaning of Charismatic Experience, New York 1981, 164-168; R.A. Jensen, Touched by the Holy Spirit, Minnesota 1975, 154.

[24] F.D. Bruner, A Theology of the Holy Spirit, Grand Rapids 1976, 76-78.

[25] R. Hempelmann, Zungenrede, 763.

dadurch als „Erfüllt mit dem Heiligen Geist" verstehen.[26] Unklar ist aber die Definition der Glossolalie; sie wird vielmehr verstanden als eine Mischung des vor allem in Apg 2 geschilderten Geschehens und den Aussagen des Paulus in 1 Kor 14.[27] Ein entscheidendes Merkmal markiert Yonggi Cho, indem er als Ziel der Taufe des Geistes die Verkündigung des Evangeliums (Mission), den Dienst, die Erbauung der Kirche und das Wachstum der Kirche erwähnt.[28] Er sieht sie, anders als die meisten Glossolalen, nicht einfach als ein psychologisches Phänomen an, sondern fasst sie auch im Zusammenhang der kirchlichen Funktionen auf. Die meisten Glossolalen meinen, ihre Erfahrung sei ekstatisch und sie bekämen dadurch Zufriedenheit und Frieden; außerdem bestehe die Funktion der Glossolalie darin, dass sie Gott ihren Kummer und ihre Geheimnisse sagen können.[29]

Die Betonung der Glossolalie als eines elementaren Beweises für die Taufe des Geistes rief ein interessantes Phänomen hervor; da man meinte, man könne durch ein Training über Glossolalie verfügen, nahm man an entsprechenden Kursen teil, die von vielen Kirchen, insbesondere der „Full Gospel Church in Yoido", angeboten wurden und die von Glossolalen, die quasi die Rolle eines Vermittlers spielten, geleitet wurden. Zeitweilig breitete sich die „Halleluja-Glossolalie" oder die „Lala-la-Glossolalie" wie eine Mode aus, mit der Vorstellung, man könne durch die fortdauernde Wiederholung eines solchen Wortes glossolalisch reden, wobei hinter diesem Phänomen womöglich der koreanische Schamanismus eine Rolle spielte[30], der auch heute großen Einfluss auf Koreaner ausübt. Im Erfahrungsbericht eines Glossolalen heißt es: „Ich habe gelernt, glossolalisch zu reden. Nachdem ich die Wörter wie Halleluja und Amen laut und schnell sowie wiederholt ausgesprochen hatte, konnte ich glossolalisch reden."[31]

Das Glossolalieverständnis der koreanischen Pfingstbewegung und deren Praktizierung stießen aber auch auf große Kritik.[32] So wurde gesagt, die Betonung der Glossolalie durch die charismatischen Kirchen bringe die koreanische Kirche in dogmatische Verwirrung und mache sie „widerbiblisch"; außerdem wurden die charismatischen Pastoren kritisiert, sie machten das Christentum zur Mystik. Glos-

---

[26]　R. Hempelmann, Zungenrede, 763.

[27]　D.K. Suh, Phänomen und Struktur der Geistbewegung der koreanischen Kirche (koreanisch), Seoul 1982, 73-75.

[28]　K.J. Kim, Eine theologische Einschätzung der koreanischen Pfingstbewegung (koreanisch), Seoul 2000, 82. Daher ist auch darzustellen, dass das rasante Wachstum dieser Kirche womöglich durch die Betonung der Geistestaufe und der Glossolalie angetrieben wurde. Siehe auch oben Anm. 16.

[29]　D.K. Suh, Phänomen und Struktur der Geistbewegung der koreanischen Kirche (koreanisch), Seoul 1982, 75-78.

[30]　Siehe dazu F. Vos, Korea I, in: TRE 19, 610-615, insbesondere 612.

[31]　M.-G. Youn, Das Wesen der Glossolalie, in: Kirche und Ketzerei (koreanisch), Januar 2000, 51-62, beschreibt viele solche Beispiele.

[32]　Insbesondere Glossolalie spielte deshalb eine wichtige Rolle, als im Jahr 1983 heftig diskutiert wurde, ob die „Full Gospel Church in Yoido" und Pastor Yonggi Cho ketzerisch sind. Siehe dazu S.-C. Oh, Die Möglichkeit und Grenze des Glossolalieerlebnisses in Hinsicht auf die pastorale Perspektive, in: Kirche und Theologie 17 (koreanisch), 1985, 99f. Auch viele Bücher, welche die „Full Gospel Church in Yoido" und Pastor Yonggi Cho kritisieren, wurden in dieser Zeit veröffentlicht. Beispielsweise D.-H. Kim, Ist Pastor Yonggi Cho ketzerisch? (koreanisch), Seoul 1982; J.-I. Kim, Das Kreuz über dem Priester (koreanisch), Seoul 1983.

solalie sei nur eine zeitweilige Gabe als Zeichen für die apostolische Zeit gewesen, und sie habe bereits aufgehört, als die apostolische Zeit endete.[33] Die Spannungen im Glossolalieverständnis in der koreanischen Kirche bestehen unvermindert fort, zumal Glossolalie von den meisten Gläubigen als ein wichtiges Element der christlichen Spiritualität angesehen wird[34], als „wahrnehmbares Zeichen eines geistererfüllten Lebens"[35], dem ein zentraler Stellenwert im Glaubensleben zukomme. Aber eine theologische Überprüfung des Phänomens wie auch eine theologische Theoretisierung der Glossolalie sind immer noch erforderlich; die koreanische Kirche ist jetzt auf dem Weg dazu.

6.2　Schlussfolgerung zur Theologie des Ersten Korintherbriefs: Glossolalie und die Theologie

Die in den Kapiteln 3 bis 5 dieser Arbeit getroffenen Feststellungen besagen nicht, dass die Glossolalie im 1 Kor als ein Phänomen anzusehen wäre, das zu korrigieren ist und das dann der οἰκοδομή der Gemeinde zu dienen vermag. Vielmehr sah Paulus in diesem Phänomen eine schwere Gefahr für die kirchliche Wirklichkeit in Korinth.[36] Denn es geht bei der Glossolalie nicht um das Phänomen der Gabe selber, sondern es geht um die Existenz der Gemeinde und um deren Gefährdung – nicht strukturell, sondern theologisch – von innen heraus. Der wesentliche Schwerpunkt der paulinischen Argumentation liegt dabei in der *Ekklesiologie*, wie ja im Grunde das einzige Thema des gesamten Briefes „die ἐκκλησία selber und deren οἰκοδομή"[37] ist. Paulus versucht nicht, das Verständnis der Adressaten mehr oder weniger zu korrigieren; vielmehr will er durch sein Verständnis dasjenige der Korinther ersetzen. Sein Argumentationsgang ist daher polemisch und kritisch. Das Kriterium, nach dem die Gnadengaben in der Gemeinde praktiziert werden können, ist die οἰκοδομή der Gemeinde[38], und diese kann durch Glossolalie keinesfalls erreicht werden.

Den Ausgangspunkt der Argumentation des Paulus bilden zwei theologische Konzeptionen: 1. Die Christen existieren jeweils als Glied des Leibes „in der Gemeinde" und sind „an die Gemeinde" gebunden (12,12). 2. Die Gaben dienen „dem Nutzen" (12,7) der Gemeinde als Leib. Dementsprechend wird die Echtheit der χαρίσματα nicht an einer ekstatischen, übernatürlichen Erscheinung erkannt, sondern am Bekenntnis und am Dienst und an der Verantwortung gegenüber der Ge-

---

[33]　J.-S. Kim, Ist die derzeitige Glossolalie die wahre Glossolalie?, in: Kirche und Ketzerei (koreanisch), Oktober 2000, 91-100.

[34]　M.-J. Kim, Pfingstgeschehen und Zungenredenverständnis, Magisterarbeit (koreanisch), Methodist Theological Seminary, Seoul 1985, 5.

[35]　R. Hempelmann, Zungenrede, 765.

[36]　Siehe oben 5.2.1 dieser Arbeit.

[37]　A. Lindemann, 1 Kor, 15.

[38]　Siehe oben 4.2.1.2 dieser Arbeit.

meinde. Paulus setzt sich mit der Tendenz auseinander, den christlichen Glauben individualistisch zu entwickeln[39]; er betont, dass die Gemeinde der Ort der Gegenwart Gottes und der Begegnung mit Gott ist und zugleich der Raum der Verkündigung des Evangeliums der Gnade (1,26-31). Diese Funktion bzw. Aufgabe wird nicht durch die unverständliche Glossolalie, sondern ausschließlich durch die verständliche Prophetie erfüllt. Die Gemeinde ist außerdem der Raum der Glaubens- und Lebensgemeinschaft der Christen, in der die in Jesus Christus eröffnete neue Möglichkeit der menschlichen Existenz praktiziert wird. Zudem ist die Gemeinde eine sich immer neu – nach der Formulierung des Paulus: zur Erbauung – konstituierende Größe. Dies bedeutet, dass die Gemeinde, mit Hilfe eines Begriffs der Prozesstheologie ausgedrückt[40], nicht als eine abstrakte Substanz (*being*), sondern als ein räumlich-temporaler Prozess und in einem solchen Prozess (*becoming*) existiert. Es fehlt der Aspekt der Gegenüberstellung von Kirche und Welt wie im Johannesevangelium[41], selbst wenn die Gemeinde verstanden wird als eine reale Größe, die Existenzbezug hat, und wenn Paulus zudem dazu auffordert, der ungläubigen Welt distanziert gegenüberzustehen (6,1-11). Deshalb hat das Problem der Glossolalie auch nichts mit sozialen oder schichtenspezifischen Unterschieden der Christen zu tun[42], obwohl es sehr wohl eine innergemeindliche Spannung impliziert.

Paulus setzt sich im 1 Kor mit dem Selbstverständnis der Adressaten, insbesondere mit ihrem Vollendungsbewusstsein (insbesondere 4,8), auseinander.[43] Weder die menschliche Weisheit (1,18ff.) noch die Erkenntnis (8,1ff.) noch die Teilnahme am Sakrament (10,1-22; 15,29) versichern, so betont Paulus, das ewige Leben. Auch die Gnadengaben des Geistes ersetzen nicht die auf die Zukunft gerichtete Hoffnung der Christen. An dieser Stelle wendet sich Paulus möglicherweise gegen eine *Enteschatologisierung* im Denken der Enthusiasten, indem er unterstreicht, dass das Leben der Christen noch nicht an sein Ziel gekommen ist und die Christen nicht bereits im Himmel sind. So ist es verständlich, dass in der Kritik des Paulus an der enthusiastischen Tendenz des christlichen Glaubens Eschatologie und Pneumatologie eng miteinander verbunden sind: Der Besitz einer Gnadengabe garan-

---

[39]   Siehe oben 5.2.2 dieser Arbeit.
[40]   Beispielsweise R.B. Mellert, What is Process Theology?, New York 1975.
[41]   Das ist im Johannesevangelium klar festzustellen. Die Gemeinde ist der Welt ausgesetzt (17,18): In der Welt hat sie Bedrängnis (16,33) und die Welt hasst die Kirche bzw. die Jünger Jesu (17,14). Aber sie kann die Welt überwinden, wie Jesus diese überwunden hat (16,33).
[42]   Allerdings vermutet J.D.G. Dunn, 1 Corinthians, 81, dass das Thema der Charismen durch die Führer derjenigen, die einen höheren sozialen Status besitzen, vorgelegt wurde.
[43]   Vgl. oben 3.7 dieser Arbeit.

tiert nicht Unvergänglichkeit (13,8-12), und die Gnadengaben versetzen die Person, die darüber verfügt, nicht schon in ein himmlisches Sein. Der eschatologische Vorbehalt bremst die Überschätzung einer bestimmten Gabe oder auch der Teilnahme am Sakrament, er definiert die gegenwärtige Existenz der Christen (1,7-8). Selbst himmlische Sprache (13,1) ist keine Garantie für die Vollendung des Heils. Insbesondere in 1 Kor 15 hält Paulus am eschatologischen Vorbehalt fest[44]: Der Glaube an Jesu Auferstehung (15,1-11) vermittelt den Christen die Hoffnung auf die *zukünftige* Auferstehung der Toten (15,20-28); erst am Ende aller Zeit wird die christliche Existenz in der Auferstehung der Toten ihre Vollendung finden (15,50-57). Der Aspekt des „Noch nicht" ist sogar im Briefschluss enthalten (16,22: Maranatha!).[45]

Paulus begreift die Charismen im Zusammenhang des Dienstes an der Gemeinde.[46] Die Existenz der Christen wird „in der Kirche" bestimmt, die der Raum des Wirkens des πνεῦμα ist, das sich dort in vielen sichtbaren Erscheinungen – nach dem Ausdruck des Paulus: in verschiedenen Gnadengaben (χαρίσματα) – manifestiert und dessen Echtheit durch das Christusbekenntnis (12,3) festgestellt wird. Jedes Glied, das über eine Gabe verfügt, hat innerhalb der Gemeinde als Leib seinen unverwechselbaren Platz, die hierarchische Rangstufe der χαρίσματα ist deshalb unmöglich. Für Paulus ist entscheidend, dass die Gaben durch die οἰκοδομή legitimiert werden, nicht umgekehrt. Folglich ist die Kirche der Raum des Vollzugs der οἰκοδομή und zugleich der Raum, in dem die Christen im Bezug auf Geschichte und Zeit existieren. Insofern münden die paulinische Pneumatologie und seine Eschatologie mit theologischer Notwendigkeit in die Ekklesiologie.

Es ist deshalb nicht erstaunlich, dass Paulus das Heil nicht als ekstatische, enthusiastische Größe versteht und dass er auch nicht davon spricht, das Heil werde durch eine ekstatische, übernatürliche Gabe oder durch ein solches Phänomen zugesichert. Er möchte weder eine Enttemporalisierung noch eine Spiritualisierung der Kirche und der Christen erreichen. Für ihn führen weder die Christen eine himmlische Existent noch ist die Kirche eine himmlische Größe. Die christliche Existenz ist also nicht über die *Ethik* erhaben. Für die Christen sind Notwendigkeit und Funktion der Ethik keineswegs aufgehoben; auch Christen, die über die Glossolalie, die Engelssprache (13,1), verfügen, sind nicht wie die Engel, sondern sie leben in einem neuen Sein, und darin haben sie die Aufgabe, durch ihre Gaben die Gemeinde und de-

---

[44] In diesem Punkt sieht G.D. Fee, 1 Kor, 570, einen engen Zusammenhang zwischen 1 Kor 12-14 und 1 Kor 15.
[45] Nach A. Lindemann, 1 Kor, 388, ist dieser Ruf womöglich im Zusammenhang des Kommens des Herrn zur Parusie aufzufassen.
[46] H. Conzelmann, Theologie, 294.

ren Glieder aufzubauen. Die Gabe konstituiert nicht einen neuen Status der Christen, sondern sie legt die christliche Existenz in der Verantwortung gegenüber der Gemeinde und den anderen fest.[47] Das Wirken des πνεῦμα ist nicht ein abstraktes Ereignis ohne konkreten Existenzbezug, sondern es wird festgestellt durch die Funktion, das Zusammenleben der Gemeinde zu konstituieren und deren οἰκοδομή zu dienen. Insofern ist es wiederum die Ekklesiologie, die die Basis der ethischen Forderungen und der theologischen Aussagen des Paulus bildet. Die Ekklesiologie des Paulus ist somit womöglich als Reflexion über Verantwortung, Aufgaben und Möglichkeiten der Christen in der Gemeinde im ganzen zu verstehen; die Christen sind nicht „an und für sich" gerufen worden, sondern für die Gemeinde. Die christliche Existenz darf nicht versuchen, sich von der Gemeinde als Leib zu distanzieren; vielmehr bedeutet sie die Schaffung der Gemeinschaft, insofern sie macht den Frieden Gottes sichtbar macht (14,33a) und nach der οἰκὸ δομή der Gemeinde trachtet (14,12). Folglich sind die Darstellungen des Paulus von 1 Kor 14 auch im Zusammenhang der christlichen E-thik, genauer gesagt: der kirchlichen Ethik, aufzufassen. Im 1 Kor, insbesondere in der Argumentation in Bezug auf die Glossolalie, ist insofern die Integration der Theologie und der Ethik zu erkennen.

Die paulinische Auseinandersetzung mit dem Glossolalieverständnis der glossolalisch begabten Enthusiasten in Korinth ist gleichwohl nicht einfach in der Kategorie der Auseinandersetzung zwischen „liberaler" und „konservativer" Theologie zu verstehen oder einfach als eine Auseinandersetzung zwischen „theologia gloriae" und „theologia crucis" zu systematisieren. Paulus ist nicht als Vertreter eines sozusagen konservativen Glaubens anzusehen[48]; er trachtet vielmehr nach einer Demokratisierung der Charismen gegenüber dem hierarchischen Gnadengabenverständnis der Adressaten, und er strebt nach Harmonie, Gemeinschaft und Ordnung gegenüber dem in Korinth virulenten Individualismus. Bemerkenswert ist, dass das πνεῦμα als gemeinsame Quelle der Gaben innerhalb der Gemeinde dargestellt ist, aber dass anders als im Epheserbrief (Eph 4,3) die Gemeinde noch nicht als die vom Geist geschaffene Einheit verkörpert ist.

Im Blick auf das Zeitverständnis ist zweierlei zu benennen: Auf der einen Seite betonen sowohl Paulus als auch die Korinther die Gegenwart der christlichen Existenz. Aber Paulus blickt dabei auf die gegenwärtige Verantwortung und Rolle der Christen, die Korinther dagegen denken und handeln von der Vorstellung einer gegenwärtigen Vollendung des Heils her. Durch die ethischen Forderungen will Pau-

---

[47] Das bedeutet aber keine gänzliche Ethisierung der Geistesgaben.
[48] So aber beispielsweise A.C. Wire, Prophets.

lus die Christen in Korinth davor bewahren, das gegenwärtige Leben zu ignorieren und zu verlieren.

Die Auseinandersetzung des Paulus mit dem Problem der Glossolalie bzw. den glossolalisch begabten Enthusiasten ist möglicherweise auch ein Indiz für die Orientierung des Christentums am *vernünftigen Glauben*. Der Glaube basiert nicht auf zeitweiliger Emotion oder ekstatischer Erfahrung oder auf der Praktizierung eines bestimmten, übernatürlichen Charismas; er verdankt sich vielmehr der Verkündigung des Evangeliums[49] und setzt deshalb das Verstehen voraus.[50] Das Christentum ist in dem Sinne nicht eine „Erfahrungsreligion", sondern eine „Wortreligion"; das Evangelium, d.h. dessen Verkündigung, soll im Mittelpunkt des Gottesdienstes stehen. Die Glossolalie, die dank ihrer Unverständlichkeit auf keinen Fall zur οἰκοδομή der Gemeinde beizutragen vermag (14,2), verliert die Geltung für die Gemeinde (14,17). Das Wirken des πνεῦμα zielt nicht auf Beweise für den Geistbesitz durch besondere Phänomene[51]; vielmehr lässt „das πνεῦμα von Gott her" (2,12) die Christen die verborgene Weisheit Gottes (2,10) verstehen und erkennen. Dieses πνεῦμα verleiht jedem Christen eine jeweilige Gnadengabe, damit er als eine neue Existenz lebt und dadurch den Glauben der anderen fördert (14,24f.). Obschon Paulus im 1 Kor die menschliche Weisheit (Kap. 1-2) und Erkenntnis (Kap. 8) kritisiert, richtet sich seine Kritik nicht auf den im Verstehen begründeten Glauben selber; vielmehr schreibt er ausdrücklich, dass er bei den „Vollkommenen" Gottes Weisheit verkündigt (2,6). Dieses Glaubensverständnis des Paulus entstand möglicherweise durch die Auseinandersetzung mit dem religiösen Enthusiasmus in Korinth – durch, wenn man so sagen darf, die Auseinandersetzung mit der ersten Generation der charismatischen Bewegung des Christentums.

---

[49] In diesem Punkt ist die Ansicht von H. Hübner, Theologie II, 197, zutreffend: „1 Kor 14 steht also ganz im Dienste der kerygmatischen Absicht des Apostels. [...] In der geistgewirkten und gerade daher verständlichen prophetischen Rede wird die Macht Gottes offenbar: Menschen bekehren sich zu Gott."
[50] Vgl. R. Bultmann, Theologie, 598, beschreibt, „daß der Glaube ein Verstehen einschließt, in welchem der Mensch Gott, Welt und sich selbst neu versteht." Siehe auch oben 5.1.2 dieser Arbeit.
[51] Bei Paulus und in seinem Geistverständnis spielt ein solcher – positivistischer – Gedanke in der Tat keine Rolle (vgl. Gal 3,5). Glossolalie ist übrigens weder als eine höhere Gabe in der Rangstufe der Gaben noch als ein exklusiver Beweis für den Geistempfang bzw. das Werk des πνεῦμα anzusehen.

6.3 Der Erste Korintherbrief im Rahmen der paulinischen Theologie: Glossolalie und die paulinische Theologie

1 Kor wurde nicht selten als eine Schrift angesehen, die zum Verstehen der Theologie des Paulus wenig beiträgt. So heißt es bei A. Robertson und A. Plummer:

„The First Epistle to the Corinthians is not, like that to the Romans, a doctrinal treatise; nor is it, like Galatians, the document of a crisis involving far-reaching doctrinal consequences. It deals with the practical questions affecting the life of a Church founded by the writer."[52]

Aber dieser Brief ist theologisch nicht weniger bedeutend als die anderen so genannten „theologischen" Briefe, insofern er nicht nur die theoretischen Gedanken des Paulus, sondern auch seine praktischen Bemühungen klar zeigt, und insofern Paulus seine Theologie insbesondere in diesem Brief durch die praktische Auslegung und Anwendung entfaltet und konkretisiert. Theologie ist nicht die theoretische Entfaltung der Dogmen oder deren Sammlung, sondern sie bedeutet das Verstehen der in der geschichtlichen Wirklichkeit lebenden christlichen Existenz, und so wird sie also in der Bestimmung dieser christlichen Existenz gestaltet. Theologie ist bei Paulus nicht Entfaltung einer vorgegebenen Theorie und auch nicht eine einfache Formulierung vorgegebener Traditionen, sie ist vielmehr als Antwort auf die bei den Adressaten bestehende aktuelle Situation zu verstehen. Deshalb entwickelt sie sich einerseits durch das Verstehen der Situation, in der sich die christliche Existenz befindet, und andererseits durch die Bemühungen um die Bewältigung der Probleme und Schwierigkeiten, denen sie gegenübersteht.[53] Da dieser Charakter der paulinischen Theologie im 1 Kor deutlich erkennbar wird, hat der Brief theologisch erhebliches Gewicht, und es ist unentbehrlich, in ihm ein wichtiges theologisches Dokument des Paulus zu sehen.[54]

Darüber hinaus ist 1 Kor auch insofern eine bedeutende Schrift des Paulus, als in diesem Brief seine theologischen Gedanken in die *Ekklesiologie* projiziert werden und münden.[55] Die Gemeinde ist der Ausgangspunkt der paulinischen Theologie, und sie ist zugleich deren Schlusspunkt. Im 1 Kor werden die theologischen Entscheidungen aus

---

[52] A. Robertson/ A. Plummer, 1 Kor, xxxiv.
[53] Das bedeutet aber nicht, dass seine Theologie in ethischer Absicht zusammengestellt wird oder sie nur ein Teil seiner Ethik ist.
[54] So auch V.P. Furnish, Theology, 142f.
[55] In der nachapostolischen Zeit geht in der Tat der theologische Schwerpunkt von der Christologie zur Ekklesiologie über. Siehe dazu J. Becker, Das Urchristentum als gegliederte Epoche, SBS 155, Stuttgart 1993, 128-137.

der Perspektive der Ekklesiologie getroffen, aber es werden auch die innerhalb der Gemeinde vorhandenen verschiedenen Perspektiven und unterschiedlichen Verhältnisse unter diesem Gesichtspunkt überprüft und qualifiziert. Das wird in der Argumentation des Paulus in 1 Kor 14, in der Auseinandersetzung mit dem Problem der Glossolalie, besonders deutlich.

Im Römer- und im Galaterbrief steht die Rechtfertigungslehre bzw. die Rede von der Gerechtigkeit Gottes im Mittelpunkt: Paulus beschreibt, dass Gott in Christus den Gottlosen – den Sünder – gerechtfertigt hat (Röm 3,21-4,25), und dass das richtige Gottesverhältnis nicht aus Werken des Gesetzes herbeigeführt wird (Gal 2,16ff.; vgl. Phil 3,2ff.). Man könnte durchaus sagen, dass Paulus im 1 Kor, insbesondere in 1 Kor 12-14, die Konsequenz des Rechtfertigungsgeschehens in Bezug auf die Gemeinde beschreibt.[56] Die Charismenlehre sowie das Verständnis der Gemeinde als Leib sind zwar auch in Röm 12,3ff. dargestellt, aber dort geht es um ein allgemeines Verständnis der Gnadengaben[57], nicht um ein konkretes Problem wie im 1 Kor; deshalb ist die dortige Aussage paränetisch. Die Gnadengaben, von denen in Röm 12 gesprochen wird, beziehen sich insbesondere auf Verkündigung und Dienst; außerdem fehlen die in der korinthischen Gemeinde charakteristisch erkennbaren ekstatischen Gaben. Demgegenüber geht es im 1 Kor um ein falsches Gabenverständnis sowie um die besondere Hochschätzung einer bestimmten Gabe; daher klingen die Ausführungen des Paulus kritisch und polemisch. Auffallend ist hier die Erwähnung der Amtsträger (1 Kor 12,28), die auf die Verkündigung bezogen sind[58], und bemerkenswert ist auch die Tatsache, dass hier die Überlieferung von der Einsetzung des Herrenmahls begegnet (11,23b-25). Richtig ist, dass die Soteriologie im 1 Kor nicht in Bezug auf die Rechtfertigung expliziert wird, sondern in Bezug auf das Wort vom Kreuz[59], nämlich die Christologie als Kreuzestheologie[60], wie sie vor

---

[56] Vgl. E. Käsemann, Amt, 119: „Die Charismenlehre des Paulus ist nichts anderes als die Projektion der Rechtfertigungslehre in die Ekklesiologie hinein und macht als solche deutlich, daß eine bloß individualistische Interpretation der Rechtfertigungslehre vom Apostel her nicht legitimiert werden kann."
[57] So auch E. Lohse, Römer, 341.
[58] Siehe insbesondere J. Roloff, Kirche, 139-142, und ders., Apostolat, 125-132. Man kann hier zwar die Urform des ekklesiologischen Organismus erkennen, aber diese Auseinandersetzung mit dem korinthischen Enthusiasmus ruft noch keine konkrete Organisierung wie in den Pastoralbriefen hervor.
[59] H. Hübner, Theologie II, 139-141, meint, dass in 1 Kor 1-4 die im Gal und Röm betrachtete Rechtfertigungslehre klar vorausgesetzt ist. Ähnlich U. Schnelle, Paulus, 249f.
[60] V.P. Furnish, Theology, 124, zeigt zutreffend auf, dass sich 1 Kor in Hinsicht auf die Christologie auf das Verhältnis zwischen theologia crucis und theologia resurrectionis konzentriert.

allem in 1 Kor 1-2 ans Licht tritt.[61] Christus als der Gekreuzigte ist „Gottes Macht und Gottes Weisheit" (1,24), und vor diesem wird die menschliche Weisheit disqualifiziert.[62] Auch die Taufe wird nicht, wie in Röm 6,1ff., nur auf der individuellen existenziellen Ebene, sondern sie wird auf der pneumatologischen und ekklesiologischen Ebene erklärt: Die Glaubenden sind „durch einen Geist zu einem Leib getauft worden" (1 Kor 12,13).[63] Die Gemeinde selber gilt als Raum des Wirkens des πνεῦμα. Gleichwohl ist zu beachten, dass verschiedene Erscheinungen des πνεῦμα vor allem durch die Auswirkung auf die Gemeinde legitimiert werden. Darin kommt auch die entscheidende Differenz zwischen Paulus und den korinthischen Enthusiasten zutage. Den Versuch, ein individualistisches Pneumatikertum zu entfalten, bremst Paulus durch die Bindung an die Gemeinde.[64] Folglich leiten die Gemeinde und deren οἰκοδομή im 1 Kor von Anfang bis Ende die paulinische Argumentation. Die Gemeindesituation und die darin entstehenden Probleme werden von daher überprüft und interpretiert.

In 1 Thess 4,13-5,11 spricht Paulus von der Auferstehung der Toten und vom Tag des Herrn apokalyptisch, um die angesichts der Trauer ratlosen Adressaten zu trösten (4,18). Im Römerbrief tritt dieser apokalyptische Charakter zurück (13,11-14)[65], und daher wird *Eschatologie* im eigentlichen Sinne durch die Perspektive der christlichen Existenz entfärbt (6,4-6). Im 1 Kor entfaltet Paulus seine Eschatologie insbesondere mit Blick auf die Erwartung der Auferstehung der Toten (1 Kor 15), und dies angesichts einer Gemeindesituation, in der einerseits die Bestreitung der Auferstehung der Toten ausgesprochen (15,12), andererseits aber eine „Taufe für die Toten" praktiziert wird (15,29). Der eschatologische Vorbehalt spielt auch hier eine bedeutende Rolle. Die Hoffnung auf die zukünftige Auferstehung basiert auf dem Glauben an die Auferstehung Christi (15,1-11; vgl. 1 Thess 4,14)[66], wobei die Auferstehung Christi kein abgekapseltes Geschehen[67] ist, da „Christus auferweckt ist von den Toten als Erstling der Entschlafenen" (15,20); auffallend ist in 1 Kor 15 die Rede vom „geistlichen Leib" (15,44), die nur hier im NT begegnet.[68] Auch in 1 Kor 15 zeigt sich der

---

[61] Vgl. F. Voss, Wort.
[62] V.P. Furnish, Theology, 127f.: „In that context, "being saved" means being delivered from the folly that attends humanity's ultimately futile and self-destructive attempt to know God through its own finite wisdom."
[63] Vgl. J. Roloff, Kirche, 109.
[64] H. Conzelmann, Theologie, 292.
[65] Vgl. 2 Kor 5,1-10, wo Paulus die Vorläufigkeit der irdischen Existenz betont. Auch dort treten die apokalyptischen Bilder zurück.
[66] Siehe H. Conzelmann, Theologie, 207.
[67] Siehe A. Lindemann, Eschatologie, 73.
[68] Siehe V.P. Furnish, Theology, 129.

ekklesiologische Aspekt[69] im Zusammenhang der Christologie. Gleichwohl ist die Auseinandersetzung des Paulus mit der von den Enthusiasten betriebenen Enteschatologisierung theologisch bedeutsam: Weder Gaben noch ekstatische Erfahrungen, die insbesondere als auf das Vollendungsbewusstsein der enthusiastischen Korinther bezogen vorkommen, garantieren den Heilsstand und die zukünftige Hoffnung. Sie versetzen den Glaubenden auch nicht in einen himmlischen Zustand, und sie ersetzen auf keinen Fall die Hoffnung der Christen und bedeuten nicht eine enthusiastische Vorwegnahme der Vollendung.[70] Dieser theologisch grundsätzliche Standpunkt des Paulus gilt auch für das Verständnis der Existenz der Gemeinde: Sie ist keine zeitlose, himmlische, sondern eine durchaus reale Größe; in der Kirche als der „Stiftung für den Zeitraum von der Auferstehung Christi bis zur Parusie"[71] kommt deshalb das neue Leben der christlichen Existenz und das gemeinsame Leben der Christen zustande, und es verwirklichen sich in ihr dadurch auch neue Möglichkeiten.[72] Insofern wird die Gemeinde der Raum der Verwirklichung der οἰκοδομή und somit fungiert die Gemeindeversammlung als Vollzug der οἰκοδομή.

Die Pneumatologie im 1 Kor ist nicht nur ekklesiologisch, sondern sie ist auch *theo-logisch* und *christologisch* bestimmt: Auf der einen Seite ist Gott eng verbunden mit dem πνεῦμα (insbesondere 3,16; 6,11; 7,40; 12,3), denn Gott hat durch das πνεῦμα den Glaubenden das Verborgene offenbart (2,10), und die Christen empfangen nicht das πνεῦμα der Welt, sondern das πνεῦμα von Gott her (2,12). Deshalb ist ihr Leib Tempel des Heiligen Geistes, den sie von Gott haben (6,19). Gott ist zugleich Ursprung der sich innerhalb der Gemeinde manifestierenden verschiedenen Gaben (12,6), und Gott hat in der Gemeinde als Leib nach seinem Willen die einzelnen Glieder eingesetzt (12,18.28). Auf der anderen Seite gibt es auch eine enge Verbindung zwischen Christus und dem πνεῦμα.[73] Die Echtheit der Wirkungen des πνεῦμα wird christologisch überprüft (12,3), und umgekehrt wird die Beziehung des Menschen zu Christus durch das πνεῦμα bestimmt (6,17: „Wer aber dem Herrn verbunden ist, ist ein Geist mit ihm"). Der von Gott auferweckte Christus (15,15) wirkt als „das lebendig machende πνεῦμα" (15,45). Zu beachten ist, dass eine Gegenüberstellung von πνεῦμα und

---

[69] Zutreffend A. Lindemann, 1 Kor, 16: „Selbst die Argumentation zum Thema ἀνάστασις νεκρῶν in Kap. 15 wird durch V.1-3a und V.11 in den Gesamtrahmen des Themas „Kirche" im umfassenden Sinne eingebettet."

[70] Vgl. 2 Kor 4,7-5,10. Die künftige Herrlichkeit wird noch nicht realisiert (4,14) und als Angeld dafür hat Gott uns den Geist gegeben (5,5; vgl. Röm 8).

[71] H. Conzelmann, Theologie, 290.

[72] H. Conzelmann, Theologie, 295-299, insbesondere 299.

[73] Vgl. F.W. Horn, Kyrios und Pneuma bei Paulus, in: U. Schnelle/ Th. Söding (Hg.), Paulinische Christologie, Göttingen 2000, 59-75.

σάρξ wie in Röm 8,1ff. und Gal 5,16ff. sowie von Buchstabe (γράμμα) und πνεῦμα wie in 2 Kor 3,4-18 im 1 Kor nicht vorkommt. Vielmehr begegnet die Beziehung zwischen menschlichem und göttlichem σοφία bzw. zwischen menschlichem und göttlichem πνεῦμα (2,6-16), und in diesem Zusammenhang stehen sich Psychiker (ψυχικός) und Pneumatiker (πνευματικός) gegenüber (2,14f.). Außerdem beschreibt Paulus in der Rede über den Leib der Auferstehung (15,35-49)[74] die Gegenüberstellung des beseelten (σῶμα ψυχικόν) und des geistlichen Leibes (σῶμα πνευματικόν) (15,43f.).

Im Blick auf das Thema „Glossolalie" ist abschließend zu folgern: Der Erste Korintherbrief des Paulus zeigt *die ekklesiologische Interpretation sowie Explikation des Geistes bzw. der Gnadengaben bei Paulus* anschaulich auf. Die Veränderung durch das Wirken des πνεῦμα bestimmt die Existenz des Glaubenden (12,2f.). Zur Frage nach der innerhalb der Gemeinde vorhandenen theologischen Pluralität[75], die insbesondere durch das Problem der Glossolalie vorangetrieben wird, markiert Paulus klar seine grundsätzliche theologische Position: Die christliche Existenz versteht sich selber wesentlich in der Gemeinde bzw. im Zusammenhang der Gemeinde (14,18f.). Somit werden das Trachten nach der erbauenden Liebe und der die ganze Gemeinde erbauenden verständlichen Rede sowie das Suchen nach der οἰκοδομή der Gemeinde als eine selbstverständliche Folgerung hergestellt. Sie sind im Grunde die Konkretion des Verständnisses der Gemeinde als realer Größe, wie es in 1 Kor 14 veranschaulicht wird. Paulus nimmt erhebliche Spannungen in Kauf, um einerseits die Vielfalt der Gnadengaben nicht zu schmälern, andererseits aber zugleich die Gemeinschaft und Einheit der Gemeinde zu bewahren, ohne die Gemeinde als ganze, die auch Glossolale umfasst, zu beschädigen und diese zu verwerfen oder zu hassen. Daher ist 1 Kor 13, das Kapitel über die Liebe, in der Tat ein hermeneutischer Schlüssel zu den folgenden Ausführungen in 1 Kor 14 zum Thema Gemeindeleben sowie darüber hinaus zu dem gesamten Brief: In der Liebe und durch die Liebe wird die Mündigkeit der Gemeinde bewiesen.

---

[74] Offenbar polemisiert Paulus auch hier gegen den Enthusiasmus. So auch A. Lindemann, Eschatologie, 72; vgl. U. Schnelle, Paulus, 556f. Anm.6: „1 Kor 15,46 zeigt, dass Paulus anti-enthusiastisch argumentiert und den Geistbegriff bewusst an den Erhöhten bindet."

[75] Vgl. zur Betrachtung der paulinischen Pneumatologie (insbesondere 1 Kor 12) in Bezug auf den neuzeitlichen Pluralismus S. Vollenweider, Viele Welten und ein Geist. Überlegungen zum theologischen Umgang mit dem neuzeitlichen Pluralismus im Blick auf den 1. Korintherbrief, in: ders., Horizonte neutestamentlicher Christologie, WUNT 144, Tübingen 2002, 192-213.

Literatur

Die im Folgenden gebrauchten Abkürzungen richten sich in der Regel nach denen der Theologischen Realenzyklopädie (=TRE). Zweite, überarbeitete und erweiterte Auflage, zusammengestellt von S.M. Schwertner, Berlin/ New York: Walter de Gruyter 1994. Die Abkürzungen bei den biblischen Schriften entsprechen denen der RGG[4], bei den antiken Autoren denen des ThWNT. Die Titel eines Autors stehen in alphabetischer Reihenfolge. Die Kurztitel der mehr als einmal zitierten Literatur sind durch Kursivierung kenntlich gemacht.

1. Textausgaben und Hilfsmittel

Bauer, W., Griechisch-deutsches *Wörterbuch* zu den Schriften des Neuen Testaments und der frühchristlichen Literatur, hg. von K. Aland und B. Aland, Berlin/ New York [6]1988.

Balz, H.R./ Scheider, G. (Hg.), Exegetisches Wörterbuch zum Neuen Testament, Bd. I-III,
Stuttgart [2]1992 (*EWNT*).

Barrett, Ch.K./ Thornton, C.-J. (Hg.), Texte zur Umwelt des Neuen Testaments, UTB 1591, Tübingen [2]1991.

Billerbeck, P. (/ Strack, H.L.), Kommentar zum Neuen Testament aus Talmud und Midrasch. I. Das Evangelium nach Matthäus, München [2]1956 (*Kommentar I*); III. Die Briefe des Neuen Testaments und die Offenbarung Johannis, München [5]1969 (*Kommentar III*).

Blass, Friedrich/ Debrunner, Albert/ Rehkopf, Friedrich, Grammatik des neutestamentlichen Griechisch, Göttingen [17]1990 (*BDR*).

Elliger, K./ Rudolph, W. (Hg.), Biblia Hebraica Stuttgart, Stuttgart [3]1987.

Evans, C.A./ Webb, R.L./ Wiebe, R.A. (Ed.), Nag hammadi Texts and the Bible. A Synopsis and Index, NTTS 18, Leiden 1993.

Hübner, H., Vetus Testamentum in Novo. Bd. 2. Corpus Paulinum, Göttingen 1997.

Kittel, G./ Friedrich, G. (Hg.), Theologisches Wörterbuch zum Neuen Testament, Bd. I-X, 2, unveränderter Nachdruck der Ausgabe, Stuttgart 1933-1979, 1990 (*ThWNT*).

Lausberg, H., Handbuch der literarischen Rhetorik. Eine Grundlegung der Literaturwissenschaft, München ²1973.

Lohse, E., Die Texte aus Qumran. Hebräisch und deutsch, Darmstadt 1964.

Maier, J., Die Qumran-Essener: Die Texte vom Toten Meer I-III, UTB 1862/ 1863/ 1916, Tübingen 1995 und 1996.

Metzger, B.M., A Textual Commentary on the Greek New Testament. A Companion Volume to the United Bible Societies' Greek New Testament (third edition), Stuttgart 1971.

Ders., A Textual Commentary on the Greek New Testament. Second Edition. A Companion Volume to the United Bible Societies' Greek New Testament (Fourth Revised Edition), Stuttgart 1994.

Nestle, E./ Aland, K. (Hg.), Novum Testamentum Graece, Stuttgart ²⁷1993.

Perelman, Ch., Das Reich der *Rhetorik*. Rhetorik und Argumentation, München 1980.

Ders./ Olbrechts-Tyleca, L., The Realm of Rhetoric, Notre Dame 1982.

Rahlfs, A. (Hg.), Septuaginta. Ide est Vetus Testamentum graece iuxta LXX interpretes, Stuttgart 1975.

Resch, A., Agrapha. Außercanonische Schriftfragmente, TU 15/ 3.4, Darmstadt ⁴1906 (=1974).

Schmoller, A., Handkonkordanz zum griechischen Neuen Testament, Stuttgart ⁴1968.

Spicq, C., Lexique Théologique du Nouveau Testament, Fribourg/ Paris ²1991.

Van der Horst, P.W., The Sentences of Pseudo-Phocylides. With Introduction and Commentary, SVTP 4, Leiden 1978.

White, J.L., Light from Ancient Letters, Philadelphia 1986.

Wittstein, J.J., Neuer Wettstein. Texte zum Neuen Testament aus Griechentum und Hellenismus. Band II. Texte zur Briefliteratur und zur Johannesapokalypse. Teilband 1, hg. von G. Strecker und U. Schnelle, unter Mitarbeit von G. Seelig, Berlin/ New York 1996.

2. Kommentare zum Ersten Korintherbrief

Bachmann, Ph., Der erste Brief des Paulus an die Korinther, KNT VII, Leipzig u.a. ³1921.

Barrett, C.K., A Commentary on the First Epistel to the Corinthians, BNTC, London ²1971 (=1992) (*1 Kor*).

Calvin, J., In Novi Testamenti Epistolas Commentarii ad Editionem Amstelodamsem. I. Epistulae ad Romanos et Corinthios, ed. by A. Tholuck, 1834.

Conzelmann, H., Der erste Brief an die Korinther, KEK V, Göttingen ²1981 (*1 Kor*).

Fascher, E., Der erste Brief des Paulus an die Korinther. Erster Teil: Einführung und Auslegung der Kapitel 1-7, ThHK VII/ 1, Berlin ²1980.

Fee, G.D., The First Epistel to the Corinthians, NIC, Grand Rapids ²1988 (*1 Kor*).

Hays, R.B., First Corinthians, Interpretation. A Bible Commentary for Teaching and Preaching, 1997 (*1 Kor*).

Heinrich, G., Der erste Brief an die Korinther, KEK V, Göttingen ⁸1896 (*1 Kor*).

Klauck, H.-J., 1. Korintherbrief, NEB. NT 7, Würzburg 1984 (*1 Kor*).

Kremer, J., Der Erste Brief an die Korinther, RNT, Regensburg 1997 (*1 Kor*).

Lang, F., Die Briefe an die Korinther, NTD 7, Göttingen/ Zürich 1986 (*Kor*).

Lietzmann, H., An die Korinther I/ II, ergänzt von W. G. Kümmel, HNT 9, Tübingen ⁵1969 (*Kor*).

Lindemann, A., Der Erste Korintherbrief, HNT 9/ I, Tübingen 2000 (*1 Kor*).

Merklein, H., Der erste Brief an die Korinther. Kapitel 1-4, ÖTK 7/ 1, GTB 511, Gütersloh 1992 (*1Kor I*); Kapitel 5,1-11,1, GTB 512, Gütersloh 1999 (*1Kor II*).

Robertson, A./ *Plummer*, A., A Critical and Exegetical Commentary on the First Epistle St Paul to the Corinthians, ICC, Edinburgh ²1914 (=1961) (*1 Kor*).

Schlatter, A., Paulus der Bote Jesu. Eine Deutung seiner Briefe an die Korinther, Stuttgart ³1962.

Schrage, W., Der erste Brief an die Korinther. 1. Teilband 1 Kor 1,1-6,11, EKK VII/ 1, Neukirchen-Vluyn 1991 (*1 Kor I*); 2. Teilband 1 Kor 6,12-11,16, EKK VII/ 2, Neukirchen-Vluyn 1995 (*1 Kor II*); 3. Teilband 1 Kor 11,17-14,40, EKK VII/ 3, Neukirchen-Vluyn 1999 (*1 Kor III*); 4. Teilband 1 Kor 15,1-16,24, EKK VII/4, Neukirchen-Vluyn 2001 (*1Kor IV*).

Soards, M. L., 1 Corinthians, NIBC 7, Peabody, Mass. 1999.

Strobel, A., Der erste Brief an die Korinther, ZBK. NT 6.1, Zürich 1989 (*1 Kor*).

Weiß, J., Der erste Korintherbrief, KEK V, Göttingen ⁹1910 (=1970) (*1 Kor*).

Wendland, H.D., Der erste Brief an die Korinther, NTD 7, Göttingen ¹²1968.

Wolff, Ch., Der erste Brief des Paulus an die Korinther, ThHK 7, Berlin 1996 (*1 Kor*).

3. Monographien und Aufsätze

Ådna, J./ Kvalbein, H. (Hg.), Mission of the Early Church to Jews and Gentiles, WUNT 127, Tübingen 2000.

Aland, K., Der *Schluß* des Markusevangeliums, in: M. Sabbe (Hg.), L'évangile selon Marc, BEThL 34, Leuven ²1988, 434-470.

Arai, S., Die Gegner des Paulus im 1. Korintherbrief und das Problem der Gnosis, in: NTS 19, 1972/ 73, 430-437.

Aune, D.E., *Prophecy* in Early Christianity and the Ancient Mediterranean World, Grand Rapids 1983.

Baker, D.L., The Interpretation of 1 Corinthians 12-14, in: EvQ 46, 1974, 224-234.

Balz, H., Art. βάρβαρος, in: EWNT I, 473-475.

Ders., Art. μαίνομαι, in: EWNT II, 924f.

Ders., Art. φρήν, in: EWNT III, 1048.

Banks, R., Going to Church in the First Century. An Eyewitness Account, Greenacre 1980.

Barnette, M., The Living Flame, Epworth 1953.

Barnett, P.W., The Jewish Sign-Prophets, A.D. 40-70: Their Intentions and Origin, in: NTS 27, 1980, 679-697.

Barrett, C.K., Church, Ministry and Sacraments in the New Testament, Exeter 1985.

Ders., Sectarian Diversity at Corinth, in: T.J. Burke/ J.K. Elliott (Ed.), Paul and the Corinthians. Studies on a Community in Conflict. Essays in Honour of Margaret Thrall, NT.S, Leiden 2003, 287-302.

Barth, G., Die Taufe in frühchristlicher Zeit, BThSt 4, Neukirchen-Vluyn 1981.

Ders., Zwei vernachlässigte Gesichtspunkte zum Verständnis der Taufe im Neuen Testament, in: Ders., Neutestamentliche Versuche und Beobachtungen, Waltrop 1996, 11-44.

Barton, S.C., Paul's Sense of Palace: An Anthropological Approach to Community Formation in Corinth, in: NTS 32, 1986, 225-246.

Bartsch, H.-W., Art. ἰδιώτης, in: EWNT II, 423f.

Bauer, W., Der Wortgottesdienst der ältesten Christen, SGV 148, Tübingen 1930.

Ders., Rechtgläubigkeit und Ketzerei im ältesten Christentum, Tübingen ⁴1964.

Beare, F.W., Speaking with Tongues. A Critical Survey of the New Testament Evidence, in: JBL 83, 1964, 229-246.

Becker, J., Auferstehung der Toten im Urchristentum, SBS 82, Stuttgart 1976.

Ders., Das Urchristentum als gegliederte Epoche, SBS 155, Stuttgart 1993.

Ders., Paulus. Der Apostel der Völker, UTB 2014, Tübingen ³1998.

Behler, E., Art. Ironie, in: Historisches Wörterbuch der Rhetorik Band 4, Tübingen 1998, 599-624.

Behm, J., Art. ἀποφθέγγεσθαι, in: ThWNT I, 448.

Ders., Art. γλῶσσα, ἑτερόγλωσσος , in: ThWNT I, 719-726.

Beker, J.Chr., Paul's Apocalyptic Gospel. The Coming Triumph of God, Philadelphia 1982.

Ders., Paul the Apostle. The Triumph of God in Life and Thought, Philadelphia 1980.

Ders., The New Testament. A Thematic Introduction, Minneapolis 1994.

Bengel, J.A., Gnomon Novi Testamenti, Tübingen ⁸1887.

Berchman, R.M., Arcana Mundi: Prophecy and Division in the Vita Mosis of Philo of Alexandria, in: SBL.SP, 1988, 385-423.

Berger, K., Formgeschichte des Neuen Testaments, Heidelberg 1984.

Ders., Art. Geist/ Heiliger Geist/ Geistesgaben III, in: TRE 12, 1984, 178-196

Ders., Theologiegeschichte des Urchristentums. Theologie des Neuen Testaments, UTB 8082, Tübingen ²1995.

Berger, K./ Colpe, C. (Hg.), Religionsgeschichtliches Textbuch zum Neuen Testament, TNT 1, Göttingen 1987.

Bertram, G., Art. φρήν, in: ThWNT IX, 217.

Best, E., The Interpretion of Tongues, in: SJTh 28, 1975, 45-62.

Betz, H.D., Lukian von Samosata und das Neue Testament. Religionsgeschichtliche und Paränetische Parallelen. Ein Beitrag zum Corpus Hellenisticum Novi Testamenti, TU 76, Berlin 1961.

Ders., Nachfolge und Nachahmung Jesu Christi im Neuen Testament, BHTh 37, Tübingen 1967.

Ders. (Ed.), The Greek Magical Papyri in Translation. Vol. 1, Chicago 1986.

Ders. (Ed.), Plutarch's Theological Writings and Early Christian Literature, Leiden 1975.

Ders., The Problem of Rhetoric and Theology according to the Apostle Paul, in: A. Vanhoye (Ed.), L'Apôtre Paul: Personnalité, style et conception du ministrè, BEThL 73, Leuven 1986, 16-48.

Betz, O., Der biblische Hintergrund der paulinischen Gnadengaben, in: Ders., Jesus. Der Herr der Kirche, Aufsätze zur biblischen Theologie II, WUNT 52, Tübingen 1990, 252-274.

Ders., *Zungenreden* und süßer Wein, in: Ders., Jesus. Der Herr der Kirche. Aufsätze zur biblischen Theologie II, WUNT 52, Tübingen 1990, 49-65.

Ders., Art. φωνή, in: ThWNT IX, 272-294.

Beyer, H.W., Art. κατηχτεῖν, in: ThWNT III, 638-640.

Bieringer, R. (Hg.), The Corinthian Correspondence, BEThL 125, Leuven 1996.

Black, D.A., Paul, Apostle of Weakness. Astheneia and its Cognates in the Pauline Literature, AmUSt.TR 3, New York u.a. 1984.

Blenkinsopp, J., Prophecy and Priesthood in Josephus, in: JJS 25, 1974, 239-262.

Boetticher, W., Art. Aulos, in: KP I, 755-760.

Ders., Art. Kithara, in: KP III, 1581f.

Bornkamm, G., *Der köstlichere Weg* (1. Kor 13), in: Ders., Studien zum Neuen Testament, München 1985, 217-236.

Ders., Glaube und Vernunft bei Paulus, in: Ders., Studien zu Antike und Urchristentum. Gesammelte Aufsätze II, BEvTh 28, München 1959, 119-137.

Ders., Herrenmahl und Kirche bei Paulus, in: Ders., Studien zum Neuen Testament, München 1985, 270-308.

Ders., Paulus, UTB 119, Stuttgart u.a. [7]1993.

Ders., Zum Verständnis des Gottesdienstes bei Paulus. A. Die *Erbauung* der Gemeinde als Leib Christi, in: Ders., Das Ende des Gesetzes. Gesammelte Aufsätze I, BEvTh 16, München 1966, 113-132.

Brandenburger, E., Fleisch und Geist. Paulus und die dualistische Weisheit, WMANT 29, Neukirchen-Vluyn 1968.

Ders., Frieden im Neuen Testament. Grundlinien urchristlichen Friedensverständnisses, Gütersloh 1973.

Brockhaus, U., *Charisma* und Amt. Die paulinische Charismalehre auf dem Hintergrund der frühchristlichen Gemeindefunktionen, Wuppertal [2]1975.

Brown, R.E., An Introduction to the New Testament, New York 1997.

Büchli, J., Der Poimandres. Ein paganisietres Evangelium, WUNT II/ 27, Tübingen 1987.

Bünker, M., Briefformular und rhetorische Disposition im 1. Korintherbrief, GTA 28, Göttingen 1983.

Bultmann, R., Der Begriff des Wortes Gottes im Neuen Testament, in: Ders., Neues Testament und christliche Existenz, hg. von A. Lindemann, UTB 2316, Tübingen 2002, 122-147.

Ders., Der Stil der paulinischen Predigt und die kynisch-stoische Diatribe, FRLANT 13, Göttingen 1910 (mit einem Geleitwort von Hans Hübner, 1984).

Ders., Die Christologie des Neuen Testaments, in: Ders., Glauben und Verstehen I, UTB 1760, Tübingen ⁹1993, 245-267.

Ders., Geschichte und Eschatologie, Tübingen ²1964.

Ders., Glauben und Verstehen I, UTB 1760, Tübingen ⁹1993.

Ders., Glauben und Verstehen II, UTB 1761, Tübingen ⁶1993.

Ders., Glauben und Verstehen III, UTB 1762, Tübingen ⁴1993.

Ders., Glauben und Verstehen IV, UTB 1763, Tübingen ⁵1993.

Ders., *Kirche* und Lehre im Neuen Testament, in: Ders., Glauben und Verstehen I, UTB 1760, Tübingen ⁹1993, 153-187.

Ders., *Theologie* des Neuen Testaments, UTB 630, Tübingen ⁹1984.

Ders., Art. γινώσκω κτλ., in: ThWNT I, 688-719.

Caird, G.B., New Testament Theology, Oxford 1995.

Callan, T., Prophecy and Ecstacy in Greco-Roman Religion and in 1 Corinthians, in: NT 27, 1985, 125-140.

Carson, D.A., Showing the Spirit: A Theological Exposition of 1 Corinthians 12-14, Grand Rapids 1987.

Cartledge, M.T., The Nature and Function of New Testament Glossolalia, in: EQ 72, 2000, 135-150.

Clarke, A.D., Another Corinthian Erastus Inscription, in: TynB 42, 1991, 146-151.

Ders., Secular and Christian Leadership in Corinth. A Socio-Historical and Exegetical Study of 1 Corinthians 1-6, AGJU 18, Leiden u.a. 1993.

Cohn, J., Philo von Alexandria. Die Werke in Deutscher Übersetzung II, Berlin 1910; V, ²1962.

Conzelmann, H., Die Apostelgeschichte, HNT 7, Tübingen 1963 (*Apg*).

Ders., Grundriß der *Theologie* des Neuen Testaments, bearb. von Andreas Lindemann, UTB 1446, Tübingen ⁶1997.

Ders./ Lindemann, A., *Arbeitsbuch* zum Neuen Testament, UTB 52, Tübingen ¹⁴2004.

Crone, Th.M., *Early Christian Prophecy*: A Study of its Origin and Function, Baltimore 1973,

Crüsemann, F., Die Tora. Theologie und Sozialgeschichte des alttestamentlichen Gesetzes, München 1992.

Cullmann, O., Die *Christologie* des Neuen Testaments, Tübingen ⁴1966.

Ders., Das Gebet im Neuen Testament, Tübingen 1994.

Ders., Urchristentum und Gottesdienst, Zürich ⁵1950.

Currie, S.D., "Speaking in Tongues". Early Evidence Outside the New Testament Bearing on "Glossais Lalein", in: Interp 19, 1965, 274-294

Cutten, G.B., Speaking in Tongues, London 1927.

Dahl, N.A., Das Volk Gottes. Eine Untersuchung zum Kirchenbewusstsein des Urchristentums, SNVAO.HF 2, Darmstadt 1941.

Ders., Studies in Paul, Minneapolis 1977.

Dautzenberg, G., Art. Glossolalie, in: RAC 11, 225-246.

Ders., Prophetie bei Paulus, in: JBTh Bd. 14, 1999, 55-70.

Ders., Studien zur paulinischen Theologie, GSTR 13, Gießen 1999.

Ders., Tradition, paulinische Bearbeitung und Redaktion in 1 Kor 14,26-40, in: B. Jendorff/ G. Schmalenberg (Hg.), Tradition und Gegenwart. FS E. Schering, TW 5, Bern/ Frankfurt a.M. 1974, 17-29.

Ders., Urchristliche *Prophetie*. Ihre Erforschung, ihre Voraus-setzungen im Judentum und ihre Struktur im ersten Korintherbrief, BWANT 104, Stuttgart u.a., 1975.

Deissmann, A., Licht vom Osten. Das Neue Testament und die neuentdeckten Texte der hellenisch-römischen Welt, Tübingen [4]1923.

Delling, G. , Der Gottesdienst im Neuen Testament, Göttingen 1952.

Dietzel, A., Beten im Geist. Eine religionsgeschichtliche Parallele aus den Hodajot zum paulischen Gebet im Geist, in: ThZ 13, 1957, 12-32.

Dodds, E.R., Die Griechen und das Irrationale, übersetzt von H.-J. Dirkson, Darmstadt 1970.

Ders., Euripides. Bacchae, Oxford [2]1960 (=1986).

Dömer, M., Das Heil Gottes. Studien zur Theologie des lukanischen Doppelwerkes, BBB 51, Köln u.a. 1978.

Dollar, G.W., Church History and the Tongues Movement, in: BS 120, 1963, 316-321.

Doughty, D.J., The Presence and Future of Salvation in Corinth, in: ZNW 66, 1975, 61-90.

Dunn, J.D.G., Discernment of Spirits – a Neglected Gift, in: W. Harrington (Ed.), Witness to the Spirit, Dublin 1979, 79-96.

Ders., Art., Enthusiasmus, in: RGG[4] II, 1326.

Ders., Jesus and the Spirit. A Study of the Religious and Charismatic Experience of Jesus and the First Christians as Reflected in the New Testament, London 1975 = Grand Rapids, 1997.

Ders., The Christ and the Spirit, vol.2: Pneumatology, Edinburgh 1998.

Ders., The Responsible Congregation (1 Co. 14:26-40), in: L. de Lorenzi (Ed.), Charisma und Agape (1 Ko. 10-14), Rome 1983, 201-236.

Ders., The Theology of *Paul* the Apostle, Edinburgh 1998.

Ders., Unity and Diversity in the New Testament, London, 1977.

Ders., *1 Corinthians*, New Testament Guides, Sheffield [2]1997.

Ebel, E., Die Attraktivität früher christlicher Gemeinden. Die Gemeinde von Korinth im Spiegel griechisch-römischer Verein, WUNT II/ 178, Tübingen 2004.

Eckert, J., Das paulinische Evangelium im Widerstreit, in: J. Hainz (Hg.), Theologie im Werden. Studien zu theologischen Konzeptionen im Neuen Testament, Paderborn u.a. 1992, 301-329.

Eckey, W., Die Apostelgeschichte. Der Weg des Evangeliums von Jerusalem nach Rom, Bd. I (Apg 1,1-15,35), Neukirchen-Vluyn 2000 (*Apg I*).

Ellis, E.E., Paul's Use of the Old Testament, Grand Rapids 1957.

Ders., *Prophecy* and Hermeneutic in Early Christianity. New Testament Essays, WUNT 18, Tübingen 1978.

Ders., Prophecy in the New Testament Church – and Today, in: J. Panagopoulos (Ed.), Prophetic Vocation in the New Testament and Today, Leiden 1977, 46-57.

Ders., 'Spiritual' Gifts in the Pauline Community, in: NTS 20, 1973/ 74, 128-144.

Ders., Tradition in I Corinthians, in: NTS 32, 1986, 481-502.

Ders., Wisdom and Knowledge in 1 Corinthians, in: TynB 25, 1974, 82-98.

Engelsen, N.I.J., *Glossolalia* and Other Forms of Inspired Speech According to I Corinthians 12-14, Diss. Yale 1970.

Eriksson, A., *Traditions* as Rhetorical Proof. Pauline Argumentation in 1 Corinthians, CB.NT 29, Lund 1998.

Esler, Ph.F., Glossolalia and the Admission of Gentiles into the Early Christian Community, in: BTB 22, 1992, 136-142.

Farnell, F.D., Does the New Testament Teach Two Prophetic Gifts?, in: BS 150, 1993, 62-88.

Ders., The Current Debate about New Testament Prophecy, in: BS 149, 1992, 277-303.

Ders., The Gift of Prophecy in the Old and New Testament, in: BS 149, 1992, 387-410.

Fascher, E., Prophetes. Eine sprach- und religionsgeschichtliche Untersuchung, Giessen 1927.

Fee, G.D., Toward a Pauline Theology of *Glossolalia*, in: W. Ma/ R.P. Menzies (Ed.), Pentecostalism in Context. Essays in Honor of W.W. Menzies, Sheffield 1997, 24-37.

Feine, P., Art. Zungenreden, in: RE³ 21, 749-759.

Feldman, L.H., Prophets and Prophecy in Josephus, in: JThS 41, 1990, 386-422.

Focant, C., *1 Corinthians 13*. Analyse rhétorique et analyse de structures, in: R. Bieringer (Hg.), The Corinthian Correspondence, BEThL 125, Leuven 1996, 199-245.

Fontenrose, J., The Delphic Oracle: Its Responses and Operations, Berkeley 1978.

Forbes, Chr.B., *Prophecy* and Inspired Speech in Early Christianity and its Hellenistitic Environment, WUNT II/ 75, Tübingen 1995.

Ford, J.M., Toword a Theology of »Speaking in Tongues«, in: TS 32, 1971, 3-29.

Frey, J., Die paulinische Antithese von »Fleisch« und »Geist« und die palästinisch-jüdische Weisheitstradition, in: ZNW 90, 1999, 44-77.

Friedrich, G., Art. δύναμις, in: EWNT I, 860-867.

Ders., Art. σάλπιγξ κτλ, in: ThWNT VII, 71-88.

Fridrichsen, A., Exegetical Writings. A Selection, transl. and ed. by Ch.C. Caragounis/ T. Fornberg, WUNT 76, Tübingen 1994.

Fuller, R.H., Tongues in the New Testament, in: ACQ 3, 1963, 162-168.

Furnisch, V.P., The moral teaching of Paul, Nashville 1979

Ders., The *Theology* of the First Letter to the Corinthians, New Testament Theology, Cambridge 1999.

Gebauer, R., Charisma und Gemeindeerbauung. Zur oikodomischen Relevanz der paulinischen Charismenlehre, in: M. Karrer/ W. Kraus/ O. Merk (Hg.), Kirche und Volk Gottes. FS Jürgen Roloff, Neukirchen-Vluyn 2000, 132-148.

Georgi, D., Die Gegner des Paulus im 2. Korintherbrief, WMANT 11, Neukirchen-Vluyn 1964.

Gielen, M., Zur Interpretation der paulinischen Formel ἡ κατ' οἶκον ἐκκλησία, in: ZNW 77, 1986, 109-125.

Gillespie, Th.W., A *Pattern* of Prophetic Speech in First Corinthians, in: JBL 97, 1978, 74-95.

Ders., *Prophecy* and Tongues: the Concept of Christian Prophecy in the Pauline Theology, Diss. Claremont 1971.

Ders., The First *Theologians*. A Study in Early Christian Prophecy, Grand Rapids/ Michigan 1994.

Gnilka, J., Das Evangelium nach Markus II, EKK II/ 2, Neukirchen-Vluyn u.a. 1979.

Goodman, F.D., Speaking in Tongues: a crosscultural study of glossolalia, 1972.

Goppelt, L., Theologie des Neuen Testaments, UTB 850, Göttingen [3]1981.

Graß, H., Ostergeschehen und Osterberichte, Göttingen [4]1970.

Greenspahn, Why Prophcy Ceased, in: JBL 108, 1989, 37-49.

Greeven, H., Propheten, Lehrer, Vorsteher bei Paulus, in: K. Kertelge (Hg.), Das kirchliche Amt im Neuen Testament, Darmstadt 1977, 305-361.

Ders., Art. προσκυνέω, in: ThWNT IV, 759-767.

Grudem, W.A., The Gift of Prophecy in 1 Corinthians, Lanham u.a. 1982.

Ders., 1 Corinthians 14.20-25: Prophecy and Tongues as Signs of God's Attitude, in: WThJ 41, 1979, 381-396.

Gundry, R.H., 'Estatic Utterance' (N.E.B.)?, in: JThS 17, 1966, 299-307.

Gundry Volf, J.M., Paul and Perseverance. Staying in and Falling Away, WUNT II/ 37, Tübingen 1990.

Gunkel, H., Die *Wirkungen* des Heiligen Geistes nach populären Anschauung der apostolischen Zeit und der Lehre des Apostels Paulus. Eine biblisch-theologische Studie, Göttingen [3]1909.

Haacker, K., Der Brief des Paulus an die Römer, ThHK 6, Leipzig 1999.

Ders., Das Pfingstwunder als exegetisches Problem, in: O. Böcher (Hg.), Verborum Veritas. FS G. Stählin, Wuppertal 1970, 125-131.

Haenchen, E., Die Apostelgeschichte, KEK III, Göttingen [17]1977 (*Apg*).

Hahn, F., Art., Abendmahl I. Neues Testament, in: RGG[4] I, 1998, 10-15.

Ders., Charisma und Amt. Die Diskussion über das kirchliche Amt im Lichte der neutestamentlichen Charismenlehre, in: ZThK 76, 1979, 419-449.

Ders., Das biblische Verständnis des Heiligen Geistes. Soteriologische Funktion und »Personalität« des Heiligen Geistes, in: C. Heitmann/ H. Mühlen (Hg.), Erfahrung und Theologie des Heiligen Geistes, Hamburg/ München 1974, 131-147.

Ders., Das Verständnis der *Mission* im Neuen Testament, WMANT 13, Neukirchen-Vluyn 1963.

Ders., Der urchristliche *Gottesdienst*, SBS 41, Stuttgart 1970.

Ders., Art. Gottesdienst III. Neues Testament, in: TRE 14, 1985, 28-39.

Ders., Theologie des Neuen Testaments. Bd. I. Die Vielfalt des Neuen Testamens. Theologiegeschichte des Urchristentums, Tübingen [2]2005 (*Theologie I*).

Ders., Theologie des Neuen Testaments. Bd. II. Die Einheit des Neuen Testaments. Thematische Darstellung, Tübingen [2]2005 (*Theologie II*).

Ders., Zum Stand der Erforschung des urchristlichen Herrenmahls, in: EvTh 35, 1975, 553-563.

Hainz, J., Ekklesia. Strukturen Paulinischer Gemeinde-Theologie und Gemeinde-Ordnung, BU 9, Regensburg 1972.

Ders., *Koinonia.* »Kirche« als Gemeinschaft bei Paulus, BU 16, Regensburg 1982.

Ders., Art. κοινωνία, in: EWNT II, 749-755.

Harnack, A., Die Mission und Ausbreitung des Christentums in den ersten drei Jahrhundert, Leipzig [4]1924.

Harrisville, R.A., Speaking in Tongues: A Lexicographical Study, in: CBQ 38, 1976, 35-48.

Hart, M.E., Prophecy and Speaking in Tongues as Understood by Paul and at Corinth. with Reference to Early Christian Usage, Diss. Durham 1975.

Hartman, L., Auf dem Namen Jesu. Die Taufe in den neutestamentlichen Schriften, SBS 148, Stuttgart 1992.

Ders., 1 Cor 14:1-25. *Argument* and some Problems, in: Ders., Text-Centered New Testament Studies. Text-Theoretical Essays on Early Jewish and Early Christian Literature, ed. by D. Hellholm, WUNT 102, Tübingen 1997, 211-233.

Harvey, A.E., The Use of Mystery Language in the Bible, in: JThS 31, 1980, 320-336.

Hasel, G.F., Speaking in Tongues: Biblical Speaking in Tongues and Contemporary Glossolalia, Berrien Springs 1991.

Haubeck, W., Loskauf durch Christus. Herkunft, Gestalt und Bedeutung des paulinischen Loskaufmotivs, Gießen u.a. 1985.

Haufe, G., Taufe und Heiliger Geist im Urchristentum, in: ThLZ 101, 1976, 561-566.

Hauschild, W.-D., Art. Geist/ Heiliger Geist/ Geistesgaben IV. Dogmengeschichtlich, in: TRE 12, 1984, 196-217.

Ders., Gottes Geist und Mensch. Studien frühchristlichen Pneumatologie, BEvTh 63, München 1972.

Hays, R. B., Echoes of Scripture in Paul, New Haven 1989.

Ders., The Conversion of the Imagination: Scripture and Eschatology in 1 Corinthians, in: NTS 45, 1999, 391-412.

Heckel, U., Paulus und die Charismatiker. Zur theologischen Einordnung der Geistesgaben in 1 Kor 12-14, in: ThBeitr 23, 1992, 117-138.

Heitmann, C./ Mühlen, H. (Hg.), Erfahrung und Theologie des Heiligen Geistes, Hamburg/ München 1974.

Hempelmann, R., Art. *Zungenrede* II. Praktisch-theologisch, in: TRE 36, 2004, 763-767.

Hengel, M., Judentum und Hellenismus, WUNT 10, Tübingen [2]1973.

Ders./ Heckel, U. (Hg.), Paulus und das antike Judentum, Tübingen 1991.

Hilgenfeld, A., Die *Glossolalie* in der alten Kirche, in dem Zusammenhang der Geistesgaben und des Geisteslebens des alten Christentums, Leipzig 1850.

Hill, D., New Testament Prophecy, London 1979.

Hodges, Z.C., The Purpose of Tongues, in: BS 120, 1963, 226-233.

Hoehner, H.W., The Purpose of Tongues in 1 Corinthians 14:20-25, in: D.C. Campbell (Hg.), Walvoord: A Tribute, Chicago 1982, 53-66.

Hofius, O., Paulusstudien, WUNT 51, Tübingen 1989.

Ders., Paulusstudien II, WUNT 143, Tübingen 2002.

Ders., Wort Gottes und Glaube bei Paulus, in: Ders., Paulusstudien, WUNT 51, Tübingen 1989, 148-174.

Holl, K., Der Kirchenbegriff des Paulus in seinem Verhältnis zu dem der Urgemeinde, in: Ders., Gesammelte Aufsätze II, Tübingen 1928, 44-67.

Hollenweger, W.J., Charismatisch-pfingstliches Christentum. Herkunft, Situation, Ökumenische Chancen, Göttingen 1997.

Ders. (Hg.), Die Pfingstkirchen. Selbstdarstellung, Dokumente, Kommentare, Stuttgart 1971.

Ders., Enthusiastisches Christentum. Die Pfingstbewegung in Geschichte und Gegenwart, Wuppertal/ Zürich 1969.

Ders., Konflikt in Korinth. Memoiren eines alten Mannes. Zwei narrative Exegesen, München [6]1990.

Holz, T., Der erste Brief an die Thessalonicher, EKK XIII, Neukirchen-Vluyn u.a. 1986.

Horn, F.W., Das *Angeld* des Geistes. Studien zur paulinischen Pneumatologie, FRLANT 154, Göttingen 1992.

Ders., Kyrios und Pneuma bei Paulus, in: U. Schnelle/ Th. Söding (Hg.), Paulinische Christologie, Göttingen 2000, 59-75.

Ders., Wandel im Geist. Zur pneumatologischen Begründung der Ethik bei Paulus, in: KuD 38 (1992), 149-170.

Horrell, D.G., The Social Ethos of the Corinthian Correspondence. Interests and Ideology from 1 Corinthians to 1 Clement, Edinburgh 1996.

Horsley, R.A., Gnosis in Corinth: I Corinthians 8,1-6, in: NTS 27, 1980, 32-51.

Ders., ‚How can some of you say that there is no resurrection of the dead?' Spiritual elitism in Corinth, in: NT 20, 1978, 203-231.

Ders., Pneumatikos vs. Psychikos. Distinctions of Spiritual Status amog the Corinthians, in: HThR 69, 1976, 269-288.

Ders., Wisdom of Word and Words of Wisdom in Corinth, in: CBQ 39, 1977, 224-239.

House, H.W., *Tongues* and the Mystery Religions of Corinth, in: BS 140, 1983, 134-150.

Hübner, H., Biblische Theologie des Neuen Testaments, Bd. II. Die Theologie des Paulus und ihre neutestamentliche Wirkungsgeschichte, Göttingen 1993 (*Theologie II*).

Ders., Der Heilige Geist in der Heiligen Schrift, in: KuD 36, 1990, 181-208.

Hunter, H.H., Tongues-Speech: a Patristic Analysis, in: JETS 23, 1980, 125-137.

Hurd, J.C., The Origins of I Corinthians, London 1983.

Hutten, K., Seher. Grübler. Enthusiasten. Das Buch der traditionellen Sekten und religiösen Sonderbewegungen, Stuttgart [12]1982.

Iber, G., Zum Verständnis von 1 Cor 12,31, in: ZNW 54, 1963, 43-52.

Isbell, C.D., *Glossolalia and Propheteialalia*: a Study of 1 Corinthians 14, in: WTJ 10, 1975, 15-22.

Jeremias, J., Der Schlüssel zur Theologie des Apostels Paulus, Göttingen 1971.

Ders., Die Abendmahlsworte Jesu, Göttingen [3]1960.

Ders., Neutestamentliche Theologie. Erster Teil: Die Verkündigung Jesu, Gütersloh [3]1979.

Ders., ὅμως (1 Cor 14,7; Gal 3,15), in: ZNW 52, 1961, 127f.

Jervell, J., Die Apostelgeschichte, KEK III, Göttingen 1998 (*Apg*).

Jeske, R.L., The Rock was Christ: The Ecclesiology of 1 Corinthians 10, in: D. Lührmann/ G. Strecke (Hg.), Kirche. FS G. Bornkamm, Tübingen 1980, 245-255.

Johanson, B.C., *Tongues*, a Sign for Unbelievers?: A Structural and Exegetical Study of I Corinthians XIV.20-25, in: NTS 25, 1978/ 79, 180-203.

Johnson, L.T., Norms for True and False Prophecy in First Corinthians, in: ABenR 22, 1971, 29-45.

Käsemann, E., *Amt* und Gemeinde im Neuen Testament, in: Ders., Exegetische Versuche und Besinnungen, Bd. I, Göttingen 1960, 109-134.

Ders., An die *Römer*, HNT 8a, Tübingen [4]1980.

Ders., Das theologische Problem des Motivs vom Leibe Christi, in: Ders., Paulinische Perspektiven, Tübingen [2]1972, 178-210.

Ders., Der gottesdienstliche Schrei nach Freiheit, in: Ders., Paulinische Perspektiven, Tübingen [2]1972, 211-236.

Ders., Der Ruf zur Vernunft. 1. Korinther 14,14-20.29-33, in: Ders., Kirchliche Konflikte, Bd. I, Göttingen 1982, 116-127.

Ders., Die Anfänge christlicher Theologie, in: Ders., Exegetische Versuche und Besinnungen, Bd. II, Göttingen [2]1965, 82-104.

Ders., Paulinische *Perspektiven*, Tübingen [2]1972.

Ders., Art., Geist IV. Geist und Geistesgaben im NT, in: RGG[3] II, 1272-1279.

Karrer, M., Jesus Christus im Neuen Testament, GNT 11, Göttingen 1998.

Keilbach, W., Art. Zungenreden, in: RGG[3] VI, 1962,1940-1941.

Keim, Th., Art., Zungenreden, in: RE[1] 18, 676-692.

Kelhofer, J.A., Miracle and Mission, WUNT II/ 112, Tübingen 2000.

Kelsey, M., Tongue Speaking. The History and Meaning of the Charismatic Experience, New York 1981.

Kertelge, K. (Hg.), Das kirchliche Amt im Neuen Testament, Darmstadt 1977.

Ders., Der Ort des Amtes in der Ekklesiologie des Paulus, in: Ders., Grundthemen paulinischer Theologie, Freiburg u.a. 1991, 216-234.

Ders. (Hg.), Mission im Neuen Testament, Freiburg u.a. 1982.

Kim, J. Ch., Der gekreuzigte Christus als geheimnisvolle Weisheit Gottes, Diss. Tübingen 1987.

Kim, S. Y., The Origin of Paul's Gospel, Tübingen 1981.

Klaiber, W., *Rechtfertigung* und Gemeinde. Eine Untersuchung zum paulinischen Kirchenverständnis, FRLANT 127, Göttingen 1982.

Klauck, H.-J., Der *Gottesdienst* in der Gemeinde von Korinth, in: Ders., Gemeinde. Amt. Sakrament. Neutestamentliche Perspektiven, Würzburg 1989, 46-58.

Ders., Die religiöse Umwelt des Urchristentums I/ II, StTh 9,1.2, 1995/ 1996.

Ders., Gemeindestrukturen im ersten Korintherbrief, in: Ders., Gemeinde. Amt. Sakrament. Neutestamentliche Perspektiven, Würzburg 1989, 37-45.

Ders., *Herrenmahl* und hellenistischer Kult. Eine religions-geschichtliche Untersuchung zum ersten Korintherbrief, NTA. NF 15, Münster 1982.

Ders., Mit *Engelszungen*? Vom Charisma der verständlichen Rede in 1 Kor 14, in: ZThK 97, 2000, 276-299.

Ders., Religion und Gesellschaft im frühen Christentum, WUNT 152, Tübingen 2003.

Ders., Von Kassandra bis zur Gnosis. Im Umfeld der frühchristlichen Glossolalie, in: ThQ 179, 1999, 289-312.

Klein, U., Art. Salpinx, in: KP IV, 1522

Klein, W.W., Noisy Gong or Acoustic Vase? A Note on 1 Corinthians 13.1, in: NTS 32, 1986, 286-288.

Kleinknecht, H., Art., πνεῦμα, πνευματικός, in: ThWNT VI, 330-357.

Klinghardt, M., Gemeinschaftsmahl und Mahlgemeinschaft. Soziologie und Liturgie frühchristlicher Mahlfeiern, TANZ 13, Tübingen/ Basel 1996.

Klostermann, E., Das Markusevangelium, HNT 3, Tübingen [5]1971.

Klumbies, P.-G., Die Rede von Gott bei Paulus in ihrem zeitgeschichtlichen Kontext, FRLANT 155, Göttingen 1992.

Knoch, O., Art. διώκω, in: EWNT I, 1980, 816-819.

Koch, D.-A., »Alles, was ἐν μακέλλῳ verkauft wird, eßt ...«. Die macella von Pompeji, Gerasa und Korinth und ihre Bedeutung für die Auslegung von 1 Kor 10,25, in: ZNW 90, 1999, 194-219.

Ders., Die *Schrift* als Zeuge des Evangeliums. Untersuchungen zur Verwendung und zum Verständnis der Schrift bei Paulus, BHTh 69, Tübingen 1986.

Kollmann, B., Jesus und die Christen als Wundertäter. Studien zu Magie, Medizin und Schamanismus in Antike und Christentum, FRLANT 170, Göttingen 1996.

Ders., Ursprung und Gestalten der frühchristlichen Mahlfeier, GTA 43, Göttingen 1990.

Konradt, M., Die gottesdienstliche Feier und das Gemeinschaftsethos der Christen bei Paulus, in: JBTh 18, 2003, 203-229.

Körtner, U.H.J., Der Geist der Prophetie, in: WuD NF 20, 1989, 281-307.

Ders., Rechtfertigung und Ethik bei Paulus. Bemerkungen zum Ansatz paulinischer Ethik. WuD. NF 16, 1981, 93-109.

Köster, H., Einführung in das Neue Testament, Berlin/ New York 1980.

Krämer, H., Art. μυστήριον, in: EWNT II, 1098-1105.

Kremer, J., *Pfingstbericht* und Pfingstgeschehen. Eine exegetische Untersuchung zu Apg 2,1-13, SBS 63/64, 1973.

Ders., Weltweites Zeugnis für Christus in der Kraft des Geistes. Zur lukanischen Sicht der Mission, in: K. Kertelge (Hg.), Mission im Neuen Testament, QD 93, Freiburg u.a. 1982, 145-163.

Kümmel, W.G., Die *Theologie* des Neuen Testaments nach seinen Hauptzeugen. Jesus, Paulus, Johannes, NTD Erg. R.3, Göttingen [4]1980.

Ders., *Einleitung* in das Neue Testament, Heidelberg [21]1983.

Kuß, O., Enthusiasmus und Realismus bei Paulus, in: Ders., Auslegung und Ver-kündigung I, Regensburg 1963, 260-270.

Lindemann, A., Die biblische *Toragebote* und die paulinische Ethik, in: Ders., Paulus, Apostel und Lehrer der Kirche. Studien zu Paulus und frühen Pau-lusverständnis, Tübingen 1999, 91-114.

Ders., Die Funktion des Herrenworte in der ethischen Argumentation des Paulus im Ersten Korintherbrief, in: F. van Segbroeck u.a. (Hg.), The Fourth Gos-pels. FS Frans Neirynck, BEThL 100, Leuven 1992, 677-688.

Ders., Die *Kirche* als Leib, in: Ders., Paulus, Apostel und Lehrer der Kirche. Stu-dien zu Paulus und zum frühen Paulusverständnis, Tübingen 1999, 132-157.

Ders., Die *Schrift* als Tradition. Beobachtungen zu den biblischen Zitaten im Ers-ten Korintherbrief, in: K. Backhaus/ F.G. Untergraßmair (Hg.), Schrift und Tradition. FS J. Ernst, Paderborn u.a. 1996, 199-225.

Ders., Die paulinische *Ekklesiologie* angesichts der Lebens-wirklichkeit der christliche Gemeinde in Korinth, in: R. Bieringer (Hg.), The Corinthian Correspondence, BEThL 125, Leuven 1996, 63-86.

Ders., Paulinische *Mission* und religiöser Pluralismus, in: Ders., Paulus, Apostel und Lehrer der Kirche. Studien zu Paulus und zum frühen Paulusverständ-nis, Tübingen 1999, 115-131.

Ders., Paulus, Apostel und Lehrer der Kirche. Studien zu Paulus und zum frühen Paulusverständnis, Tübingen 1999.

Ders., Paulus im ältesten Christentum. Das Bild des Apostels und die Rezeption der paulinischen Theologie in frühchristlichen Literatur bis Marcion, BHTh 58, Tübingen 1979.

Ders., Paulus und die korinthische *Eschatologie*. Zur These von einer ‚Entwick-lung' im paulinischen Denken, in: Ders., Paulus, Apostel und Lehrer der Kirche. Studien zu Paulus und zum frühen Paulusverständnis, Tübingen 1999, 64-90.

Lohse, E., Der Brief an die Römer, KEK IV, Göttingen 2003 (*Römer*).

Ders., Die *Bedeutung* des Pfingstberichtes im Rahmen des lukanischen Ge-schichtswerkes, in: Ders., Die Einheit des Neuen Testaments, Göttingen 1973, 178-192.

Ders., Die Einheit des Neuen Testaments, Göttingen 1973.

Ders., Die Entstehung des Neuen Testaments, ThW 4, Stuttgart u.a. 1972.

Ders., Grundriß der neutestamentlichen Theologie, ThW 5, Stuttgart u.a. 1974.

Ders., Paulus. Eine Biographie, München 1996.

Ders., Theologische Ethik des Neuen Testaments, ThW 5,2, Stuttgart u.a. 1988.

Lüdemann, G., Das frühe Christentum nach den Traditionen der Apostelgeschich-te. Ein Kommentar, Göttingen 1987.

Ders., Paulus, der Heidenapostel. Band I. Studien zur Chronologie, FRLANT 123, Göttingen 1980.

Ders., Paulus, der Heidenapostel. Band II. Antipaulinismus im frühen Christen-tum, FRLANT 130, Göttingen 1983 (*Paulus II*).

Lührmann, D., Das Markusevangelium, HNT 3, Tübingen 1987 (*Mk*).

Ders., Das *Offenbarungsverständnis* bei Paulus in paulinischen Gemeinden, WMANT 16, Neukirchen-Vluyn 1965.

Ders., *Glaube* im frühen Christentum, Gütersloh 1976.

Luz, U., Das Geschichtsverständnis des Paulus, BEvTh 49, München 1968.

Macchia, F.D., Zungenrede und Prophetie: eine pfingstkirchliche Perspektive, in: Conc(D) 23, 1996, 251-255.

MacDonald, M.Y., The Pauline Churches. A Socio-historical Study of Institutionalization in the Pauline and Deutero-Pauline Writings, MSSNTS 60, Cambridge 1988.

MacDonald, J.I.H., Kerygma and Didache. The articulation and structure of earliest Christian message, MSSNT 37, Cambridge 1980.

MacDonald, W.G., Glossolalia in the New Testament, in: BETS 7, 1964, 59-68.

MacGorman, J.W., Glossolalic Error and Its Correction: 1 Corinthians 12-14, in: RExp 80, 1983, 389-400.

Malony, H.N., Glossolalia. Behavioral Science Perspectives on Speaking in Tongues, New York u.a. 1985.

Maly, K., Mündige *Gemeinde.* Untersuchungen zur pastoralen Führung des Apostels Paulus im 1. Korintherbrief, SBM 2, Stuttgart 1967.

Maly, L.C., A Survey of Glossolalia and Related Phenomena in Non-Christian Religions, AmA NS 58, 1956, 75ff.

Manson, T.W., Studies in the Gospels and Epistles, ed. by M. Black, Manchester 1962.

Marshall, P., Enmity in Corinth: Social Conventions in Paul's Relations with the Corinthians, WUNT II/ 23, Tübingen 1987.

Ders., Who were the evangelists?, in: J. Ådna/ H. Kvalbein (Hg.), The Mission of the Early Church to Jews and Gentiles, WUNT 127, Tübingen 2000, 251-263.

Martin, D.B., The Corinthian Body, New Haven/ London 1995.

Ders., *Tongues* of Angels and Other Status Indicators, in: JAAR 59, 1991, 547-589.

Martin, R.P., Patterns of Worship in New Testament Churches, in: JSNT 37, 1989, 59-85.

Ders., The Spirit and the Congregation. Studies in 1 Corinthians 12-15, Grand Rapids 1984.

Marxen, W., »Christliche« und christliche *Ethik* im Neuen Testament, Gütersloh 1989.

Ders., Das Abendmahl als christologisches Problem, Gütersloh 1963.

Ders., Einleitung in das Neue Testament, Gütersloh ³1963.

Mayordomo, M., Argumentiert Paulus logisch? Eine Analyse vor dem Hintergrund antiker Logik, WUNT 188, Tübingen 2005.

Meeks, W.A., The First *Urban Christians.* The Social World of the Apostle Paul, New Haven/ London 1983.

Ders., The Moral World of the First Christians, Philadelphia 1986.

Meier, H.C., Mystik bei Paulus. Zur Phänomenologie religiöser Erfahrung im Neuen Testament, TANZ 26, Tübingen/ Basel 1998.

Merk, O., Handeln aus Glauben. Die Motivierungen der paulinischen Ethik, MThSt 5, 1968.

Merklein, H., Christus und Kirche. Die theologische Grundstruktur des Epheser-briefes nach Eph 2,11-18, SBS 66, Stuttgart 1973.

Ders., Der Theologe als Prophet. Zur Funktion prophetischen Redens im theologi-schen Diskurs des Paulus, in: NTS 38, 1992, 402-429.

Ders., Die *Einheitlichkeit* des ersten Korintherbriefes, in: ZNW 75, 1985, 153-183.

Ders., Die Ekklesia Gottes. Der Kirchenbegriff bei Paulus und in Jerusalem, in: Ders., Studien zu Jesus und Paulus, WUNT 43, Tübingen 1987, 296-318.

Ders., *Entstehung* und Gehalt des paulinischen Leib-Christi-Gedankens, in: Ders., Studien zu Jesus und Paulus, WUNT 43, Tübingen 1987, 319-344.

Michel, O., Art. οἰκοδομεῖν κτλ., in: ThWNT V, 139-151.

Mills, W.E., A Theological/ Exegetical Approach to *Glossolalia*, Lanham 1985.

Ders. (Hg.), Speaking in *Tongues*. A Guide to Research on Glossolalia, Grand Rapids 1986.

Mitchell, M.M., *Paul* and the Rhetoric of Reconciliation. An Exegetical Investiga-tion of the Language and Composition of 1 Corinthians, HUTH 28, Tübin-gen 1991.

Moltmann, J., Der Geist des Lebens. Eine ganzheitliche Pneumatiologie, München 1991.

Mosiman, E., Das *Zungenreden* geschichtlich und psychologisch untersucht, Tü-bingen 1911.

Moule, C.F.D., The Origin of Christology, Cambridge 1977.

Ders., The Phenomenon of the New Testament, London 1967.

Ders., Worship in the New Testament, London 1961.

Müller, U.B., *Prophetie* und Predigt im Neuen Testament. Formgeschichtliche Untersuchungen zur urchristlichen Prophetie, StNT 10, Gütersloh 1975.

Murphy-O'Connor, J., Interpolations in 1 Corinthians, in: CBQ 48, 1986, 81-94.

Neyrey, J.H., Body Language in 1 Corinthians: the Use of Anthropological Models for Understanding Paul and His Opponents, in: Semeia 35, 1986, 127-170.

Niccum, C., The Voice of the Manuscripts on the Silence of Women: The External Evidence for 1 Cor 14.34-5, in: NTS 43, 1997, 242-255.

Nilsson, M.P., Geschichte der griechischen Religion. Zweiter Band: Die helleni-sche und römische Zeit, HAW V/ 2.2, München 1961.

Norden, E., Agnostos Theos. Untersuchungen zur Formgeschichte religiöser Rede, Darmstadt 1923 (=1956).

Oepke, A., Art. ἀκαταστασία, in: ThWNT III, 449.

Ders., Art. ἔκστασις, ἐξίστημι, in: ThWNT II, 447-457.

Ollrog, W.-H., Paulus und seine Mitarbeiter. Untersuchungen zu Theorie und Pra-xis der paulinischen Mission, WMANT 50, Neukirchen-Vluyn 1979.

Otto, A., Die Sprichwörter und sprichwörtlichen Redenarten der Römer, Leipzig 1890 (= Hildesheim 1962).

Painter, J., Paul and the πνευματικοί at Corinth, in: M.D. Hooker/ S.G. Wilson (Ed.), Paul and Paulinism. FS C. K. Barrett, London 1982, 237-250.

Panagopoulos, J. (Hg.), Prophetic Vocation in the New Testament and Today, Lei-den 1977.

Park, H.-W., Die Kirche als »Leib Christi« bei Paulus, Gießen/ Basel 1992.

Parke, H.W., Greek Oracles, London 1967.

Ders., The Oracles of Zeus: Dodona, Olympia, Ammon, Oxford 1967.

Ders./ Wormell, D.E., The Delphic Oracles 1-2, Oxford 1956.

Payne, Ph.B., Fuldensis, Sigla for Variants in Vaticanus and 1 Cor14.34-35, in: NTS 41, 1995, 240-262.

Paulsen, H., Überlieferung und Auslegung in Römer 8, WMANT 43, Neukirchen-Vluyn 1974.

Pearson, B.A., The Pneumatikos-Psychikos Terminology in 1 Corinthians. A Study in the Theology of the Corinthian Opponents of Paul and Its Relation to Gnosticism, SBL.DS 12, Cambridge [2]1976.

Pedersen, S., *Agape* – der eschatologische Hauptbegriff bei Paulus, in: Ders. (Hg.), Die Paulinische Literatur und Theologie, Göttingen 1980, 159-186.

Perrin, N./ Duling, D.C., The New Testament. An Introduction, New York [2]1982.

Pesch, R., Das Markusevangelium 2, HThK II/ 2, Sonderausgabe, Freiburg 1997.

Ders., Die Apostelgeschichte, EKK V/ 1, Neukirchen-Vluyn 1986 (*Apg*).

Ders., Paulus ring um die Lebensform der Kirche. Vier Briefe an die Gemeinde Gottes in Korinth. Paulus-neu gesehen, Freiburg u.a. 1986.

Pfammatter, J., Die Kirche als Bau. Eine exegetisch-theologische Studie zur Ekklesiologie der Paulus-Briefe, Rom 1960.

Ders., Art. οἰκοδομή, οἰκοδομέω, in: EWNT II, 1981, 1211-1218.

Pfister, F., Art. Ekstase, in: RAC 4, 1959, 944-987.

Ders., Art. Enthusiasmos, in: RAC 5, 1962, 455-457.

Pfister, O., Die psychologische Enträtselung der religiösen Glossolalie und der automatischen Kryptographie, Jahrbuch für psychoanalytische und psychopathologische Forschungen III, 1911/ 12, 427-466 und 730-794.

Pfister, W., Das Leben im Geist nach Paulus, Freiburg/ Schweiz 1963.

Plank, K.A., Paul and the Irony of Affliction, Atlanta, 1987.

Plümacher, E., Identitätsverlust und Identitätsgewinn. Studien zum Verhältnis von kaiserzeitlicher Stadt und frühem Christentum, BThSt 11, 1987.

Pogoloff, S. M., Logos und Sophia. The Rhetorical Situation of 1 Corinthians, SBL.DS 134, Atlanta 1992.

Pokorný, P., Theologie der lukanischen Schriften, FRLANT 174, Göttingen 1998.

Porsch, F., Art. ἐλέγχω, in: EWNT I, 1041-1043.

Poythress, V.S., The Nature of Corinthian Glossolalia: Possible Options, in: WThJ 40, 1977, 130-135.

Pöttner, M., Realität als Kommunikation. Ansätze zur Beschreibung der Grammatik des paulinischen Sprechens in 1 Kor 1,4-4,21 im Blick auf literarische Problematik und Situationsbezug des 1. Korintherbriefes, Theologie Band 2, Münster 1995.

Pratscher, W., Art. Glossolalie, in: RGG[4] III, 1013f.

Ders., Zum Phänomen der *Glossolalie*, in: S. Heine/ E. Heintel (Hg.), Gott ohne Eigenschaften, Wien 1983, 119-132.

Preß, M., Jesus und der Geist. Grundlagen einer Geist-Christologie, Neukirchen-Vluyn 2001.

Probst, H., Paulus und der *Brief*. Der Rhetorik des antiken Briefes als Form der paulinischen Korintherkorrespondenz (1 Kor 8-10), WUNT II/ 45, Tübingen 1991.

Radl, W., Ankunft des Herrn. Zur Bedeutung und Funktion der Parusieaussagen bei Paulus, BET 15, Frankfurt a.M. 1981.

Ders., Art. φωνή, in: EWNT III, 1068-1071.

Rebell, W., *Gemeinde* als Missionsfaktor im Urchristentum. I Kor 14,24f. als Schlüsselsituation, in: ThZ 44, 1988, 117-134.

Reck, R., Kommunikation und Gemeindeaufbau. Eine Studie zu Entstehung, Leben und Wachstum paulinischer Gemeinden in den Kommunikationsstrukturen der Antike, SBB 22, Stuttgart 1991.

Recki, B., Art. Ironie, in: RGG[4] IV, 2001, 238.

Reinmuth, E., Geist und Gesetz. Studien zu Voraussetzungen und Inhalt der paulinischen Paränese, ThA 44, Berlin 1985.

Reiser, M., Sprache und literarische Formen des Neuen Testaments, UTB 2197, Paderborn u.a. 2001.

Reitzenstein, R., Die Hellenistischen Mysterienreligionen nach ihren Grundgedanken und Wirkungen, Stuttgart [3]1927 (=1980).

Ders., Poimandres. Studien zur griechisch-ägyptischen und frühchristlichen Literatur, Leipzig 1904.

Rendtroff, T. (Hg.), Charisma und Institution, Gütersloh 1985.

Rengstorf, K.H., Art. διδαχή, in: ThWNT II, 166-167.

Richardson, W., Liturgical *Order* and Glossolalia in 1 Corinthians 14,26c-33a, in: NTS 32, 1986, 144-153.

Roberts, P., A Sign – Christian or Pagan?, in: ET 90, 1979, 199-203.

Robertson, C.F., The Nature of New Testament Glossolalia, Diss. Dallas 1975.

Robertson, O.P., Tongues: Sign of Covenantal Curse and Blessing, in: WThJ 38, 1975, 43-53.

Rogers, C.L., The Gift of Tongues in the Post Apostolic Church, in: BS 122, 1965, 134-143.

Rohde, E., *Psyche II*. Seelencult und Unsterblichkeitsglaube der Griechen, Tübingen/ Leipzig 1903

Roloff, J., *Apostolat* - Verkündigung - Kirche. Ursprung, Inhalt und Funktion des kirchlichen Apostelamtes nach Paulus, Lukas und den Pastoralbriefen, Gütersloh 1965.

Ders., Die Apostelgeschichte, NTD 5, Göttingen 1981 (*Apg*).

Ders., Die *Kirche* im Neuen Testament, GNT 10, Göttingen 1993.

Rosner, B.S., Paul, Scripture and Ethics. A Study of 1 Corinthians 5-7, AGAJU 22, Leiden u.a. 1994.

Rutenfranz, M., Art. ὠφελέω, in: EWNT III, 1221-1223.

Salzmann, J.Chr., Lehren und Ermahnen. Zur Geschichte des christlichen Wortgottesdienstes in den ersten drei Jahrhunderten, WUNT II/ 59, Tübingen 1994.

Sand, A., Art. νοῦς, in: EWNT II, 1174-1177.

Sanders, P., Paulus und das palästinische Judentum, London [2]1981.

Sandnes, K.O., *Prophecy* – A Sign for Believers (1 Cor 14,20-25), in: Bib 77, 1996, 1-15.

Schäfer, K., Gemeinde als »Bruderschaft«. Ein Beitrag zum Kirchenverständnis des Paulus, EHS.T 333, Frankfurt a.M. u.a.1989.

Schenk, H.-M./ Fischer, K.M., Einleitung in die Schriften des Neuen Testaments I. Die Briefe des Paulus und Schriften des Paulinismus, Gütersloh 1978.

Schenk, W., 1 Korintherbrief als Briefsammlung, in: ZNW 60, 1969, 219-243.

Schenke, L., Die *Urgemeinde*. Geschichtliche und theologische Entwicklung, Stuttgart u.a. 1990.

Schäfer, P., Art. Geist/ Heiliger Geist/ Geistesgaben II. Judentum, in: TRE 12, 1984, 173-178.

Schlier, H., Der Geist und die Kirche. Exegetische Aufsätze und Vorträge IV, Freiburg u.a. 1980.

Ders., Herkunft, Ankunft und Wirkungen des Heiligen Geistes im Neuen Testament, in: C. Heitmann/ H. Mühlen (Hg.), Erfahrung und Theologie des Heiligen Geistes, Hamburg/ München 1974, 118-130.

Ders., Art. ἰδιώτης, in: ThWNT III, 215-217.

Schmid, H.H., Ekstatische und charismatische Geistwirkungen im Alten Testament, in: C. Heitmann/ H. Mühlen (Hg.), Erfahrung und Theologie des Heiligen Geistes, Hamburg/ München 1974, 83-100.

Schmid, U., Marcion und sein Apostolos. Rekonstruktion und historische Einordnung der marcionitischen Paulusbriefausgabe, ANTF 25, Berlin u.a. 1995.

Schmidt, K., Art. Zungenreden, in: RE³ 17, 570-576.

Schmidt, W.H., Art. Geist/ Heiliger Geist/ Geistesgaben I. Alten Testament, in: TRE 12, 1984, 170-173.

Schmithals, W., Die Apostelgeschichte des Lukas, ZBK. NT 3.2, Zürich 1982 (Apg).

Ders., Die *Briefe* des Paulus in ihrer ursprünglichen Form, ZWKB, Zürich 1984.

Ders., Die *Gnosis* in Korinth. Eine Untersuchung zu den Korintherbriefen, FRLANT 66, Göttingen ³1969.

Ders., Die Korintherbriefe als *Briefsammlung*, in: ZNW 64, 1973, 263-288.

Ders., Geisterfahrung als Christuserfahrung, in: C. Heitmann/ H. Mühlen (Hg.), Erfahrung und Theologie des Heiligen Geistes, Hamburg/ München 1974, 101-117.

Ders., Theologiegeschichte des Urchristentums. Eine problem-geschichtliche Darstellung, Stuttgart 1994.

Schmitz, O., Art. παρακαλέω, παράκλησια, in: ThWNT V, 771-798.

Schnabel, E.J., Urchristliche Glossolalie. Thesen, in: JETh 12, 1998, 77-99.

Schnackenburg, R., Der Brief des Paulus an die Epheser, EKK X, Neukirchen-Vluyn 1982.

Ders., Die Einheit der Kirche unter dem Koinonia-Gedanken, in: Ders., F. Hahn und K, Kertelge, Einheit der Kirche. Grundlegung im Neuen Testament, QD 84, Freiburg u.a. 1979, 52-93.

Schneider, G., Die Apostelgeschichte, HThK V/1+2, 1980+1982 (Apg I +II).

Schnelle, U., *Einleitung* in das Neue Testament, UTB 1830, Göttingen ⁵2005.

Ders., Gerechtigkeit und *Christusgegenwart*. Vorpaulinische und paulinische Tauftheologie, GTA 24, Göttingen ²1986.

Ders., Paulus. Leben und Denken, Berlin 2003.

Schottroff, L., Der Glaubende und die feindliche Welt. Beobachtungen zum gnostischen Dualismus und seiner Bedeutung für Paulus und das Johannesevangelium, WMANT 37, Neukirchen-Vluyn 1970.

Ders., Lydias ungeduldige Schwestern. Feministische Sozialgeschichte des frühen Christentum, Gütersloh 1994.

Schrage, W., Die konkreten *Einzelgebote* in der paulinischen Paränese. Eine Beitrag zur neutestamentlichen Ethik, Gütersloh 1961.

Ders., Ethik des Neuen Testaments, GNT 4, Göttingen ⁵1989.

Ders., Unterwegs zur Einheit und Einzigkeit Gottes. Zum »Monotheismus« des Paulus und seiner alttestamentlich-frühjüdischen Tradition, BThSt 48, Neukirchen-Vluyn 2002.

Schreiber, A., Die Gemeinde in Korinth. Versuch einer gruppendynamischen Betrachtung der Entwicklung der Gemeinde von Korinth auf der Basis des ersten Korintherbriefes, NTA. NF 12, Münster 1977.

Schrenk, G., Geist und Enthusiasmus, in: Ders., Studien zu Paulus, AThANT 26, 1954, 107-127.

Schröder, S., Plutarchs Schrift. De Pythiae Oraculis, Stuttgart 1990.

Schürmann, H., Die geistlichen *Gnadengaben* in den paulinischen Gemeinden, in: K. Kertelge (Hg.), Das kirchliche Amt im Neuen Testament, Darmstadt 1977, 362-412.

Schüssler Fiorenza, E., Zu ihrem Gedächtnis... Eine feministisch-theologische Rekonstruktion der christlichen Ursprünge, 1988.

Schweizer, E., Die Kirche als Leib Christi in den paulinischen Homolegoumena, in: Ders., Neotestamentica, Zürich/ Stuttgart 1963, 272-292.

Ders., The Service for Worship. An Exposition of 1 Corinthians 14, in: Ders., Neotestamentica, Zürich/ Stuttgart 1963, 333-343.

Scippa, V., La glossolalia nel Nuovo Testamento. Ricerca secondo il metodo storico-critico e analitico-structtrale, Neapel 1982.

Sellin, G., Der Streit um die *Auferstehung* der Toten. Eine religionsgeschichtliche und exegetische Untersuchung von 1 Korinther 15, FRLANT 138, Göttingen 1986.

Ders., Hauptprobleme des Ersten Korintherbriefes, in: ANRW II 25.4, 2940-3044.

Shallis, R., Zungenreden aus biblischer Sicht, Bielefeld 1986.

Smalley, S.S., Spiritual Gifts and I Corinthians 12-16, in: JBL 87, 1968, 427-433.

Smit, J.F.M., *Tongues* and Prophecy: Deciphering 1 Cor 14,22, in: Bib 75, 1994, 175-190.

Ders., Two Püzzles: 1 Corinthians 12.31 and 13.3: A Rhetorical Solution, in: NTS 39, 1993, 246-264.

Smith, D.M., Glossolalia and Other Spititual Gifts in a New Testament Perspective, in: Interp 28, 1974, 307-320.

Smith, M., Paulinine Worship as Seen by Pagans, in: HThR 93, 1980, 241-249.

Söding, Th., Blick zurück nach vorn. Bilder lebendiger Gemeinden im Neuen Testament, Freiburg u.a. 1997.

Ders., Das *Liebesgebot* bei Paulus. Die Mahnung zur Agape im Rahmen der paulinischen Ethik, NTA NF 26, Münster 1995.

Ders., Das Wort vom Kreuz. Studien zur paulinischen Theologie, WUNT 93, Tübingen 1997.

Ders., Die *Trias* Glaube, Hoffnung, Liebe bei Paulus, SBS 150, Stuttgart 1992.

Ders., »Ihr aber seid der *Leib Christi*« (1 Kor 12,27). Exegetische Beobachtungen
an einem zentralen Motiv paulinischer Ekklesiologie, in: Ders., Das Wort
vom Kreuz. Studien zur paulinischen Theologie, WUNT 93, Tübingen
1997, 272-299.

Stählin, G., Art. παραμυθέομαι, παραμυθία, in: ThWNT V, 815-822.

Stanley, Chr.E., Paul and the language of Scripture. Citation technique in the
Pauline Epistles and contemporary literature, MSSNTS 74, Cambridge
1992.

Stauffer, E., Art. ἐγώ, in: ThWNT II, 341-362.

Steindorff, G., Die Apokalypse des Elias, eine unbekannte Apokalypse und
Bruchstücke der Sophias-Apokalypse, TU XVII, 3, Leipzig 1899.

Stendahl, K., Glossolalia and the Charismatic Movement, in: J. Jervell/ W.A.
Meeks (Ed.), God's Christ and his People, FS N. A. Dahl, Oslo u.a. 1977,
122-131.

Ders., Glossolalia - The New Testament Evidence, in: Ders., Paul among Jews and
Gentiles and other Essays, Philadelphia [4]1980.

Strecker, G., *Theologie* des Neuen Testaments, bearb. von F.-W. Horn, Berlin
1996.

Stuhlmacher, P., Biblische *Theologie* des Neuen Testaments. Bd. I. Grundlegung.
Von Jesus zu Paulus, Göttingen 1992.

Ders., Gerechtigkeit Gottes bei Paulus, FRLANT 95, Göttingen 1968.

Ders., Versöhnung, Gesetz und Gerechtigkeit. Aufsätze zur biblischen Theologie,
Göttingen 1981.

Ders., Zur paulinischen Christologie, in: ZThK 74, 1977, 449-463.

Sweet, J. P. M., A *Sign* for Unbelievers: Paul's Attitude to Glossolalia, in: NTS
13,1966/ 67, 240-257.

Taatz, I., Frühjüdische Briefe. Die paulinischen Briefe im Rahmen der offiziellen
religiösen Briefe des Frühjudentum, NTOA 16, Göttingen 1991.

Talbert, Ch.H., Paul's Understanding of the *Holy Spirit*: The Evidence of 1 Corinthians 12-14, in: PRSt 11, 1984, 95-108.

Theißen, G., Psychologische *Aspekte* paulinischer Theologie, FRLANT 131, Göttingen 1983.

Ders., Studien zur *Soziologie* des Urchristentums, WUNT 19, Tübingen [2]1983.

Thiselton, A. C., Realized Eschathology at Corinth, in: NTS 24, 1978, 510-526.

Ders., The '*Interpretation*' of Tongues: A New Suggestion in the Light of Greek
Usage in Philo and Josephus, in: JThS 30, 1979, 15-36.

Thomas, J., Art. παρακαλέω, παράκλησις, in: EWNT III, 1983, 54-64.

Thomas, R.L., Tongues ... will cease, in: JETS 17, 1974, 81-89.

Thüsing, W., Per Christentum in Deum. Studien zum Verhältnis von Christo-
zentrik und Theozentrik in den paulinischen Hauptbriefen, NTA. NF 1,
Münster [2]1969.

Titus, E.L., Did Paul write 1 Cor 13?, in JBR 27, 1959, 299-302.

Tomson, P.J., Paul and the Jewish Law: Halakha in the Letters of the Apostle to the Gentiles, CRI III/ 1, 1990.

Toussaint, S.D., First Corinthians Thirteen and the Tongues Question, in : BS 120, 1963, 311-316.

Trummer, P., Charismatischer Gottesdienst. Liturgische Impulse aus 1 Kor 12 und 14, in: BiLi 54, 1981, 173-178.

Tschiedel, H.J., Ein *Pfingstwunder* im Apollonhymnos, in: ZRGG 27, 1975, 22-39.

Tugwell, S., The Gift of Tongues in the New Testament, in: ET 84, 1973, 137-140.

Turner, M., The *Holy Spirit* and Spiritual Gifts. Then and Now, Carlisle 1996.

Vielhauer, Ph., *Oikodome*, in: Ders., Aufsätze zum NeuenTestament 2, hg. von G. Klein, München 1979 (=1939), 1-168.

Vollenweider, S., Freiheit als neue Schöpfung. Eine Untersuchung zur Eleutheria bei Paulus und seiner Umwelt, FRLANT 147, Göttingen 1989.

Ders., Viele Welten und ein Geist. Überlegungen zum theologischen Umgang mit dem neuzeitlichen Pluralismus im Blick auf den 1. Korintherbrief, in: Ders., Horizonte neutestamentlichen Christologie, WUNT 144, Tübingen 2002, 192-213.

von Dobbeler, A., Glaube als Teilhabe. Historische und semantische Grundlagen der paulinischen Theologie und Ekklesiologie des Glaubens. WUNT II/ 22, Tübingen 1987.

von Lips, H., Weisheitiche Traditionen im Neuen Testament, WMANT 64, Neu-kirchen-Vluyn 1990.

Vos, J.S., Das Rätsel von I Kor 12 :1-3, in: NT 35, 1993, 251-269.

Ders., Die Logik des Paulus in 1 Kor 15,12-20, in: ZNW 90, 1999, 78-97.

Ders., Traditionsgeschichtliche Untersuchungen zur paulinischen Pneumatologie, Assen 1973.

Voss, F., Das *Wort* vom Kreuz und die menschliche Vernunft. Eine Untersuchung zur Soteriologie des 1. Korintherbriefes, FRLANT 199, Göttingen 2002.

Vouga, F., Das Problem der Selbstdefinition und der Einheit des frühen Christen-tums, in: U. Mell & U.B. Müller (Hg.), Das Urchristentum in seiner litera-rischen Geschichte. FS J. Becker, Berlin/ New York 1999, 487-515.

Ders., Die religiöse Attraktivität des frühen Christentums, ThGl 88, 1998, 26-38.

Ders., Geschichte des frühen Christentums, UTB 1773, Tübingen/ Basel 1994.

Ders., Mündliche Tradition, soziale Kontrolle und Literatur als theologischer Pro-test. Die Wahrheit des Evangeliums nach Paulus und Markus, in: G. Sellin & F. Vouga (Hg.), Logos und Bauchstabe. Mündlichkeit und Schriftlich-keit im Judentum und Christentum der Antike, TANZ 20, Tübingen/ Basel 1997, 195-210.

Ders., Une theologie du Nouveau Testament, Le monde de la Bible 43, Genf 2001.

Ders. / Stiewe, M., Das Fundament der *Kirche* im Dialog, Tübingen/ Basel 2003.

Walter, M., *Gemeinde* als Leib Christi. Untersuchungen zum Corpus Paulinum und zu den <Apostolischen Vätern>, NTOA 49, Freiburg/ Göttingen 2001.

Watson, F., The Authority of the Voice : A Theological Reading of 1 Cor 11.2-16, in: NTS 46, 2000, 520-536.

Weder, H., Das Kreuz Jesu bei Paulus. Ein Versuch, über den Geschichtsbezug des christlichen Glaubens nachzudenken, FRLANT 125, Göttingen 1981.

Ders., Die *Gabe* der ἑρμηνεία (1 Kor 12 und 14), in: Ders., Einblicke ins Evangelium. Exegetische Beiträge zur neutestamentlichen Hermeneutik, Göttingen 1992, 31-44.

Ders., Normativität der Freiheit, in: M. Trowitzsch (Hg.), Paulus, Apostel Jesu Christi. FS G. Klein, Tübingen 1998, 129-145.

Wedderburn, A.J.M., Traditions and Redaction in Acts 2.1-13, in: JSNT 55, 1994, 27-54.

Weinel, H., Die *Wirkungen* des Geistes und der Geister im nachapostolischen Zeitalter bis auf Irenäus, Leipzig/ Tübingen 1899.

Weiß, W., Glaube – Liebe – Hoffnung. Zu der Trias bei Paulus, in: ZNW 84, 1993, 196-217.

Welker, M., Kirche im Pluralismus, KT 136, Gütersloh 1995.

Wengst, K., Christologische Formeln und Lieder des Urchristentums, StNT 7, Gütersloh 1972.

Wick, P., Die urchristlichen *Gottesdienste*. Entstehung und Entwicklung im Rahmen der frühjüdischen Tempel-, Synagogen- und Hausfrömmigkeit, BWANT 150, Stuttgart ²2003.

Wiefel, W., Erwägungen zur soziologischen Hermeneutik urchristlicher *Gottesdienstformen*, in: Kairos 14, 1972, 36-51.

Wilckens, U., Auferstehung, Stuttgart/ Berlin 1970.

Ders., Der Brief an die Römer 1, EKK VI/ 1, Neukirchen-Vluyn 1978.

Ders., Eucharistie und Einheit der Kirche, in: KuD 25, 1979, 67-85.

Ders., Weisheit und Torheit. Eine exegetisch-religionsgeschichtliche Untersuchung zu 1. Kor 1 und 2, BHTh 26, Tübingen 1959.

Wilk, F., Die *Bedeutung* des Jesajabuches für Paulus, FRLANT 179, Göttingen 1998.

Wilkinson, T.L., Tongues and Prophecy in Acts and 1st Corinthians, in: VR 31, 1978, 1-20.

Williams, C. G., Ecstaticism in Hebrew Prophecy and Christian Glossolalia, in: SR 3, 1974, 320-338.

Ders., *Glossolalia* as a Religious Phenomenon: Tongues at Corinth and Pentecost, in: Religion 5, 1975, 16-32.

Ders., Tongues of the Spirit, Cardiff 1981.

Wilson, R.R., Prophecy and Ecstasy: a Reexamination, in: JBL 98, 1979, 321-337.

Winter, B.W., Philo and Paul among the Sophists, MSSNTS 96, Cambridge 1996.

Ders., The 'Underlays' of Conflict and Compromise in 1 Corinthians, in: T.J. Burke/ J.K. Elliott (Ed.), Paul and the Corinthians. Studies on a Community in Conflict. Essays in Honour of Margaret Thrall, NT.S, Leiden 2003, 139-156.

Winter, M., Pneumatiker und Psychiker in Korinth. Zum religionsgeschichtliche Untersuchung zu 1. Kor. 1 und 2, MThS 12, Marburg 1975.

Wire, A.C., The Corinthian *Women Prophets*: A Reconstruction through Paul's Rhetoric, Minneapolis 1990.

Wischmeyer, O., Der höchste *Weg.* Das 13. Kapitel des 1. Korintherbriefes, StNT 13, Gütersloh 1981.

Witherington III, B., Conflict and Community in Corinth. A Socio-Rhetorical Commentary on 1 and 2 Corinthians, Grand Rapids 1995.

Ders., Women in the Earliest Churches, MSSNTS 58, Cambridge 1988 (=1992).

Wolff, Chr., Art. *Zungenrede* I. Neues Testament, in: TRE 36, 2004, 754-763.

Ders., Λαλεῖν γλώσσαις in the Acts 2.1-13, in: A. Christophersen u.a. (Hg.), Paul, Luke, and the Graeco-Roman World. FS A.J.M. Wedderburn, JSNT.S 217, Sheffield 2002, 189-199.

Wuellner, W., The Function of Rhetorical Questions in 1 Corinthians, in: A. Vanhoye (Ed.), L'Apôtre Paul: Personnalité, style et conception du ministrè, BEThL 73, Leuven 1986, 46-77.

Ders., Where ist Rhetorical Criticism Taking Us?, in: CBQ 1987, 448-463.

Zeller, D., *Charis* bei Philon und Paulus, SBS 142, Stuttgart 1990.

Ders., Theologie der Mission bei Paulus, in: K. Kertelge (Hg.), Mission im Neuen Testament, QD 93, Freiburg u.a. 1982, 164-189.

Zerhusen, R., The Problem Tongues in 1 Cor 14: A Reexamination, in: BTB 27, 1997, 139-152.

Zimmermann, A.F., Die urchristliche *Lehrer.* Studien zum Tradentenkreis der didaskaloi im frühen Urchristentum, WUNT II/ 12, Tübingen 1984.

Stellenregister (in Auswahl)